Roman Vielhauer
Das Werden des Buches Hosea

Beihefte zur Zeitschrift für die alttestamentliche Wissenschaft

Herausgegeben von
John Barton · Reinhard G. Kratz
Choon-Leong Seow · Markus Witte

Band 349

Walter de Gruyter · Berlin · New York

Roman Vielhauer

Das Werden des Buches Hosea

Eine redaktionsgeschichtliche Untersuchung

W
DE
G

Walter de Gruyter · Berlin · New York

G

∞ Gedruckt auf säurefreiem Papier,
das die US-ANSI-Norm über Haltbarkeit erfüllt.

ISBN 978-3-11-018242-2
ISSN 0934-2575

Bibliografische Information der Deutschen Nationalbibliothek

Die Deutsche Nationalbibliothek verzeichnet diese Publikation in der Deutschen
Nationalbibliografie; detaillierte bibliografische Daten sind im Internet
über http://dnb.d-nb.de abrufbar.

.b

Vorwort

Die vorliegende Arbeit wurde im Wintersemester 2003/04 von der Theologischen Fakultät der Georg-August-Universität Göttingen als Dissertation angenommen (Rigorosum am 4.2.04). Für den Druck wurde sie überarbeitet und um eine Analyse von Hos 14,2-10 ergänzt. Nach 2004 erschienene Sekundärliteratur konnte nicht mehr berücksichtigt werden.

Viele haben zur Entstehung dieser Arbeit beigetragen: Allen voran mein Lehrer, Herr Prof. Dr. Reinhard Gregor Kratz, der mir den Zugang zum Alten Testament erschlossen und auch diese Arbeit angeregt hat. Er hat mir als seinem Assistenten nicht nur genügend Freiraum zur Ausarbeitung gewährt, sondern auch den Entstehungsprozeß der Arbeit stets mit großem Interesse, viel gutem Rat und kritischer Hilfe begleitet. Herr Prof. Dr. Dr. h.c. Hermann Spieckermann hat die Mühe des Korreferats auf sich genommen und mir schon während der Zeit als seine Hilfskraft viel Förderung und Anregung zuteil werden lassen. Herr Prof. Dr. Dr. Hartmut Stegemann und Frau PD Dr. Annette Steudel haben mich in das Gebiet der Qumranforschung eingeführt, mir Forschungsaufenthalte an der École Biblique et Archéologique Française in Jerusalem zur Arbeit an den Originalhandschriften im Rockefeller-Museum ermöglicht und meine Arbeit auf diesem Gebiet nach Kräften unterstützt. Für all dies sei an dieser Stelle von Herzen gedankt.

Zu danken habe ich ferner allen, die zur Drucklegung beigetragen haben: den Herren Professoren Dr. Reinhard Gregor Kratz und Dr. Markus Witte für die Aufnahme der Arbeit in die Reihe BZAW sowie wichtige Hinweise zur Überarbeitung; dem Verlag, insbesondere dem Cheflektor Herrn Dr. Albrecht Döhnert für die freundliche Unterstützung bei der Erstellung der Druckvorlage; Herrn Peter Porzig für die Mithilfe bei den Korrekturen und seinen nimmermüden Beistand im IT-Bereich.

Schließlich danke ich meinen Eltern, Marie-Luise und Hans Georg Vielhauer, für ihre beständige Fürsorge und Förderung sowie nicht zuletzt meiner Frau, Wiebke Vielhauer, die mit (Un-)Geduld und Ermutigung die Arbeit begleitet und bei der Fertigstellung des Manuskripts intensiv mitgearbeitet hat.

Göttingen, im Juni 2007   Roman Vielhauer

Inhaltsverzeichnis

A. Das Problem und Ansätze
zu seiner Lösung in Hos 11

I. Das Problem

Wie kaum ein anderes Buch im Alten Testament zeugt das Hoseabuch von Gottes Liebe. In immer neuen Bildern wird hier ein Gott präsentiert, der von seinem Volk trotz dessen Liebesverrats nicht lassen kann: in Hos 1-3 als betrogener Ehemann, der seine Frau wieder annimmt, in Hos 11 als reuiger Vater, der sich seines widerspenstigen Adoptivsohns erbarmt, in Hos 14,5 als verschmähter Arzt, der den Todgeweihten von der Wunde der Abtrünnigkeit heilt (vgl. 5,8-6,6; 7,1; 11,3). Auf der anderen Seite steht Israel, das von seiner Abgötterei trotz der Liebeserweise Gottes nicht lassen kann. Konsequent wie kaum ein anderes Prophetenbuch benennt das Hoseabuch die Abkehr von Gott als Bruch der exklusiven Beziehung zwischen Gott und Israel. Die ganze Schrift durchzieht der Vorwurf, Israel habe sich anderen Göttern zugewandt (so explizit in Hos 3,1), heißen sie nun Liebhaber (Hos 2), Baal (Hos 2,15.18.19; 9,10; 11,2; 13,1), JHWH im Kult (Hos 5,6; 6,1-3; 8,2), Assur (Hos 5,13; 7,11; 8,9), Ägypten (Hos 7,11), Bild (Hos 8,4; 11,2; 13,2), Stier (Hos 8,5f; 10,5f; 13,2) oder König (Hos 13,10). So nimmt es nicht wunder, daß Gott seinem umkehrunfähigen Volk das Ende ansagt: in Hos 2 die Ehescheidung, in Hos 11 die Aufkündigung der Sohnschaft und in Hos 13 den Tod. Israel gerät unter das Gericht. Doch Gott empfindet Reue über seinen Zorn (Hos 11). Er liebt die Israeliten, obwohl sie sich anderen Göttern zuwenden (Hos 3). Ja, er heilt die Abtrünnigkeit seines Volkes aus freien Stücken (Hos 14). Diese Botschaft vom Sieg der Liebe Gottes über seinen gerechten Zorn angesichts von Israels Liebesverrat ist es, die dem Hoseabuch seine innere Einheit verleiht.

Auch nach äußeren, mehr formalen Gesichtspunkten präsentiert sich das Hoseabuch als planvoll arrangiertes Ganzes. Darauf führt zum einen die offenkundig genau überlegte Zweiteilung der Schrift in einen ersten, von Prosa geprägten Teil mit der Ehegeschichte des Hosea (Hos 1-3) und einen zweiten – poetischen – Teil mit der Verkündigung des Hosea (Hos 4-14). Zum anderen wird die Einheit des Buches durch eine Reihe von Querbeziehungen nahegelegt, die beide Teile miteinander verbinden. Die gewichtigsten seien im folgenden kurz aufgeführt: An erster Stelle ist hier das durchlaufende Untergliederungsprinzip durch Heilsweissagungen zu nennen. Diese markieren jeweils den Schluß eines Unterabschnitts, so daß sich (nach der Überschrift für das gesamte Buch 1,1) für Hos 1-3 drei (Hos 1,2-2,3; 2,4-25; 3,1-5), für Hos 4-14 zwei Unterabschnitte (Hos 4-11; 12-14) ergeben. Eine weitere buchübergreifende Verbindung ist die gleichförmige Gestaltung derjenigen Unterabschnitte, die Spruchmaterial enthalten, als Gerichtsreden: Sowohl Hos 2,4-25 als auch die beiden Kompositionen des zweiten Buchteils sind mit ריב überschrieben (2,4; 4,1; 12,3). Schließlich bürgt auch die Tatsache, daß sich wesentliche thematische Spezifika beider Buchteile im jeweils anderen Teil wiederfinden, für die Einheit des Buches. So begegnet der für Hos 1-3 charakteristische Vorwurf der Hurerei bzw. des Ehebruchs auch in Hos 4-5 (vgl. zudem 7,4 und 9,1). Umgekehrt taucht in Hos 2,16f eine Rückschau in die Geschichte Israels auf, wie sie ab Hos 9,10 in Gestalt von Geschichtsrückblicken den hinteren Buchteil beherrscht.

Doch ist die Einheit des Hoseabuches auch ein Problem. Schon bei oberflächlicher Lektüre fällt die Vielzahl an thematischen Umbrüchen, an Stimmungsumschwüngen und an stilistischen Wechseln zwischen Gottes- und Prophetenrede sowie zwischen Anrede der Adressaten in 2. und 3. Pers. auf. Sie vermitteln den Eindruck, das Hoseabuch sei trotz aller beobachteter inhaltlicher und formaler Geschlossenheit nicht als fortlaufender, zusammenhängender Text verfaßt, sondern aus zahlreichen Einzeltexten zusammengesetzt.[1]

---

[1] Vgl. schon das Urteil von Hieronymus in seiner Vorrede auf die kleinen Propheten: „Oseas autem commaticus est et quasi per sententias loquens." (S.1015) Und ein gutes Jahrtausend später Luther in der Vorrede über den Propheten Hosea aus der Bibelübersetzung von 1545: „Es sihet sich aber an / als sey diese Weissagung Hoseas auch nicht vol vnd gantz geschrieben / Sondern etliche stücke vnd Sprüche aus seinen Predigten gefasset / vnd in ein Buch zusamen bracht." (S.1572)

In dieselbe Richtung weist die Beobachtung, daß gerade diejenigen Merkmale, die für die Einheit des Hoseabuches sorgen, zugleich innertextliche Spannungen hervorrufen. Besonders deutlich zeigt sich dieser Sachverhalt daran, daß die formale Zweiteilung des Buches nicht mit seiner inhaltlichen Struktur konvergiert. Handeln Hos 1,1-5,7 ausschließlich vom Kult, dominieren in Hos 5,8-9,9 politische Themen, bevor ab Hos 9,10 Rückblicke in die Geschichte Israels Platz greifen. Auch deckt sich die inhaltliche Struktur des Buches nicht mit der durch die Stellung der Heilsweissagungen indizierten Untergliederung. Es hat den Anschein, als werde eine ursprüngliche Dreiteilung durch eine Zwei- bzw. Fünfteilung überlagert.

Doch auch für sich betrachtet ist die formale Struktur des Buches nicht ohne Schwierigkeiten. Die untergliedernden Heilsweissagungen schließen so unvermittelt an unbedingte Gerichtsandrohungen an, daß ein Zusammenhang nicht ohne weiteres ersichtlich ist. Größere Probleme verbinden sich indes mit der stilistischen Zweiteilung des Buches, die gewiß beabsichtigt, aber nicht konsequent durchgeführt ist. Hos 1 und 3 schildern Heirat und Wiederannahme der Frau im Berichtstil. Die Ehescheidung in Hos 2 ist dagegen als Rede gestaltet. Stilistisch paßt sie damit besser zu Hos 4-14. Und auch Hos 1 als Fremd- und Hos 3 als Eigenbericht sind formal noch einmal voneinander unterschieden. Wiewohl in Hos 1-3 also eine Geschehnisfolge intendiert zu sein scheint, ist hier dennoch kein durchlaufender Erzählzusammenhang gegeben.

Hinzu kommt schließlich, daß das Hoseabuch eine Reihe von Aussagen bietet, die sich zwar durchaus miteinander vereinbaren lassen, aber dennoch widerständig zueinander zu stehen kommen. Auch hier seien wieder nur einige wenige aussagekräftige Beispiele herausgegriffen: Was ist Inhalt der geforderten Gotteserkenntnis – das kommende Ende (7,9), JHWHs Abwesenheit vom Kult (6,6), JHWHs Heilserweise in der Geschichte (2,10; 11,3) oder das Hoseabuch selbst (14,10)? Wem wendet sich das Volk an Stelle von JHWH zu – den Liebhabern (Hos 2), dem Baal (2,15.18.19; 9,10; 11,2; 13,1), anderen Göttern (3,1), JHWH im Kult (5,6; 6,1-3; 8,2), Assur (5,13; 7,11; 8,9), Ägypten (7,11), den Bildern (8,4; 11,2; 13,2), dem Stier (8,5f; 10,5f; 13,2) oder dem König (13,10)? Wann begann der Abfall Israels von JHWH – mit dem Königtum (9,15; 10,9), mit dem Eintritt ins Kulturland (9,10; 13,6), in Ägypten (11,1f) oder im

Mutterleib (12,4)? In welchem Verhältnis steht das Südreich Juda zum Nordreich Ephraim – als Leidens- und Schicksalsgenosse (2,2; 5,5; 5,8-6,6 u.ö.) oder als eigenständige Größe (1,7; 4,15)? Was eröffnet die Möglichkeit eines Neubeginns – JHWHs Wandel (2,16-25; 11,8-11) oder des Volkes Umkehr (3,5; 14,2-9)? Wem gilt der Neubeginn – dem ganzen Gottesvolk (2,1-3.16-25; 3,1-5; 11,8-11; 14,2-9), Juda allein (1,7) oder nur den Gerechten (14,10)?

Nach alledem ergibt sich für das Hoseabuch ein zwiespältiges Bild: auf der einen Seite ein hohes Maß an formaler und inhaltlicher Geschlossenheit, auf der anderen Seite divergierende Elemente, die sich in den Gesamtzusammenhang nicht ohne weiteres einfügen und die Einheit immer wieder in Frage stellen. Wie sich beides zueinander verhält, wie der eigentümlich zwiespältige Charakter des Buches zwischen Einheit und Vielfalt zu erklären ist, erweist sich somit als das zentrale Problem, vor das sich der sorgfältige Leser durch die Schrift selbst gestellt sieht.

In der Forschung ist dieses Problem auf unterschiedliche Weise angegangen worden.[2]

Zunächst konzentriert sich das Nachdenken auf die Suche nach einer plausiblen Erklärung für die Vielfalt innerhalb des Buches.

Bis zu Beginn des 20. Jahrhunderts werden die inneren Unstimmigkeiten in der Regel auf die leidenschaftliche Persönlichkeit des Propheten und eine lange Wirkungszeit mit verschiedenen Verkündigungsperioden zurückgeführt.[3] Das Buch gilt insgesamt als Werk Hoseas, auch wenn man schmerzlich anmerkt, daß sich ein durchgängiger Gestaltungswille nicht erkennen lasse.[4] Die zahlreichen Verknüpfungen, die den Text als sinnvoll strukturiertes Ganzes ausweisen und ihm seine konzeptionelle Einheit verleihen, geraten aus dem Blick. Die Einheit des Buches wird lediglich an der Person Hoseas festgemacht.

---

2   Vgl. die Literaturberichte zum Hoseabuch von Robinson, ThR 3, 95-99; Fohrer, ThR 19, 309-313; ThR 20, 250-256; ThR 28, 267-283; ThR 45, 193-199; Willi-Plein, ThR 64, 361-367. Zur entstehungsgeschichtlichen Frage vgl. zudem Yee, Composition, 1-25; Nissinen, Prophetie, 17-43, sowie neuerdings Rudnig-Zelt, Genese.

3   Vgl. etwa Umbreit 7f.10f; Ewald 173-180; Wünsche IX-XVIII.XXVII-XXXI.

4   Prominente Ausnahme ist Ewald 180-188, dessen Gliederungsvorschlag jedoch kaum Fürsprecher gefunden hat.

Noch einen Schritt weiter gehen die Erklärungsversuche der Literar-kritik, die die Einheit von Buch und Person des Propheten aufgibt, indem sie innerhalb des Hoseabuches verschiedene Autoren am Werke sieht. Klassisch ausformuliert findet sich dieser Ansatz bei K. Marti.[5] Er schei-det konsequent die von Juda handelnden Stellen sowie die Heilsweissa-gungen als Einzelzusätze aus. Ergebnis ist aber auch hier nicht ein plan-voll arrangiertes Ganzes, sondern lediglich ein weniger widersprüchlicher Prophet. In ihrer extremen Form ist diese These von H. Graetz vertreten worden.[6] Er unterscheidet zwei voneinander unabhängige Autoren Proto- und Deutero-Hosea, deren literarische Vermächtnisse Hos 1-3 und Hos 4-14 mehr oder weniger zufällig gemeinsam überliefert sind. Allen literar-kritischen Lösungsansätzen gemein ist, daß sie die Einheit des Buches auflösen.

Formgeschichtliche Erklärungsversuche machen aus diesem Mangel an Einheit eine Tugend, indem sie ausschließlich die kleinen Texteinhei-ten in den Blick nehmen, aus denen das Prophetenbuch zusammengesetzt ist. Methodisch grundgelegt von H. Gunkel,[7] hat diesen Ansatz für das Hoseabuch zum ersten Mal H. Greßmann durchgeführt.[8] Er identifiziert im Hoseabuch 47 echte Sprüche, die je für sich vor dem Hintergrund einer gattungsgemäß rekonstruierten Situation im Leben des Propheten ausgelegt werden. Der literarische Horizont der Sprüche spielt dabei keine Rolle: „Nach welchem Grundsatz die Anordnung der Sprüche erfolgt ist, läßt sich nicht sicher erkennen."[9] Wie es zu den buchübergreifenden Zusammenhängen kommt, bleibt in der Formgeschichte offen.

So gerät zunehmend die Frage nach dem Zusammenwachsen der ein-zelnen Spruckeinheiten in den Blick. Mehr und mehr werden größere Spruchsammlungen entdeckt, die – nach mnemotechnischen, chronologi-

---

5 Marti 1-11. Vgl. mit geringfügigen Abweichungen Wellhausen; Nowack[3] 10; Har-per clviii-clxii; Duhm, Anmerkungen.
6 Graetz, Geschichte, 392-399, dem Kaufmann, Religion, 368-377, und Ginsberg, Art. Hosea, folgen.
7 Gunkel, Literatur, 79-88; ders., Art. Propheten II; ders., Propheten, 104-140; ders., Einleitung 3 zu SAT II/2, XXXIV-LXX.
8 Greßmann 362f; vgl. auch Robinson 1; Jepsen 20; Weiser 14; Fohrer, Propheten, 56f.
9 Greßmann 363.

schen oder thematischen Gesichtspunkten geordnet – dem Propheten
noch sehr nahe stehen, unabhängig voneinander überliefert und frühestens in exilischer Zeit zum heute vorliegenden Buch vereinigt wurden.[10] Als prägend für die heutige Diskussion haben sich die Arbeiten
von H. W. Wolff und J. Jeremias erwiesen.

    Aus der Sicht von H. W. Wolff[11] lassen sich mehrere Einzelsprüche
jeweils einem Verkündigungsvorgang zuweisen. Diese „kerygmatischen
Einheiten" seien „alsbald nach dem Verkündigungsvorgang" von Anhängern des Propheten in „Auftrittsskizzen" schriftlich festgehalten und in
chronologischer Reihenfolge zu zwei unabhängigen Überlieferungskom-
plexen Hos 4-11 und 12-14 zusammengeschlossen worden. Erst in exilischer Zeit seien diese dann untereinander sowie mit der ihrerseits ehedem
selbständigen Überlieferungseinheit Hos 1-3 verbunden worden.

    J. Jeremias hat diese Auffassung dahingehend modifiziert, daß er eine
deutlichere Differenzierung zwischen mündlichem Wort des Propheten
und schriftlicher Fixierung vornimmt. Auch er hält das Hoseabuch im
wesentlichen für ein Werk der Prophetenschüler, jedoch nicht als Sammlung von Auftrittsskizzen. Jene hätten vielmehr

> „... die ihnen wichtigsten Hoseaworte, aufs Wesentliche verdichtet und verkürzt,
> zusammengestellt. ... In all diesen Spruchkompositionen üben die einst mündlich
> verkündeten Einzelworte Hoseas nur noch eine dienende Funktion innerhalb der
> Gesamtdarstellung der Botschaft aus. ... Für den Ausleger der Worte heißt all dies,
> daß er nur in seltenen Fällen unmittelbaren Zugang zur mündlichen Ver-
> kündigung des Propheten besitzt, sie zumeist allenfalls mit einem gewissen Grad
> an Wahrscheinlichkeit rekonstruieren kann. Aber nicht solche Rekonstruktionen,
> die nur heuristische Funktion haben, sind seine eigentliche Aufgabe, sondern die
> Deutung des überlieferten Hoseawortes, wie es die Schüler tradieren: als von der
> Geschichte schon bestätigtes, zugleich aber weit über den konkreten Geschichts-
> abschnitt hinaus wahres und gültiges Gotteswort."[12]

J. Jeremias lenkt den Blick somit zum ersten Mal auf das planvolle Arran-
gement der Einzelsprüche. Er wird damit dem Befund konzeptioneller

---

10   So etwa Nyberg, Studien, 1-20; Birkeland, Traditionswesen, 5-25.59-63; Frey, Auf-
     bau, 9-12.102f; Wolff XXIII-XXVII; Good, Composition; Buss, Word, 28-37;
     Mays 15-17; Willi-Plein, Vorformen, 241-253; Jeremias 18-20; ders., TRE 15, 591-
     593; ders., RGG⁴ 3, 1909f; Naumann, Hoseas Erben, 155-157.
11   Wolff XXIII-XXVII (Zitate S.XXV).
12   Jeremias 18f.

und struktureller Einheit innerhalb der Überlieferungsblöcke Hos 4-11 und 12-14 besser gerecht als diejenigen, die hier lediglich ein – letztlich zufälliges – mnemotechnisches oder chronologisches Ordnungsprinzip erkennen. Zudem weist er auf den „grundlegenden Wandel"[13] hin, der sich mit dem Übergang vom Wort zur Schrift vollzieht. Dieser mache es zwar unmöglich, den Wortlaut mündlicher Verkündigung zu rekonstruieren, lasse ihren Inhalt aber im wesentlichen unberührt („von der Geschichte bestätigtes Gotteswort"). Entsprechend dieser Prämisse werden die ursprünglichen Einzelsprüche ausschließlich vom literarischen Kontext des Prophetenbuches her gedeutet und gehen so ihres jeweiligen Eigensinns verlustig. Die Vielfalt *innerhalb der Überlieferungsblöcke* wird dem Gesamtzusammenhang subsumiert. Umgekehrt vermag J. Jeremias ebenso wenig wie H. W. Wolff zu erklären, weshalb das Hoseabuch bei aller zu beobachtenden Vielfalt gleichwohl einen auch *die Überlieferungsblöcke übergreifenden* einheitlichen Gesamteindruck vermittelt.

Diesem Dilemma versucht man in neuerer Zeit durch eine dezidiert synchrone Betrachtungsweise zu entgehen.[14] Die Disparatheit des Stoffes und die daraus resultierenden literarkritischen und formgeschichtlichen Ergebnisse zur Buchentstehung werden hier zwar nicht geleugnet, aber als für die Auslegung des Textes irrelevant erklärt. Das Buch wird statt dessen als literarische Einheit in seiner kanonischen Endgestalt in den Blick genommen. Dabei werden zahlreiche inhaltliche und sprachliche Querbeziehungen aufgewiesen, die in der klassischen Exegese eine nur unzureichende Beachtung fanden, dem Hoseabuch aber seine konzeptionelle Einheit verleihen. Allerdings treten demgegenüber Sinndimensionen der Einzeltexte in den Hintergrund. Die Vielfalt innerhalb des Hoseabuches wird eingeebnet. Darüber hinaus stellt sich die Frage, welche der Querbeziehungen für den Endtext sinntragend sind. Um darauf eine

---

13 Jeremias, Prophetenwort, 26; vgl. schon die frühen Aufsätze zum Thema: „Hosea 4-7" u. „Löwe".

14 Vgl. grundlegend Andersen/Freedman; ferner etwa Stuart; Simian-Yofre, Desierto; Landy, Hosea; Eidevall, Grapes; Lohfink, Zorn; Nwaoru, Imagery; Sweeney; Keefe, Body; Trotter, Reading Hosea; Berge, Victim; für einzelne Abschnitte bes. Vogels, Osée – Gomer; Sherwood, Prostitute; Törnkvist, Use; Utzschneider, Situation.

Antwort zu erhalten, wäre zu klären, wo die Endredaktion selbst produktiv tätig war.

Einen Mittelweg zwischen den beiden Extremen der formgeschichtlichen Vereinzelung von Texteinheiten und der holistischen Einebnung ihrer Unterschiede beschreitet die redaktionsgeschichtliche Erklärung des Textes. Diese Methode erkennt in der Disparatheit des Buches Indizien für seine literarische Schichtung. Die verschiedenen Beziehungen zwischen den einzelnen Schichten macht sie begreiflich, indem sie nachweist, daß diese nicht unabhängig voneinander entstanden sind, sondern aufeinander aufbauen. Die jüngeren Schichten tragen dabei die ihnen je eigene Auffassung in das Buch ein, indem sie die schon vorhandenen Texte bearbeiten und so neu deuten. Ein Prozeß, der sich fortsetzt bis zur heute vorliegenden Endgestalt. So ist die redaktionsgeschichtliche Methode in der Lage, Einheit und Vielfalt im Hoseabuch gleichermaßen zu erklären.

Nach Vorläufern in P. Riessler und R. E. Wolfe hat G. A. Yee das erste konsequent durchgeführte Schichtenmodell für das Hoseabuch vorgelegt.[15] Ausgehend von der Endgestalt unterscheidet sie vier Ebenen des Textwachstums.

Der hoseanische Grundbestand (H)[16] aus der Zeit des syrisch-ephraimitischen Krieges polemisiere gegen die vom Nordreich betriebene unheilschwangere Schaukelpolitik zwischen den Großmächten Ägypten und Assur. Sie werde als Hurerei und Ehebruch bewertet. Nach Untergang des Nordreiches seien die nunmehr bestätigten Prophetenworte aufgezeichnet worden. Durch Voranstellung von Hos 1* und Kommentierung von Hos 2 habe der verantwortliche Sammler (C)[17] das Bild von der Ehe zwischen JHWH und Israel geprägt, im hoseanischen Grundbestand hätten dagegen noch für die Erzeltern Jakob und

---

15   Yee, Composition. Riessler identifiziert im Hoseabuch vier Schichten, zudem einige Einzelzusätze, wobei die Redaktoren auf Parallelsammlungen mit echt hoseanischem Spruchgut hätten zurückgreifen können. Ein Schichtenmodell für das gesamte Zwölfprophetenbuch hat dagegen Wolfe, Editing, vorgelegt; vgl. schon Budde, Redaktion.

16   Hos 2,4aα.b.5.7b.12; 4,4*.5b.12bα.18*-19a; 5,1-2a.3.5a.bα.8-13a.14; 6,8-10; 7,1*-3.5-9.11-12a*.13-15*; 8,8-10; 9,11-13.16; 10,11.13a; 12,1a.2-4.8-9.13.15; 13,12-13.15; 14,1.

17   Hos 1,2-4.6a.bα.8-9; 2,4aβ.6-7a.18aβ.b.21-22a.

Rahel gestanden. In der Folge sei das Hoseabuch – analog dem Cross-schen Blockmodell[18] zur Entstehung des Deuteronomistischen Geschichtswerkes – einer doppelten deuteronomistischen Redaktion unterzogen worden. Ein frühdeuteronomistischer Bearbeiter (R1)[19] aus der Josiazeit habe das überkommene Material für judäische Leser aktualisiert, am Maßstab der Tora – Dekalog und Kultzentralisation – ausgerichtet und den Vorwurf der Hurerei über die Bündnispolitik hinaus auf die Fremdgötterverehrung bezogen. Der im Exil wirkende Endredaktor (R2)[20] habe dem Buch durch Einfügung der strukturierenden Heilsworte schließlich seine vorliegende Gestalt gegeben. Er verfolge das Ziel, Israel durch Umkehr zu Rückkehr aus dem Exil und Restitution anzuleiten.

Indem G. A. Yee ausdrücklich den Endtext zum Ausgangspunkt ihrer Analyse macht, stützt sie ihre These auf die einzige empirische Realität, die wir besitzen. Dabei konzentriert sie sich zunächst auf die Arbeit des Endredaktors, der für Struktur und Inhalt des vorliegenden Buches verantwortlich zeichne. Diese versucht sie durch eine der literarkritischen Differenzierung vorangehende Strukturanalyse zu ermitteln. Erst in einem zweiten Schritt lasse sich dann nach literarischen Vorstufen fragen. Doch gilt auch hier zu bedenken, was schon zu den holistischen Arbeiten zum Hoseabuch angemerkt wurde: Angesichts der Vielzahl der Bezüge im Buch läßt sich ohne literarkritische Differenzierung nicht sagen, welche Textsignale für die Letztgestalt sinntragend sind. Synchronie und Diachronie bedingen sich gegenseitig. Da G. A. Yee aber den synchronen dem diachronen Aspekt vorordnet, wirken die von ihr erhobenen Schichten in sich noch recht inhomogen. Der Vielfalt innerhalb der Schichten und mithin im Buch vermag sie so nicht gerecht zu werden.[21]

---

18 Cross, Themes.
19 Hos 2,10a.11.13-15a; 4,1-2.4*-5a.6b.13b.15-16a.17a.18*.19b; 5,5bβ-7; 6,4.6-7.11a; 8,1-4a.5aβ.b-6*.11-12; 9,1.5.7.10.15; 10,1-8.15.
20 Hos 1,1.5.6bβ-7; 2,1-3.8-9.10b.15b-18aα.19-20.22b-25; 3,1-5; 4,3.6a.7-12a.12bβ-13a.14.16b.17b; 5,2b.4.13b.15; 6,1-3.5.11b; 7,1*.4.10.12*.15*.16; 8,4b-5aα.6*-7.13-14; 9,2-4.6.8-9.14.17; 10,9-10.12.13b-14; 11,1-11; 12,1b.5-7.10-12.14; 13,1-11.14; 14,2-10.
21 Vgl. auch die Kritik bei Naumann, Hoseas Erben, 13f, u. bes. bei Nissinen, Prophetie, 28-31.

Dieses Problems nimmt sich M. Nissinen an, indem er die „Möglichkeit eines allmählichen Zuwachses weniger systematischer Art" ins Auge
faßt.[22] Dazu führt er die Unterscheidung zwischen „Redaktion" und
„Fortschreibung" ein.

> Unter *Redaktion* versteht er „eine planmäßige Tätigkeit ..., die größere Textstücke
> überblickt und bearbeitet. Bei der Redaktion wird älteres Textmaterial unter je-
> weils charakteristischen Blickpunkten gewählt und gesammelt sowie auch um-
> gestaltet und neu konzipiert. Darüber hinaus kann die Redaktion auch literarisch
> produktiv sein, d.h. neuen Text erschaffen.
>
> Demgegenüber gilt das Wort *Fortschreibung* als Bezeichnung einer weniger
> systematischen, durch einzelne Stücke inspirierten sporadischen Textkommentie-
> rung. Obwohl dabei auch älteres Material zitiert werden kann, strebt dieses Ver-
> fahren keine umfangreiche Bearbeitung der Textstücke in neue Kompositionen
> an, sondern hat einen jeweils lokalen Zielpunkt."[23]

M. Nissinen identifiziert im Hoseabuch drei Redaktionsschichten und
eine Vielzahl von punktuellen Fortschreibungen. Die *erste Redaktion*,
zugleich das älteste Hoseabuch, sei in Hos 4,1-11,11 zu finden. Sie sei
durch imperativische Aufrufe (4,1; 5,1.8; 6,1; 8,1; 9,1) und geschichtliche
Rückblicke gegliedert (9,10; 10,1; 11,1-4), durch den Begriff „Wort" in 4,1
(דבר יהוה) und 11,11 (נאם יהוה) gerahmt und inhaltlich ganz von der
Klage und Trauer um den Untergang des Nordreiches bestimmt (4,3a;
5,15-6,3; 7,8f; 8,7f; 9,3-6.11-17; 10,5-8; 11,5f). In Hos 11,1-4*, womöglich
auch in 4,1-3*, könnte mündliches Material in die Komposition eingeflos-
sen sein. Die *zweite Redaktion*, die neben Hos 4,1b-2a.4.6b.9f mindestens
Hos 6,4-7; 8,1b.4; 12,1-3; 13,4-8 umfasse, trage deuteronomistisches Gedankengut ein und stelle das Buch unter den Oberbegriff des „Rechtsstreits" (ריב 4,1; 12,3). In diesem Zuge mögen auch die Kapitel Hos 1-3
Eingang in das Hoseabuch gefunden haben (vgl. ריב in 2,4). Die *dritte
Redaktion* habe das Buch schließlich unter dem Gesichtspunkt der Heils-
eschatologie umgearbeitet. Ihr gehörten so unterschiedliche Texte wie
Hos 1,7; 2,1-3.16-25; 3,1-5; 11,8-11* und 14,2-9 zu. Deshalb könne hier
auch nicht mit Sicherheit von einer „Redaktion" gesprochen werden, wie
überhaupt der überwiegende Teil der Zusätze von einer eher unsystemati-

---

22 Nissinen, Prophetie (Zitat: 31).
23 Nissinen, Prophetie, 37.

schen Fortschreibungstätigkeit herrühre (etwa 4,3aβ.5.14.16+19,17.18; 11,10; 5,2-7; 12,4-13,2).

M. Nissinen gelangt so zu einem sehr differenzierten Bild von der Entstehungsgeschichte des Hoseabuches. Da er in den von ihm untersuchten Texten jedoch weniger übergreifende Redaktions- als punktuelle Fortschreibungstätigkeit entdeckt, steht seine Untersuchung in der Gefahr, die Einheit des Buches aus dem Blick zu verlieren. Ob er ihr letzten Endes erliegt, läßt sich allerdings nicht genau feststellen, da sich seine Studie im wesentlichen auf die Kapitel Hos 4 und 11 beschränkt.

Gleiches gilt auch für die beiden neuesten redaktionsgeschichtlichen Arbeiten zum Hoseabuch von M.-T. Wacker und von H. Pfeiffer.

M.-T. Wacker stellt Hos 1-3 ins Zentrum ihrer Analyse.[24] Vor diesem Hintergrund ermittelt sie vier Ebenen der Buchgenese. Den Ausgangspunkt habe möglicherweise eine *Sammlung von Klagen* über den Untergang des Nordreiches gebildet, der neben Hos 2,4.7*.10f* die Erzählung Hos 1* als Einleitung zugehört habe. Sie stehe spätvorexilischer, vom Deuteronomium beeinflußter Theologie nahe. Eine *frühnachexilische Buchausgabe*, „die mit der Komposition Hos 1,2-2,25* einsetzte, Kap. 3 noch nicht enthielt und deren Schlußteil von Hos 11,1-9* über ... 13,12-14 zu 14,5-9* führte,"[25] habe dann die Begnadigung Ephraims zum Thema. Davon setze sich noch in persischer Zeit eine *samariakritische Bearbeitung* ab, die in Hos 1,2*; 2,6-7a; 6,7-7,2; 13,2-3 und besonders in Hos 3 greifbar sei. *Späteste punktuelle Zusätze* zeichneten schließlich das Bild eines friedvollen Miteinanders von Israel und Juda in kosmischen Farben (etwa 1,5.7b; 2,20.23f; 4,3b; 11,10.11 und bes. 2,1-3).

Demgegenüber ist H. Pfeiffer an der Bewertung des Heiligtums von Bethel interessiert.[26] Er untersucht all diejenigen Texte im Hoseabuch, die mit dem dortigen Kult in Verbindung stehen (2,16f; 4,15; 8; 9,1-6; 10,1-8; 11; 12; 13*), strebt jedoch keine Synthese in Form einer Entstehungsgeschichte des Buches an. Zusammenfassend gelangt er zu folgendem literar- und theologiegeschichtlich differenzierten Bild der Bethel-Kritik im Hoseabuch: Im *hoseanischen Spruchgut* werde dem Stierbild das Ende ange-

---

24 Wacker, Figurationen.
25 Wacker, Figurationen, 253.
26 Pfeiffer, Heiligtum.

sagt (8,5aα.6b; 10,5-6a*), jedoch nicht vor dem Hintergrund einer exklusiven oder bildlosen JHWH-Verehrung. Vielmehr gerate der Staatskult insgesamt unter dem Eindruck des assyrischen Vormarsches auf der syropalästinischen Landbrücke im 8. Jh. v.Chr. in Mißkredit (10,5*), weil er JHWH bei einem der urzeitlichen Exodustat entsprechenden heilvollen Eingreifen behafte. Der Prophet sehe dagegen im assyrischen Vormarsch eben jenen Exodusgott JHWH am Werk, der das Ergehen von Staat und Volk von der urzeitlichen Rettungstat löse (9,3b-4; 12,10; 13,4a.5) und an das Tun von König und Volk binde (9,15*). Nach Untergang des Nordreiches sei die Hosea-Überlieferung durch die Hände *vor-deuteronomistischer Tradenten* gegangen. Sie unterschieden sich im Denken nur wenig vom Propheten, lediglich eine Fokussierung der Kritik am Stier auf die Bilderproblematik ließe sich feststellen (8,4b; כ-Sätze in 10,5). „Dies erklärt sich aber nicht aus einer wie auch immer gearteten Bilderpolemik, sondern daraus, daß das Kultbild schlechterdings den Exponenten des kulttheologischen Denkens bildet."[27] Erst eine *„dtr. (post-dtr.?) inspirierte Bethel-Kritik"* belege den Nordreichskult mit dem Vorwurf der Fremdgötterverehrung (Hos 2,4-15; 4,1-19*; 5,1-8; 8,1b; 9,1b; 11*). Daneben lasse sich in Hos 12,3-5.7-11.13f eine spezifisch *exilische Bethel-Theologie* ausmachen, die die Bedeutung Bethels als Heiligtum der im Land verbliebenen Judäer kritisch beleuchte. Sie stelle der mit Bethel verbundenen Jakobtradition die Größen Exodus und Gesetz entgegen. In *nachexilischen Bearbeitungen* werde schließlich gegen das Stierbild als bloße Handwerksarbeit (8,6a; 13,2*-3) und gegen Bethel als Beispiel der Abgötterei (4,15) polemisiert.

Sowohl M.-T. Wacker als auch H. Pfeiffer folgen M. Nissinen in der methodischen Ausrichtung, kommen aber zu sehr unterschiedlichen Ergebnissen. Das mag zu einem nicht unwesentlichen Teil damit zusammenhängen, daß von allen drei Forschern immer nur Teilbereiche des Hoseabuches untersucht werden. „Daher wünscht man sich dringend eine erneute, den gesamten Bestand des Buches einbeziehende redaktionsgeschichtliche Untersuchung."[28]

---

27 Pfeiffer, Heiligtum, 226.
28 Kaiser, Grundriß II, 112, noch mit Blick auf Yee, Composition, und Nissinen, Prophetie.

Ausgangspunkt einer solchen Untersuchung soll in dieser Arbeit das Kapitel Hos 11 sein. Das bietet sich zum einen deshalb an, weil Hos 11 eine Reihe divergierender Elemente in sich vereinigt, die Zweifel an seiner literarischen Integrität aufkommen lassen. Zum anderen kommt dem Text eine kompositionelle Schlüsselposition zu, insofern hier Querbeziehungen aus dem gesamten Buch zusammenlaufen. Von der Entwirrung dieses kompositorischen Knotenpunktes sind somit erste Aufschlüsse über die Entstehung des Hoseabuches zu erwarten.

II. Hosea 11

1. Hosea 11 im Kontext des Hoseabuches

Wie bereits ausgeführt, besteht das Hoseabuch aus zwei stilistisch unterschiedenen Hauptteilen, Hos 1-3 und Hos 4-14, die ihrerseits durch Heilsweissagungen in drei bzw. zwei Unterabschnitte gegliedert werden. Kapitel 11 bildet dabei den Abschluß des ersten Abschnitts des zweiten Teils. Hier laufen Bezüge aus dem gesamten Buch zusammen.

Der Umstand, daß das Kapitel in eine Heilsweissagung mündet, verbindet es mit den *Schlußtexten der übrigen Unterabschnitte*. Die Beziehung zu Hos 14 reicht dabei bis in die Formulierung hinein, wie insbesondere ein Vergleich zwischen Hos 11 und 14,5 zeigt. In Hos 14,5 verheißt JHWH: „Ich will ihre Abtrünnigkeit (משובה) heilen (רפא), will sie aus freien Stücken lieben (אהב). Denn mein Zorn (אף) ist von ihm gewichen." Ähnlich verkündet JHWH in Hos 11, daß er seinen Zorn (V.9 אף) nicht ausführen werde, obwohl Israel nicht erkannt habe, daß er es geheilt habe (V.3 רפא), ja, obwohl Israel aufgehängt sei in Abtrünnigkeit (V.7 משובה) von ihm, der es anfänglich liebgewonnen (V.1 אהב) habe.

Thematisch gehört Hos 11 den *Geschichtsrückblicken* ab Hos 9,10 zu, mit deren erstem Vers es den Vorwurf der Fremdgötterverehrung gemein hat (vgl. die Gottesbezeichnung בעל in 9,10; 11,2). Darüber hinaus verbindet das in Hos 11 zentrale Ägypten-Motiv die beiden Unterabschnitte Hos 4-11 und 12-14. Weist Hos 11,5 auf die Exilierungsaussagen שוב מצרים aus Hos 8,13 und 9,3 zurück, so bereitet die Berufungsaussage

ממצרים die Herkunftsbezeichnungen „durch einen Propheten hat JHWH Israel aus Ägypten (ממצרים) heraufgeführt" in Hos 12,14 und „Ich aber bin JHWH, Dein Gott, vom Lande Ägypten her (מארץ מצרים)!" in Hos 12,10 und 13,4 programmatisch vor. Hos 11 kommt insofern eine Scharnierfunktion zu.

Auch in den ersten Teil des Hoseabuches *Hos 1-3*, namentlich zu Hos 2, weist Hos 11 Beziehungen auf. So kontrastiert JHWHs anfängliche Liebe (אהב) der Zuneigung der Frau Israel zu ihren Liebhabern (מאהבים). Sodann stimmt der Vorwurf des Nichterkennens (לא ידע), des den Baalen Hinterherlaufens (הלך) und Räucherns (קטר) – kurz: der Fremdgötterverehrung – in beiden Kapiteln überein. Bezeichnenderweise begegnet der Plural בעלים ausschließlich an diesen beiden Stellen im Hoseabuch.

Die auffälligsten Bezüge bestehen allerdings zu *Hos 4,1-9,9*, dem vorderen Bereich des ersten Unterabschnitts des zweiten Hauptteiles.[29] Sie verdichten sich in Hos 4,1-9,9 an Anfang und Ende des Abschnitts. So wird in Hos 4 der Rechtsstreit mit den Bewohnern (ישב) des Landes eröffnet, ihnen in Kap. 9 das Wohnrecht (ישב) im Lande JHWHs aufgekündigt und in Hos 11 eine erneute Wohnerlaubnis in ihren Häusern zugesichert (ישב). Desgleichen wird die Exilierungsaussage שוב מצרים aus Hos 8,13 und 9,3 in Hos 11,5 wiederholt und in Hos 11,11 wieder aufgehoben. Die Volksbezeichnung עמי begegnet innerhalb von Hos 4-11 allein in Hos 4 und Hos 11, die Kultpolemik in der Formulierung mit זבח und קטר im ganzen Hoseabuch ausschließlich in Hos 4,13 und 11,2. Schließlich findet sich auch der Vorwurf mangelnder Gotteserkenntnis aus Hos 11,3, der zentrale Vorwurf von Hos 4,1-9,9, bereits pointiert in der Überschrift Hos 4,1-3.

Fassen wir zusammen: Hos 11 ist auf vielfältige Weise mit dem Buchkontext verwoben. Über die abschließende Heilsweissagung ist das

---

29 Vgl. nur die mannigfachen Stichwortverbindungen, insbesondere aus den Eingangsversen von Hos 11: zu אהב vgl. 8,9; 9,1; zu מצרים 7,11.16; 8,13; 9,3.6; zu קרא 7,7.11; zu הלך 5,6.11.13.14.15; 6,1.4; 7,11.12; 9,6; zu זבח 4,13.14.19; 6,6; 8,11.13; 9,4; zu קטר 4,13; zu זרוע 7,15; zu ידע 4,1.6; 5,3.4.9; 6,3.6; 7,9; 8,2.4; 9,7; zu רפא 5,13; 6,1; 7,1; zu משך 7,5; zu אכל 4,8.10; 5,7; 7,7.9; 8,13.14; 9,3.4; zu שוב 4,9; 5,4.15; 6,1.11; 7,10.16; 8,13; 9,3.

Kapitel eingebunden in das buchübergreifende Untergliederungssystem, also in die Makrostruktur des Hoseabuches. Mehr thematisch ist es mit dem unmittelbaren Nahkontext der Geschichtsrückblicke ab Hos 9,10 und mit dem ersten Hauptteil des Buches Hos 1-3 (Vorwurf der Fremdgötterverehrung) verbunden. Die signifikantesten Bezüge bestehen indes zu dem Komplex Hos 4,1-9,9.

Um diese Vielzahl an Fäden zu entwirren, ist es hilfreich, das komplexe Kapitel Hos 11 einer genaueren Untersuchung zu unterziehen. Dabei soll die methodische Frage noch einmal im Vordergrund stehen, um den hier präferierten Zugriff am konkreten Einzeltext zu bewähren.

2. Exegese von Hos 11

a) *Übersetzung und Text*

11,1   Als Israel jung war, gewann ich es lieb,
      und aus Ägypten rief[a] ich meinen Sohn[b].
11,2   Rief man[a] sie,
      so gingen sie von mir[b] weg.
      Den Baalen opferten sie,
      den Götterbildern räucherten sie.
11,3   Ich war es, der Ephraim großgezogen hat[a].
      Er[b] nahm sie auf seine[c] Arme.
      Aber sie haben nicht erkannt, daß ich sie heilte.
11,4   An menschlichen[a] Seilen zog ich sie,
      an Stricken der Liebe.
      Aber ich war für sie wie die[b],
      die ein Joch auf ihre Kinnbacken legen.[c]
      Ich neigte[d] mich zu ihm, gab zu essen[e].
11,5   Zurück[a] muß er in das Land Ägypten,
      und Assur, der ist sein König!
      Denn sie haben sich geweigert umzukehren.
11,6   Das Schwert wird in seinen Städten[a] wirbeln[b]
      und seine Orakelpriester[c] vernichten
      und vertilgen wegen ihrer Ratschläge[d].

11,7   Aber mein Volk ist aufgehängt[a)] an Abtrünnigkeit[b)] von mir:
        Zum „Hohen" rufen sie;[c)]
        der wird sie nie und nimmer erhöhen[d)].

11,8   Wie könnte ich dich preisgeben, Ephraim, dich hingeben, Israel?
        Wie könnte ich dich preisgeben wie Adma, dich zurichten wie
        Zeboim?
        Umgewandt hat sich gegen mich mein Herz,
        ganz und gar entbrannt ist mein Mitleid[a)].

11,9   Nicht will ich meinen glühenden Zorn vollstrecken,
        nicht will ich Ephraim wieder vernichten.
        Denn Gott bin ich, nicht Mensch,
        in deiner Mitte heilig,
        und nicht will ich kommen in zorniger Erregung[a)].

11,10   Hinter JHWH werden sie herziehen, wie ein Löwe brüllt er.
        Wenn er brüllt,
        kehren zitternd die Söhne aus dem Westen[a)] zurück.

11,11   Sie kehren zitternd aus Ägypten zurück wie Vögel
        und wie Tauben aus dem Land Assur,
        ich werde sie in ihren Häusern wohnen lassen[a)] – Spruch JHWHs.

---

1 a) Zu ל קרא s.u.S.32. – b) Der masoretischen Lesung לבני, die durch Mt 2,15 und α'
gestützt wird, ist der Vorzug zu geben gegenüber der Plurallesung von בן bei LXX und
T. Die Versionen gleichen offenbar an die pluralische Rede von Israel in V.2 an. Zur
Diskussion s. Neef, Heilstraditionen, 97f, und Nissinen, Prophetie, 236f.
2 a) Die Unbestimmtheit des Subjekts von קראו hat seit jeher Probleme bereitet. Dabei ergibt M durchaus Sinn, wie Vollmer, Rückblicke, 57f, gezeigt hat (vgl. bereits
Bach, Erwählung, 65, Anm. 76, sowie neuerdings Daniels, Hosea, 62, und Nissinen,
Prophetie, 240f): „Die Unbestimmtheit des Subjekts in קראו könnte ja gerade den Gegensatz zu dem Subjekt Jahwe in 11 1 beabsichtigen und den Abfall von Jahwe veran-
schaulichen: ‚Man rief sie, da gingen sie von mir weg'. Irgend jemand hat gerufen –
und schon fällt Israel von Jahwe ab." (57) Demgegenüber bieten die Versionen die
lectio facilior, indem sie eine Identifikation des Subjekts vornehmen, LXX mit JHWH
und T mit den Propheten. Die üblichen Änderungsvorschläge nach LXX in כקראי
(z.B. Marti 86 u. neuerdings Borbone, Libro, 95), כדי קראי (z.B. Wellhausen 127) oder
in einen Inf. abs. קרוא (so Rudolph 209 und Kümpel, Berufung, 195, Anm. 6) bzw.
קָרָאוּ (so Kuhnigk, Studien, 129, abgeleitet aus dem Ugaritischen) haben somit nicht
allzuviel Wahrscheinlichkeit für sich. Die im Gefolge von T vorgenommene Identifikation mit den Propheten (so etwa Nyberg, Studien, 84f, und neuerdings Zenger,

Menschen, 194, in Anlehnung an die jüdische Interpretation des Mittelalters, vgl.
Wünsche 481f) hätte zwar den Vorteil, daß das textkritisch zweifelhafte (s.u.) Suffix
3.m.pl. in מפניהם einen Bezug erhielte und beibehalten werden könnte, doch ist von
Propheten in Hos 11 ebensowenig die Rede wie von moabitischen Frauen, die Szabó,
Problems, 518, Andersen/Freedman 578, Yee, Composition, 217, und Nissinen, Prophetie, 241, mit Verweis auf Num 25,1ff zum Subjekt von קראו machen wollen. Einzig erwägenswert – will man das Subjekt unbedingt näher bestimmen – ist der Vorschlag von Pfeiffer, Heiligtum, 188, die „בעלים von V.2bβ bereits als Subjekt von V.2a
aufzufassen" (so schon Daniels, Hosea, 63). – b) Lies mit LXX und der Mehrzahl der
Exegeten מפני הם (falsche Wortabtrennung, möglicherweise aufgrund andersartigen
Verständnisses von קראו).

3 a) Auf eine Textänderung in הרגלתי (so bereits Marti 86 und in neuerer Zeit Willi-
Plein, Vorformen, 196: ת/ה-Verschreibung) kann verzichtet werden, wenn man
תרגלתי als t-präfigiertes Denominativ des Substantivs רגל (so bereits Barth, Nominalbildung, 279, und neuerdings wieder Nissinen, Prophetie, 242) versteht. Für gewöhnlich wird die Form von einem – in seiner Existenz freilich umstrittenen – Tiphel-
Stamm hergeleitet (GK §55h). Die genaue Bedeutung des hapax legomenon ist schon
den alten Übersetzungen unklar gewesen (LXX: συμποδίζω – „die Füße zusammen-
binden"; S und T: *dbrt* bzw. דבריה – „führen, leiten"; σ' und V: ἐπαιδαγώγουν bzw.
quasi nutritius – allgemeine Lehrtätigkeit). Als Kausativ der Wurzel רגל legt sich die
Bedeutung „gehen lehren" nahe, im übertragenen Sinne vielleicht sogar „großziehen"
(so Kreuzer, Gott, 128-130, unter Verweis auf arabische Parallelen und in kritischer
Auseinandersetzung mit der Annahme Schüngel-Straumanns, Gott, 123f., es existiere
im Arabischen eine Wurzel *rğl* – „stillen"). – b) Eine befriedigende Erklärung für die
singuläre Form קחם ist bis heute nicht gefunden. Die jüdische Exegese des Mittelalters
teilt sich in zwei Hauptstränge (vgl. Barthélemy, Critique, 591f), die einen sehen darin
einen Infinitiv mit Suffix 3.m.pl., die anderen eine durch Aphärese des ל entstandene
Form 3. m.sg.pf. Qal mit Suffix 3.m.pl. Gegen die erstgenannte Interpretation als Infinitiv spricht allerdings, daß ein Inf. abs. in Verbindung mit einem Suffix (so Kuhnigk,
Studien, 130-132) nicht nachweisbar ist (GK §113a), der Inf. cs. mit 3. m. pl.-Suffix
dagegen קחחם lauten würde (vgl. die entsprechende Konjektur von Graetz, Emendationes, 14, während Duhm, Anmerkungen, 35, das Suffix 3.m.sg. liest) und darüber
hinaus auch noch das Suffix 3. m. sg. in זרועתיו durch Streichung des ו in die 1. sg.
geändert werden müßte. Demgegenüber kommt die zweitgenannte Deutung der Form
als Aphärese für לקחם, die im 19.Jh. von Hesselberg 57f, Hitzig 49, Wünsche 484 und
Keil 98 sowie neuerdings wieder von Barthélemy, Critique, 592f, und Pfeiffer, Heiligtum, 188, vertreten wurde, ganz ohne textkritische Operationen aus. Probleme bereitet
jedoch, daß eine solche Aphärese ohne Parallelbeleg ist (vgl. schon die Skepsis von
GK §§19i; 66g). Hält man sie dennoch für möglich, was angesichts der Unregelmäßig-
keit der Bildung von לקח nicht ausgeschlossen werden kann, erweisen sich die Versionen und die davon abgeleiteten Konjekturvorschläge als lectio facilior, insofern sie
eine Angleichung an die JHWH-Rede des Kontextes vornehmen. So lesen im

Anschluß an S und V Ewald, Propheten, 236, Jeremias 138 u.a. אקחם, Guthe 15, Wolff 247 u.a. ואקחם, Halévy, Livre, 194, und Praetorius, Gedichte, 32, לקחתים, während Zenger, Menschen, 200, Nissinen, Prophetie, 244, und Borbone, Libro, 95, nach LXX in אקחהו konjizieren. Mit den geringsten Textänderungen kämen Nyberg, Studien, 85, und Rudolph 209 aus, die ein durch Haplographie des מ verstümmeltes suffigiertes Substantiv מקם annehmen, „das im Acc. modi steht: ‚in einem sie an den Armen nehmen‘" (Rudolph 209). Dagegen zwingt der Vorschlag von Andersen/Freedman 580, קח מעל für על קחם zu lesen (falsche Wortabtrennung), zu massiven Textumstellungen innerhalb von V.3-4. – c) Die textkritische Entscheidung steht in Zusammenhang mit der vorigen: Versteht man die Form קחם als Aphärese von לקחם, kann M (זרועתיו) beibehalten werden. Ansonsten wird man mit LXX, S und V in זרועתי ändern.

4) Die LXX-Version erklärt sich daraus, daß sie die Gerichtsaussagen in Hos 11 bereits mit V.4aβ beginnen läßt: Ἐν διαφθορᾷ ἀνθρώπων ἐξέτεινα αὐτοὺς ἐν δεσμοῖς ἀγαπήσεώς μου καὶ ἔσομαι αὐτοῖς ὡς ῥαπίζων ἄνθρωπος ἐπὶ τὰς σιαγόνας αὐτοῦ · καὶ ἐπιβλέψομαι πρὸς αὐτόν, δυνήσομαι αὐτῷ. – a) Zur Kritik an den unnötigen, von der Textüberlieferung nicht gedeckten Änderungsvorschlägen für אדם in רחמים bzw. נחומים (Graetz, Emendationes, 14), חסד (Graetz, Psalmen, 144; Sellin²⁻³ 111), אמת (Procksch 51.169), ’ādēm (Kuhnigk, Studien, 132: kontrahierter Dual von ’ād, einer Nebenform von yād, als Accusativus medii: „mit beiden Händen") oder אָדְם (vgl. Nyberg, Studien, 85: von einer Wurzel אדד/ידד „lieben") vgl. Nissinen, Prophetie, 246; zu Drivers, Minor Prophets, 161f, Auffassung, אדם wie auch der Parallelbegriff אהבה bedeute hier „Leder" (so für אדם bereits Winckler, Menschenseile, 230, für אהבה noch einmal Hirschberg, Arabic Etymologies, 373), vgl. zudem die Kritik bei Barr, Philology, 154, und Macintosh 446. LXX übersetzt בחבלי irrtümlich mit ἐν διαφθορᾷ von der Wurzel חבל III „verderbt handeln". – b) „Ob das Wort כמרימי pluralisch oder singularisch (בְּמֹרִימִי: NYBERG 85; VOLLMER 1970, 58; KUHNIGK 133; כְּמֵרִים: HARPER 361; ROBINSON 42; DONNER, Israel, 85) aufzufassen ist, ist weitgehend eine Geschmacksache." (Nissinen, Prophetie, 247). Ich bleibe bei M. – c) Zur Bedeutung der Wendung רום על על hi. s.u.S.29f.34. – d) Mit Ausnahme der LXX (ἐπιβλέπω < נבט?; ihr folgen Houtsma, Bijdrage, 71f, Oort, Hozea, 497, Valeton, Hosea, 77, Anm. 71) leiten alle Textzeugen ואט von נטה her. Die Masoreten scheinen die Form als hi. impf. aufgefaßt zu haben, doch weist die Apokope eher auf einen Narrativ hi. (וַיַּט; so schon Halévy, Livre, 195) oder Qal (וַיֵּט; so schon Oettli, Zeugen, 96). Die in einigen älteren Kommentaren (z.B. Hesselberg 58, Ewald, Propheten, 236, zuletzt van Gelderen/Gispen 384) vertretene Interpretation als Adverb (von אט: „sanft gegen ihn") bereitet dagegen syntaktische Probleme (vgl. Wolff 248). – e) אוכיל versteht man am besten als 1. sg. impf. Qal von אכל. Die ungewöhnliche Bildung (vgl. GK §68i) hat bereits den alten Übersetzern zu schaffen gemacht: LXX δυνήσομαι < יכל; T למיכל; S w’klw, V ut vesceretur. Beachtenswert ist die Deutung der Form als Substantiv, die Macintosh 447f in Rückgriff auf α’ (βρώματα), σ’ (τροφή), θ’ (βρῶσις) und Kimchi vor-

nimmt, doch findet sich für diesen Vorschlag kein Parallelbeleg (vgl. Rudolph 210, der
אָכְלוֹ zu lesen erwägt). Unnötige Konjekturen: סֵבֶל (Graetz, Emendationes, 14); אֲהֲלִי
(Halévy, Livre, 195); Form von יכל nach LXX (Marti 87; Andersen/Freedman 582f).
5 a) In Rückgriff auf LXX wird das לא zu Beginn von V.5 zumeist als לו zu V.4 gezogen (so etwa Wellhausen 127; Wolff 248; Jeremias 138 u.v.m.). Gegen diesen Vorschlag spricht allerdings, daß אכל hi. sonst nicht mit ל gebildet wird (vgl. Marti 88 und
Rudolph 210; letzterer liest deshalb אוֹכִילֵוֹ). Ganz offensichtlich gleicht LXX V.5aα an
Hos 9,3bα an (Streichung der Negation; Zufügung des Subjekts Ephraim; Verwendung
des Verbs ישב; Streichung des Wortes ארץ; vgl. Bons/Joosten/Kessler 143). So wird
M die ursprüngliche Textgestalt bewahrt haben. Schwierigkeiten bereitet jedoch das
Verständnis des לא als echte Negation in dem Sinne „nicht Ägypten, sondern Assur"
(so bereits S, T, V und neuerdings wieder Lohfink, Hos xi, 227f; Macintosh 450), setzt
doch die Rückkehrverheißung aus Ägypten und Assur in 11,11 eine Exilierung auch
nach Ägypten voraus. Alternativ kann das לא interrogativ-asseverativ verstanden
werden (Rosenmüller 333 mit Verweis auf Lackemacher; Nyberg, Studien, 86; van
Gelderen/Gispen 385; Gordis, Text, 89; Soggin, Text, 223; Kuhnigk, Studien, 134;
Andersen/Freedman 583f; Yee, Composition; 359; Nissinen, Prophetie, 250, u.a.).
Zum Problem s. ferner u.S.37-39.
6 a) Es besteht keine Notwendigkeit, ערים hier mit Driver, Problems, 54, als „blutbe-
spritzte Altäre" (von der arabischen und ugaritischen Wurzel ġr – „blutbeschmierter
Stein") oder mit Kuhnigk, Studien, 135, als „Prinzen" (von der ugaritischen Wurzel ġyr
– „beschützen") zu verstehen. Auch die alten Übersetzungen geben das Wort ausnahmslos mit „Städte" wieder. Eine ausführliche Kritik an Drivers Vorschlag bietet
Nicholson, Altars. – b) Am besten leitet man וחלה mit T von der Wurzel חול – „tan-
zen, wirbeln" her. Möglich wäre auch eine Ableitung von der Wurzel חלל, allerdings
nicht, woran in V (coepit) offenbar gedacht ist, im Hiphil-Stamm, sondern, wie Kuhnigk, Studien, 135, in Anlehnung an McDaniel, Lamentations, 45-48, vorgeschlagen
hat, als Perfekt Qal Passiv mit der Bedeutung „loslassen". Doch ist das Qal dieser
Wurzel in seiner Existenz unsicher (s. allenfalls Thr 4,6), die Verwendung des Passiv in
diesem Vers neben den Aktiva bei gleichem Subjekt unschön. Gegen den Vorschlag
von Andersen/Freedman 585, die Form in Anlehnung an LXX und S mit der Wurzel
חלה in Verbindung zu bringen, spricht, daß das Subjekt חרב feminin ist. – c) Die
Schwierigkeit, die Bedeutung von בד in diesem Vers zu ermitteln, hat einige Forscher
dazu verleitet, das Wort in בריחיו bzw. בחריו (Graetz, Emendationes, 14; Oettli, Zeugen, 96), בניו (so z.B. Gardner, Notes, 182; BHS), עורו (Duhm, Anmerkungen, 36),
בריו (Behler, Ang. 20, 108) oder בְּדָיוֹ (Rudolph 211) zu ändern, wenn nicht gar ganz
zu streichen (so z.B. Marti 88). Versucht man dagegen, an M festzuhalten, leitet man
בדיו entweder von בד II „Zweig, Stange, Körperglied" oder von בד IV „Geschwätz"
her. Die Ableitung von בד II „Körperglied" findet sich wahrscheinlich bereits in LXX
(ἐν ταῖς χερσίν αὐτοῦ), davon abhängig in S (vgl. Gelston, Peshitta, 167f), sowie in σ'
(τοὺς βραχίονας αὐτοῦ), wenn diese Textzeugen nicht בידיו gelesen haben (zur Kritik

an dieser gängigen Interpretation vgl. Macintosh 454f), in der Bedeutung „Stange, Riegel" dann in der Moderne z.B. bei Wünsche 492f. Doch abgesehen davon, daß die Beleglage für בד in der Bedeutung „Riegel" nicht eben günstig ist (einziger unsicherer Beleg Hi 17,16), legt das Suffix 3. m. pl. in ממעצותיהם (V.6b) einen Bezug auf eine Gruppe von Menschen nahe (vgl. auch die Kritik bei Nowack³ 67; Nyberg, Studien, 87). Mit dieser Schwierigkeit sieht sich auch eine Herleitung von בד IV „Geschwätz" (Willi-Plein, Vorformen, 200f) konfrontiert. Andere Ausleger übersetzen deshalb entweder mit „Schwätzer" (z.B. Wolff 248; vgl. GesB 84: Jes 44,25; Jer 50,36) oder ziehen בד II in einer übertragenen Bedeutung in Betracht. Letzteres begegnet bereits bei T (גיברוהי) und V (electos eius; vgl. Hieronymus, Osee III, xi, 195-197) und wird neuerdings unter Verweis auf Jer 50,36 wieder vertreten von Andersen/Freedman 585f und Yee, Composition, 221, („strong men") sowie in anderer Ausprägung von Macintosh 453 („villages"; vgl. bereits die Kritik an dieser auf Kimchi zurückgehenden Deutung bei Wünsche 493). Doch findet sich für alle diese Übersetzungsvorschläge kein Parallelbeleg. Vielmehr legen die genannten Textstellen Jes 44,25 und Jer 50,36, wie Nyberg, Studien, 87f, in Zurückweisung der Übersetzung „Schwätzer" und Daniels, Hosea, 64, bezüglich der „strong men" gezeigt haben, für בד die Bedeutung „Orakelpriester" nahe (vgl. schon Elhorst, Ephod, 266f, und neuerdings wieder Jeremias 143; Nissinen, Prophetie, 251f; Seifert, Reden, 186; Pfeiffer, Heiligtum, 189). – d) Es besteht kein Anlaß, M zu ändern. Die zahlreichen Konjekturvorschläge in מצדותיהם (so z.B. Oort, Hozea, 497), במבצריהם (so z.B. Nowack² 70; Nowack³ 67: sg.-Suffix), מעצמותיהם (so z.B. Sellin²⁻³ 111) oder מעשחיהם (Rudolph 211; Schüngel-Straumann, Gott, 126) entspringen dem Verlangen, in dem Vers drei parallele Glieder herzustellen. Zur Diskussion vgl. Nissinen, Prophetie, 251-253.

7) Da der Text von M vor erhebliche Verstehensprobleme stellt und auch die alten Übersetzungen nicht viel zu einer Lösung beitragen, sind die Interpretations- und Konjekturvorschläge Legion (vgl. die Auflistungen bei Harper 368 und Seifert, Reden, 186f); einige Forscher (Wellhausen 127; Donner, Israel, 86; Vollmer, Rückblicke, 60) verzichten gar auf eine Rekonstruktion. Versucht man, mit M weitestgehend zurechtzukommen, ergibt sich folgendes Bild: a) תלואים ist Qal Pt. Pas. von תלא (= תלה; vgl. GK §75rr); so auch LXX, α', σ', S, vgl. V. Andere Ableitungsversuche von לאה (so Oettli, Zeugen, 96; Rudolph 211; Kuhnigk, Studien, 136, u.a.), לוה (Marti 89) oder תלא (Sellin²⁻³ 111) zwingen zu Textänderungen, die von der Überlieferung nicht gedeckt sind. – b) Das Substantiv משובה ist im AT nie positiv im Sinne einer Rückkehr zu JHWH (so S, T, Rudolph 211, Macintosh 456 u.a.) oder einer Umkehr JHWHs (so V, May, Cult, 83f), sondern ausschließlich in negativer Bedeutung als Abfall von JHWH belegt (vgl. bereits Ibn Esra und Kimchi bei Wünsche 494f sowie Wolff, Umkehr, 133f). LXX (und in ihrem Gefolge Graetz, Emendationes, 14) leitet fälschlicherweise von der Wurzel ישב her. Emendationen (vgl. die Auflistung bei Harper 365) sind unnötig. – c) Höchst umstritten ist das Verständnis der Wendung קרא אל על, näherhin des Wortes על: Oort, Hozea, 497, Oettli, Zeugen, 97, Harper 365 u.a. sowie neuerdings wieder Yee, Composition, 267, und Nissinen, Prophetie, 255, lesen im Ge-

folge von οἱ λ. und V עֹל. Doch abgesehen davon, daß bei diesem Vorschlag eine Um-
vokalisierung vorgenommen und mit einem Numeruswechsel in der Rede über das
Volk (V.7a: 3.pl.; V.7b: 3.sg.) gerechnet werden muß, wird nicht klar, was עֹל in Verbindung mit dem Verb קרא bedeuten soll (vgl. Seifert, Reden, 187). Nicht weniger
Schwierigkeiten bereitet die zuletzt wieder von Macintosh 455f (vgl. bereits Wünsche
496) vertretene Übersetzung „Summoned to higher things, he will not raise himself."
Zwar bleibt M dabei unverändert, doch muß auch hier der Numeruswechsel in Kauf
genommen werden, zudem ist die Verwendung des עֹל in der Bedeutung „Höhe, das
Obere, oben" (GesB 585, zuversichtlicher HALAT III, 780f) und ferner die bei diesem Vorschlag anzunehmende intransitive Verwendung von ירומם fraglich (vgl. zur
Kritik auch Nissinen, Prophetie, 254). So erscheint mir die bereits von S und Kimchi
(vgl. Wünsche 496) vertretene Deutung des עֹל als Gottesepitheton als die wahrscheinlichste, allerdings nicht, wie diese und neuerdings wieder Kuhnigk, Studien, 137f,
und Andersen/Freedman 587 (letztere vokalisieren אֶל עָל) meinen, zur Bezeichnung
von JHWH – das würde einen Wechsel von Gottes- in Prophetenrede voraussetzen –,
sondern als Epitheton des Baal, wie Nyberg, Studien, 57-60.89, und Jeremias 91
herausgearbeitet haben (vgl. Hos 7,16 und v.a. KTU 1.16:III:5-8; so auch Pfeiffer,
Heiligtum, 189). Inhaltlich in die gleiche Richtung geht der freilich unnötige Konjek-
turvorschlag in בעל (z.B. Sellin²⁻³ 111). Übersetzt man V.7b nun: „Man ruft ihn zum
Hohen, der aber wird (sie) nie und nimmer erhöhen!", sieht man sich erneut mit dem
Numeruswechsel konfrontiert, der sich allerdings vermeiden ließe, wenn man mit Sel-
lin²⁻³ 111, Jeremias 138 u.a. יִקְרָא הוּא statt יִקְרָאֻהוּ läse. – d) Auf eine Textänderung in
יְרִימֵם oder יְרוֹמְמֵם (vgl. Nyberg, Studien, 89; Jeremias 138 u.a.) aufgrund des fehlenden Objekts kann verzichtet werden, wenn man ירומם als kontrahierte Polel-Form
von רום (so Daniels, Hosea, 65; Seifert, Reden, 187; vgl. GK §72cc) versteht oder mit
elliptischer Formulierung (vgl. Pfeiffer, Heiligtum, 189) rechnet. Der Vorschlag von
Macintosh 456, die Form von רמם herzuleiten, verlagert das Problem, abgesehen von
der unsicheren Beleglage im Polel-Stamm, lediglich auf eine andere Wurzel.
8 a) Gegenüber der seit Wellhausen 128 aufgrund von Gen 43,30 und I Reg 3,26 hin
und wieder vorgenommenen Änderung in רחמי bietet die singuläre Zusammenstellung
von כמר ni. und נחומים die lectio difficilior; vgl. Seifert, Reden, 218, und Nissinen,
Prophetie, 258.
9 a) Die Versionen geben עיר durchweg in der gewöhnlichen Bedeutung „Stadt" wieder. Daß diese Übersetzung jedoch vor nicht unerhebliche Schwierigkeiten stellt, davon zeugen nicht nur die zahlreichen unterschiedlichen Verstehensversuche von
Hieronymus, Osee III, xi, 273-325, bis hin zu Yee, Composition, 226, und Macintosh
464 (mit forschungsgeschichtlichem Überblick), sondern auch die Vielzahl der Emen-
dationsvorschläge (vgl. die Auflistung bei Harper 366). Ohne Textänderungen kommt
man aus, wenn man עיר analog zu V.9aα und wie in Jer 15,8 im Sinne von „zornige
Erregung" versteht (so bereits Schroeder, Observationes, 25, und unter den Neueren
Jeremias 139; Pfeiffer, Heiligtum, 190).

10 a) M wird durch οἱ λ. (υἱοὶ ἀπὸ θαλάσσης) und T (גלותא ממערבא) gestützt. LXX (τέκνα ὑδάτων), V (*filii maris*) und S (*bny' mn 'm'*; vgl. Gelston, Peshitta, 83.94f: „inner-Syriac corruption") lasen wahrscheinlich בְּנֵי מַיִם (Haplographie des מ). Emendationen (vgl. die Auflistung bei Harper 366) sind unnötig.

11 a) Des öfteren wird nach LXX, S und T in ושיבותים geändert (so bereits Graetz, Emendationes, 14, und in neuerer Zeit wieder Jeremias 139; Borbone, Libro, 93). Aufgrund der ungewöhnlichen Konstruktion von ישׁב hi. mit der Präposition על ist M als lectio difficilior jedoch beizubehalten (vgl. V); so auch Nissinen, Prophetie, 262; Pfeiffer, Heiligtum, 190.

b) *Analyse*

Analog Hos 9,10-14.15-17; 10,1-8.9-15 setzt das Kapitel mit einem Rückblick auf die Geschichte Israels neu ein. Die Gottesspruchformel נאם יהוה markiert das Ende des Abschnitts. Gegenüber den unmittelbar angrenzenden Einheiten Hos 10,9-15 und Hos 12 ist eine Einengung des Adressatenkreises von Ephraim, Israel, Jakob und Juda auf Ephraim und Israel zu beobachten. Darüber hinaus verbürgt die Inklusion von anfänglicher und zukünftiger Herausführung aus Ägypten (ממצרים) in V.1 und 11 die innere Geschlossenheit von Hos 11.

Hos 11 präsentiert sich als zweiteilige Gottesrede, deren erster Teil auf die Androhung von Strafe, deren zweiter Teil hingegen auf die Verheißung von Heil zielt. Umstritten ist in der Forschung der Übergang, näherhin die Stellung von V.7. Gewöhnlich wird der Vers dem ersten Teil zugeschlagen.[30] Dafür spricht neben der Kopula zu Beginn von V.7 der stilistische Wechsel zur direkten Anrede Israels ab V.8. Allerdings wird die direkte Anrede in V.10 bereits wieder verlassen, und dieser erneute Stilwechsel bleibt unerklärt, wenn man den entscheidenden Einschnitt innerhalb von Hos 11 zwischen V.7 und 8 ansetzt. Ordnet man V.7 dagegen dem zweiten Teil zu,[31] bildet er mit V.10f einen Rahmen (3.pl.) um die Verse 8f (2.sg.), der Ausgangs- und Zielpunkt des zentralen göttlichen

---

30 S. z.B. Wolff 260; Neef, Heilstraditionen, 87f; Daniels, Hosea, 66; Nissinen, Prophetie, 255; Seifert, Reden, 188; Pfeiffer, Heiligtum, 190. Vgl. aber auch Stuart 176 und Yee, Composition, 227, die V.1-7 noch einmal untergliedern und Hos 11 als dreiteilige Gottesrede V.1-4.5-7.8-11 ansehen.

31 So Jeremias, Reue, 139; ders., Eschatologie, 229; ders. 139; Köckert, Land, 73, Anm. 80; vgl. Weiser 85.

Herzensumsturzes benennt. Das וְעַמִּי in V.7 markiert dann nach בְּנִי in V.1 den Beginn des neuen Abschnitts.

In beiden Redegängen verläuft der Spannungsbogen zwischen den zwei Polen „Anfang und Ende der Beziehung zwischen JHWH und Israel". Im ersten Teil wird ein Weg beschritten vom Anfang JHWHs mit Israel in V.1 bis zum Ende Israels in V.5-6, konkret: aus Ägypten nach Ägypten. Im zweiten Teil führt der Weg in umgekehrter Richtung vom Ende Israels in V.7 zum neuen Anfang JHWHs mit Israel in V.10-11, konkret also: wieder aus Ägypten heraus. Die Begründung liefert in beiden Teilen das Mittelstück: So begründet die wiederholte Zurückweisung der göttlichen Liebesbeweise in V.2-4 das Ende Israels in V.5-6 und JHWHs Mitleid in V.8-9 seinen neuen Anfang mit diesem Volk in V.10-11. In beiden Teilen sind die jeweiligen Rahmenverse inklusorisch aufeinander bezogen, in Teil 1 durch das Stichwort מִצְרַיִם, in Teil 2 durch die Rede über Israel in 3. Person, also den Stil.

Abgrenzung und Aufbau von Hos 11 vermitteln den Eindruck einer in sich geschlossenen, wohlstrukturierten Komposition. Bei genauerer Betrachtung sind jedoch Spannungen formaler und inhaltlicher Art zu entdecken, die Zweifel an der literarischen Integrität des Kapitels aufkommen lassen, zumindest aber der Erklärung bedürfen.

Ins Auge fällt zunächst der V.10. Mit seiner Erwähnung JHWHs in 3.Pers. durchbricht der Vers schon stilistisch die Gottesrede von Hos 11. Inhaltlich ergänzt er die in V.11 angekündigte Rückführung der Diaspora aus Ägypten und Assur um die aus dem Westen. Dabei greift der Vers das Verb חרד aus V.11 auf und deutet es in bewußter Kontrastierung zu V.2 (הלכו מפני) und ähnlich lautenden Formulierungen im Hoseabuch (2,7.15; 5,11: הלך אחרי; vgl. 5,13; 7,11) als JHWH-Nachfolge sowie in Anlehnung an Am 1,2; 3,3-8 als notwendige Konsequenz des Löwengebrülls, das JHWH nun statt des väterlichen Rufes in V.1 anstimmt. In V.10 wird demnach ein Zusatz vorliegen.[32]

---

32 Vgl. neben dem Gros der Forschung bes. Wolff 251.262f; Jeremias 147. Rudolph 213f hält lediglich V.10b für sekundär, stellt aber die beiden Satzteile von V.10a um und vermag die Unterbrechung der Gottesrede nicht zu erklären.

Merkwürdig mutet darüber hinaus der Aussageverlauf von Hos 11 an. Der erste Teil, Hos 11,1-6, gibt sich als in sich geschlossenes Gerichtswort zu erkennen: Der wiederholte Widerstand Israels gegen das in der Herausführung aus Ägypten realisierte besondere Verhältnis JHWHs zu seinem Volk (V.1-4) führt zur Aufkündigung dieses Verhältnisses in Fremdherrschaft und in Rückführung nach Ägypten (V.5-6). Hos 11,1-6 präsentiert sich demnach als in sich abgerundetes Gerichtswort, das keinerlei Fortsetzung bedarf. Trotzdem setzt V.7 mit einer Klage JHWHs über Israels Umkehrunfähigkeit neu ein, die eine gewisse Zeit des vergeblichen göttlichen Zuwartens impliziert und sich aufgrund von Stichwortaufnahmen wie eine Zusammenfassung der V.1-6 liest (vgl. שוב aus V.5, קרא aus V.1.2, רום aus V.4 sowie das Gottesepitheton על als Aufnahme der בעלים aus V.2). Eine Verschärfung der Strafe wäre nun zu erwarten, doch was in V.8-11* folgt, ist das genaue Gegenteil: eine göttliche Strafverzichtserklärung, die zu einem Neuanfang JHWHs mit Israel in der Rückführung aus Ägypten und Assur führt.

Wie ist dieser überraschende Wechsel von Unheils- zu Heilsaussagen innerhalb von Hos 11 zu erklären? In der Forschung sind unterschiedliche Antworten auf diese Frage gegeben worden.

J. Wellhausen, W. Nowack und K. Marti lösen das Problem auf rein literarkritischem Wege: Sie deuten V.8a bzw. V.8-9 als Strafandrohung[33] und streichen den jeweils heilvoll ausgerichteten Restbestand des Kapitels als mehr oder minder zufällig an diese Stelle geratenen Einzelzusatz.[34] Doch abgesehen davon, daß die Interpretation der Verse 8-9 als Strafandrohung sprachlich wie inhaltlich Probleme bereitet[35] und den Übergang in die Anredeform nicht zu erklären vermag, geben Formulierung und

---

33   Vgl. bereits Rosenmüller 341-345, Hitzig 50f und neuerdings wieder Andersen/Freedman 589f.

34   Wellhausen 127f: „Die Verse 8b-11 stehn verfrüht an dieser Stelle und geben Anlass zu Zweifeln" (Zitat 128); vgl. Nowack² 71-73. Nowack³ 68f und Marti 89-91 streichen lediglich die V.10f; so auch Duhm, Anmerkungen, 36; Greßmann 394; Herrmann, Heilserwartungen, 114; Buss, Word, 23.70; Willi-Plein, Vorformen, 203-306. Westermann, Heilsworte, 79, hält V.8-9 und 10-11 für zwei unterschiedliche Heilszusätze.

35   Vgl. zuletzt die Diskussion bei Nissinen, Prophetie, 256-262, und Seifert, Reden, 219-225.

Anlage von Hos 11 für eine beliebige Einzelzufügung gegen Ende des
Kapitels einen allzu planvollen kompositorischen Gestaltungswillen zu
erkennen. Diese Kritik läßt sich auch gegen diejenigen Forscher in An-
schlag bringen, die den Wechsel in der Aussagerichtung innerhalb von
Hos 11 durch die mehr oder weniger wahllose Zusammenfügung zweier
ehemals selbständiger Prophetenworte begreiflich zu machen versuchen.[36]
Folglich bemühen sich die übrigen Erklärungsmodelle um eine
Gesamtdeutung von Hos 11.

Interpretierten J. Wellhausen, W. Nowack und K. Marti Hos 11 unter
Eliminierung aller heilvoll ausgerichteten Aussagen konsequent als Ge-
richtswort, so beschreitet H. W. Wolff[37] aus formgeschichtlichen
Erwägungen heraus den umgekehrten Weg: Er deutet die V.5-6 nicht als
Strafankündigung, sondern als Beschreibung gegenwärtigen Vergehens
(V.5) und Ergehens (V.6) Israels.[38] Auf diese Weise ist es ihm möglich,
die Verse 1-7 als „geschichtstheologische Anklagerede" bzw. „klagende
Anklage" zu verstehen, die über Selbstverwarnung und Strafverzichtserklärung JHWHs (V.8f) in eine Heilsansage (V.11) mündet. Nun steht und
fällt die durchgängig heilvolle Deutung von Hos 11 mit der Deutung der
V.5-6 auf gegenwärtige Verhältnisse; doch vermag diese nicht zu über-
zeugen.[39] Als wichtigste Gegenargumente seien hier nur der in die Zukunft weisende Gebrauch der Tempora in V.5a.6 (impf. und pf.-cons.)[40]
sowie der in Antithese zu V.5 formulierte V.11 genannt, der mit seiner
Ankündigung einer Rückführung Israels aus Ägypten und Assur eine erfolgte Exilierung in diese Länder[41] und somit die Gerichtsinterpretation
von V.5-6 voraussetzt.

---

36 So z.B. Buss, Word, 36; Willi-Plein, Vorformen, 203; Vollmer, Rückblicke, 60f;
    Fohrer, Propheten, 66f.92f. Greßmann 393 sieht in Hos 11 eine Sammlung von
    zwei voneinander unabhängigen Unheilsworten, Robinson 43 und McKenzie,
    Passion, 172, rechnen gar mit einem ganzen Sammelsurium von fragmentarisch
    erhaltenen Einzelworten.
37 Wolff 249-251; ähnlich Mays 151f; Emmerson, Hosea, 40-43.
38 Wolff 249.259f; vgl. Mays 151f.155f. Donner, Israel, 89-91, bezieht lediglich V.5
    auf die Gegenwart; vgl. Willi-Plein, Vorformen, 199-201.
39 Vgl. die ausführliche Diskussion bei Jeremias, Eschatologie, 226-229.
40 Vgl. bereits Rudolph 216.
41 Dieser Sachverhalt läßt auch die Interpretation von Rohland, Erwählungstraditio-
    nen, 52f, unwahrscheinlich erscheinen, der die in V.5-6 beschriebenen Strafen le-

Nach alledem muß das Bemühen um die Herstellung eines Textes mit einlinigem Gedankengang in Hos 11 als gescheitert gelten. Statt dessen ist nach Erklärungsmöglichkeiten Ausschau zu halten, die Heils- und Unheilsaussagen gleichermaßen berücksichtigen.

So sucht J. Jeremias den Grund für die Unstimmigkeiten im Aussageverlauf von Hos 11 in der Überlieferungsgeschichte des Textes: „Während nun V.1-6 eine Einheit auch schon in mündlicher Verkündigung gebildet haben kann, setzt die Enttäuschung Gottes in V.7 offensichtlich eine Wirkung der Verkündigung von V.1-6 auf die Hörer voraus oder sogar eine Wirkung der dort angesagten Ereignisse. Die Verse 7-11 sind demnach später gesprochen worden als V.1-6, waren aber wohl immer auf V.1-6 bezogen. Am ehesten ist das Verhältnis beider Teile im mündlichen Stadium so vorzustellen, daß V.1-6 öffentlich verkündet wurden, V.7-11 dagegen später im Kreis der Vertrauten;"[42] „präziser formuliert: Hos 11 ist wohl eine literarische Einheit, nicht aber eine überlieferungsgeschichtliche oder gar eine rhetorische"[43].

Dagegen wollen M. Nissinen und H. Pfeiffer[44] den Wechsel von Unheils- zu Heilsansagen innerhalb von Hos 11 redaktionsgeschichtlich erklären. Ihnen zufolge ist der zweite Redegang[45] von Hos 11 als planvolle Erweiterung des ersten anzusehen, der seinerseits bereits in schriftlicher Form vorlag.

Gemeinsam ist den Positionen von J. Jeremias auf der einen Seite, M. Nissinen und H. Pfeiffer auf der anderen Seite, daß der hintere Redegang den vorderen zeitlich und sachlich voraussetzt. Umstritten ist allerdings, in welchem Stadium dies der Fall ist – ob im mündlichen oder im schriftlichen Stadium. Um hier zu einem Ergebnis zu gelangen, ist zu klären, ob Hos 11,1-6 aus sich selbst heraus voll verständlich und somit auf der mündlichen Ebene als Ausspruch des Propheten Hosea aus dem 8. Jh.

---

diglich als Vorschlag verstanden wissen will, die laut V.8-11* jedoch nicht zur Ausführung kommen.

diglich als Vorschlag verstanden wissen will, die laut V.8-11* jedoch nicht zur Ausführung kommen.

42   Jeremias 140.

43   Jeremias, Eschatologie, 229.

44   Nissinen, Prophetie, 263-265; Pfeiffer, Heiligtum, 197; vgl. bereits Wolfe, Editing, 93.

45   Allerdings gliedern Nissinen und Pfeiffer Hos 11 in die beiden Redegänge V.1-7 und V.8-11; vgl. dazu die Diskussion auf S.22f.

v.Chr. überhaupt denkbar ist. Oder anders ausgedrückt: ob die in Hos 11 zu beobachtenden Unstimmigkeiten im Aussageverlauf überlieferungs- oder redaktionsgeschichtlich zu erklären sind. Wenden wir uns also Hos 11,1-6 zu.

Schon oft ist in der Forschung darauf hingewiesen worden, daß die Weise, wie in Hos 11,1 JHWHs Erwählungshandeln zur Sprache kommt, an deuteronomistische Redeweise erinnert.[46] Hier wie dort ist Israels Erwählung[47] mit Gottes Liebe (אהב) in Verbindung gebracht, hier wie dort realisiert sich diese aus Liebe getroffene Erwählung in der Herausführung Israels aus Ägypten. Dazu paßt, daß sich die Verbindung von Gottesliebe und Exodus ausschließlich in Dtn 4,37; 7,8 und Hos 11,1 findet.[48]

Charakteristisch für die deuteronomistische Liebesvorstellung[49] ist das Moment der Gegenseitigkeit. Auf Seiten Israels äußert sich die Gegenliebe zu JHWH in der Beachtung seiner Gebote. Im Hinblick auf Hos 11,1-6 fällt allerdings auf, daß weder von Israels Liebe zu JHWH noch vom Halten der göttlichen Gebote explizit die Rede ist. Dieser Sachverhalt könnte darauf hindeuten, daß in Hosea 11 ein Vorläufer der deuteronomistischen Liebesvorstellung vorliegt.[50] Ebenso besteht aber die Möglichkeit, daß Israels mangelnde Gegenliebe bzw. Gesetzesobservanz in Hos 11,1-6 nur implizit zur Sprache kommt und Hos 11 deuteronomistische Theologie und Begriffsbildung bereits voraussetzt.[51] Zur Klärung sei ein Blick auf diejenigen Partien in Hos 11,1-6 geworfen, die Israels Verhalten JHWH gegenüber darstellen, die Anklagen.

In *V.2* wird Israel der Abkehr von JHWH, der Fremdgötter- und Bilderverehrung bezichtigt. In Verbindung mit dem Exodusmotiv aus V.1

---

46 So grundlegend von Rad, Gottesvolk, 89; Alt, Heimat, 272; vgl. Stuart 178; Yee, Composition, 216; Nissinen, Prophetie, 294-298.324; Pfeiffer, Heiligtum, 196.199.

47 Zur Differenz in der Erwählungsterminologie (Dtr.: בחר; Hos 11,1: קרא) s.u.S.41.

48 Außerdem Jes 63,9, der dtr. Theologie allerdings bereits voraussetzt; vgl. Goldenstein, Gebet, 63-65.

49 Zur dtn.-dtr. Liebesvorstellung s. etwa Jenni, Art. אהב, 69-72, u. bes. Spieckermann, Liebe.

50 So die klassische Sicht von Alt, Heimat, 272; vgl. Wolff 255; Andersen/Freedman 577; Jeremias 141; Zobel, Hosea, 23; Neef, Heilstraditionen, 90; Zobel, Prophetie, 49.86.

51 So Yee, Composition, 216; Nissinen, Prophetie, 324; Pfeiffer, Heiligtum, 196.199.

lesen sich diese Vergehen wie Übertretungen der ersten beiden Gebote des Dekalogs. Zu dessen Beginn (Ex 20,2-4; Dtn 5,6-8) bestehen sowohl in der Abfolge der Themen als auch terminologisch Übereinstimmungen (פסל – פנים – מצרים).[52] Überhaupt hat der Sprachgebrauch von V.2 seine engsten Parallelen in solchen Texten, die im deuteronomistischen Traditionsstrom stehen.[53] So begegnet das Wortpaar זבח pi. // קטר pi. mit Israel/Juda als Subjekt nur noch in I Reg 22,44; II Reg 12,4; 14,4; 15,4.35; 16,4 (= II Chr 28,4); Hos 4,13[54], die Sammelbezeichnung בעלים[55] für fremde Götter sowie die Polemik gegen (פסל(ים[56] in der überwiegenden Mehrzahl ihrer Belege in (spät)dtr. und chr. Texten. Darüber hinaus erinnert das הלך מפני an entsprechende mit הלך gebildete dtr. Wendungen, die die Loyalität bzw. Illoyalität Israels zu JHWH und seinen Geboten zum Ausdruck bringen.[57]

V.3b beklagt sodann, daß Israel JHWHs Heilungshandeln nicht erkannt habe. Als problematisch im Kontext von Hos 11 ist des öfteren das Verb רפא empfunden worden, da es mit der vorherrschenden Vater-Sohn-Metaphorik nicht vereinbar erscheint.[58] Im Hoseabuch findet das

---

52 S. die Synopse bei Nissinen, Prophetie, 322; zustimmend Pfeiffer, Heiligtum, 192; vgl. bereits Rudolph 215; Deissler 51.

53 S. bes. Nissinen, Prophetie, 213-215.317f, u. vgl. Yee, Composition, 217.359; Pfeiffer, Heiligtum, 192.

54 Zu Hos 4,13 vgl. Pfeiffer, Heiligtum, 216.219. Ähnliche Belege: Hab 1,16 (Subjekt: babylonischer König); I Reg 3,3; 11,8 (קטר hi.); Jes 65,3 (זבח qal).

55 Vgl. dazu Spieckermann, Juda, 200-212, der Hos 11,2 allerdings für authentisch hält.

56 Zu פסל vgl. Schroer, Bilder, 304-307. Breite Verwendung findet der Begriff freilich auch in den Götzenbildpolemiken bei Deuterojesaja.

57 Vgl. die Auflistung (mit Belegen) bei Weinfeld, Deuteronomy, 320-365. Zu vergleichen sind die Wendungen הלך אחרי יהוה (320), הלך אחרי אלהים אחרים (333f), הלך בכל הדרך / בכל דרכיו (333), הלך בדרך / בדרכי יהוה (332), הלך בחטאת / בחטאות / אחר חטאות (334), הלך בתורת יהוה (340), הלך בשרירות לב / אחרי שרירות לב (340), besonders aber הלך לפני יהוה (334).

58 S. bereits Wellhausen 127, Nowack² 70, Harper 363 u. vgl. die mannigfachen Änderungsvorschläge (Graetz, Emendationes, 14: פדיתם; Marti 86, Nowack³ 66: ולא ידעו כי נשאתים כי רפאתים בחלי), Umstellungsversuche (Sellin¹ 86; Donner, Israel, 85; Willi-Plein, Vorformen, 197) und Streichungen (Vollmer, Rückblicke, 58). Zum literarischen Problem s.u.S.33f.

Wort ansonsten zum einen in politischen Zusammenhängen[59] (5,13; 6,1; 7,1), zum anderen als eschatologische Verheißung (14,5) Verwendung. Allerdings wird die Heilung an allen diesen Stellen für die Zukunft erwartet. Im Unterschied dazu blickt Hos 11,3b in die Vergangenheit. Als bestimmende Heil(ung)stat JHWHs in der Geschichte führt Hos 11 die Herausführung Israels aus Ägypten an (V.1).[60] Der einzige Text im AT, der JHWHs Heilungshandeln ebenfalls in den Zusammenhang des Exodusgeschehens stellt, ist die Erzählung von Israels Aufenthalt in Mara Ex 15,22-27. „Unmittelbar nach der Rettung aus dem Land der Unterdrückung und der ,Krankheiten‘" präsentiert sie in V.25b-26, einem deuteronomistisch beeinflußten Zusatz,[61] „die heilvolle (,Gesundheit‘) Perspektive eines Lebens nach der von *Jhwh* für Israel bestimmten Tora"[62]. Wenn nun Hos 11,3b feststellt, Israel habe JHWHs Heilungshandeln nicht erkannt, gewinnt dieser Vorwurf vor dem Hintergrund[63] von Ex 15,22-27 den spezifischen Sinn, daß Israel nicht erkannt hat, daß JHWH es aus dem Land der Krankheiten in ein heilvolles Leben nach seinen Geboten geführt hat. Von dieser Unkenntnis legt das in V.2 gerügte Gebaren des Volkes hinreichend Zeugnis ab.

In den gleichen Zusammenhang eines von JHWH heilvoll ermöglichten, von Israel jedoch nicht ergriffenen Lebens nach der Tora weist auch *V.4.* Von Joch und Seilen, derer sich JHWH im Umgang mit seinem Volk bedient, ist jedenfalls ausschließlich im Gesetzeskontext die Rede,[64] und zwar entweder als Bild für die Bindung an JHWH und sein Recht

---

59 In Anlehnung daran deutet Jeremias 142 auch das רפא in 11,3b auf aktuelle politische Ereignisse.

60 Eine Deutung des רפא auf den Exodus findet sich auch bei Wolff 257 und Macintosh 444.

61 Vgl. u.a. Noth, Exodus, 102f; Lohfink, Arzt, 112-120; Blum, Studien, 145f.

62 Blum, Studien, 144, in Anlehnung an Lohfink, Arzt.

63 Einen Bezug von Hos 11,3b zu Ex 15,26 sieht bereits Kimchi (Wünsche 485) sowie unter den Neueren Weiser 85; Rudolph 215; Andersen/Freedman 581; Nissinen, Prophetie, 321; Macintosh 444; Pfeiffer, Heiligtum, 193. Vgl. auch Neef, Heilstraditionen, 91, der den Bezug allerdings als Ausweis für die „Verbindungslinien zwischen Hosea und frühdeuteronomischen Kreisen" ansieht.

64 Eine Deutung von Hos 11,4 auf das Gesetz findet sich auch bei Michaelis 49; Wünsche 487; Keil 99; Kraus, Hos. 11,1-9, 35; Hentschke, Joch, 869; Pfeiffer, Heiligtum, 196.

(Jer 2,20; 5,5)[65] oder als Strafe für Israels Gebotsübertretung (Dtn 28,48). Eine Deutung von Hos 11,4 als Unheilsansage bietet sich jedoch nicht an. Sie käme ohnehin lediglich für V.4aβ in Frage,[66] da in V.4aα.b unzweideutig von JHWHs Heilshandeln die Rede ist. Allerdings stellt sich die Frage, ob dem Leser bei einem derart unvermittelten Wechsel in der Aussagerichtung nicht zu viel zugemutet wird. Die antiken Übersetzungen haben V.4aβ jedenfalls nicht als Unheilsansage verstanden.[67] S (*whwyt lhwn 'yk hw dmrym nyr' mn qdlhwn*), V (*et ero eis quasi exaltans iugum super maxillas eorum*), α' (καὶ ἔσομαι ὡς αἴρων ζυγὸν ἐπὶ τας σιαγόνας αὐτῶν) und T (והוה מימרי להון כאיכרא טבא דמקיל בכתף תוריא ומוריך בל חותא) geben V.4 durchgängig als Heilsansage wieder,[68] während σ' in V.4aβ eine Anklage sieht: καὶ ἐνομίσθην ὡς ὁ ἐπιθείς ζυγὸν ἐπὶ τας σιαγόνας αὐτῶν.[69] Bedenkt man, daß alle Sequenzen innerhalb von Hos 11,1-6, die von Israel in 3.pl. reden, Anklagen erheben (V.2.3b.5b), legt sich diese Interpretation auch für V.4aβ nahe. Sie findet sich im übrigen bereits bei J. D. Michaelis: „ich kam ihnen vor, als wollte ich ihnen ein Joch auflegen] Die gütigen und väterlichen Gebote Gottes sahen sie für ein schweres Joch an."[70]

---

65 Vgl. Act 15,10; Gal 5,1. Für weitere Belege, aus dem rabbinischen Judentum, s. Strack/Billerbeck I, 608-610.

66 So Pfeiffer, Heiligtum, 196.

67 Einzige Ausnahme ist die LXX-Version, die die Gerichtsaussagen in Hos 11 bereits mit V.4aβ beginnen läßt, was jedoch nicht unerhebliche Eingriffe in den Konsonantentext nach sich zieht; s.o. S.18f u. vgl. die Kritik bei Rudolph 210.

68 So auch die gängige Deutung in der Forschung. Gegen eine Bezugnahme von V4aβ auf die Befreiung aus Ägypten (so Donner, Israel, 88, und – mit Verweis auf Lev 26,13 – neuerdings wieder Nissinen, Prophetie, 319) spricht „die Vergleichspartikel כ in כמרימי ..., da Jahwe das ‚Joch' der Fremdherrschaft Ägyptens faktisch von Israel genommen hat" (Vollmer, Rückblicke, 65).

69 Σ' versteht die Wendung רום על על (hi.) im Sinne von „Anlegen des Joches", während die übrigen Versionen an ein Abnehmen desselben denken. Grammatikalisch sind beide Übersetzungen möglich: רום על (hi.) hat auch in Jos 4,5 (vgl. Jes 62,10) die Bedeutung „auflegen auf" (vgl. die ausführliche Diskussion bei Pfeiffer, Heiligtum, 194f). Im anderen Fall fungiert על לחיהם als asyndetischer Relativsatz zu על (so Jeremias 138; Macintosh 446).

70 Michaelis 49. Zu dieser Deutung der σ'- Übersetzung s. bereits Hieronymus, Osee III, xi, 127f.

Schließlich bringt *V.5b* die in V.1-4 geschilderten Vergehen Israels auf den Punkt: „sie haben sich geweigert umzukehren". Trotz der wiederholten göttlichen Liebeserweise hat sich Israel nicht zu JHWH und seinen Geboten zurückführen lassen. Wie die vorangehenden Anklagen fügt sich auch dieser Halbvers, der in Jer 5,3 und 8,5 wortwörtliche Parallelen besitzt, gut in deuteronomistisches Gedankengut ein.[71] Die Umkehr ist jedenfalls „eines der charakteristischen Themen der spätdtr. Literatur"[72].

Nach alledem kann festgehalten werden, daß die Anklagen in Hos 11,1-6 erst durch ihre Referenztexte volle Verständlichkeit erhalten. Im besonderen gilt dies für die literarischen Bezugnahmen zum Dekalog (V.1-2) und zu der Erzählung von Israels Aufenthalt in Mara Ex 15,22-27 (V.3b). Gewisse Berührungen bestehen darüber hinaus zu Aussagen im Jeremiabuch, namentlich zu Jer 2,20; 5,3.5; 8,5 (V.4.5b). Vor dem Hintergrund dieser Texte besteht Israels Vergehen in Hos 11,1-6 in der wiederholten Mißachtung der von JHWH liebevoll dargebotenen Lebensordnung nach der Tora und insofern in mangelnder Gegenliebe zu JHWH. In seiner jetzigen Gestalt kann Hos 11,1-6 demnach nicht als Wegbereiter der deuteronomistischen Liebesvorstellung angesehen werden, sondern setzt diese bereits voraus.[73]

Allerdings ist die Frage zu prüfen, ob diejenigen Passagen innerhalb von Hos 11,1-6, die deuteronomistische Beeinflussung aufweisen, ursprünglich sind oder ob es sich nicht vielleicht um sekundäre Zufügungen handelt. Bei näherer Betrachtung ist Hos 11,1-6 jedenfalls nicht frei von Spannungen. Ins Auge fällt zum einen der mehrfache stilistische Wechsel von singularischer (V.1.3aα.4b.5a.6) und pluralischer (V.2.3aβ.b.4a.5b) Rede über Israel. Zum anderen ist eine Sprunghaftigkeit im Gedankengang zu beobachten, die davon herrührt, daß die Verse 2, 3b und 4 die im Kapitel vorherrschende Sohnesmetaphorik verlassen. E. Zenger, M. Nis-

---

71 So bereits Groß, Hohelied, 87f; Jeremias 143; Nissinen, Prophetie, 320; Pfeiffer, Heiligtum, 193.

72 Nissinen, Prophetie, 230, mit Verweis auf Spieckermann, Juda, 44, und Seeligmann, Auffassung.

73 So auch Yee, Composition, 216; Nissinen, Prophetie, 324; Pfeiffer, Heiligtum, 196.199.

sinen und H. Pfeiffer haben versucht, die beobachteten Spannungen literarkritisch auszuwerten, gelangen dabei im Detail jedoch zu recht unterschiedlichen Ergebnissen.[74] Klarheit soll ein erneuter Durchgang durch
Hos 11,1-6 bringen.

Bereits ein Blick auf die antiken Übersetzungen von *V.1* läßt aufmerken, zeigt sich doch, daß die Wendung וממצרים קראתי לבני auf zweifache Weise gedeutet werden kann. Für gewöhnlich übersetzt man V.1b im
Gefolge von α' und V (vgl. LXX) mit „und aus Ägypten rief ich meinen
Sohn". לבני fungiert dabei als direktes Objekt zu קראתי, der Schwer-
punkt der Aussage liegt auf dem Ort des Herausgerufenwerdens, also auf
dem Exodusmotiv. Möglich ist aber auch ein prädikatives Verständnis
von לבני. In diesem von T und S bezeugten Fall gewinnt die Wendung
die Bedeutung einer Berufung Israels zur Sohnschaft JHWHs: „und aus
Ägypten berief ich (ihn) zu meinem Sohn".

H. Pfeiffer[75] versucht, die grammatische wie inhaltliche Doppeldeutigkeit der Wendung וממצרים קראתי לבני durch literarkritische Ausscheidung von ממצרים zu lösen, wohingegen M. Nissinen an die Verarbeitung eines Vorbildes denkt, „in dem sich das Ägyptenmotiv noch nicht
befand und wo auch nicht notwendig von dem Volk, sondern von einem
einzelnen die Rede war... – ob es sich dabei um eine Umgestaltung einer
literarischen Vorlage oder eher um eine freie Wiedergabe eines poetischen
Motivs handelt, läßt sich nicht mit Sicherheit sagen."[76]

Klärung kann ein Blick auf die Fortsetzung von V.1 bringen. Dabei
fällt auf, daß beide Motive, die in V.1b über die Wurzel קרא miteinander
verwoben sind, das Exodusmotiv und das Motiv der Gottessohnschaft
Israels, in *V.2-3a* getrennt voneinander fortgeführt werden. In V.2 läßt
sich dieser Sachverhalt an der eingeschränkten Verwendung der Wurzel
קרא ersehen. Pendelt die Bedeutung des Verbs in V.1 zwischen „zuru-
fen" und „berufen", erscheint es in V.2 des Adoptionsmotivs beraubt.
V.2 versteht die Wendung in V.1 ausschließlich im Sinne der Herausfüh-

---

74 Vgl. die jeweilige Grundschicht bei Zenger, Menschen, 194 (V.1.3a.4b.5a.6a),
   Nissinen, Prophetie, 235-255.265f (V.1.3a.4aα.b.5a.6) und Pfeiffer, Heiligtum,
   191-199 (V.1[ohne ממצרים].3aα.4b.5a).
75 Pfeiffer, Heiligtum, 191-193.
76 Nissinen, Prophetie, 238f.

rung aus Ägypten. Dagegen greift V.3a inhaltlich hinter V.2 zurück und knüpft an das Motiv der Gottessohnschaft Israels aus V.1 an. V.2 wirkt dadurch wie ein Fremdkörper innerhalb von V.1-3a. Unterstützung erfährt dieses Urteil durch einen analog verlaufenden Numeruswechsel: V.1 und 3aα reden von Israel in 3.sg., V.2 hingegen in 3.pl. So weisen inhaltliche und formale Gründe gleichermaßen V.2 als Nachtrag aus, dem H. Pfeiffer zu Recht auch das מצרים aus V.1 zugerechnet hat.[77]

Versucht man, diese literarkritischen Kriterien – den Wechsel im Bild und den Numeruswechsel in der Rede von Israel – auf den gesamten Abschnitt Hos 11,1-6 anzuwenden, treten bereits in *V.3* die ersten Probleme auf. Zwar läßt sich V.3b auf diese Weise relativ einfach als Nachtrag[78] identifizieren (Verlassen der Sohnesmetaphorik, pluralische Rede von Israel), doch geht der stilistische Wechsel mit dem inhaltlichen nicht konform, sondern verläuft quer durch das Bild der Gottessohnschaft Israels in V.3a (V.3aα: 3.sg. / V.3aβ: 3.pl.). Dieser Sachverhalt könnte dazu verleiten, die ermittelten literarkritischen Kriterien für fehlerhaft zu halten. Doch zeigt sich bei näherer Betrachtung, daß dies nicht der Fall ist. Da der problematische V.3aβ die JHWH-Rede von Hos 11 verläßt, dürfte er weder mit V.1* (Sohnesmetaphorik) noch mit V.2 (Israel in 3.pl.) auf einer Ebene liegen. Vielmehr wird es sich bei dem Viertelvers um einen Einzelzusatz[79] handeln, der das hapax legomenon תרגלתי aus V.3aα zu

---

77 Pfeiffer, Heiligtum, 193. Pfeiffer, Polemic, 232, Wolfe, Editing, 110, Zenger, Menschen, 194, und Nissinen, Prophetie, 239-242, halten lediglich V.2 für einen Zusatz. Letzterer bringt gegen die Ausscheidung von מצרים die Gegenaussage in V.5 in Anschlag: „weil dort von der Rückkehr des Volkes nach Ägypten gesprochen wird, muß hier festgestellt werden, daß es einmal aus diesem Land ausgezogen ist" (S.239). Daß die Ankündigung einer Rückkehr nach Ägypten jedoch keineswegs eine vorherige Erwähnung des Exodus benötigt, zeigen Stellen wie Hos 8,13 und 9,3.

78 So auch Vollmer, Rückblicke, 58; Zenger, Menschen, 194; Nissinen, Prophetie, 245; Pfeiffer, Heiligtum, 193. Andere Forscher versuchen, das literarische Problem von V.3b durch Textumstellung zu lösen (Sellin[1] 86: hinter V.4a; Donner, Israel, 85; Willi-Plein, Vorformen, 197: hinter V.4b).

79 Vgl. Pfeiffer, Heiligtum, 192. Dagegen versuchen Zenger, Menschen, 200, und Nissinen, Prophetie, 244, die stilistischen Unebenheiten mit dem Gros der Forschung durch Eingriffe in den Konsonantentext zu lösen (Angleichung an die Gottesrede und an die singularische Rede von Israel); vgl. dazu die ausführliche Diskussion o. S.17f.

erläutern sucht, dessen Bedeutung auch den antiken Übersetzungen[80] unklar gewesen ist.

In *V.4* sticht die erste Vershälfte sowohl formal – aufgrund ihrer pluralischen Rede über Israel – wie auch inhaltlich – durch die Einführung eines neuen Bildes aus dem agrarischen Bereich – heraus. Gleichwohl hat es in der Forschung nicht an Versuchen gefehlt, den Halbvers in Einklang mit der in Hos 11 vorherrschenden Sohnesmetaphorik zu bringen.

V.4a präsentiert JHWH als Bauer, der Israel als Nutztier zur Feldarbeit heranzieht. Merkwürdig ist, daß dem Tier das Joch nicht auf die Schulter, sondern auf die Kinnbacken gelegt wird. Diese Auffälligkeit hat einige Ausleger dazu bewogen, durch Umvokalisation des masoretischen עֹל in עֻל (Säugling) den Wechsel im Bild zu eliminieren.[81] Bedenkt man jedoch, daß die Versionen einmütig mit „Joch" übersetzen und darüber hinaus auch die Rede von חבלים und עבתות in V.4aα der Jochmetaphorik zugehört,[82] ist man besser beraten, bei der masoretischen Punktation und somit dem Wechsel im Bild zu bleiben. „Möglicherweise bedeutet על hier im breiteren Sinne die ganze Vorrichtung, die dem Tier angelegt worden ist. Dazu mag auch ein mit einem Lenkseil versehener Zaum gehört haben."[83]

M. Nissinen hat dagegen das Nebeneinander von Sohnes- und Tiermetaphorik traditionsgeschichtlich aus der Königsideologie zu erklären gesucht.[84] Sowohl in ikonographischem Material (*dea nutrix*, Kuh-Kalb-Motiv) als auch in neuassyrischen Prophetentexten findet sich die Dar-

---

80 Vgl. o. S.17 die z.T. erheblich differierenden Übersetzungsvorschläge.
81 Van Hoonacker 106; Sellin[2-3] 111; Wolff 247; Willi-Plein, Vorformen, 198; Ward 192; Groß, Hohelied, 84; Mays 150.154f; Schüngel-Straumann, Gott, 124; Kreuzer, Gott, 130; Seifert, Reden, 186.191-193; Davies 257; vgl. May, Cult, 89: עֻל für עֹל. Letzterer und Schüngel-Straumann, Gott, 124f, konjizieren zudem das לחיקם in לחיקם; zur berechtigten Kritik s. bereits Kreuzer, Gott, 124f. Weitere Konjekturvorschläge, die jedoch wiederum neue Bilder einführen: כְּמֹרֶה מֵעַל חֶלְקֵיהֶם „wie der Frühregen über ihren Feldern" (Procksch 51.170); כְמֹר ים יעלעל לחיהם „wie Meeresschaum, der die Wangen liebkost" (Reider, Studies, 121).
82 Vgl. zuletzt Bons, Überlegungen, 285-288, und Pfeiffer, Heiligtum, 194.
83 Nissinen, Prophetie, 247f, u. vgl. bereits Dalman, AuS II, 100.
84 Nissinen, Prophetie, 268-294, bes. 290-294; so auch Parpola, Prophecies, XXXVI-XLIV.

stellung des Königs als menschliches oder bovines Kind einer Göttin. Dabei stehen in den Königsorakeln Sohnes- und Tiermetaphorik ebenso unvermittelt nebeneinander wie in Hos 11. Allerdings sind die Tierbilder nicht kongruent, geht es in Hos 11,4a doch um das Verhältnis zwischen Bauer und Nutztier, also gerade nicht um ein elterliches Verhältnis. Zudem bewertet M. Nissinen den Numeruswechsel in der Rede über Israel unter.[85] So wird der Wechsel im Bild am ehesten doch einen literarischen Bruch in Hos 11,4 indizieren.[86]

Um einen Nachtrag wird es sich auch bei *V.5b* handeln.[87] Der Halbvers spricht jedenfalls wie alle bisher erkannten Zusätze von Israel im Plural.

Ein besonderes Problem stellt *V.6* dar. Nach der umfassenden Gerichtsaussage von V.5 greift der Vers Städte und Orakelpriester als Gerichtsobjekte noch einmal gesondert heraus. Überdies führt er eine neuerliche Begründung für das Gericht ein: „wegen ihrer Ratschläge". Schon oft ist bemerkt worden, daß die Begrifflichkeit von V.6 in den Kontext von Hos 11 nicht recht passen will.[88] Die Orakelpriester (בדים) begegnen lediglich noch in Jes 44,25 und Jer 50,36, die Nennung der Ratschläge erinnert an jesajanischen Sprachgebrauch (vgl. Jes 8,10; 29,15; 30,1 u.ö.). Mitunter behilft man sich damit, בדיו und ממעצותיהם zu streichen.[89] Literarkritisch relevante Spannungen innerhalb von V.6 sind jedoch nicht auszumachen. So erscheint es sinnvoller, den Vers insgesamt einer späteren Hand zuzuweisen.[90]

Ein Durchgang durch Hos 11,1-6 hat einen mehrschichtigen Text zu Tage treten lassen. Seine Grundschicht wurde in den Versen 1(ohne ממצרים).3aα.4b.5a erkannt. Sie redet von Israel im Singular und beschreibt das Verhältnis von JHWH zu Israel im Bild eines Vaters zu sei-

85 Nissinen, Prophetie, 247.266f, hält lediglich V.4aβ für sekundär und vermutet, daß die Suffixe in V.4aα erst redaktionell in den Plural geändert wurden.
86 So auch Zenger, Menschen, 194; Pfeiffer, Heiligtum, 196.
87 So auch Marti 88; Greßmann 393; Nowack³ 67; Mauchline/Phillips 686; Donner, Israel, 86.89f; Vollmer, Rückblicke, 60; Jeremias, Eschatologie, 229; Zenger, Menschen, 194; Jeremias 143; Nissinen, Prophetie, 249; Pfeiffer, Heiligtum, 193, u.a.
88 Vgl. die mannigfachen Konjekturvorschläge o.S.19f.
89 So Jeremias 143; Köckert, Geschichte, 6; Seifert, Reden, 190.
90 So auch Smith 297; Pfeiffer, Heiligtum, 196f.

nem Sohn. Darüber hinaus sind mehrere Zusätze ausgemacht worden. Bei ihnen handelt es sich jedoch nicht durchweg um punktuelle Zufügungen.[91] Vielmehr können die Verse 2(mit מִמִּצְרַיִם aus V.1).3b.4a.5b einer gemeinsamen Bearbeitungsschicht zugewiesen werden, die Israel im Plural führt und die Sohnesmetaphorik der Grundschicht verläßt. Erst diese Erweiterungsschicht bringt das deuteronomistische Gedankengut in den Text ein: Durch die Einfügung des מִמִּצְרַיִם in V.1 kommt es zu der charakteristischen Verbindung von Gottesliebe und Exodus, die Verse 2.3b.4a.5b zeigen Israels mangelnden Gesetzesgehorsam auf. Übrig bleiben V.3aβ und V.6 als Einzelzufügungen.[92]

Betrachtet man die ermittelte Grundschicht von Hos 11,1-6 näher, fällt der abrupte Wechsel von Heils- und Unheilsaussagen auf. Durch das Fehlen jedweden Verweises auf Israels Fehlverhalten – die Anklagen sind dem Text ja erst später zugewachsen – erscheint die Gerichtsansage in V.5a nach der Schilderung von JHWHs Heilshandeln an Israel in V.1-4* völlig unmotiviert.

M. Nissinen verweist zur Erklärung dieses „Kontinuitätsbruches im Handeln Jahwes" auf die Gattung der Volksklage. „Da die gattungskonstituierenden Elemente der Volksklage auf der Dichotomie von Jahwes Heils- und Unheilshandeln beruhen, weist der ausgeprägte Kontinuitätsbruch im Handeln Jahwes ... darauf hin, daß in Hos 11 Anfänge der formgeschichtlichen Entwicklung, deren Ergebnis die eigentlichen Klagelieder des Volkes sind, sichtbar werden."[93] Dabei ist sich M. Nissinen der Problematik seiner Gattungsbestimmung durchaus bewußt. Denn „die formale Ähnlichkeit [beschränkt] sich auf den Kontrast zwischen Jahwes früheren Heilstaten und seinen gegenwärtigen Unheilstaten ... . Es fehlt in

---

91 So die Ansicht von Pfeiffer, Polemic, 232, zu V.2, Vollmer, Rückblicke, 58, zu V.3b und Marti 88; Greßmann 393; Nowack³ 67; Mauchline/Phillips 686; Donner, Israel, 86.89f; Vollmer, Rückblicke, 60; Jeremias, Eschatologie, 229; ders. 143 zu V.5b.

92 Zu demselben redaktionsgeschichtlichen Ergebnis von Hos 11,1-6 gelangt auch Pfeiffer, Heiligtum, 191-199. Zenger, Menschen, 194, und Nissinen, Prophetie, 265-267, erkennen in Hos 11,1-6 auch zwei Schichten, weichen jedoch in Einzelentscheidungen ab; s.o. Anm. 74.

93 Nissinen, Prophetie, 298-300 (Zitat 300), in Rückgriff auf die Studie von Podella, Ṣôm-Fasten.

Hos 11 an jeder Anrufung und Bitte, und auch die Unheilstaten Jahwes werden nicht als direkte Anklage in der 2. Person … dargestellt."[94] Im übrigen redet in Hos 11 JHWH und nicht das Volk, was bei einem Klagelied *des Volkes* doch wohl zu erwarten wäre. So wird man sich besser nach anderen Erklärungsmöglichkeiten für den unvermittelten Übergang von Heils- zu Unheilsaussagen umsehen.

Eine alternative Deutung findet sich bei H. Pfeiffer. Er interpretiert den Grundbestand von Hos 11,1-6 als „verhaltenes Heilswort"[95]. Eine Anklage sei darin nicht zu erwarten. Die heilvolle Ausrichtung von Hos 11,1-5a* erhält H. Pfeiffer, indem er das לא zu Beginn von V.5 als echte Negation versteht und folgende Übersetzung vorschlägt: „Er wird *nicht* nach Ägypten zurückkehren, *auch wenn* Assur sein König ist."[96] V.5a revoziere dabei die nahezu wörtlich identischen Unheilsansagen in Hos 8,13bβ und 9,3b in folgendem Sinne: „Entgegen der älteren Hoseatradition bedeutet für den Autor von Hos 11,1-5a* die bereits Realität gewordene Exilierung Israel/Judas nicht die Aufkündigung des Gottesverhältnisses."[97] Nun steht und fällt die Interpretation von Hos 11,1-5a* als „verhaltenes Heilswort" mit der heilsgeschichtlichen Deutung[98] des „Zurück nach Ägypten". Betrachtet man Hos 11 auf der Textoberfläche, leuchtet dieses heilsgeschichtliche Verständnis auch ohne weiteres ein: V.1 schildert Israels Erwählung durch JHWH in der Herausführung aus Ägypten. Die Absage an eine Rückführung nach Ägypten bedeutet aus dieser Perspektive ein Festhalten an der Erwählung. Anders sieht es aus, wenn, wie oben nachgewiesen, das Exodusmotiv dem Kapitel erst sekundär zugewachsen ist. Zur Interpretation der Grundschicht kann es dann nicht ohne weiteres herangezogen werden. H. Pfeiffer entwickelt sein Verständnis des „Zurück nach Ägypten" denn auch an Hos 9,3b:

> „Der Spruch droht Ephraim … eine ‚Rückkehr nach Ägypten' an. Die Fortsetzung in der zweiten Hälfte von V.3b gibt unmißverständlich zu erkennen, daß ‚Ägypten' hier anderes ist als eine geographische Bezeichnung. Mit ‚Assur' ist das

---

94 Nissinen, Prophetie, 299f.
95 Pfeiffer, Heiligtum, 191.
96 Pfeiffer, Heiligtum, 191.
97 Pfeiffer, Heiligtum, 198.
98 So die übliche Deutung des „Zurück nach Ägypten"; vgl. Wünsche 490; Yee, Composition, 222; Nissinen, Prophetie, 250, u.v.m.

Geschick Ephraims nach seiner historisch-empirischen Hinsicht bezeichnet. ‚Ägypten' steht hingegen als theologische Chiffre für den hinter der Exilierung nach Assur stehenden metahistorischen Sachverhalt. Nach ‚Ägypten' kann Ephraim nur ‚zurück*kehren*'. Es besteht kein Zweifel, daß Ephraim hinter die Begründung des Gottesverhältnisses im Ägyptenexodus zurückgerufen wird."[99]

H. Pfeiffer baut seine Argumentation auf zwei Beobachtungen: das Nebeneinander von Ägypten und Assur sowie die Verwendung der Wurzel שוב. Wenden wir uns zunächst dem ersten Punkt zu, so hat bereits H. W. Wolff[100] darauf hingewiesen, daß das Nebeneinander von Ägypten und Assur am besten aus der vorausgesetzten machtpolitischen Situation zu erklären ist. Eindeutig ist der Sachverhalt an den Stellen, die Ephraims Schaukelpolitik zwischen den Großmächten anklagen (7,11; 12,2). Dieser Vorwurf ist nur verständlich, wenn sowohl Assur als auch Ägypten als historische Größen gedacht sind. Dann ist es aber wahrscheinlich, auch in den Passagen, die Ägypten und Assur als Gerichtsvölker nebeneinanderstellen, jeweils einen Bezug auf gegenwärtige politische Kräfte anzunehmen (9,3; 11,5).[101] Wie aber ist in diesem Fall der Gebrauch der Wurzel שוב zu erklären? H. W. Wolff hört einen „heilsgeschichtlichen Bezug mitschwingen"[102]. Allerdings läßt sich der Gebrauch von שוב ebenso wie die Parallelität der Exilsländer aus der machtpolitischen Situation jener Tage erklären. R. G. Kratz[103] tut dies für die Stellen in Hos 4-9. Wie Israel sich vormals in Assur und Ägypten um militärischen Beistand bemüht hat, so kehrt es nun als Geschlagener an den Ort seines Taktierens zurück. Im Rahmen des Tun-Ergehen-Zusammenhangs ist diese „Rückkehr" also die Strafe, die aus Israels Schaukelpolitik folgt. In diesem Sinne läßt sich שוב auch in Hos 11,5a auf der Ebene der Grundschicht interpretieren. H. Pfeiffers heilsgeschichtliche Interpretation Ägyptens erscheint mir demgegenüber weniger wahrscheinlich. Dann aber läßt sich

---

99   Pfeiffer, Heiligtum, 183.
100 Wolff 187f.
101 So auch Harper 330.367; Kratz, Erkenntnis Gottes, 15, u.a. Für 9,3 liegt dieses
     Verständnis ohnehin nahe, wie die Ausführung der Exilierungsaussage in 9,6
     zeigt; s.u.S.107.
102 Wolff 188.
103 Kratz, Erkenntnis Gottes, 15.

auch seine Auffassung von Hos 11,1-5a* als „verhaltenes Heilswort"
nicht halten.

Wie kann statt dessen erklärt werden, daß in Hos 11,1-5a* auf eine
breite Heilsschilderung eine scheinbar unmotivierte Gerichtsandrohung
folgt? In dieser Frage hilft ein Blick in den literarischen Kontext des Hoseabuches weiter. Hos 11,1-5a* weist enge Berührungen mit Hos 7,8-12
und Hos 8,7-10 auf, also den Stellen, die Israels verfehlte Außen- und
Bündnispolitik thematisieren.[104] Dabei steht Israels außenpolitisches
Gebaren in scharfem Kontrast zu JHWHs Handeln als Vater in Hos 11,1-
4*: JHWH hat Israel liebgewonnen (אהב), Israel aber unterhält Liebes-
beziehungen (אהבים) mit den Großmächten (8,9). JHWH hat Israel zum
Sohn berufen (קרא), Israel aber ruft (קרא) nach Ägypten (7,11). JHWH
hat Israel gehen gelehrt, Israel aber geht nach Assur (7,11; 8,9; vgl. 5,13).
JHWH hat Israel zu essen gegeben (אכל), Israel aber merkt nicht, daß
Fremde seine Kraft verzehren (אכל: 7,9; vgl. 8,7). Dieser Befund legt eine
literarische Beziehung nahe, die so zu deuten ist, daß Hos 7,8-12 und 8,7-
10 die Anklagen für die Gerichtsandrohung in Hos 11,1-5a* darstellen.
Israels Vergehen besteht darin, daß es die Zuwendung und die Gaben, die
JHWH ihm als seinem erwählten Sohn gewährt hat, an die Großmächte
Ägypten und Assur weitergibt. Es verwendet sie also dazu, sich von
seinem Vater JHWH abzukehren, und weist dadurch die Erwählung
zurück. JHWHs Strafe besteht folgerichtig darin, Israel diesen Mächten zu
überlassen (vgl. 9,3).

Nach alledem ist deutlich, daß die Grundschicht von Hos 11,1-6
nicht aus sich selbst heraus, sondern erst zusammen mit den voranstehenden Anklagen im Hoseabuch (insbesondere 7,8-12; 8,7-10) verständlich ist. Sie kann deshalb niemals in mündlicher Form existiert haben,
sondern ist von vornherein als schriftlicher Text für den Buchkontext
verfaßt. Dieses Ergebnis hat Konsequenzen für die eingangs aufgeworfene Frage, ob der unvermittelte Wechsel in der Aussagerichtung von
Unheil (V.1-6) zu Heil (V.7-11) innerhalb von Hos 11 überlieferungs- (so
J. Jeremias) oder redaktionsgeschichtlich (so M. Nissinen; H. Pfeiffer) zu

---

104 Vgl. schon Kratz, Erkenntnis Gottes, 16.

erklären ist. Wenn nämlich, wie oben nachgewiesen wurde, Hos 11,1-6 von Anfang an für den Buchkontext verfaßt wurde, können auch die Verse 7-11, die V.1-6 zeitlich und sachlich voraussetzen, niemals in mündlicher Form existiert haben, sondern sind als planvolle Fortschreibung anzusehen. Die Unstimmigkeiten im Aussageverlauf von Hos 11 sind mithin redaktionsgeschichtlich zu erklären.

Bestätigung findet das Urteil über den redaktionellen Charakter von Hos 11,7-11, wenn man die Rückbezüge in den ersten Teil noch einmal genauer betrachtet: Von besonderer Wichtigkeit ist dabei die göttliche Klage in V.7. Sie liest sich aufgrund der Stichwortaufnahmen wie eine Bündelung der Aussagen über Israels Fehlverhalten aus V.1-6 (vgl. שוב aus V.5b, קרא aus V.2, רום aus V.4a sowie das Gottesepitheton על als Aufnahme der בעלים aus V.2). Diese Vorwürfe sind Hos 11,1-6 jedoch erst sekundär zugewachsen. Die Verse 7-11 setzen demnach schon die ergänzte Fassung von Hos 11,1-6 voraus.

Für die Entstehungsgeschichte von Hos 11 ergibt sich demnach folgendes Bild: Die *Grundschicht* liegt in den Versen 1(ohne ממצרים).3aα.4b.5a vor. Sie propagiert die Auslieferung Israels an Ägypten und Assur als Aufkündigung seines Status als Adoptivsohn JHWHs. Dabei bezieht sie sich auf die voranstehenden Anklagen im Hoseabuch, insbesondere Hos 7,8-12 und 8,7-10, sowie die Strafansage von Hos 9,3 zurück. Fragt man nach ihrer Datierung, kann die Verwendung der Sohnesmetaphorik einen Hinweis geben. Wie M. Nissinen unter Hinzuziehung neuassyrischer Prophetentexte und ikonographischen Materials (*dea nutrix*, Kuh-Kalb-Motiv) überzeugend nachgewiesen hat, hat die Vorstellung der Gottessohnschaft ihren traditionsgeschichtlichen Ort in der Königsideologie.[105] In Hos 11* ist die Sohnschaft vom König auf das Volk übertragen. Das erklärt sich am einfachsten, wenn das Königtum zur Zeit der Abfassung von Hos 11* keinen Bestand mehr hatte. H. Pfeiffer datiert die Grundschicht deshalb nach 587 v.Chr.[106] Als Parallele führt er Jes 41,8-13 an, wo eine ähnliche „Demokratisierung" des Königtums zu beobachten ist. Doch ist eine exilische Datierung von Hos 11* keineswegs

---

105 Nissinen, Prophetie, 268-294.
106 Pfeiffer, Heiligtum, 197f.

zwingend. Im Nordreich, von dem hier ja die Rede ist, ist das Königtum
bereits 723/720 v.Chr. untergegangen.[107] Als terminus a quo liegt dieses
Datum folglich näher. Dazu paßt, daß sich eine Übertragung königlicher
Topoi auf das Volk auch in Gen 12,1-4, also der Jahwistischen Väterge-
schichte, findet.[108] Zwar ist die Datierung des Jahwisten in der Forschung
umstritten,[109] eine zeitliche Ansetzung noch im 7. Jahrhundert v.Chr. aber
nicht unwahrscheinlich.[110] Auch für die Grundschicht von Hos 11 könnte
also eine Abfassungszeit im 7. Jahrhundert v.Chr. in Frage kommen.[111]

Eine *erste Ergänzungsschicht* – sie umfaßt die Verse 2(mit ממצרים aus
V.1).3b.4a.5b – führt deuteronomistisches Gedankengut in den Text ein.
Durch die Einfügung des ממצרים in V.1 kommt es zu der charakteristischen Verbindung von Gottesliebe und Exodus, die Berufung Israels
wird in der Herausführung aus Ägypten geschichtlich geortet.[112] Die
Verse 2.3b.4a.5b tragen Anklagen nach, die Israels mangelnden Gesetzesgehorsam aufweisen. Dabei verrät die Ergänzungsschicht Kenntnis vom
Dekalog sowie von der Erzählung von Israels Aufenthalt in Mara Ex
15,22-27.

Eine *zweite Ergänzungsschicht* V.7-9.11 handelt von JHWHs Neuanfang
mit Israel. Nicht des Volkes Umkehr zum Gesetzesgehorsam bewegt
JHWH zur Reue, wie das etwa in Jer 18,7-10; 26; 42,10ff der Fall ist.
Vielmehr stellt JHWH fest, daß Israel in Abtrünnigkeit aufgehängt, zur
Umkehr unfähig ist (V.7). So kann nur ein Herzensumsturz JHWHs,
seine Abkehr vom Zorn, die in der Liebe gründet (V.1), einen Neuanfang
ermöglichen. Mit dieser Skepsis gegenüber dem, was Gesetz und Mensch

---

107 Zum Untergang Samarias vgl. Becking, Fall, sowie zusammenfassend Köckert,
    Art. Samaria, 747f.
108 Vgl. Ruprecht, Hintergrund; Köckert, Vätergott, 276-299.
109 Vgl. die Auflistung bei Köckert, Suche, 54-57; für die neueste Diskussion den
    jüngst von Gertz, Schmid und Witte herausgegebenen Sammelband „Abschied
    vom Jahwisten".
110 Vgl. Kratz, Komposition, 269.279.320-323.
111 Für die in dieser Arbeit vorgetragene These von der Entstehung des Hoseabuches
    spielt die Frage der Datierung der Grundschicht von Hos 11 allerdings keine ent-
    scheidende Rolle.
112 Die Verwendung von קרא statt des in der deuteronomistischen Literatur üblichen
    בחר als Erwählungsterminus erklärt sich dabei als Aufnahme aus dem überkom-
    menen Material.

zu leisten imstande sind, eröffnet die Ergänzungsschicht eine kritische Alternative zur deuteronomistischen Theologie. Sachlich liegt sie damit auf einer Linie mit Passagen aus Ex 32-34 und Jer 31.[113]

    Darüber hinaus konnten einige wenige *Einzelzusätze* identifiziert werden: V.3aβ erläutert das in seiner Bedeutung unsichere hapax legomenon תרגלתי aus V.3aα. V.6 trägt jesajanisches Gedankengut in den Text ein, und V.10 ergänzt – in Anlehnung an amosische Begrifflichkeit – die in V.11 angekündigte Rückführung der Diaspora aus Ägypten und Assur um die aus dem Westen.

III. Zwischenbilanz und weiteres Vorgehen

Die Analyse von Hos 11 hat ein mehrschichtiges literarisches Gebilde zutage gefördert. Abgesehen von drei Einzelzusätzen, handelt es sich dabei um einen Grundtext und zwei planvolle, durchlaufende Ergänzungsschichten. Grundtext und Ergänzungsschichten stehen innerhalb des Hoseabuches nicht je für sich, sondern weisen Verbindungen in den weiteren literarischen Kontext auf. Dabei läßt sich beobachten, daß mit dem Kapitel auch seine Kontextbezüge gewachsen sind.

    Schon die Grundschicht von Hos 11 setzt den Komplex Hos 4,1-9,9 voraus. Dagegen kommen die Bezüge zu den Geschichtsrückblicken ab Hos 9,10 und zum ersten Hauptteil des Buches Hos 1-3 erst mit der ersten Ergänzungsschicht in den Text (Exodusreminiszenz und Vorwurf der Fremdgötterverehrung). Durch die zweite Ergänzungsschicht wird Hos 11 schließlich eingebunden in das buchübergreifende Untergliederungssystem nach Heilsweissagungen.

    Aus diesem Befund ergibt sich das weitere Vorgehen. In einem unmittelbar anschließenden, zweiten Hauptteil (B) wenden wir uns dem Komplex Hos 4,1-9,9 zu. Da er bereits von der Grundschicht von Hos

---

113 Vgl. dazu Spieckermann, Barmherzig; ders., Liebeserklärung; zu Ex 32-34 zudem Aurelius, Fürbitter, 91-126. Nissinen, Prophetie, 326-335, sieht die Ergänzungsschicht gar literarisch von Jer 31,15-22 abhängig. Als weitere Bezugstexte nennt er Jes 12; 31 und Dtn 29,22. Mit Ausnahme von letzterem wird man mit gegenseitiger Beeinflussung zu rechnen haben.

11 vorausgesetzt wird, ist hier das älteste Material im Hoseabuch zu erwarten. Dabei wird auch nach der Verkündigung des Propheten Hosea zu
fragen sein. In einem dritten und vierten Hauptteil werden dann der erste
Buchteil Hos 1-3 (C) sowie die Geschichtsrückblicke ab Hos 9,10 (D) einer Untersuchung unterzogen, die Querbeziehungen zu der ersten Ergänzungsschicht von Hos 11 aufweisen. Dabei wird jeweils zu prüfen sein,
ob hier älteres Material verarbeitet ist. Die buchstrukturierenden Heilsweissagungen werden jeweils an Ort und Stelle und mehr am Rande behandelt. Diese Texte machen die Makrostruktur des Buches aus und gehören gewiß zu seinen spätesten Schichten. Allein der Schlußabschnitt in
Hos 14,2-10 soll einer eigenen Betrachtung gewürdigt werden (E), da von
ihm aufgrund seiner exponierten Stellung am Buchende wesentliche Aufschlüsse über das intendierte Verständnis des Buchganzen zu erwarten
sind. Den Abschluß bildet ein Blick über die Kanongrenze auf die Auslegung des Hoseabuches in Qumran (F), bevor die redaktionsgeschichtlichen Ergebnisse zusammengefaßt und die Entstehungsgeschichte des
Hoseabuches in ihren wesentlichen Stadien nachgezeichnet werden (G).

B. Hosea 4,1-9,9

Hos 4,1-9,9 handelt vom Rechtsstreit JHWHs mit den Bewohnern seines Landes. Unter Anklage steht deren mangelnde Gotteserkenntnis in Politik und Kult. Diese wird mit der Vertreibung aus dem Land geahndet.

Innerhalb von Hos 4,1-9,9 nimmt der Abschnitt Hos 5,8-6,6 eine Sonderstellung ein. Als einziger Text – abgesehen von der Überschrift Hos 4,1-3 – handelt er politische und kultische Vergehen des Volkes nicht getrennt voneinander ab, sondern verbindet sie in einer Einheit miteinander und bringt sie in eine Beziehung zueinander. Da Hos 5,8-6,6 zudem Indizien aufweist, die Zweifel an seiner literarischen Integrität aufkommen lassen, sind von der Analyse dieses Textes erste Aufschlüsse über die literarischen Verhältnisse in Hos 4,1-9,9 zu erwarten.

I. Der Schlüsseltext Hos 5,8-6,6

a) *Übersetzung und Text*

5,8   Stoßt ins Horn in Gibea[a],
in die Trompete in Rama[a],
schreit laut zu[b] Beth-Awen:
„Hinter Dir/Dir nach,[c] Benjamin!"

5,9   Ephraim, Du[a] wirst zum Gegenstand des Entsetzens werden
am Tag der Züchtigung.
Unter den Stämmen Israels
habe ich Zuverlässiges wissen lassen.

5,10   Die Obersten Judas sind wie welche gewesen,
die eine Grenze verrücken.
Über sie will ich wie Wasser meinen Zorn ausgießen.

5,11   Bedrückt[a] ist Ephraim, zerbrochen[a] an Recht,
denn es beliebte, hinter dem Zaw[b] herzulaufen.

5,12 Ich bin wie Eiter[a] für Ephraim
      und wie Knochenfäule für das Haus Juda.

5,13 Ephraim sah seine Krankheit
      und Juda sein Geschwür;
      da ging Ephraim nach Assur
      und sandte zum Großkönig[a].
      Aber er, er kann euch nicht heilen,
      nicht heilt er euch von dem Geschwür.

5,14 Wahrlich, ich bin wie ein Löwe für Ephraim
      und wie ein Junglöwe für das Haus Juda.
      Ich, ich, ich will zerreißen, und ich will weggehen,
      ich will wegtragen, und niemand ist da, der rettet.

5,15 Ich will gehen, und ich will an meinen Ort zurückkehren,
      bis daß sie unter der Strafe leiden[a] und mein Angesicht suchen;
      in ihrer Not werden sie mich suchen[b].

6,1   Kommt, laßt uns zu JHWH umkehren,
      denn er, er hat zerrissen, er wird uns auch heilen;
      er hat geschlagen[a], er wird uns auch verbinden.

6,2   Er wird uns leben lassen nach zwei Tagen,
      am dritten Tag wird er uns aufrichten,
      damit wir vor seinem Angesicht leben.

6,3   Wir wollen erkennen,
      wir wollen der Erkenntnis JHWHs nachjagen.
      So sicher wie das Morgenlicht ist sein Hervorkommen,[a]
      er wird über uns kommen wie Regen,
      wie Spätregen, der die Erde tränkt[b].

6,4   Was soll ich dir tun, Ephraim,
      was soll ich dir tun, Juda?
      Eure Hingabe ist wie eine Morgenwolke
      und wie Tau, der früh vergeht.

6,5   Darum habe ich niedergehauen durch die Propheten,
      habe sie getötet durch die Worte meines Mundes,
      damit meine Lebensordnung wie[a] Licht hervorgehe.

6,6   Wahrlich, Hingabe gefällt mir und nicht Schlachtopfer,
      Gotteserkenntnis statt[a] Brandopfer.

8 a) LXX übersetzt sowohl בגבעה (ἐπὶ τοὺς βουνούς) als auch ברמה (ἐπὶ τῶν ὑψηλῶν). Das Verständnis als Ortsnamen ist jedoch durch Beth-Awen in V.8b verbürgt. – b) Gegen die Interpretation von Beth-Awen als Vokativ (so Schütte, Stimme, 407; Seifert, Reden, 149) spricht nicht nur die Parallelität zu den Ortsnamen in V.8a, sondern auch die Schwierigkeit, das maskuline Suffix 2.sg. in אחריך auf die in der Regel feminine Stadt zu beziehen. Doch auch die Hinzufügung der Präposition ב (so u.a. Wellhausen 114; Nowack³ 38) ist unnötig. Vielmehr handelt es sich bei dem Wort um einen Accusativus loci (vgl. GK §118g). – c) LXX übersetzt אחריך mit ἐξέστη, denkt also offenbar an eine Form der Wurzel חרד (vgl. Hos 11,10f). Graphisch am nächsten liegt der Vorschlag von Rudolph 123, LXX habe אחריד im Sinne eines „aram. Perf. Aphel" gelesen. Deutlich ist jedenfalls das Bemühen der LXX um Verständnis des schwer zu verstehenden M (s.u.S.56f). Möglicherweise ist ihre Deutung von Am 3,6 her beeinflußt (vgl. Barthélemy, Critique, 521f). Die übrigen Versionen bestätigen M. Konjekturen nach LXX (Oort, Hozea, 485; Wellhausen 114; Marti 49; Nowack³ 39; Wolff 134 u.a.) sind demnach unbegründet.

9 a) תהיה kann 2.m.sg. (so etwa Schütte, Stimme, 406; Seifert, Reden, 150) oder 3.f.sg. (so alle übrigen Exegeten) sein. Ebenso kann das Subjekt Ephraim als Volksname männlich, als Ländername weiblich gedacht sein (vgl. GK §122i). Die ausnahmslos maskuline Verwendungsweise im Hoseabuch läßt auch an dieser Stelle an den Volksnamen denken. Möglich ist aber auch die alternative Deutung.

11 a) LXX fügt dem ersten Verb ein Objekt hinzu und gleicht damit an den Parallelstichos an. Zudem übersetzt sie die Verben aktivisch (vgl. die entsprechenden Konjekturvorschläge von Oort, Hozea, 485; Wellhausen 114; Marti 50; Nowack³ 39 u.a.). Wie bereits Alt, Hos 5,8-6,6, 175, gezeigt hat, erklärt sich die Lesart bestens als Harmonisierung mit Am 4,1. – b) Unklar ist die Bedeutung von צו. Das Wort kommt im AT (vgl. zudem CD IV,19) sonst nur noch in Jes 28,10.13 vor, ist dort jedoch ebenso schwierig zu deuten wie in Hos 5,11, so daß die Parallele zum Verständnis wenig austrägt (gegen Frey, Aufbau, 53: Geschwätz). Raschi, Kimchi, Ibn Esra (s. Wünsche 226-228) u.a. leiten צו von der Wurzel צוה her und sehen darin ein Äquivalent zu מצוה in der Bedeutung „Menschengebot" im Gegensatz zu Gottes Gebot. Ohne Parallelbeleg bleibt dieser Vorschlag jedoch reine Spekulation. Der Vorwurf des Gehens (הלך) begegnet im Hoseabuch und speziell in Hos 5,8-6,6 zum einen in außenpolitischen (5,13; 7,11.12), zum anderen in kultischen (2,7.15; 5,6; 6,1; 11,2) Zusammenhängen. Der Nahkontext von Hos 5,11 in 5,8-14 handelt ausschließlich von der Politik. Das hat einige Forscher dazu bewogen, das Ziel des Gehens mit einer politischen Größe zu identifizieren. Dabei geht es aber nicht ohne Textänderung ab. Graphisch am nächsten liegt der Vorschlag von Duhm, Anmerkungen, 23, צרו zu lesen (so auch Alt, Hos 5,8-6,6, 174; Willi-Plein, Vorformen, 145, u.a.; vgl. Rudolph 124: צר; Humbert, Deltafürst, [סוא] und Sellin¹ 50 [רצון] bemühen sich gar um eine Näherbestimmung des Feindes). Dagegen interpretieren die antiken Übersetzungen die Wendung הלך אחרי צו gemäß Hos 2,7.15 (vgl. 6,1) in kultischem Sinne. Hieronymus, Osee II, v, 306f, (sordes) versteht צו als Nebenform von צאה „Exkremente, Kot" (so auch Michaelis, Varianten,

172; Andersen/Freedman 409f; Barthélemy, Critique, 524; u.a.) und deutet es auf die „*idola quae sordibus comparantur*". Ebenso denken LXX (ὀπίσω τῶν ματαίων) und S (*btr sryqt'*) offensichtlich an Götzen (vgl. T: ממון דשקר). Dieser Textbezeugung wird in der Forschung zumeist gefolgt, sei es durch Emendation in שוא (Houbigant, Biblia, 599; Graetz, Emendationes, 12; u.a.) bzw. שו (Marti 50; Nowack³ 39 u.a., vgl. Hi 15,31), sei es durch Behauptung einer Sprachvariante dazu (Wolff 134; Jeremias 78; Seifert, Reden, 150; u.a.), sei es durch Herleitung von der sehr unsicheren arabischen Wurzel *ṣww* (Driver, Arabisms, 105f; Macintosh 204f). Beide Deutungen von Hos 5,11b, die politische wie die kultische, können sich auf ähnliche Vorwürfe im Hoseabuch stützen, beide erwecken dadurch allerdings auch den Eindruck, Interpretationen zu sein. Eine Entscheidung ist nicht möglich.

12 a) עש II „Eiter" (HALAT III, 848); so seit Driver, Words, 66f, die meisten Exegeten.

13 a) LXX versteht ירב als Eigenname, S als Ortsname. T, V und oἱ λ. leiten von der Wurzel ריב ab. Sie alle verkennen, daß מלך ירב Wiedergabe des assyrischen Titels „*šarru rabū*" ist (so zuerst Michaelis, Supplementa, 1054). ירב kann dabei als Adjektiv einer im Syrischen belegten Wurzel *yrb* „groß sein" aufgefaßt werden (vgl. grundlegend Michaelis, Supplementa, 1054; Driver, Studies VIII, 295). Textänderungen in מלכי רב (Müller, König Jareb; Wolff 134 u.a.: falsche Wortabtrennung; s. aber Hos 10,6) oder in מלך רב (Weiser 53) sind unnötig.

15 a) אשם bedeutet auf der einen Seite „sich als schuldig erweisen", auf der anderen Seite „die Folgen der Schuld, die Strafe tragen", vgl. bes. Joüon, Racine אשם. LXX hat offensichtlich ישמו (von שמם) gelesen. Eine entsprechende Konjektur (Graetz, Emendationes, 12; Wellhausen 115; Marti 53; Nowack³ 40f; Alt, Hos 5,8-6,6, 183; Wolff 134 u.a.) ist jedoch unnötig. Reine Vermutung bleibt Drivers, Roots, 75f, Annahme einer Wurzel אשם II, die gleichbedeutend mit שמם sei. – b) LXX, S und T fügen am Ende von 5,15 לאמר hinzu und verstehen Hos 6,1-3 „als dramatische Explicirung von ישחרנני" (Wellhausen 115; vgl. Nowack³ 41; Baudissin, Adonis, 404, u.a.). Gegen diese Interpretation spricht allerdings die ablehnende Reaktion in 6,4-6. S.u.S.52-54.

1 a) Lies mit den meisten Auslegern וין statt יך (Haplographie), vgl. S. Gegen die neuerdings wieder von Macintosh 216 vertretene konditionale Deutung der Wendung (vgl. schon Guthe 10) spricht zum einen der voranstehende Parallelsatz, v.a. aber der Rückbezug auf die bereits erfolgten Schläge aus 5,12-14 (vgl. Kö §194e).

3 a) LXX übersetzt מצאו mit εὑρήσομεν αὐτόν, hat also offenbar נמצאו gelesen. Das hat Giesebrecht, Beiträge, 208, zu folgender Konjektur in V.3aβ bewogen (vgl. Wellhausen 116; Marti 54; Nowack³ 41; Alt, Hosea 5,8-6,6, 183, u.a.): בשחרנו כן נמצאהו. Allerdings bestätigen die übrigen Versionen M (vgl. auch כשחר נכון in 1QH IV,6). LXX verdankt sich am ehesten einer Dittographie des נ (van Hoonacker 62). – b) Impf. Hi. von ירה II. Eine Ableitung von der sinngleichen Wurzel רוה (Wellhausen 116; Marti 54; Nowack³ 41; Alt, Hos 5,8-6,6, 183; Wolff 134, u.a.) nötigt zur Konjektur ירוה. Bei

Identifikation mit dem Substantiv „Frühregen" (LXX, V) bereitet אֹרֶץ syntaktische Probleme.

5 a) Wer ist in M („Deine Rechte sind ein Licht, das hervorgeht") angeredet? Möglich wäre, daß das Volk nach 6,1-3 noch einmal das Wort ergreift und an JHWH richtet. Dann stellt sich allerdings die Frage, weshalb er nicht wie dort in 3.Pers. geführt wird. Eine weitere Möglichkeit besteht darin, daß die Gottesrede von V.4-5a.6 fortgesetzt und wie in V.4 das Volk direkt angeredet ist. In diesem Fall müßte damit gerechnet werden, daß in V.4-5 nicht weniger als drei Mal die Form der Suffixe bezüglich Ephraim/Juda wechselt (2.sg. – 2.pl. – 3.pl. – 2.sg.), und zwar ohne erkennbaren Grund und Konsequenz. Denn in V.4 steht das Suffix 2.sg. für den jeweiligen Einzelstaat, das Suffix 2.pl. für beide zusammen, wohingegen in V.5b mit dem Suffix 2.sg. doch wohl das Gesamtvolk aus Ephraim und Juda angesprochen wäre. Zu dem formalen Problem gesellt sich ein inhaltliches: Angesichts der positiven Beurteilung von Israels Recht (V.5b) fragt man sich, warum ein Strafgericht (V.5a) überhaupt nötig war. Eine negative Interpretation von V.5b (Nyberg, Studien, 41f: „ein Licht, das ausgeht, erlischt"; vgl. die ausführliche Kritik bei van Gelderen/Gispen 215f u. Rudolph 133) oder eine als rhetorische Frage (Macintosh 231) wirkt da eher wie eine Verlegenheitslösung, die zudem das o.g. formale Problem außer acht läßt. So scheint mir nach wie vor die von LXX, S und T bezeugte, allgemein angenommene Lesung וּמִשְׁפָּטֶיךָ כָאוֹר die wahrscheinlichste zu sein. M erklärt sich durch falsche Wortabtrennung.

6 a) Zum privativen Gebrauch von מִן vgl. GK §119w.

b) *Analyse*

Von seinem Nahkontext, der lediglich das Nordreich im Blick hat,[1] grenzt sich Hos 5,8-6,6 durch die Ausweitung des Adressatenkreises auf Ephraim und Juda entscheidend ab. Nach vorne hin ist der Neueinsatz in Hos 5,8 durch die Imperativreihe deutlich. Abgesehen vom Adressatenwechsel, unterscheidet sich der damit eingeleitete neue Abschnitt vom vorangegangenen zum einen im Übergang von Propheten- in Gottesrede, zum anderen in der Thematik: Sind in Hos 5,(3-)6-7 ausschließlich kultische Probleme im Blick, handelt Hos 5,8ff zunächst von politischen Aktionen, die ab V.15 wieder in kultische übergehen. In Hos 6,7 beginnt dann ein neuer Abschnitt, in dem eine andere Situation, chaotische Zustände im Land, in Form von Einzelsprüchen geschildert wird. Auch besteht das Nebeneinander von Ephraim und Juda nicht weiter; allein das

---

1 Zum sekundären Charakter der Juda-Erwähnungen in Hos 5,5bβ und 6,11a s. etwa Naumann, Hoseas Erben, 46.51f.

Nordreich ist fernerhin im Blick, abgesehen von der sekundären Erwähnung in Hos 6,11a.

Während der Abschnitt Hos 5,8-6,6 somit einerseits in sich geschlossen und von seinem Nahkontext abgehoben ist, weist er andererseits zahlreiche Beziehungen zu diesem auf: Nach vorne (Hos 5,3-7) sind dies Stichwortverbindungen (5,3.4; 6,3.6: ידע‎; 5,5.15; 6,1: שוב אל‎; 5,6.13; 6,1: הלך‎; 5,6.15: בקש‎) sowie inhaltlich die gleiche Konzeption, daß dem Volk die richtige Gotteserkenntnis fehlt, es JHWH im Kult zu erreichen sucht, der sich allerdings zurückgezogen hat. Nach hinten (Hos 6,7ff) schafft der adversative Anschluß mit והמה‎ einen Bezug zu Hos 5,8-6,6,[2] näherhin zu der göttlichen Willenskundgabe in 6,6, an der das Volk laut Hos 6,7ff gescheitert ist.

Der bisherige Befund der relativen Geschlossenheit von Hos 5,8-6,6 bei gleichzeitiger Verbindung mit dem Nahkontext bedarf der Erklärung, besonders die außergewöhnliche Parallelität von Ephraim und Juda in Hos 5,8-6,6 gegenüber der alleinigen Nennung des Nordreiches im Kontext wie auch die Vereinigung der beiden Themen Politik und Kult, die in der Umgebung – bei auffällig gleicher Konzeption bezüglich des Kultes in 5,6-7 – getrennt behandelt werden. Eine Klärung soll die weitere Analyse bringen.

Die deutlichsten Strukturmerkmale innerhalb von Hos 5,8-6,6 weist der hintere Teil Hos 5,12-6,6 auf. Wir werden uns deshalb im folgenden zunächst ihm zuwenden und im Anschluß daran Hos 5,8-11 miteinbeziehen.

Hos 5,12-6,6 besteht aus zwei parallel aufgebauten Abschnitten, von denen der erste 5,12-14 politische und der zweite 5,15-6,6 kultische Zusammenhänge thematisiert. In beiden Abschnitten wird jeweils zu Beginn eine von JHWH gewirkte Not geschildert (5,12 Krankheit; 5,15 Abwesenheit Gottes), die das Volk durch Hinwendung (הלך‎) zum mutmaßli-

---

2 Die Verbindung von Hos 5,8-6,6 mit dem Folgenden hat einige Forscher dazu bewogen, die mit 5,8 anhebende Einheit über 6,6 hinaus bis 7,1aα (Stuart 100) oder 7,16 (Wolff 136-142; Thompson, Situation, 19f; vgl. Jeremias 79) reichen zu lassen. Das ungewöhnliche Nebeneinander von Juda und Ephraim in Hos 5,8-6,6 läßt eine Ausgrenzung gerade dieses Textbereiches jedoch gerechtfertigt erscheinen.

chen Verursacher (5,13a Assur in der Bündnispolitik; 6,1-3 JHWH im Kult) abzuwenden versucht. Allerdings werden diese Bemühungen in direkter Rede (2.Pers.) zurückgewiesen (5,13b; 6,4-5³) und abschließend, eingeleitet durch כִּי, der neuerlichen Willenskundgabe des gegen sein Volk auftretenden JHWH gegenübergestellt (5,14; 6,6).

Der *erste Abschnitt Hos 5,12-14* kann seinerseits in zwei parallel strukturierte Sequenzen V.12-13 und V.14 gegliedert werden. Beide Teile beginnen mit analog gestalteten Doppelvergleichen für einen JHWH, der Vernichtung an Ephraim und Juda wirkt (V.12 u. 14a). Der Mittelteil der Redegänge, deren erster V.13a auf die Vergangenheit (Narrative) und deren zweiter V.14bα.β¹ (bis אֶשָּׂא) auf die Zukunft (Impf.) gerichtet ist, enthält jeweils drei Verben, das mittlere davon eine entsprechende Form der Wurzel הלך. Darin wird des Volkes Verkennen des wirklichen Verursachers der Gerichtsschläge in der bündnispolitischen Hinwendung zum vermeintlichen Verursacher Assur (V.13a) JHWHs Vernichtungshandeln (V.14bα.β¹) gegenübergestellt. Hinsichtlich des Geschickes des aus den beiden Staaten Ephraim und Juda bestehenden Volkes engt sich der Blickwinkel im ersten Teil zunehmend auf das Nordreich Ephraim ein: Erweist sich JHWH in V.12 für Ephraim und das Haus Juda (בֵּית יְהוּדָה) gemeinsam als Krankheit und nehmen beide Staaten in V.13aα (Bezeichnung des Südreiches bloß noch יְהוּדָה) diese Krankheit wahr, wird in V.13aβ die Fehldiagnose allein des Nordreiches Ephraim berichtet. Gewiß ist das Nordreich dabei als Teil des ganzen Volkes aus Ephraim und Juda im Blick. Den Abschluß bildet in beiden Sequenzen die Feststellung, daß es niemandem, insbesondere nicht dem assyrischen König, möglich ist, aus JHWHs Vernichtungshandeln zu erretten (V.13b u. 14bβ²). Die konstitutive Alternative zwischen wirklichem und vermeintlichem Verursacher der Gerichtsschläge ist in diesem ersten Abschnitt 5,12-14 durch das pointierte Gegeneinander der Personalpronomen 1. und 3.sg. angezeigt, das den wirklichen Verursacher JHWH zunehmend erdrückender erscheinen läßt, indem das הוּא aus V.13b innerhalb des ersten Teils noch einem einzelnen אֲנִי (V.12), in Bezug auf den zweiten Teil dann steigernd

---

3 Hos 6,5 führt das Volk allerdings wieder in 3.pl., dazu s.u.S.61f.

einem אנכי (V.14a) und schließlich einem doppelten אני (V.14b) gegenübergestellt ist.

Der *zweite Abschnitt Hos 5,15-6,6* setzt die zwei erfolgten Schläge aus dem ersten Abschnitt voraus (6,1: טרף aus dem Löwenbild 5,14a und נכה[4] aus dem Krankheitsbild 5,12) und in 5,15 mit der Schilderung weiteren Gerichtswirkens neu ein. Dabei führt 5,15 die 1.sg.Impf. von V.14b unter Aufnahme des אלך fort,[5] erweitert um einen zweigliedrigen Temporalsatz sowie einen abschließenden Verbalsatz. In dem Vers wird explizit eine Hinwendung des Volkes zu JHWH erwartet. Dieser Erwartung sucht das Volk in einer Selbstaufforderung zur Umkehr mit Bekenntnis der Zuversicht (6,1-3)[6] zu entsprechen, worin es JHWH als Verursacher der Gerichtsschläge aus V.12-14 erkennt[7] und sich ihm zwecks Heilung zuwendet. Sprachlich wird dies angezeigt durch die Aufnahme einzelner Elemente aus 5,15 in gleicher Reihenfolge (Strukturgleichheit von 5,15aα אלך אשובה אל מקומי und 6,1aα לכו ונשובה אל יהוה sowie Stichwortaufnahme von פנים aus 5,15aβ in 6,2 und שחר aus 5,15b in 6,3).

Hos 6,1-3 ist in der Sprache des Kontextes gehalten[8] und stellt eine fiktive Rede des Volkes dar.[9] Sie besteht aus zwei Teilen, was aus den ein

---

4   Zur Verwendung des Verbs נכה im Krankheitszusammenhang s. Gen 19,11; Num 14,12; I Sam 5,6.9.12; Jes 1,5 u.ö.

5   Aufgrund der fortgesetzten JHWH-Rede ziehen manche Forscher V.15 noch zu V.12-14 (z.B. Schmidt, Hosea, 6,1-6, 112; Andersen/Freedman 400; Utzschneider, Situation, 94f). Der parallele Aufbau von V.12-14 sowie der Umstand, daß mit ואין מציל ein deutlicher Abschluß gegeben ist, laufen dieser Lösung jedoch zuwider.

6   Seine engsten Parallelen hat Hos 6,1-3 in den Wallfahrtsliedern; vgl. Jeremias 84; Tångberg, Mahnrede, 173-181.

7   Auffällig ist in diesem Zusammenhang das betonte הוא (6,1a), das dem הוא des scheinbaren Verursachers der Schläge in 5,13b entgegengestellt ist, mit dem mehrfachen אני in 5,12-14 korrespondiert und hier nun die Einsicht in JHWH als Verursacher anzeigt.

8   S. die Stichwortbezüge 5,11.13.14.15; 6,1: הלך; 5,15; 6,1: שוב אל; 5,14; 6,1: טרף; 5,13; 6,1: רפא; 5,15; 6,1: פנים; 5,15; 6,2: שחר; 5,9; 6,3.6: דעת/ידע; 6,3.5: יצא.

9   Jeremias 84: „Die Antwort des Volkes beruht nicht auf einer mitstenographierten spontanen Meinungsäußerung, sondern stellt eine Gesamtdeutung der Möglichkeiten und Absichten des Volkes in der Terminologie des Propheten dar." Ebenso Naumann, Hoseas Erben, 48; Werner, Anmerkungen, 365; Kratz, Erkenntnis Gottes, 7; vgl. auch Alt, Hos 5,8-6,6, 185; Schmidt, Hosea 6,1-6, 122f; Weiser 57; Donner, Israel, 53; u.a. Die erstgenannte Möglichkeit wird z.B. vertre

leitenden doppelten Selbstaufforderungen V.1aα und V.3aα ersichtlich ist. Darauf folgt jeweils ein Bekenntnis, wovon das erste mehr auf das Wiederaufleben des Volkes, das zweite mehr auf die Wiederkehr JHWHs gerichtet ist. Im ersten Abschnitt (V.1f) wird die Selbstaufforderung, zu JHWH umzukehren, mit einem zweigliedrigen כִּי-Satz begründet, wobei das vordere Verb jeweils vergangenheitlich auf das geschehene Vernichtungshandeln aus 5,12-14, das hintere auf das erhoffte zukünftige Heilshandeln JHWHs bezogen ist. V.2a.bα führt das Impf. der Begründung in zwei chiastisch aufgebauten Verbalsätzen fort, die in einen Finalsatz der 1.pl. münden (V.2bβ). Im zweiten Abschnitt (V.3) folgen auf die Selbstaufforderungen zur Gotteserkenntnis zwei Vergleiche aus der Naturanschauung für die Sicherheit der baldigen Gegenwart JHWHs. Davon ist der erste (V.3aβ) im Nominalsatz, der zweite (V.3b) im Verbalsatz (Impf.) gehalten. Von letzterem hängt ein asyndetischer Relativsatz ab.

In der göttlichen Antwort Hos 6,4-6[10] kommt zunächst in einer Doppelfrage an das direkt angeredete Volk aus Ephraim und Juda (6,4: 2.sg.) JHWHs Ratlosigkeit über das Bekenntnis 6,1-3 zum Ausdruck, das sogleich in kontrastierenden Aussagen zurückgewiesen wird. Dabei antwortet der ebenfalls dem Naturbereich entnommene Doppelvergleich für die Unbeständigkeit der Gotteshingabe (חֶסֶד) des Volkes (2.pl.) in 6,4b auf die Vergleiche für dessen Gewißheit um die heilvolle Gegenwart JHWHs aus V.3. Und die rückschauende Reflexion (Pf.) über die tod-

---

ten von Wolff 137.148; Rudolph 134; Seifert, Reden, 162. Dagegen sprechen allerdings die zahlreichen Kontextbezüge. Zudem ist eine Ephraim und Juda gemeinsame Kulthandlung, wie sie durch Hos 6,4 suggeriert wird, historisch äußerst unwahrscheinlich.

10 Mit der Abfolge von Kulthandlung des Volkes (6,1-3), die auf eine durch die Abwesenheit JHWHs hervorgerufene Notsituation (5,15) reagiert, und göttlicher Antwort (6,4-6) wirkt der Abschnitt 5,15-6,6 liturgisch stilisiert; vgl. Naumann, Hoseas Erben, 48f; Utzschneider, Situation, 100. In der göttlichen Antwort begegnet dabei mit dem Begriff חֵפֶץ Terminologie des Kultbescheides; vgl. Botterweck, Art. חֵפֶץ, 110-112. Die liturgische Stilisierung des Textes hat Good, Alternative, zu der Annahme bewogen, Hos 5,8-6,6 habe eine Funktion im Kult (anläßlich eines Bundeserneuerungsfestes) von Ephraim und Juda gehabt. Doch abgesehen von der historischen Unwahrscheinlichkeit einer solchen beiden Staaten gemeinsamen Kulthandlung ist die Kultthematik innerhalb von Hos 5,8-6,6 auf den hinteren Teil 5,15-6,6 beschränkt (zu 5,8f s.u.S.55-59).

bringende Gerichtsprophetie in 6,5, deren Ziel mit dem Hervorbrechen der Lebensordnung[11] JHWHs wie Licht angegeben ist (V.5b Finalsatz), bezieht sich ihrerseits auf die Erwartung neuen Lebens aus V.2 zurück. Der derart abgewiesenen Erklärung des Volkes wird im abschließenden V.6 JHWHs neuerliche Willenserklärung gegenübergestellt. Der in der weisheitlichen Kultkritik beheimatete Spruch[12] formuliert eine Alternative zwischen Hingabe und Gotteserkenntnis auf der einen und Opferkult auf der anderen Seite. Dabei greift er die theologischen Zentralbegriffe חסד und דעת aus V.3 und V.4 auf und verbindet die Hingabe und die Suche nach Gotteserkenntnis, die in der Selbstaufforderung des Volkes 6,1-3 zum Ausdruck kommen, mit dem mißbilligten Opferkult. Auf diese Weise ist Gotteserkenntnis gegen Gotteserkenntnis gestellt, der JHWH, den das Volk im Kult als mutmaßlichen Verursacher der Gerichtsschläge zu erkennen meint, gegen den JHWH, der jenseits des Kultes steht und wirklich für das Gericht verantwortlich ist.[13]

Wenden wir uns nun dem bislang zurückgestellten Eingangsabschnitt Hos 5,8-11 zu. Er ist von einer Sprunghaftigkeit im Gedankengang geprägt, die sich am Wechsel der verwendeten Zeitstufen (V.8 Imp.; V.9a Impf.; V.9b Pf.; V.10a Pf.; V.10b Impf.; V.11a Part.; V.11b Pf.) und Adressaten (V.8 einzelne Städte im Grenzgebiet zwischen Ephraim und

---

11 Zu משפט als Rechts- und Lebensordnung (der Sonnengottheit) in Verbindung mit der Lichtmetapher s. Jes 42,4; 51,4f; Zeph 3,5.

12 Vgl. I Sam 15,22; Prov 21,3 (15,8; 21,27); Koh 4,17; Lehre für Merikare 129.

13 Vgl. Kratz, Erkenntnis Gottes, 7f.10f; ders., Kultpolemik, 103-106. Gemeinhin wird die abschlägige göttliche Antwort auf die Umkehr des Volkes indes anders erklärt: Laut Hentschke, Stellung, 90f; Wolff 148f.151f; Jeremias 86 u.a. sei das Bekenntnis in V.1-3 Ausdruck einer kanaanäisch überfremdeten JHWH-Religion. Allerdings fragt man sich dann, warum diese als „kanaanäisch" eingestuften Elemente (v.a. V.3) in der Gottesantwort nicht deutlicher zurückgewiesen werden, sondern im Gegenteil in ähnlichen naturpoetischen Bildern (V.4b). Im übrigen ist Hos 6,1-3 ganz von hoseanischem Vokabular und Gedankengut durchtränkt. Vgl. auch die Kritik bei Rudolph 138; Werner, Anmerkungen, 368. Dagegen meinen Alt, Hos 5,8-6,6, 185; Rudolph 138-140; Donner, Israel, 53; u.a., Hos 6,4-6 kritisiere den Mangel an Ernsthaftigkeit und Durchhaltevermögen des Volkes. Doch diese Sichtweise, als hätte der richtig eingeschlagene Weg nur einfach konsequent zu Ende gegangen werden müssen, verträgt sich nicht mit V.6, denn darin wird Israels eingeschlagener Weg (vgl. V.4 „eure Hingabe"), nämlich der im Opferkult, einer deutlichen Kritik unterzogen.

Juda; Benjamin; V.9a Ephraim; V.9b Stämme Israels; V.10 Juda; V.11 Ephraim) bemerkbar macht. Im Unterschied zu Hos 5,12-6,6 werden in V.8-11 die beiden Staaten Ephraim und Juda – mit Ausnahme vielleicht der Erwähnung der „Stämme Israels" in V.9b – je für sich in den Blick genommen. Zudem begegnen darin neben der göttlichen Strafansage V.10b auch Aussagen, die Ephraims desolate Lage nicht unmittelbar auf JHWHs Gerichtswirken zurückführen (V.9a.11). J. Jeremias hat diesen Befund überzeugend damit zu erklären versucht, daß in V.8-11 mündliches Material verarbeitet ist, das auf Hos 5,12-6,6 hin komponiert und in seiner „dienend-vorbereitenden Funktion" nur von diesem her verständlich ist.[14] In 5,12-6,6 sind die in V.8-11 einzeln behandelten Staaten Ephraim und Juda so parallelisiert, daß sie gemeinschaftlich unter das Gericht desselben Gottes JHWH gestellt erscheinen. In diesem Sinne finden sich in V.8-11 zwei exemplarische Drohworte gegen das eine Volk aus Ephraim (V.8-9a) und Juda (V.10) sowie eine abschließende Klage über das Schicksal Ephraims (V.11). Dabei dient auch die Klage dem im Hauptteil beschriebenen Geschick des Volkes als Beispiel, zum einen in der Einengung des Blickwinkels auf das Nordreich Ephraim (5,11 nach 5,8-10 u. 5,12-13), zum anderen in der Begründung für das Ergehen des Volkes (הלך in 5,11b.13a u. 6,1).

Sinn und Umfang des mündlichen Materials sind dagegen nicht mehr genau zu bestimmen. Seit A. Alt[15] werden die Sprüche 5,8-9.10.11 einzelnen Stadien des sog. syrisch-ephraimitischen Krieges zugeordnet. Ein Bericht über diesen Krieg ist in II Reg 16,5-9 (vgl. Jes 7) überliefert. Demnach versuchten Pekach von Israel und Rezin von Damaskus Ahas von Juda in eine antiassyrische Koalition zu drängen. Als der sich weigerte, kam es zu einer Belagerung Jerusalems, die erst durch Eingreifen der Assyrer beendet werden konnte. A. Alt verortet Hos 5,8-9 nun unmittelbar vor Eintritt der Assyrer in den Krieg, deren Einschreiten „den Abbruch der Belagerung von Jerusalem und die Entsendung der Hauptstreitkräfte an die gefährdete Nordgrenze von Israel und Aram erzwang" und einen „Gegenstoß der Judäer gegen den Vorstoß der Israeliten und Aramäer"[16]

---

14 Jeremias, Löwe (Zitat S.85).
15 Alt, Hos 5,8-6,6.
16 Alt, Hos 5,8-6,6, 169.

ermöglichte. Das Heranrücken der Judäer gegen Ephraim in 5,8-9 erschließt A. Alt aus der Reihenfolge der drei genannten benjaminitischen Ortschaften Gibea, Rama und Beth-Awen/Bethel (vgl. Jos 18,21-28) in Süd-Nord-Richtung. Da Gibea und Rama im Normalfall aber nicht zu Israel, sondern zu Juda gehörten (vgl. I Reg 15,16-22), müsse das Gebiet vorher vom Nordreich besetzt worden sein, eben bei der Belagerung Jerusalems. Als Ziel des Waffengangs werde in V.8-9 Ephraim angegeben, Benjamin als ursprünglich judäisches Gebiet werde dagegen lediglich vor den anstehenden Kampfhandlungen gewarnt. V.10 blicke auf den Gegenstoß der Judäer bereits zurück. Allerdings hätten diese „nicht nur das Grenzgebiet, das früher zu Juda gehörte, wieder zu ihrem Reiche geschlagen, sondern auch von einem bisher israelitischen Landstreifen Besitz ergriffen"[17], was den göttlichen Zorn zur Folge haben werde. In eine noch fortgeschrittenere Stunde des Krieges gehöre schließlich die Klage über Ephraims desolate Lage in V.11. Sie setze bereits die Reduktion des Nordreiches um die Nord- und Ostprovinzen Galiläa und Gilead nach dem Eingreifen Assurs voraus.

Inzwischen sind an vielen Punkten von A. Alts Rekonstruktion Veränderungen vorgenommen worden, die mit Mehrdeutigkeiten im Text, insbesondere in V.8, zusammenhängen: Unklar ist, ob die Ortschaften in V.8 vor einem drohenden Angriff gewarnt oder selbst zum Angriff aufgerufen werden.[18] Die Entscheidung hängt zu einem nicht unwesentlichen Teil vom Verständnis der Wendung בנימין אחריך ab. A. Alt änderte M nach LXX in החרידו „setzt Benjamin in Schrecken!", gestand jedoch auch M „einen erträglichen Sinn" zu.[19] Als Alarmruf kann בנימין אחריך entweder „hinter dir, Benjamin (steht der Feind)!"[20] oder „zurück (= hinter dich), Benjamin!"[21] bedeuten. Möglich ist aber auch ein Verständnis als Schlacht- und Gefolgschaftsruf: „Dir nach, Benjamin!"[22] Unsicherhei-

---

17 Alt, Hos 5,8-6,6, 173.
18 Letzteres vermuten Rudolph 126f; Jeremias, Löwe, 86; ders. 80f; Schütte, Stimme, 407; Seifert, Reden, 154.
19 Alt, Hos 5,8-6,6, 164f.
20 GK §147c; so schon V (*post tergum tuum Beniamin*); Keil 64; u.v.m.
21 Nyberg, Studien, 38.
22 Smith 262; Rudolph 126f; Jeremias 81; Macintosh 193.197; Utzschneider, Situation, 92; u.a. Die Wendung בנימין אחריך begegnet darüber hinaus noch in Jdc

ten verbinden sich zudem mit den genannten Ortschaften: Können alle
drei der Größe Benjamin zugeordnet werden oder gehört Beth-
Awen/Bethel nicht eher zum Nordreich Ephraim (vgl. I Reg 12,29ff), so
daß „Gibea und Rama als Repräsentanten Benjamins und mit ihnen
Benjamin als Ganzes zum Gegenschlag gegen das Nordreich gerufen,
Bet-El als Tor zum Nordreich ... als erste Stadt vom Angriff erreicht"
wird?[23] Probleme bereitet darüber hinaus die Lokalisierung der drei Ortschaften. Ihre herkömmliche Identifikation mit *Tell el-Fūl* (Gibea), *er-Rām*
(Rama) und *Bētīn* (Beth-Awen/Bethel) suggeriert einen Vormarsch judäi-
scher Truppen von Süden nach Norden. Doch diese Lokalisierungen sind
nicht unumstritten. Einig ist man sich nur bei der Identifikation von
Rama. Gibea ist in jüngerer Zeit verstärkt mit *Ǧebaʿ*, 2 km westlich von *er-
Rām*, in Verbindung gebracht worden.[24] In bezug auf Beth-Awen hat man
die Gleichsetzung mit Bethel in Zweifel gezogen und eine Identifikation
mit dem in Jos 7,2; 18,12; I Sam 13,5; 14,23 erwähnten gleichnamigen
Dorf in Ephraim oder gar Benjamin vorgeschlagen.[25] Eine Süd-Nord-
Richtung der Militäraktion kann aus der Reihenfolge der in V.8 genannten
Ortschaften also nicht vorbehaltlos herausgelesen werden. Zwar gibt auch
V.9 Ephraim ausdrücklich als Ziel des Waffenganges an. Fraglich ist
allerdings, ob V.9 ohne weiteres als Fortsetzung von V.8 angesehen werden darf. Verneint man dies, könnte Benjamin selbst, dessen Ortschaften

---

5,14. Allerdings trägt der Verweis auf den in seiner Bedeutung selbst sehr unsicheren (vgl. die einschlägigen Richter-Kommentare) Vers Jdc 5,14 für das Verständnis von Hos 5,8 wenig aus. Bezeichnenderweise berufen sich dann auch alle
drei Deutungsvorschläge für Hos 5,8 (M) auf Jdc 5,14. Utzschneider, Situation,
92, sieht darüber hinaus einen literarischen Bezug, bleibt den Nachweis aber
schuldig.
23 Jeremias 81; vgl. ders., Löwe, 86; Schütte, Stimme, 407; Seifert, Reden, 154.
24 S. Miller, Geba; Arnold, Hosea, 455f (Karte!); ders., Gibeah; Macintosh 194.
25 Für eine Lokalisierung in Ephraim plädieren neuerdings Schmitt, Bet-Awen,
33f.58 (Name einer Ruinenstätte nahe Bethel), Naʾaman, Beth-aven, 13-19 (Name
eines Kultplatzes nahe Bethel: *Bēṯ-āben* „House of the Stone Pillar") und Görg,
Bet-Awen (Kultplatz in Nachbarschaft zu Bethel), für eine Lokalisierung in Benjamin Albright, Excavations, 144f (*Burqa*), Kallai-Kleinmann, Notes, 180-184,
Arnold, Hosea, 455, ders., Gibeah, 114 (*Tell Miryam*) und Kallai, BETH-EL,
Macintosh 194f (*Tell el-ʿAskar*). Eine Gleichsetzung von Beth-Awen und Bethel wird
neuerdings wieder von Knauf, Beth Awen (*bêt ʾawwān* „Zufluchtsstätte") vertreten.

hier zu den Waffen gerufen werden, Schauplatz des Krieges sein, sei es
daß es von Norden (Ephraim)[26], sei es daß es von Süden (Juda)[27] her at-
tackiert wird.

Führt man sich all diese Unwägbarkeiten vor Augen, sollte man vor
allzu genauen Zuweisungen der Sprüche zu einzelnen Stadien des im
Verlauf ohnehin recht unsicheren syrisch-ephraimitischen Krieges gewarnt sein.[28] Die Formulierung in Hos 5,8-11 ist jedenfalls für viele Möglichkeiten offen. Am ehesten geht es darin um eine kriegerische Auseinandersetzung[29] im Grenzgebiet[30] zwischen Ephraim und Juda. Ge-

---

26   So Arnold, Hosea, 458; ders., Gibeah, 115. Dabei reaktiviert er die alte These (vgl.
     u.a. Marti 49f.52.55; Nowack³ 39f.42 u. neuerdings van der Woude, Bemerkungen,
     306f), Hos 5,8-6,6 habe ursprünglich ausschließlich von Ephraim gehandelt und
     sei erst sekundär auf Juda bezogen worden.
27   So Macintosh 197.
28   Vgl. Kratz, Erkenntnis Gottes, 9; ders., Das Neue, 14. Diese Skepsis teilt auch
     Utzschneider, Situation. In merkwürdigem Widerspruch dazu steht allerdings
     seine szenische Lesung, in der er ohne weiteres von einer Identität zwischen Beth-
     Awen und Bethel, einer Süd-Nord-Richtung der Mobilisierung sowie einem Ver-
     ständnis der Wendung אחריך בנימין als Kriegs- und Gefolgschaftsruf ausgeht.
     Vgl. auch Andersen/Freedman 404, die 5,8-6,6 in die Anfangszeit Tiglatpilesers
     III. datieren, und van der Woude, Bemerkungen, 308, der an eine Zeit vor dem
     syrisch-ephraimitischen Krieg denkt. Zum sog. „syrisch-ephraimitischen Krieg" s.
     die klassische Darstellung von Begrich, Krieg, und vgl. die Problematisierung bei
     Donner, Geschichte, 303-316, der die Sprüche in 5,8-6,6 gleichwohl in das
     Kriegsgeschehen einordnet.
29   Der militärische Hintergrund von Hos 5,8-11 ist nur von wenigen bestritten wor-
     den: So hat die Tatsache, daß das Blasen von Schophar und Trompete sowie die
     Teruʿah auch in kultischen Zusammenhängen vorkommen, Good, Alternative,
     282, dazu bewogen, in Hos 5,8f einen Aufruf zum Gottesdienst statt zum Krieg
     zu sehen. Allerdings vermag diese Deutung weder die konkreten Ortsnamen noch
     das eigenartige Gegeneinander von Nord- und Südreich in V.8-11 zu erklären.
     Unentschieden bleibt Utzschneider, Situation, 92f, der angesichts der Belege für
     beide Bereiche an einen Feldgottesdienst denkt. Umstritten ist des weiteren, ob
     V.10a.11a den staatsrechtlichen (vgl. Am 6,2 zu גבול; Jdc 10,8; Jer 50,23 u. v.a.
     Dtn 28,33 für die Unterdrückung) – so seit Alt, Hos 5,8-6,6 – oder den privat-
     rechtlichen (vgl. Dtn 19,14; 27,17; Hi 24,2; Prov 22,28; 23,10 für die Grenzver-
     rückung; I Sam 12,3f; Am 4,1; 5,7.24; 6,12 für die Unterdrückung) Bereich be-
     trifft. Letztere Möglichkeit haben van der Woude, Bemerkungen, 305; Reventlow,
     Exegese, und Utzschneider, Situation, 97, in Rückgriff auf Exegeten vor Alt wie
     Marti 50 neuerdings wieder stark gemacht, ohne jedoch neue Argumente gegen
     Alt vorgebracht zu haben. Indes machen die Passiva in V.11a, die schon Wellhau-
     sen 122 für eine sozialgeschichtliche Deutung notwendigerweise in Aktiva änderte

wöhnlich ist man der Meinung, das mündliche Prophetenwort nehme einen gesamtisraelitischen Standpunkt ein. Von einer gesamtisraelitischen Perspektive kann aber erst in der schriftlichen Gestalt des Textes ausgegangen werden (s. v.a. 5,12-14; 6,4, vielleicht auch 5,9b). Das mündliche Wort hinter V.8-11 läßt dagegen ein deutliches Gegeneinander der beiden Einzelstaaten Ephraim und Juda erkennen. Offen bleiben muß allerdings, ob das Prophetenwort ursprünglich aus judäischer oder ephraimitischer Perspektive gesprochen wurde. Möglich ist beides: Aus judäischer Sicht könnte hinter 5,8-11 ein Aufruf zum Krieg gegen Ephraim (V.8.9a) mit einem hämischen Seitenblick auf die desolate Lage im Nordreich (V.11a) stehen, aus ephraimitischer Sicht ein Aufruf zum Verteidigungskrieg (8) mit Drohwort gegen den Angreifer aus Juda (10) und eine Klage über die heraufziehende Kriegsgefahr (9a.11a). Denkbar ist aber auch, daß in 5,8-11 gegeneinandergerichtete Fremdvölkerorakel beider Streitparteien verarbeitet sind (V.[8.]9a.11a aus judäischer Perspektive; V.[8.]10 aus ephraimitischer Perspektive). Die genauen Umstände bleiben im Dunkeln. Eindeutige Aussagen lassen sich erst für die schriftliche Fassung von Hos 5,8-6,6 treffen. Hier erscheinen Ephraim und Juda nun gemeinschaftlich unter JHWHs Gericht gestellt. Aus dem Gegeneinander der beiden Einzelstaaten ist ein Nebeneinander im Gericht geworden.[31]

Abgrenzung und Aufbau lassen Hos 5,8-6,6 auf den ersten Blick als planvoll arrangierte Einheit mit geschlossenem Gedankengang erscheinen. Bei näherem Zusehen sind jedoch Spannungen im Aussageverlauf zu beobachten, die es wahrscheinlich machen, daß die beiden parallelen Redegänge 5,12-14 und 5,15-6,6 nicht auf einer literarischen Ebene liegen.

(s. aber Dtn 28,33 Passiva in politischem Kontext, zudem רצוץ und עשוק nur hier parallel!) sowie der Anklang von 5,11b an V.13 die sozialgeschichtliche Erklärung sehr unwahrscheinlich.

30 Wie in der Forschung vor Alt, Hos 5,8-6,6, üblich (s. z.B. Wellhausen 114), suchen van der Woude, Bemerkungen, 303f, und Utzschneider, Situation, 92.104, den Feind im Norden und identifizieren ihn mit Assur. Allerdings kann diese Deutung das eigentümliche Gegeneinander von Juda und Ephraim in 5,8-11 nicht erklären.

31 Zum Verhältnis von mündlichem Prophetenwort und schriftlicher Interpretation vgl. auch Kratz, Erkenntnis Gottes, 9; ders., Das Neue, 14f.

Terminologisch (5,14.15: אלך; 5,14; 6,1: טרף; 5,13; 6,1: רפא; 5,13; 6,1: הוא, vgl. 5,12.14: אני) und sachlich (Rückblick auf die Gerichtsschläge; Einsicht in JHWH als Verursacher; Nebeneinander von Ephraim und Juda) knüpft 5,15-6,6 deutlich an 5,12-14 an. Daß hier dennoch kein ursprünglicher Zusammenhang vorliegt,[32] verrät schon ein Blick auf den Übergang von 5,14 auf 5,15. In beiden Versen wird von einem Weggehen JHWHs gesprochen. Pointiert greift V.15 das אלך aus dem Löwenbild von V.14 auf, führt dieses aber nicht weiter. In V.15 ist von einem ganz anderen Weggehen JHWHs die Rede. Verdeutlicht es in V.14 das unrettbare Preisgegebensein an den reißenden Löwen, bezeichnet es in V.15 den abwartenden Rückzug JHWHs, ob das Volk nicht doch zur Einsicht kommen wolle. V.15 nimmt der definitiven und umfassenden Gerichtsaussage von V.14 somit ihre Totalität und Endgültigkeit.[33]

Die inhaltliche Verschiebung gegenüber 5,12-14 setzt sich im weiteren Verlauf des hinteren Redegangs fort, wenn die in 6,1-3 bekannte Einsicht in JHWH als Verursacher der Gerichtsschläge, deren Ausbleiben in 5,12-14 noch das Gericht begründete, in 6,4-6 nun plötzlich abgelehnt wird. Diese Folgewidrigkeit legt den Schluß nahe, daß die Gotteserkenntnis in 5,12-14 und in 5,15-6,6 verschiedenen Inhalts ist:[34] In 5,12-14 verkennt das Volk JHWH als Urheber der Gerichtsschläge, indem es versucht, durch Hinwendung zum vermeintlichen Verursacher Assur einer endgültigen Liquidierung zu entgehen. Erkenntnis JHWHs bedeutet hier Erkenntnis des von ihm gewirkten Gerichts. In 5,15-6,6 dagegen bekennt das Volk JHWH als Urheber der Gerichtsschläge und erwartet seine baldige heilvolle, das Gericht beendende Zuwendung, verfehlt ihn aber wiederum, weil es ihn im Kult sucht, dem sich der wahre JHWH entzogen hat. Erkenntnis JHWHs heißt demnach Erkenntnis des eigentlichen

---

32 So Jeremias, Löwe, 84.92; ders. 80. Die Rückbezüge können ebensogut auf Fortschreibungstätigkeit hindeuten; s.u.

33 Zum Verhältnis von V.14 und V.15 vgl. Jeremias, Löwe, 92; ders. 83; Werner, Anmerkungen, 362f. Emmerson, Hosea, 53f.70-74, hält 5,15 deshalb für einen Zusatz, der die ehemals selbständigen Einheiten 5,8-14 und 6,1-6 miteinander verbinde. Die Rückbezüge von 6,1-6 auf 5,8-14 sprechen eine andere Sprache; s. das Folgende.

34 Vgl. Kratz, Erkenntnis Gottes, 10f; ders., Das Neue, 16. Zustimmend Grätz, Suche, 213.

JHWH, der im Kult unerreichbar ist und auf seiten Assurs gegen sein
Volk kämpft, im Unterschied zum JHWH im Kult.

Hos 5,15-6,6 setzt demnach den vorhergehenden Abschnitt 5,12-14
voraus, interpretiert ihn aber im aufgezeigten Sinne neu. Ausgehend von
der ursprünglichen Mündlichkeit aller Bestandteile von Hos 5,8-6,6, hat
A. Alt diesen Befund so zu erklären versucht, „daß dem Propheten in einer Sache, über die er schon einmal zu reden hatte, eine neue Offenbarung zuteil wurde: er kann das Neue nicht aussprechen, ohne das Frühere
zu wiederholen; der innere Zusammenhang der Dinge zwingt ihn zu
formaler Verknüpfung der Worte. Man wird sich also in einem ersten
Stadium den vorigen Spruch (5,12-14) allein, in einem zweiten Stadium
ihn und die neuen Worte verbunden (5,12-6,6) vorgetragen denken müssen."[35] Nun ist in der obigen Analyse Hos 5,12-6,6 bereits als schriftlicher
Reflexionstext identifiziert worden, der die Einzelsprüche in 5,8-11 neu
interpretiert. Folglich wird man auch 5,15-6,6 eher als planvolle Fortschreibung zu 5,8-14 anzusehen haben,[36] die 5,12-14 im Aufbau nach-
ahmt und das vorgegebene politische Thema um das kultische ergänzt.

Ein junger Einzelzusatz ist schließlich in Hos 6,5 auszumachen,[37] der
auf das im Kontext für die Zukunft angekündigte Gericht bereits zurück-

---

35 Alt, Hos 5,8-6,6, 183f.
36 So auch Werner, Anmerkungen, 360-372; Kratz, Erkenntnis Gottes, 10f; ders.,
    Das Neue, 16; Grätz, Suche, 210.213. Dagegen halten Volz, Jahweprophetie, 33,
    und Willi-Plein, Vorformen, 146-148, lediglich 5,15b-6,3, Marti 52, Wolfe, Edi-
    ting, 93, und Yee, Composition, 144-152, 5,15-6,3 für einen heilvoll ausgerichteten
    Zusatz inmitten von Anklagen und Gerichtsdrohungen. 6,4 schließt aber weder an
    5,14 noch an 5,15a nahtlos an, was Volz für V.15a und Marti für V.14 auch selber
    zugeben. Unnötig ist ferner die Ausscheidung von 5,13b, die Willi-Plein,
    Vorformen, 146, und Yee, Composition, 173, vornehmen. Sie zerstört die
    beobachtete parallele Struktur von 5,12-14.
37 Vgl. Yee, Composition, 175-178; Nissinen, Prophetie, 199; Kaiser, Gott 1, 258f;
    Werner, Anmerkungen, 370. Nowack² 44 betrachtet den Vers als „Rest einer an-
    dern Rede", andere halten lediglich V.5aα (Duhm, Anmerkungen, 23f; Guthe 11),
    V.5a (Wolfe, Editing, 115) oder V.5b (Buss, Word, 108; vgl. den Vorschlag von
    Marti 54.56 u.a., V.5b hinter V.3b zu stellen) für eine Glosse. Auf das mit 6,5 ge-
    gebene literarische Problem weisen auch die zahlreichen Konjekturvorschläge
    (vgl. zusammenfassend Rudolph 132f; Vollmer, Rückblicke, 101f). Utzschneider,
    Situation, 101f, löst das Problem durch die Annahme zweier unterschiedlicher
    „Auftritte": In 6,5f werde wie in 5,9a.14f ein textexternes Publikum angesprochen.

blickt und mit dem heilvollen Hervorbrechen der Lebensordnung JHWHs eine nunmehr positive Zielbestimmung für das Gericht angibt. Als neue Gerichtswerkzeuge dienen dabei die Propheten und die Worte aus dem Munde Gottes. Im Hintergrund steht hier das „Konzept von dem kraftgeladenen, selbst die Ausführung des Angesagten bewirkenden Prophetenwort" (s. Jer 1,10; 5,14; 23,29; Jes 9,7; 40,8; 55,10f), das „dem Alter seiner Belegstellen zufolge erst ein Ergebnis der exilisch-nachexilischen Reflexion über das Eintreffen der vorexilischen Unheilsprophetie zu sein"[38] scheint und ansonsten im Hoseabuch nicht begegnet.

c) *Zwischenbilanz und weiteres Vorgehen*

Die Exegese von Hos 5,8-6,6 hat einen Grundtext mit Ergänzungsschicht und Einzelzusatz zutage gefördert. Die Grundschicht (Hos 5,8-14) nennt als Ursache für JHWHs Gerichtshandeln Verfehlungen des Volkes im politischen Bereich, die Ergänzungsschicht (Hos 5,15-6,4.6) solche im kultischen Bereich. Die eingangs festgestellte exzeptionelle Zusammenstellung von politischen und kultischen Anklagen in einer Einheit verdankt sich in Hos 5,8-6,6 somit eines redaktionellen Bearbeitungsvorgangs.

Grund- und Ergänzungsschicht stehen innerhalb von Hos 4,1-9,9 nicht für sich, sondern sind sowohl in terminologischer wie auch in konzeptioneller Hinsicht mit dem Kontext verbunden. Für die Grundschicht

---

Unklar bleibt, warum diesem Publikum einmal (5,14) mitgeteilt wird, das Gericht erfolge durch einen Löwen, ein anderes Mal (6,5), es erfolge durch die Propheten und Worte aus dem Mund Gottes.

38 Zur Konzeption s. Kaiser, Gott 1, 257-259 (Zitat S. 258). Eine relative chronologische Einordnung von Hos 6,5 erlaubt die Vorstellung von Propheten als Gerichtswerkzeug, die sonst lediglich noch in Jer 1,10 und 5,14 belegt ist. In Jer 5,14 wirkt die Vorstellung, deren Entwicklung sich durch die Bezugnahme auf Jer 23,29 literarhistorisch nachvollziehen läßt, ursprünglicher als in Hos 6,5, dessen Prophetenverständnis dem des Buches völlig widerspricht. Einen Schritt weiter in der theologischen Reflexion ist dagegen der literarisch aus Jer 18,7.9 gespeiste Vers Jer 1,10, worin der Prophet sowohl Vernichtung als auch Heil – nun für die Völker – wirkt. Gegenüber allen diesen Stellen repräsentiert die von Yee, Composition, 177f, und Nissinen, Prophetie, 199, als Parallele beigebrachte deuteronomistische Prophetentheologie (vgl. etwa II Reg 17,13) ein theologiegeschichtlich älteres Stadium, da darin die Propheten lediglich als Mahner Israels, nicht jedoch als Gerichtswerkzeuge auftreten.

ist diesbezüglich insbesondere auf diejenigen Texte zu verweisen, die gegen Israels Außen- und Bündnispolitik polemisieren (Hos 7,8-12; 8,7-10).[39] Die Ergänzungsschicht hat ihre engsten Parallelen in der Überschrift Hos 4,1-3[40] und – wie schon in der Abgrenzung des Textstücks gezeigt – im Nahkontext Hos 5,6-7.

Angesichts dieses Befundes stellt sich die Frage, ob und inwieweit die übrigen Texte innerhalb von Hos 4,1-9,9, die die Themen Politik und Kult getrennt voneinander behandeln, den beiden in Hos 5,8-6,6 identifizierten Schichten zuzuordnen sind, ob und inwieweit also das am Einzeltext gewonnene redaktionsgeschichtliche Ergebnis auf den gesamten Textkomplex ausgedehnt werden kann. Diese Überprüfung wird im anschließenden zweiten Kapitel (II.) mit den die Politik betreffenden Texten ihren Ausgang nehmen. Aufgrund ihrer Beziehungen zur Grundschicht von Hos 5,8-6,6 ist hier das älteste Material zu erwarten. Ein drittes Kapitel (III.) wird sich der kultpolemischen Texte annehmen, die Bezüge zur Ergänzungsschicht von Hos 5,8-6,6 aufweisen. In einem vierten synthetischen Kapitel (IV.) sollen die redaktionsgeschichtlichen Ergebnisse schließlich zusammengefaßt und das Werden des frühen Hoseabuches in seinem historischen und theologiegeschichtlichen Zusammenhang nachgezeichnet werden.

II. Die politischen Anklagen

Innerhalb von Hos 4,1-9,9 finden sich politische Anklagen neben der Grundschicht von Hos 5,8-6,6 noch in Hos 5,1-2; 6,7-7,2; 7,3-7; 7,8-12 und 8,7-10. Versucht man, sie auf ihre literarische Zugehörigkeit zu Hos 5,8-14 hin zu befragen, bietet es sich an, mit denjenigen Texten zu beginnen, die ebenfalls die Außen- und Bündnispolitik Israels zum Thema haben: Hos 7,8-12 und 8,7-10. Wenn an den Anfang dieses Durchgangs der

---

39 Vgl. den Vorwurf der Hinwendung nach Assur in 5,13; 7,11 und 8,9 (in 5,13 und 7,11 mit der Wurzel הלך) sowie die Beschreibung der Folgen mit „Krankheit" (Wurzel חלה) und „Wegtragen" (Wurzel נשא) in 5,13f und 8,10.

40 Vgl. die theologische Bewertung der Vergehen des Volkes als Mangel an חסד und דעת in 4,1 und 6,4.6.

Text Hos 8,7-10 gestellt wird, dann deshalb, weil er – wie Hos 5,8-14 – Indizien enthält, daß darin nicht allein das Nordreich, sondern darüber hinaus das gesamte Gottesvolk aus Ephraim und Juda im Blick ist.

1. Hos 8,7-10

a) *Übersetzung und Text*

8,7   Wahrlich, Wind säen sie,
und Sturm[a] werden sie ernten.
Ein Sproß, der keinen Halm hat,[b]
bringt kein Mehl;
bringt er es vielleicht doch,
verschlingen es Fremde.

8,8   Verschlungen ist Israel.
Jetzt sind sie unter den Völkern
wie ein wertloses Gefäß;

8,9   denn sie, sie sind nach Assur hinaufgegangen.
Ein Wildesel[a] bleibt einsam für sich,
Ephraim aber verabredete freundschaftliche Beziehungen[b].

8,10   Auch wenn sie unter den Völkern Verabredungen treffen[a],
will ich sie jetzt einsammeln.
Und sie werden im Nu krank sein[b]
vom Wegtragen[c] des Königs der Fürsten[d].

---

7 a) Zu ה-locale als alte Akkusativendung vgl. GK §90f. – b) Auf Textänderungen kann verzichtet werden, wenn man mit Rudolph 158 annimmt, daß um des Endreimes willen das Bezugswort צמח hinter dem Relativsatz steht.
9 a) Im Gefolge von LXX und σ' vokalisiert Irvine, Politics, פרא als Verbform 3.m.sg.Qal der Wurzel פרא = פרה „Frucht bringen" (vgl. Nyberg, Studien, 63f). Die übrigen Versionen lesen wie M „Wildesel". In beiden Fällen wird ein Wortspiel mit dem Namen Ephraim konstituiert. Nun ist der Vergleich Ephraims mit einem Wildesel singulär im AT, während mit einer Form der Wurzel פרה/פרא häufiger Wortspiele gebildet werden (vgl. Hos 9,16; 13,15; 14,9; Gen 41,52). Die Lesart von LXX und σ' bietet somit die lectio facilior, insofern sie nach dem geläufigen Bild vokalisiert. – b) Die Wendung התנו אהבים hat den Auslegern seit jeher Mühe bereitet. Inhaltlich ist man sich zwar einig, daß hier die Bündnispolitik Israels gerügt wird. Unklar ist jedoch

die genaue Bedeutung der beiden Worte. Das schwierige תנה bringen die Versionen mit נתן in Zusammenhang (LXX: δῶρα ἠγάπησαν; vgl. S; V: *munera dederunt amatoribus*; T: אתמסרו ביד עממיא דרחימו), König, Wörterbuch, 550, dagegen mit einer Wurzel תנן „hinstrecken, werben" (so auch Rudolph 159). Da jedoch die Wurzel תנן im AT nicht belegt ist und man bei den Versionen ein Interpretationsinteresse des schwierigen תנה konzedieren muß, können diese Deutungsversuche nur Vermutung bleiben. Am meisten leuchtet mir der Vorschlag von Morag, Language, 503, ein, die Wurzel mit dem sowohl im AT (Jdc 5,11; 11,40; unklar Ps 8,2), als auch im Mischna-Hebräischen und Aramäischen belegten תנה in Verbindung zu bringen (so auch Macintosh 317). Diese Wurzel hat im Grund- und Intensivstamm die Bedeutung „wiederholen, erzählen", im Kausativstamm die Bedeutung „zur Bedingung machen, verabreden" (vgl. Jastrow, Dictionary, 1681, mit Belegen). An den beiden Richter-Stellen hat תנה die spezifische Bedeutung „loben". Dementsprechend versteht Morag auch das תנה in Hos 8,9f im Sinne von „(die Geliebte oder den Liebesakt) loben". Nun begegnet die Wurzel an den Richter-Stellen im Piel, in Hos 8,9 aber im Hifil. Vielleicht darf man der Wurzel hier also die im Mischna-Hebräischen und Aramäischen für den Kausativstamm belegte Bedeutung „verabreden, bedingen" beilegen. Als Objekt von Israels Verabredungen werden אהבים angegeben. Was damit gemeint ist, läßt sich weder durch einen Blick auf die Versionen (LXX u. S verstehen das Wort fälschlicherweise als Verb, V unter Einfluß von Ez 16,33 als Substantiv „Liebhaber") noch unter Heranziehung des einzigen Parallelbeleges in Prov 5,19 (// חן) befriedigend klären. Man liegt sicher nicht falsch, wenn man das Wort ganz allgemein mit „Liebe" wiedergibt. Doch scheint es möglich, den Sinn in Hos 8,9 noch präziser zu fassen: Moran, Background, hat darauf hingewiesen, daß der Begriff „Liebe" sowohl im Alten Orient als auch im AT (vgl. bes. I Reg 5,15) Verwendung findet „to describe the loyalty and friendship joining independent kings, sovereign and vassal, king and subject" (S.78). Es liegt von daher nahe, die אהבים in Hos 8,9 ebenfalls auf diese freundschaftlichen Beziehungen zu deuten, die Israel mit den Großmächten seiner Zeit unterhält (Thompson, Lovers, 477; Eidevall, Grapes, 135f; vgl. schon Wolff 184). Diese Annahme paßt vorzüglich in die außen- und bündnispolitische Thematik von Hos 8,7-10.

10 a) Entsprechend dem in Anm. 9 b) Gesagten wäre das יתנו als hi. zu vokalisieren. – b) Die Masoreten leiten ויחלו von der Wurzel חלל „anfangen" ab. Das folgende מעט müssen sie dann entweder als Infinitiv (vgl. Pocock 365; Rosenmüller 247 mit Verweis auf II Reg 14,22) oder als Verbaladjektiv (vgl. Kö §412a) verstanden haben. Hält man diese Konstruktion grammatikalisch für möglich (vgl. neuerdings die Verteidigung von Barthélemy, Critique, 552), ließe sich 8,10b folgendermaßen übersetzen: „Und so haben sie angefangen weniger zu werden unter der Last des Königs der Fürsten." Doch fügt sich der so verstandene Halbvers mehr schlecht als recht in den Kontext ein: Zum einen erwartet man statt eines Rückblicks in die Vergangenheit an dieser Stelle eher eine Fortführung der Gerichtsansage aus V.10a (anders Pfeiffer, Heiligtum, 132.137f, dessen Festhalten am Narrativ allerdings an zweifelhaften literarkritischen

Differenzierungen innerhalb von V.13 hängt, s.u.S.173f). Zum anderen paßt der Verweis auf den Anfangspunkt der Minimierung Israels schlecht zu der umfassenden Vernichtungsaussage „Verschlungen ist Israel!" aus V.9a. Die Versionen haben ויחלו fast alle (außer T und α', s.u.) mit „aufhören, Ruhe haben" wiedergegeben. Sie scheinen eine Form der Wurzel חדל (so Wellhausen 121 u. die meisten) oder יחל hi. (so Grotius 419; van Hoonacker 83; Barthélemy, Critique, 552) gelesen zu haben. Unter inhaltlichen Gesichtspunkten lassen sich die Versionen in zwei Gruppen unterteilen: S, V und σ' verstehen V.10b mit Rücksicht auf den zumeist heilvollen Sinn von קבץ (s. aber Hos 9,6; Ez 22,19f; Mi 4,12; Hab 2,5; Zeph 3,8) positiv: „Und sie werden eine Weile Ruhe haben von der Last des Königs und der Fürsten." (vgl. die Paraphrase bei T). Der voranstehende Schuldaufweis läßt aber eher ein Gerichtswort erwarten. LXX und θ' entdecken dann auch einen negativen Sinn in V.10b, sehen sich aber zu Änderungen im Konsonantenbestand von M genötigt: „Und sie werden für eine Weile aufhören, Könige und Fürsten zu salben." Versucht man, den Konsonantenbestand von M unangetastet zu lassen, sind folgende Ableitungen für ויחלו denkbar: חלה pi. „flehen" (α'); חלל „profanieren" (Cazelles, Problem, 23); יחל „hoffen" (van Gelderen/Gispen 297); חיל „sich winden" (Wolff 170; Jeremias 103 u. die meisten im Gefolge Ewalds 225); חלה „krank sein, leiden" (van Hoonacker 84; Macintosh 321). Am wahrscheinlichsten erscheint mir der letztgenannte Vorschlag, da der desolate Zustand des Staates auch an anderen Stellen im Hoseabuch unter Verwendung der Wurzel חלה beschrieben wird (5,13; 7,5). – c) LXX und θ' haben wahrscheinlich ממשח gelesen. Die Lesung liegt graphisch nahe, ergibt aber inhaltlich keinen Sinn (vgl. Rudolph 160). Zur Bedeutung von משא s.u. – d) Die Versionen mißverstehen die außergewöhnliche Titulatur des assyrischen Königs als „König der Fürsten" (s. dazu Paul, Hos 8:8-10) und verbinden die letzten beiden Worte durch ו.

b) *Analyse*

Die Abgrenzung von Hos 8,7-10 nach hinten ist wegen des Neueinsatzes mit deiktisch-emphatischem כי in V.11 nach der Strafansage in V.10 sowie der Anklage aufgrund kultischer Vergehen ab 8,11 gegenüber politischem Fehlverhalten in 8,7-10 offenkundig.[41] Bei der Abgrenzung nach vorne ist der allgemein gehaltene V.7 unter den Auslegern strittig. Die

---

41 Anders Andersen/Freedman 482.502 u. Lundbom, Structure, 300, die zwischen המה עלו אשור (V.9aα) und המה מצרים ישובו (V.13bβ) eine Inklusion erkennen und Hos 8,9-13 deshalb für eine abgrenzbare Einheit halten. Allerdings findet das Gehen nach Assur aus V.9 bereits in V.10 durch das Wegschleppen des Königs der Fürsten seine entsprechende Strafe. Zudem verbindet die Erwähnung der גוים V.10 mit V.8, trennt jedoch von der kultischen Thematik in V.11-13.

Nennung der Fremden und die Verwendung der Wurzel בלע in V.7b sowie der konzentrische Aufbau von 8,7-10 (s.u.) machen jedoch seine Zugehörigkeit zum Folgenden[42] mit seiner außenpolitischen Thematik wahrscheinlicher als zum Vorangehenden[43] mit seinem kultischen Inhalt, wo mit der Strafansage V.6b zudem ein guter Abschluß erreicht ist.

Hos 8,7-10 gliedert sich in zwei Teile, angezeigt durch den Tempuswechsel von Impf. in Pf. von V.7 auf V.8: einen weisheitlichen, Allgemeingültigkeit beanspruchenden (V.7) und einen konkret ausführenden (V.8-10) Teil. Der erneute Tempuswechsel in Impf. (V.10) läßt innerhalb des zweiten Teils einen weiteren Einschnitt erkennen. Die einzelnen Elemente der beiden Teile ergeben einen konzentrischen Aufbau. Dabei entsprechen sich von innen nach außen V.7bβ und V.8a (Stichwort בלע), V.7bα und V.8b („zwei Bilder für denselben Sachverhalt"[44], die Wertlosigkeit des Gefäßes[45] bzw. des Sprosses) sowie V.7a und V.9-10, wo das Windsäen V.7aα in der Bündnispolitik V.9 (Pf.), das Sturmernten V.7aβ seine Aufnahme in der Strafankündigung JHWHs V.10 (Impf.) findet. Was in V.7 in zwei weisheitlichen Sprüchen[46] aus dem bäuerlichen Bereich allgemeingültig formuliert ist, findet in V.8-10 nun konkrete Anwendung: Zunächst wird beklagt, daß Israel bereits verschlungen ist wie das Mehl aus V.7bβ, unter den Völkern so wertlos wie ein Sproß, der ohne Halmbildung kein Mehl bringt. Dies wird in Form der Anklage mit der Bündnispolitik, einem Säen von Wind[47], begründet. Darauf folgt JHWHs Strafankündigung in Impf., die Sammlung einer Sie-Gruppe mit dem Ziel, sie vom Wegtragen[48] des assyrischen Königs krank werden zu lassen (entspricht dem Sturmernten). Diese Sie-Gruppe kann schwerlich

---

42 So u.a. Donner, Israel, 55f; Willi-Plein, Vorformen, 166; Pfeiffer, Heiligtum, 133.
43 So u.a. Sellin²⁻³ 86; Robinson 33; Weiser 68f; Rudolph 165.
44 Donner, Israel, 59.
45 Vgl. Jer 22,28; 48,38 sowie Prov 3,15; 8,11 und Gerlemann, Art. חפץ, 626.
46 Vgl. Prov 11,18; 22,8; Hi 4,8; Sir 7,3 (; Hos 10,12) und Wolff 182f; Eidevall, Grapes, 129-132.
47 רוח steht in der Weisheit für das Sinnlos-Nutzlose, vgl. Hi 7,7; Prov 11,29; Koh 1,14.17 u.ö.
48 Mit משא wird wohl nicht nur die Tributlast (vgl. II Chr 17,11 u. Wolff 185; Paul, Hos 8:8-10, 197) bezeichnet sein, sondern von Hos 5,14 her das Wegtragen des zerrissenen Ephraim-Juda, also die völlige Vernichtung desselben (vgl. Jeremias 110).

einfach mit dem Nordreich Israel-Ephraim identisch sein, wird dieses doch in V.8-9 als bereits verschlungen und also nicht mehr existent beklagt.[49] Womit aber dann? In dieser Frage hilft ein Blick in den literarischen Kontext des Hoseabuches weiter.

Enge Berührungen weist Hos 8,7-10 zu der Grundschicht von Hos 5,8-6,6 in Hos 5,8-14 auf. In beiden Texten wird JHWHs Gerichtshandeln mit einer verfehlten Außenpolitik begründet. Bei der Beschreibung von JHWHs Gerichtswirken gehen die Übereinstimmungen zwischen Hos 5,8-14 und 8,7-10 bis in die Terminologie hinein (Wurzel חלה in 5,13; 8,10; Wurzel נשא in 5,14; 8,10). Wie in Hos 8,7-10 folgen in Hos 5,8-14 auf einen Bericht, der das Geschick des Nordreiches in der Vergangenheit thematisiert (5,13a, vgl. 8,8f), allgemeingültig-zukünftige Aussagen über eine Größe, die über Ephraim hinausgeht (5,13b-14, vgl. 8,10). In Hos 5,8-14 ist diese Größe mit dem im Gericht zu einer Einheit verschmolzenen Gottesvolk aus Ephraim und Juda identifiziert, in Hos 8,7-10 wird sie offensichtlich als bekannt vorausgesetzt. Dieser Befund legt eine literarische Bezugnahme von Hos 8,7-10 auf 5,8-14 nahe. Sie ist so auszuwerten, daß die über Ephraim hinausgehende Größe wie in Hos 5,8-14 so auch in 8,7-10 mit dem einen Gottesvolk aus Ephraim und Juda gleichzusetzen ist. Das Ergehen des Nordreiches kommt dabei vergangenheitlich als das Ergehen eines Teiles dieses Volkes zur Sprache.

Nach alledem kann festgehalten werden, daß Hos 8,7-10 nicht aus sich selbst heraus verständlich, sondern zum Verstehen auf Hos 5,8-14 angewiesen ist. Hos 8,7-10 kann somit nicht unabhängig von Hos 5,8-14 entstanden sein, sondern muß entweder mit diesem Text auf einer literarischen Ebene liegen oder nachträglich auf diesen hin geschrieben sein. Die aufgewiesenen inhaltlichen und terminologischen Gemeinsamkeiten zwischen beiden Texten machen eine gleichzeitige Entstehung sehr wahrscheinlich.

---

49 Wenn die Wurzel בלע nicht an sich schon völlige Vernichtung aussagt (Macintosh 314f bestreitet dies), legt sich dieses Verständnis von 8,7 her doch nahe: Selbst das Mehl, das laut 8,7bα aus dem nicht halmenden Sproß eigentlich gar nicht hervorgebracht werden kann, wird noch von Fremden verschlungen. Von Israel bleibt somit wie von dem Sproß nichts übrig.

Hos 5,8-14 und Hos 8,7-10 konstituieren ein literarisches Stratum, das Ephraim und Juda als Teile *eines* Volkes unter dem Gericht JHWHs präsentiert. Für den einen Teil dieses Volkes, das Nordreich Ephraim, ist das Gericht bereits Wirklichkeit geworden (8,8a). Sein Geschick wird in der Schicht eigens reflektiert (5,13a; 8,8f). Die endgültige Vernichtung des Volkes steht indes unmittelbar bevor (5,14; 8,10). Als Ursache für das Gericht wird eine verfehlte Außenpolitik angegeben, in der sich das Volk an Assur um Hilfe wendet (5,13; 8,9). Genau hierin verkennt es jedoch den eigentlichen Gerichtsherrn JHWH (5,12-14). Es widersetzt sich seinem Gerichtswirken und damit ihm selbst. So gibt dieser sein Volk der endgültigen Vernichtung preis (5,14; 8,10).

Innerhalb von Hos 4,1-9,9 befinden sich weitere Texte, die Anstoß an der Politik nehmen: Hos 5,1-2; 6,7-7,2; 7,3-7; 7,8-12. Im Unterschied zu der herausgearbeiteten literarischen Ebene Hos 5,8-14; 8,7-10 haben sie ausschließlich das Nordreich Ephraim im Blick. Dieser Befund könnte dafür sprechen, daß beide Textgruppen nicht auf derselben literarischen Ebene liegen, sei es daß Hos 5,1-2; 6,7-7,2; 7,3-7; 7,8-12 eine Vorstufe zu Hos 5,8-14; 8,7-10 darstellt, der eine gesamtisraelitische Perspektive noch fremd war, sei es daß Hos 5,1-2; 6,7-7,2; 7,3-7; 7,8-12 die Schuld des Volkes nachträglich auf Ephraim eingrenzt. Möglich ist aber auch, hier ein und dieselbe Hand am Werk zu sehen, die entsprechend Hos 5,13a; 8,8f das Geschick des Nordreiches als das Geschick eines Teiles des Gottesvolkes aus Ephraim und Juda in den Blick nimmt. Erste Aufschlüsse sind von einem Vergleich mit dem einzig verbliebenen Text, der die verfehlte Außen- und Bündnispolitik des Volkes zum Thema hat, zu erwarten, Hos 7,8-12.

2. Hos 7,8-12

a) *Übersetzung und Text*

7,8   Ephraim ist unter den Völkern,
        es vermischt sich!
        Ephraim ist zum Brotfladen geworden,
        den man nicht gewendet hat.
7,9   Fremde haben seine Kraft verzehrt,

aber es, es hat es nicht erkannt.
Auch graues Haar ist ihm gewachsen[a],
aber es, es hat es nicht erkannt.

7,10   Es zeugt der Hochmut Israels ihm (selbst) ins Angesicht,
aber sie sind nicht zu JHWH, ihrem Gott, umgekehrt,
und sie haben ihn nicht gesucht trotz alledem.

7,11   Ephraim ist wie eine Taube geworden,
leicht zu verführen, ohne Verstand.
Ägypten haben sie gerufen,
nach Assur sind sie gelaufen.

7,12   Sowie sie laufen,
werde ich mein Netz über ihnen ausbreiten;
wie Vögel des Himmels werde ich sie herunterholen.
Ich werde sie einfangen, sobald man ihren Schwarm hört.[a]

9 a) Intransitives Qal der Wurzel זרק. Der Umstand, daß dafür kein Parallelbeleg
existiert, hat die Forschung unnötigerweise nach alternativen Erklärungsmöglichkeiten
Ausschau halten lassen: eine auch in anderen semitischen Sprachen belegte Wurzel זרק
II „grau sein" (Driver, Studies IV, 38); „sich heimlich einschleichen" nach vulgär-
arabisch *zrq* (GesB 208; Blau, Untersuchungen, 341); Synonym zu זרח nach arabisch
'zrq „to scatter abundantly, to scatter light, to shine" (Reider, Contributions, 93); Vokalisation als Pual זֹרְקָה (Oettli, Zeugen, 89; Marti 61; Nowack³ 47); Konjektur nach
LXX u. S זָרְחָה (Graetz, Emendationes, 13; zur Kritik vgl. Rudolph 151).
12 a) Ein Blick auf die Versionen zeigt, daß V.12b als schwierig empfunden wurde.
Dennoch nötigt hier nichts zu Textänderungen (vgl. die Auflistung bei Barthélemy,
Critique, 541), denn abgesehen von LXX und T bezeugen die Versionen den Konsonantenbestand von M, V und α' sogar die Vokalisation. Differenzen bestehen in Bezug
auf das letzte Wort לעדתם. S, θ' und σ' haben ganz offensichtlich an עֵדָת „Zeugnis"
gedacht. LXX (τῆς θλίψεως αὐτῶν – לצרתם) und T (לעיצתהון – לעצתם) könnten einfach durch Abschreibfehler zustande gekommen sein (LXX: Verschreibung von ע/צ
und ד/ר; T: Verschreibung von ד/צ). Zumindest bei T ist aber das Bestreben erkenn-
bar, M unter Zuhilfenahme des Kontextes (s. V.6 von T) einen Sinn abzugewinnen
(vgl. Cathcart/Gordon, Targum, 44). Wie ist M also zu verstehen? In der älteren Forschung ist V.12b gemeinhin mit „Ich will sie strafen, wie es ihrer Gemeinde verkündet
ist." wiedergegeben worden (Luther; vgl. schon Kimchi und Raschi bei Wünsche 313f
und neuerdings wieder Barthélemy, Critique, 542). Konsequenter wäre es allerdings,
wenn V.12b das Vogelbild aus V.12a fortsetzte. Und tatsächlich wird in Jdc 14,8 עדה
zur Bezeichnung eines Bienenschwarmes verwendet. In Hos 7,12b könnte dann an ein
Vogelschwarm gedacht sein. Weniger gut in das Bild paßt indes die Ankündigung,

JHWH werde die Vogelschar „strafen, züchtigen" (יסר). Das hat einige Forscher dazu bewogen, statt des ungewöhnlichen אֲיִסְרֵם (zur Form s. GK §70b) אֲסִירֵם (von סור; so u.a. Budde, Hos. 7,12, 31: „ich putze sie fort") oder אֶסְרֵם/אוֹסְרֵם = אֲאַסְרֵם (von אסר; so u.a. Marti 62: „ich binde, ich fessle sie") zu lesen. Namentlich die Verwechslung von יסר und אסר findet sich ja auch an anderen Stellen im AT (Hi 12,18; Ps 105,22; vgl. Hos 5,2, s.u.). Vielleicht kann M aber auch beibehalten werden, wenn man mit Nyberg, Studien, 56f, „ein mit אסא ‚binden' ungefähr synonymes יסר" für möglich hält (vgl. aram. יסר „binden"). Die Deutung von Hos 7,12b bleibt jedenfalls schwierig.

b) *Analyse*

Die Abgrenzung von Hos 7,8-12 ist eindeutig. Vom Vorhergehenden trennt den Abschnitt zum einen der Wechsel in der Bezeichnung des Nordreiches vom unbestimmten „sie" zu Ephraim, zum anderen das neue außenpolitische Thema nach Abhandlung der innenpolitischen Mißstände und schließlich der überschriftartige Neuanfang in Hos 7,8a. Die Abgrenzung nach hinten empfiehlt die veränderte kultische Thematik, die, wieder in das unbestimmte „sie" wechselnd, durch das pointierte אוי in 7,13 eingeleitet wird, nachdem in 7,12 mit der Strafdrohung ein guter Abschluß erreicht ist.

Das literarkritische Ergebnis sei der Gliederung von Hos 7,8-12 vorweggenommen: Hos 7,10 erweist sich mit seinem Wechsel von Sprecher und Bezeichnung der Adressaten („Israel" statt „Ephraim" und JHWH in 3.Pers.) als Zusatz, der Aussagen aus Hos 5, insbesondere 5,3-7, bündelt (5,4.5.6.15) und mit dem wahrscheinlich ebenfalls sekundären Vers Hos 5,5 bei wortwörtlicher Identität des jeweiligen ersten Halbverses eine Art Kehrvers bildet, der an Am 4,6ff erinnert.[50]

---

50 So mit dem Gros der Forschung, vgl. bes. Marti 62; Willi-Pein, Vorformen, 159f; Jeremias 98; Naumann, Hoseas Erben, 59-62. Yee, Composition, 180-185, hält zudem 7,12aα¹.b für einen Zusatz, der das in V.12* angekündigte Gericht als pädagogische Maßnahme interpretiere. Leitet man wie Yee die Verbform איסרם in V.12 von der Wurzel יסר „züchtigen" her, muß diese Möglichkeit ernsthaft erwogen werden. Sieht man dagegen, wie oben dargelegt, in V.12b das Vogelbild aus V.12a fortgeführt, besteht keine Notwendigkeit zu einer literarkritischen Operation, zumal eindeutige formale Indizien fehlen. Für wenig wahrscheinlich halte ich, daß die vorgeblichen Zusätze in V.12 auf einer literarischen Ebene mit V.10 liegen (so Yee), da V.10 JHWH in 3.Pers., V.12 hingegen in 1.Pers. führt.

Hos 7,8-12* beginnt mit einem doppelten, überschriftartigen Ausruf in Nominalsatz und Impf. (V.8a), der das neue Thema, die Außenpolitik Ephraims und seine Folgen, einleitet. Darauf wechselt die Zeitstufe in Pf., und es folgen drei Bilder für ein Nordreich, das seinem Ende entgegengeht: ein nicht gewendeter, verkohlter Brotfladen[51], aufgezehrte Kraft und von Alter graues Haar[52]. Die erste dieser drei Klagen (V.8b) nimmt die Überschrift durch die gleiche Plazierung der Nordreichsbezeichnung Ephraim am Anfang des Satzes auf, während die zweite und die dritte (V.9) jeweils mit derselben Formulierung am Ende (וְהוּא לֹא יָדַע) das Nichterkennen des bevorstehenden Unterganges beklagen. V.11a behält die Klage bei, setzt allerdings mit einem neuen Bild[53] ein, das sich auf V.8a zurückbezieht und gleichzeitig V.8b.9 umgreift, indem das an den Anfang gestellte „Ephraim" (V.8a.b) sowie das abschließend beklagte Nichterkennen (V.9b) durch die Bewertung אֵין לֵב in V.11a aufgenommen werden. Durch diese Technik werden das Thema aus der Über-

---

51 Die Deutung dieses Bildes ist umstritten. Für wenig wahrscheinlich halte ich die Auffassung, das Bild hebe auf die Handlungsunfähigkeit (so Paul, Image, 118) oder Umkehrunwilligkeit (so van Gelderen/Gispen 257; Wolff 160 u.a.) des Volkes ab, als hätte der Brotfladen sich selbst wenden können (vgl. Eidevall, Grapes, 115f). Die Umkehr des Volkes hat dann auch erst der sekundäre V.10 im Blick (vgl. Rudolph 153). Nicht minder problematisch ist die Interpretation von Andersen/Freedman 466, wonach der ungewendete, weil vom Bäcker verlassene Brotfladen JHWHs Rückzug von Ephraim versinnbildliche, denn V.8b zeigt sich am Bäcker gänzlich uninteressiert (vgl. Eidevall, Grapes, 116). Den richtigen Weg weist Rudolph 153: „Hosea denkt natürlich an das Endstadium: der nicht ... gewendete Brotfladen verbrennt schließlich... ." Das Bild besagt dann, daß Ephraim sich in demselben Stadium befindet. In diesem Sinne haben vermutlich auch schon S, T und ε' das Bild verstanden (vgl. Macintosh 268.270).
52 Möglich ist auch die Deutung von Paul, Image, 119f, der hier das Bild vom Brotfladen aus V.8b fortgesetzt sieht und שׂיבה nach dem Akkadischen in einer Nebenbedeutung als „Schimmel" versteht; vgl. schon Gaster, Notes, 79, u. neuerdings Andersen/Freedman 467; Eidevall, Grapes, 117.
53 Zur Deutung der Metapher von der Taube, einem Vogel, der sich sonst eher durch Treue und Zielsicherheit auszeichnet, an dieser Stelle allerdings durch das Umherflattern zwischen den Großmächten Ägypten und Assur ein genau entgegengesetztes Verhalten an den Tag legt, vgl. Seifert, Reden, 167f und Eidevall, Grapes, 118f. In der Liebeslyrik dient das Bild von der Taube zur Bezeichnung der Geliebten (Cant 2,14; 5,2; 6,9), so daß die Darstellung Ephraims als verführte, zu den Großmächten laufende Taube ein Anstoß für die Interpretation Israels als hinter ihren Liebhabern herlaufende (הלך) Ehefrau JHWHs in Hos 2 sein kann.

schrift, die Vermischung Ephraims unter die Völker, neu präsentiert und die Klagen aus V.8b-9 in der einen Klage V.11a gebündelt. Es scheint, als sei hier älteres Material verarbeitet (s.u.). Die Klage über Ephraims Torheit geht in V.11b in die Anklage der Schaukelpolitik zwischen den Großmächten Ägypten und Assur über, die unter die Strafankündigung in 7,12 gestellt wird. Darin erweist sich JHWH seinem Volk als Feind, der das zu seinen Bündnispartnern laufende Ephraim wie Vögel einzufangen droht.[54]

Beobachtungen zur Komposition von Hos 7,8-12* haben vermuten lassen, daß darin älteres Material verarbeitet ist. In diesem Urteil sieht man sich bestätigt, wenn man das mutmaßlich überkommene Material in V.8b-9 genauer betrachtet. Die Worte sind in sich geschlossen und selbständig denkbar. Im Unterschied zu V.11f wird das darin beschriebene Unheil nicht direkt auf JHWH zurückgeführt, sondern bricht über Ephraim herein, ohne daß man etwas über die genaueren Umstände erführe. Wie schon in Hos 5,8-11 ist auch hier nicht deutlich, aus welcher Perspektive die Worte gesprochen sind. Möglich ist, daß in 7,8b-9 aus ephraimitischer Perspektive eine drohende Katastrophe beklagt wird (vgl. das Qina-Metrum). Ebenso könnte aus den Worten aber auch die Schadenfreude des Nachbarn aus Juda über den Untergang des Nordreiches sprechen. Erst die Überlieferung nimmt eine eindeutig ephraimitische Perspektive ein. Hier wird das Unheil nun als göttliches Strafhandeln interpretiert und mit einer verfehlten Außen- und Bündnispolitik Ephraims begründet.

c) *Zum Verhältnis von Hos 7,8-12* zu der durch Hos 5,8-14; 8,7-10 repräsentierten Textschicht*

Im Unterschied zu der durch Hos 5,8-14; 8,7-10 repräsentierten Textschicht nimmt Hos 7,8-12* keine gesamtisraelitische Perspektive ein, sondern hat allein das Nordreich Ephraim im Blick. Dieser Befund wirft die Frage nach dem Verhältnis von Hos 7,8-12* zu der erhobenen

---

54 Vgl. Kruger, Net, u. bes. Eidevall, Grapes, 119f. Im AT findet die Vogelsteller-Metapher besonders in den Psalmen Verwendung zur Bezeichnung feindlichen Verhaltens (vgl. Ps 10,9; 31,5; 35,7; 57,7; 140,6). Auch die assyrischen Könige stellen sich des öfteren als Vogelfänger dar, wenn sie ihr Vorgehen gegen Feinde schildern; vgl. Schott, Vergleiche, 85.92f mit Belegen.

Schicht auf. Klärung ist von einem Vergleich zwischen Hos 7,8-12* und 8,7-10 zu erwarten, da beide Texte – wie J. Jeremias gezeigt hat[55] – eine parallele Struktur von Klage (7,8f.11a; 8,8), Anklage (7,11b; 8,9) und Drohung (7,12; 8,10) aufweisen.

Die Übereinstimmungen zwischen Hos 7,8-12* und 8,7-10 gehen bis in Einzelheiten hinein. Die eröffnenden Klagen thematisieren Israels unheilschwangere Existenz unter den Völkern (vgl. bes. 7,8a u. 8,8b). Darauf wird in beiden Texten die Bündnispolitik angeklagt und unter Aufnahme des letzten Verbes der Anklage eine Drohung ausgesprochen. Die weisheitliche Sequenz 8,7 hebt die konkreten Klagen aus 7,8b-9 (Pf.) unter Verwendung des Bildes in 7,9a auf eine allgemeingültige Ebene (Impf.). Allerdings wird in der anschließenden Klage 8,8a nicht mehr nur der Verzehr der Kraft durch Fremde als Bild für ein vom Untergang bedrohtes Ephraim beklagt, sondern schon der Untergang selbst. Offenbar blickt 8,7-10 mit einigem zeitlichen Abstand auf den Untergang Ephraims zurück (8,8f: Pf.), während 7,8-12* den Eindruck erweckt, unmittelbar vor dem letzten Schlag zu weissagen (7,12: Impf.). So liegt der Schluß nahe, daß Hos 8,7-10 den Text Hos 7,8-12* literarisch voraussetzt, zur Formulierung benutzt und den fortgeschrittenen Zeitverhältnissen anpaßt. In dieses Ergebnis fügt sich der übrige Befund eines Vergleichs beider Texte problemlos ein. Das Drohwort 8,10 nimmt das Motiv des Einfangens aus 7,12 durch das im hier gebrauchten – negativen – Sinne ungewöhnliche[56], aus 7,12 aber erklärbare קבץ auf. Es mündet in die Aussage, daß JHWH sein Volk an Assur, die Macht, die es in der Bündnispolitik von einer Liquidierung abhalten wollte, zur unbedingten Vernichtung ausliefert. 8,10 macht somit explizit, was in 7,12 noch implizit ausgesagt war: JHWH kämpft auf seiten Assurs gegen sein Volk.

Der Vergleich zwischen Hos 7,8-12* und Hos 8,7-10 hat eine literarische Ebene zum Vorschein gebracht, die vor der durch Hos 5,8-14; 8,7-10

---

55 Jeremias 109.
56 Ungewöhnlich ist das קבץ an dieser Stelle, weil die Wurzel zumeist in positivem Sinne Verwendung findet; so auch alle Versionen außer ε' und einige Forscher, die V.10a deshalb streichen wollen (Marti 68; Harper 318 u.a.). Vgl. auch die Änderungsversuche in אפים bzw. אונם (Oettli, Zeugen, 91; Donner, Israel, 55, u.a.) oder in אקבצם (Rudolph 159).

repräsentierten Textschicht anzusiedeln ist. Sie nimmt noch keine gesamtisraelitische Perspektive ein, sondern hat allein das Nordreich Ephraim im Blick. Darin trifft sich Hos 7,8-12* mit den noch verbleibenden politikkritischen Texten innerhalb des Komplexes Hos 4,1-9,9, mit den Texten Hos 5,1-2; 6,7-7,2 und 7,3-7. Es stellt sich somit die Frage, ob alle diese Texte demselben literarischen Stratum wie Hos 7,8-12* zugewiesen werden können. An den Anfang der Überprüfung sei Hos 5,1-2 gestellt, da dieser Text enge terminologische Berührungen zu Hos 7,8-12* aufweist.

3. Hos 5,1-2

a) *Text und Übersetzung*

5,1   Hört dies, Priester,
       und merkt auf, Haus Israel,
       und Haus des Königs, hört aufmerksam zu,
       denn Euch gilt das Urteil!
       Denn Ihr seid ein Klappnetz für Mizpa gewesen
       und ein ausgebreitetes Netz auf dem Tabor
5,2   und eine Fanggrube zu Schittim, die man tief gemacht hat.[a]
       Ich aber bin eine Fessel[b] für sie[c] alle!

2 a) V.2a haben schon die Versionen nicht zu übersetzen gewußt (vgl. Rudolph 116, zu LXX u. S zudem die Diskussion bei Elliger, Kunstform, 158f). M läßt sich unter Umständen folgendermaßen verstehen (vgl. zuletzt Macintosh 179-181): „Abtrünnige haben abgrundtief schlecht gehandelt." Dabei wäre שחטה Inf.cs. Qal (vgl. אהבה) oder pi. (vgl. יסרה) der Wurzel שחט, hier in orthographischer Variante שׁחט, und שטים ein Substantiv der Wurzel שׁוט /סוט (vgl. Ps 101,3), einer Nebenform von שׁטה (vgl. Ps 40,5). Gegen dieses Verständnis von M spricht jedoch grammatikalisch die unerklärliche abnorme Syntax mit dem Inf.cs. *vor* dem regierenden Verb und inhaltlich der Kontext, der die Anklage in Anredeform bietet. Demgegenüber hat der weithin akzeptierte Vorschlag von Umbreit 34, וְשַׁחַת הַשִּׁטִּים zu lesen, den Vorteil, daß sich der Text wie von selbst in den Kontext einfügt: Bei nur geringfügiger Textänderung (falsche Wortabtrennung, ט/ה-Verschreibung) ergibt sich dabei nämlich für die Anklage V.1b-2a eine Reihe von drei Örtlichkeiten und Tierfangvorrichtungen, die in dem dreiteiligen Höraufruf von V.1aα auch eine formale Entsprechung findet (vgl. Elliger, Kunstform; Mazor, Hosea 5.1-3, 119f). – b) Vokalisiere mit Umbreit 34; Duhm, Anmerkun-

gen, 22; Nyberg, Studien, 37; Jeremias 73 u.a. מוֹסֵר u. vgl. die Textanmerkung zu Hos 7,12. – c) LXX (ὑμῶν) gleicht an die Anredeform von V.1 an und bildet insofern die lectio facilior.

b) *Analyse*

Die Abgrenzung von Hos 5,1-2 nach vorne ist durch den neu einsetzenden Höraufruf deutlich, nach hinten unter den Auslegern umstritten, jedoch nach den Erweisen der jeweiligen Geschlossenheit im Aufbau von 5,3-4 durch J. Jeremias[57] und von 5,1-2 durch K. Elliger[58] wohl nicht mehr anders vorzunehmen.[59] Hos 5,1-2 besteht, wie K. Elliger gezeigt hat, aus zwei parallelen Vierzeilern V.1a und V.1b.2; „… von den vier Zeilen laufen drei einander gleich, und die vierte steht diesen dreien gegenüber ganz auf sich"[60], wobei die Schlußstücke antithetisch zueinander formuliert sind (ואני – לכם).

Nach Opinio communis richtet sich 5,1-2 ausschließlich an die Führungskreise Israels, denen die Rechtspflege (5,1aβ משפט) anvertraut ist. Da sie diese Verantwortung jedoch mißbrauchen und das Volk in kultischer[61] oder politischer[62] Hinsicht zu Fall bringen, wird an sie wie auch an das irregeleitete Volk die Drohung 5,2b gerichtet. Schwierigkeiten an dieser Interpretation bereitet nun die Gegenüberstellung von Volk und Eliten, denn schon der Höraufruf V.1aα wendet sich explizit und zentral neben Priestern und Königshaus an den בית ישראל. Diese Wendung steht aber weder im Hoseabuch noch sonst im AT für irgendwelche Führer des Volkes, sondern ausschließlich für das Volksganze.[63] Fällt die Ge-

---

57 Zum konzentrischen Aufbau von Hos 5,3-4 s. Jeremias 75.
58 Elliger, Kunstform.
59 Alternativ wird von einigen Auslegern Hos 5,1-7 als Einheit angesehen, vgl. die Auflistung bei Elliger, Kunstform, 152f. u. neuerdings wieder Neef, Heilstraditionen, 226.
60 Elliger, Kunstform, 154.
61 So die gewöhnliche Interpretation der genannten Orte als Kultstätten; vgl. Marti 47; Budde, Text 3, 5-7; Wolff 124f; Rudolph 120; Jeremias 75 u.v.m.
62 Die Orte als politische Zentren der von Tiglatpileser III. nach dem syrisch-ephraimitischen Krieg annektierten Gebiete sehen Alt, Hos 5,8-6,6, 187; Donner, Israel, 45, u.a.
63 S. Jenni, Art. בית, 311f, u. vgl. Ward 93; Andersen/Freedman 384; Mazor, Hosea 5.1-3, 116; Wacker, Figurationen, 158. Dies gibt auch Rudolph 116 zu, fügt dann aber שבי „Älteste" ein. Andere ändern בית in נביאי (Richter, Erläuterungen, 24;

genüberstellung von Volk und mit der Rechtspflege betrauten Führenden weg, kann משפט nur den Urteilsspruch bedeuten,[64] der über das ganze Volk gesprochen wird, weil es an bestimmten Orten des eigenen Landes feindliches Verhalten an den Tag gelegt hat.

Allerdings lassen weder die verwendeten Jagdbilder noch die genannten Orte einen Rückschluß auf die Vergehen des Volkes zu. Die Rede von פח, רשת und שחת bleibt traditioneller Feindmetaphorik verhaftet[65] und somit gänzlich unspezifisch. Folglich hat man sich an die erwähnten Örtlichkeiten gehalten und sie entweder als politische Zentren der von Tiglatpileser III. in Folge des syrisch-ephraimitischen Krieges annektierten Landschaften Gilead, Galiläa, südliches Ostjordanland[66] oder als Kultstätten[67] interpretiert. Für sich genommen können die Orte jedoch weder die politische noch die kultische Deutung der Vergehen des Volkes begründen. Den Namen Mizpa tragen im AT nicht weniger als fünf Ortschaften: Mizpa in Moab (I Sam 22,3), das Land Mizpa am Hermon (Jos 11,3.8), Mizpa von Juda im Distrikt von Lachisch (Jos 15,38), Mizpa in Gilead (Gen 31,49; Jdc 10,6-12,6) und Mizpa in Benjamin (Jos 18,26; Jdc 20f; I Sam 7,5ff; 10,17; I Reg 15,22; II Reg 25,23.25; II Chr 20,24; Neh 3,7.15.19; Jer 40f; I Makk 3,46).[68] Gewöhnlich wird das Mizpa

---

Ginsberg, Art. Hosea, 1018), שפטי (Sellin[1] 45), שרי (Lindblom, Hosea, 74; Lippl 44; Robinson 20) oder erklären בית ישראל überhaupt als terminus technicus für die Volksvertretung (GesB 96; Sellin[2-3] 63; van Gelderen/Gispen 141; Weiser 51; Utzschneider, Hosea, 139, u.a.). Daß hier jedoch der Aufruf an das ganze Volk gemeint ist, zeigt der literarische Bezug zu Hos 6,10, wo בית ישראל nichts anderes bezeichnen kann; s.u.S.80ff.

64 So auch Rudolph 119; Andersen/Freedman 384f; Mazor, Hosea 5.1-3, 118f; Moenikes, Ablehnung, 184; vgl. schon die Annahme einer Doppeldeutigkeit bei Mauchline/Phillips 615; Elliger, Kunstform, 154; Donner, Israel, 44; Willi-Plein, Vorformen, 140.

65 Die Begriffe begegnen prominent in den Psalmen als Bilder für feindliches Verhalten: zu פ s. Ps 69,23; 91,3; 119,110; 124,7; 140,6; 141,9; 142,4; zu שחת s. Ps 7,16; 9,16; 35,7; 94,13; zu רשת s.o.S.73. Vgl. zur Metaphorik Jeremias 74f; Eidevall, Grapes, 69f.

66 So Alt, Hos 5,8-6,6, 187; Donner, Israel, 45 (ohne Schittim).

67 So Marti 47; Budde, Text 3, 5-7; Wolff 124f; Rudolph 120; Jeremias 75 u. die meisten.

68 Vgl. Arnold, Art. Mizpah; Liwak, Art. Mizpa.

in Hos 5,1 mit einer der beiden am besten bezeugten Städte dieses Na-
mens in Gilead oder Benjamin in Verbindung gebracht. Aber auch ein
Bezug auf einen der anderen Orte läßt sich angesichts der bloßen Nennung von Mizpa in Hos 5,1 nicht ausschließen.[69] Da zudem die Ortsan-
gabe Schittim nur durch Konjektur gewonnen ist, liegt die ganze Beweis-
last einer politischen oder kultischen Deutung der Ortschaften auf der
Erwähnung des Berges Tabor. Der ist im AT aber weder als politisches
noch als kultisches Zentrum bezeugt.[70]

Ist somit aus Hos 5,1-2 selbst heraus nicht ersichtlich, welcher Art die
gerügten Vergehen des Volkes sind, mag ein Blick auf den Kontext hilfreich sein. Auf ihn verweisen auch die Vertreter der kultischen Deutung,
ist Hos 5,1-2 im vorliegenden Text doch von Passagen umgeben, die sich
mit Israels Kult befassen (Hos 4; 5,3-7). Allerdings liegt hier kein ursprünglicher Zusammenhang vor. Es sei an dieser Stelle schon vorgreifend gesagt, daß die den Kult betreffenden Passagen Hos 4; 5,3-7 dem
Abschnitt Hos 5,1-2 erst sekundär zugewachsen sind. Hos 4,1-14; 5,6-7
besitzt sowohl terminologisch (4,2; 6,4.6: חסד; 4,2.6; 6,3.6: Wurzel ידע;
4,13f; 6,6: Wurzel זבח; 5,6.15; 6,1: הלך; 5,6.15: בקש) als auch inhaltlich
(Gegenüberstellung von Erkenntnis und Opfer; Suche JHWHs im Kult,
der sich diesem aber entzogen hat) auffallende Parallelen zu dem bereits
als sekundär erkannten Stück 5,15-6,6*. Es ist daher wahrscheinlich, daß
diese Texte demselben literarischen Stratum angehören. Noch jünger sind
die übrigen Partien in Hos 4; 5,3-7: Hos 4,16-19; 5,3-4 führen mit dem
Stichwort „Hurerei" (זנה) eine neue Kategorie zur Bewertung des Kultes
ein, die an Hos 2,4ff erinnert (vgl. auch das Suffix 3.f.sg.). Bei Hos 4,15
und 5,5 handelt es sich um Einzelzusätze.

---

69 Vgl. Liwak, Art. Mizpa, 121: „Ohne überzeugende Argumente wird der in dem
    Prophetenspruch Hos 5,1-7 genannte Ort Mizpa entweder auf Gilead oder Ben-
    jamin bezogen. Da in V.1f im Anschluß an Mizpa der westjordanische Berg Tabor
    und das ostjordanische Schittim ... folgen, ist eine geographische Reihe oder
    Gliederung nicht feststellbar."
70 So auch Rudolph 119; Macintosh 178. Dtn 33,19 mag ein Heiligtum auf dem Ta-
    bor im Blick haben. Sicher ist das aber nicht, da der Name des Berges nicht ge-
    nannt wird. Möglich wäre auch ein Bezug auf den Karmel oder den Zion, vgl.
    Driver, Deuteronomy, 409. Erst in hellenistischer Zeit ist auf dem Tabor die Ver-
    ehrung des Zeus Itaburios bezeugt, vgl. Eissfeldt, Gott des Tabor.

Möchte man Aufschluß darüber erhalten, welchen Fehlverhaltens das Volk in Hos 5,1-2 bezichtigt wird, wird man sich an den *literarischen* Kontext des Stückes halten müssen. Hos 5,1-2 leitet eine Komposition ein, die offensichtlich bis zu dem zuvor behandelten Stück Hos 7,8-12* reicht. In diesem kommt das göttliche Strafurteil der Fesselung aus 5,1-2 in auffallend gleicher Terminologie (אסר, פרש רשת על) zur Ausführung und so auch die durch den Höraufruf 5,1aα eröffnete JHWH-Rede zum Abschluß (Stilmittel der Inklusion). Der Überschriftcharakter von 5,1-2 zeigt sich zudem daran, daß die Adressaten des Höraufrufs samt ihrer Bündelung im Strafurteil 5,2b[71] unter Beibehaltung der Reihenfolge aus 6,7-7,7 zusammengezogen sind (6,9: כהנים; 6,10: בית ישראל; 7,3-6: im Umkreis des Königs befindliche Gruppe, der בית המלך). In Hos 6,7-7,7 werden die genannten Gruppen des Mordes (6,9), des Diebstahls (6,9; 7,1) und des Königsmordes (7,3-7) bezichtigt. Diese Verbrechen im Zusammenhang der Innen- und Königspolitik werden als Vergehen gegen JHWH gewertet (6,7b; 6,10-7,2; 7,7bβ). Es liegt nahe, hier die Konkretisierungen der in 5,1-2 nur angedeuteten Vergehen des Volkes zu erkennen.

Ist dieser Sachverhalt richtig gesehen, kann Hos 6,7-7,7 nicht nachträglich zwischen Hos 5,1-2; 7,8-12* geschoben sein. Umgekehrt kann Hos 6,7-7,7 in seiner vorliegenden Form aber auch nicht ursprünglich für sich bestanden haben und erst sekundär durch Hos 5,1-2; 7,8-12* gerahmt sein, denn „mit והמה fängt niemals ein neues Prophetenwort an"[72]. Hinzu kommt, daß der Abschnitt nicht aus sich selbst heraus, sondern — das sei an dieser Stelle schon vorgreifend gesagt — erst vor dem Hintergrund der Überschrift Hos 5,1-2 eine Näherbestimmung des handelnden Subjekts in Hos 7,3-7 erhält.[73] So liegt der Schluß nahe, daß Hos 6,7-7,7 mit Hos 5,1-2; 7,8-12* auf einer literarischen Ebene liegt. Ob in Hos 6,7-

---

71 Daß das Volk hier nicht weiterhin in 2.pl. angeredet, sondern in 3.pl. bezeichnet ist, darf nicht zur textkritischen Änderung (nach LXX Marti 47; Elliger, Kunstform, 156; Wolff 119f; Rudolph 116; Neef, Heilstraditionen, 210, u.a.) oder literarkritischen Ausscheidung des Halbverses (Yee, Composition, 171; Nissinen, Prophetie, 148) führen, sondern erklärt sich am einfachsten aus dem Vorausweis auf 7,7.

72 Wolff 137f.

73 S.u.S.88f.

7,7 gleichwohl älteres Material verarbeitet ist, soll die weitere Analyse zeigen.

4. Hos 6,7-7,2

a) *Übersetzung und Text*

6,7   Sie aber, in Adam[a)] haben sie einen Bund übertreten,
       dort haben sie mich treulos verlassen.

6,8   Gilead ist eine Stadt von Übeltätern,
       bespurt von Blut.

6,9   Wie Räuber warten,[a)] so eine Genossenschaft von Priestern:
       Am Weg nach Sichem[b)] töten sie;
       wahrlich, Schandtat haben sie verübt.

6,10   Im Haus Israel habe ich Schauderhaftes[a)] gesehen:
       Dort ist Hurerei Ephraims,
       Israel hat sich verunreinigt.

6,11   Auch Dir, Juda, hat er eine Ernte festgesetzt[a)],
       wenn ich das Geschick meines Volkes wende.

7,1   Wenn ich Israel heile,[a)]
       wird die Sünde Ephraims
       und die große Bosheit[b)] Samarias enthüllt.
       Sie verüben Betrug;
       während der Dieb hereinkommt[c)],
       zieht[d)] draußen der Räuber los.

7,2   Aber sie machen sich nicht klar in ihrem Herzen,
       daß ich all ihrer Bosheit gedenke.
       Jetzt haben ihre Taten sie umzingelt;
       sie sind vor meinem Angesicht.

7 a) Vom grammatikalischen Standpunkt aus sind drei Übersetzungsmöglichkeiten für
כאדם denkbar: „wie ein Mensch" (so LXX, S), „wie Adam" (so V) und „wie in Adam"
(so Bons/Joosten/Kessler 107). Inhaltlich bereiten sie aber alle drei Probleme: Bei der
erstgenannten Möglichkeit fragt man sich, warum überhaupt ein Vergleich angestrengt
wird, ist doch klar, daß Vergehen von Menschen begangen werden (vgl. Rudolph 141;
Barthélemy, Critique, 528). Gegen die Übersetzung „wie in Adam" spricht nicht so
sehr, daß in Verbindung mit einer Ortschaft Adam kein negatives Ereignis bekannt ist

(so der Einwand von Barthélemy, Critique, 528), sondern vielmehr die Fortsetzung in
V.7b, die von den Vergehen in Adam außerhalb des Vergleichs spricht. Entweder
müßte die 3.Pers. in beiden Vershälften also jeweils unterschiedliche Menschen-
gruppen bezeichnen oder in V.7b wäre ein „schon einmal", „auch" o.ä. einzufügen.
Bleibt die neuerdings wieder von Barthélemy, Critique, 628-531, verteidigte Wiedergabe von כאדם mit „wie Adam". Gesteht man einmal zu, daß mit der Bundes-
übertretung in Hos 6,7 auf Adams Ungehorsam gegen das Gebot aus Gen 2,16f ange-
spielt ist, daß Stellen wie Ps 82,7; Hi 31,33 und 43,27 als Verweise auf Adams Sünd-
haftigkeit zumindest verstanden werden können und daß sich das שם in Hos 6,7b nicht
auf einen zuvor genannten Ort, sondern auf die nachfolgenden Städte in 6,8f bezieht,
bereitet doch die Deutung von ברית Schwierigkeiten. Handelte es sich hier um die
Übertretung eines beliebigen Bundes, wäre ein Vergleich mit dem folgenschweren
Sündenfall Adams unangemessen. Einer Deutung auf den JHWH-Bund (so S, T und
Barthélemy, Critique, 531, der stillschweigend „*mon* alliance" übersetzt) steht aber die
Unbestimmtheit von ברית in 6,7 entgegen (vgl. schon Rudolph 142.145 u. bes. Perlitt,
Bundestheologie, 143f, sowie neuerdings Macintosh 236-239; zur Kritik von Day,
Allusions, 4f, s.u.). So scheint die Lesung באדם „in Adam" (vgl. den Ortsnamen in Jos
3,16) nach wie vor die größte Wahrscheinlichkeit für sich zu haben (so im Gefolge
Wellhausens 116 die meisten Exegeten). Diese Lesart paßt vorzüglich zu „der Lokali-
sirung der Sünde auch in den sich anschliessenden Versen" (Wellhausen 116).
9 a) כחכי versteht man am besten als Inf.cs.Pi. von חכה (vgl. GK §75aa) mit Vergleichspartikel כ. Die orthographisch abnorme Form (vgl. GK §23l) haben einige Versionen nicht verstanden und statt dessen das Substantiv כה (LXX, S) oder חך (V, σ')
hineingedeutet. Zu גדודים איש als Pluralform von גדוד איש s. GK §124r. Bedenkens-
wert ist auch der Vorschlag von Macintosh 241 im Gefolge von Ibn Esra und Kimchi
(vgl. Wünsche 261), daß hier dem Inf.cs. Objekt und Subjekt folgen (vgl. GK §115k):
„like the-lying-in-wait-for-a-man of highwaymen". – b) Nomen rectum durch ein Verb
vom Nomen regens getrennt, vgl. Freedman, Chain, 536. Aufgrund der schwierigen
Syntax verstehen T, α' und θ' שכמה von Zeph 3,9 her als „Schulter".
10 a) Lies Qere.
11 a) 3.m.sg. Pf. Qal von שית; Subjekt ist JHWH (vgl. Macintosh 247). LXX, ε', V
(Imperativ) und σ' (Part. Pass.) versuchen den Sprecherwechsel durch Umvokalisation
(שׁת) zu umgehen (lectio facilior).
1 a) Beziehen sich die beiden parallelen Infinitivkonstruktionen 6,11b//7,1aα¹ zurück
auf 6,11a (Rudolph 143f) oder nach vorne zu 7,1aα² (Budde, Text 4, 128f; Sellin²⁻³ 75;
Weiser 59; Wolff 132; Eidevall, Grapes, 108; u.a.)? Gegen einen Bezug zu 6,11a spricht
die Fortsetzung durch Pf.cons. in 7,1aα² (bezeichnenderweise streicht Rudolph 144 die
Kopula). Ein Bezug zu 7,1aα² kann indes nur für den zweiten Satz 7,1aα¹ angenommen werden, da 6,11b mit שבות שוב einen Fachausdruck für die endgültige
Heilswende enthält (vgl. die Diskussion in HALAT IV, 1289f), 7,1 aber fortbestehende
Schuld thematisiert. Dann ist es aber am wahrscheinlichsten, der masoretischen
Verseinteilung zu folgen, d.h. 6,11b als Nachsatz zu 6,11a und 7,1aα¹ als Vordersatz zu

7,1aα² aufzufassen (so auch Jeremias 94; Seifert, Reden, 205f; u.a.). – b) LXX, S, V und T gleichen den Numerus an עון an (vgl. Rudolph 144). – c) Zu der neuerdings wieder von Wacker, Figurationen, 236, favorisierten Änderung des יבוא in בבית in Anlehnung an LXX (vgl. schon Oettli, Zeugen, 88) besteht kein Anlaß. Der längere Text von LXX (πρός αὐτὸν [corr. οἶκον ?] εἰσελεύσεται) wurde schon von Budde, Text 4, 130, als „Epexegese" entlarvt. – d) Wegen der fehlenden Kopula möchte Dahood, Conjunction, in פשם die im Nordwestsemitischen belegte Konjunktion פ, gefolgt von einer Verbform der Wurzel שום, erkennen (so auch Kuhnigk, Studien, 88; Stuart 116). Da M jedoch Sinn macht, besteht keine Veranlassung, an dieser Stelle mit der in ihrer Existenz ohnehin äußerst umstrittenen Konjunktion פ zu rechnen; vgl. auch die Generalkritik von Aartun, Textüberlieferung, 13.

b) *Analyse*

Eine Abgrenzung von Hos 6,7-7,2 nach hinten[74] ist durch die Themen-verlagerung von chaotischen Zuständen im Land hin zu Thronrevolten (7,3-7) sowie durch den geschlossenen Aufbau von 6,7-7,2 möglich. Nach Ausscheidung der drei gewiß sekundären Vershälften 6,10b[75], 6,11a[76] und 6,11b[77] ergibt sich für Hos 6,7-7,2* folgende Struktur: In 6,7-9 sind kon-

---

74 Zur Abgrenzung nach vorne s.o. zu 5,8-6,6.

75 So auch Wolff 135. Für eine literarkritische Ausscheidung von 6,10b spricht die nahezu wörtliche Wiederaufnahme von 5,3b, die dem Nahkontext fremde kulti-sche Terminologie זנה, טמא (die Priester in 6,9 werden ja gerade nicht kultischer Vergehen bezichtigt, sondern des Diebstahls und des Mordes) sowie der relativ lockere Anschluß durch שם entsprechend 6,7b. Jeremias 94 hält aufgrund der sonst nur noch in Jer 5,30; 18,13; 23,14; 29,17 begegnenden Wurzel שער auch Hos 6,10a für sekundär, doch vermag der Sprachbeweis allein die literarkritische Ausscheidung nicht zu rechtfertigen. Da weitere literarkritische Indizien fehlen, müßte schon mit Wacker, Figurationen, 237f, Hos 6,7-7,2 im Ganzen einer späte-ren Redaktionsstufe zugewiesen werden. Für eine solche Annahme reicht jedoch der alleinige Hinweis auf שער nicht aus. Wacker verweist deshalb zudem auf שקר in Hos 7,1 als jeremianisches Vorzugswort, doch wird der Begriff bei Hosea und Jeremia in völlig unterschiedlichen Zusammenhängen verwendet: bei Jer charakte-ristischerweise im Zusammenhang falscher Prophetie, in Hos 7,1 in der Grund-bedeutung „Vertragsbruch" (vgl. 6,7); vgl. Klopfenstein, Art. שקר.

76 Über 6,11a als judäische Glosse besteht in der Forschung ein Konsens. Zu den literarkritischen Argumenten s. Naumann, Hoseas Erben, 51f.

77 Nach Ausdehnung des Gerichts auch auf Juda in 6,11a besagt 6,11b das genaue Gegenteil. Der Halbvers ist mit seinem Stilwechsel in der Konstruktion der Infi-nitivsätze 6,11b; 7,1aα¹ (von כ + inf.cs. zu ב + inf.cs.) und seiner Verwendung eines in späterem prophetischen Schrifttum (v.a. Jer; Ez; vgl. HALAT IV, 1289f) geläufigen, eschatologischen Fachausdrucks für die endgültige Heilswende

krete Vergehen einzelner Tätergruppen in bestimmten Ortschaften an-
einandergereiht, die in 6,10-7,2* aufgenommen, verallgemeinert und auf
das Nordreich als Ganzes bezogen werden. Dabei dienen 6,7-8 der Aussage 7,1aβ (6,7: עבר ברית ⁷⁸/ 6,8: פעלי און – 7,1aβ: פעלי שקר) und 6,9
der Aussage 7,1b (Stichwort גדוד) als Beispiel. Gerahmt werden diese
Aussagen von Sätzen, in denen JHWH in 1.sg. Wahrnehmung und (unheilvolles) Gedenken der Mißstände zum Ausdruck bringt. Dabei entsprechen sich 6,10a und 7,2(b) (נגד פני – ראה) sowie 7,1aα und 7,2a
(Stichwort רעה), wenn 7,1aα gegenüber 6,7-10a; 7,1aβ-2 nicht sekundär
ist, wofür die dem Kontext zuwiderlaufende heilvolle Ausrichtung des
Satzes (רפא) spräche.⁷⁹

J. Jeremias hat die Vermutung angestellt, daß hinter 6,7-9 mündlich
gesprochene Einzelworte stehen.⁸⁰ Tatsächlich sind die Sprüche in sich
abgeschlossen und selbständig denkbar. Im Unterschied zu der umfassenden Perspektive von 6,10-7,2* wird darin lediglich das Fehlverhalten
einzelner Städte (Adam, Gilead) und Stände (Priester) des Nordreiches
thematisiert. Dabei sind die geschilderten Vergehen mit Ausnahme von
6,7b (noch) nicht ausdrücklich als Vergehen gegen JHWH gedeutet. Die
genauen Umstände bleiben im Dunkeln. Dementsprechend uneins ist
man sich in der Forschung darüber, welcher Art die Vergehen sind.

Einige Exegeten entdecken in Hos 6,7-10 Anspielungen auf Ge-
schehnisse in der fernen Vergangenheit.⁸¹ Laut E. Sellin, dem die übrigen
Vertreter dieser Deutung mehr oder weniger folgen, rekurriere V.7-8
(Adam und Gilead) auf Jdc 12,1-6, V.9 (Sichem) auf Gen 34 und V.10
(„Bethel" statt „Haus Israel") auf I Reg 12,28f. Doch abgesehen davon,

---

(שוב שבות) als Glosse anzusehen, die das Heilungsbild aus 7,1aα¹ im Sinne der
eschatologischen Formel interpretiert. Demnach verwirklicht sich die definitive
Heilswende für Juda wie auch für Ephraim nur durch das Gericht hindurch. Vgl.
Willi-Plein, Vorformen, 154f; Jeremias 94; Seifert, Reden, 206.

78 Zum Vertragsbruch als Grundbedeutung von שקר vgl. Klopfenstein, Art. שקר,
1012.

79 7,1aα antwortet auf das vom Volk gesprochene Bekenntnis der Heilungszuver-
sicht aus 6,1-3 (vgl. רפא), setzt also mindestens den Zusatz 5,15-6,6* voraus, engt
den Blickwinkel aber auf die Schuld Samarias ein.

80 S. Jeremias, Hosea 4-7, 55.

81 Sellin²⁻³ 76-78; Lippl 51f; Weiser 58-60; Neef, Heilstraditionen, 142-155.

daß die Parallelen nicht gerade nahe liegen und bisweilen erst mittels
Konjektur passend gemacht werden,[82] sprechen die in V.8f verwendeten
Tempora (V.8.9aα: Nominalsätze; V.9aβ: Impf.) gegen eine vergangen-
heitliche Deutung der Vergehen.

So wird im allgemeinen eine Deutung auf zeitgenössische Verfehlungen vertreten. Umstritten ist dabei, ob es sich um kultische oder politische
Vergehen handelt. Für ersteres werden die als Kultstätten interpretierten
Ortsnamen, die Erwähnung der Priester in V.9 sowie der Kontext
angeführt.[83] Allerdings werden die Priester in 6,9 ja gerade nicht kultischer
Vergehen, sondern des Mordes und der Wegelagerei bezichtigt, und von
den genannten Städten ist allein Sichem als Kultstätte belegt.[84] Tatsächlich
ist von kultischen Verfehlungen erst in den sekundären Partien 5,15-6,6
und 6,10b die Rede.

Nach anderen schildert der Spruch „den Verlauf einer von Gilead
ausgehenden, über den Jordan (Adam) bis nach Sichem usw. herübergrei-
fenden Revolution"[85]. A. Alt dachte dabei an die Machtergreifungen Sal-
lums und Menachems.[86] Das Gros der übrigen Vertreter der revolutionä-
ren Deutung interpretiert den Spruch dagegen wegen der in II Reg 15,25
überlieferten Mitwirkung von 50 Gileaditern auf die Revolution des Pe-

---

82 „Bethel" in V.10 ist durch Konjektur gewonnen, die Lokalisierung der Vergehen
   in Sichem (V.9) durch Umformung des דֶּרֶךְ in ein Verb דָּרַךְ. Bleibt die neuerdings wieder von Neef, Heilstraditionen, 142-155, vorgetragene Deutung von
   V.7ff auf Jdc 12,1-6. Doch auch sie liegt fern: Einzige Verbindung beider Texte ist
   der Name Gilead, der in Jdc 12,1-6 eine Landschaft, in Hos 6,8 jedoch eine Stadt
   bezeichnet.
83 S. Wellhausen 116f; Marti 57f; Duhm, Anmerkungen, 24; Robinson 27; Sellin,
   Gilgal, 12; Budde, Text 4, 121-125; Wolff 156; Wijngaards, Dramatization, 9-11,
   u.a.
84 Auch bei der Interpretation der genannten Städte als Kultstätten hat man bisweilen durch Eingriffe in den Text nachgeholfen: Begnügt sich Wellhausen 117 noch
   mit der Ersetzung von בֵּית יִשְׂרָאֵל durch בֵּיתְאֵל (V.10), „entdeckt" Sellin, Gilgal,
   12, darüber hinaus in V.8 Gilgal, Budde, Text 4, 121-125, zudem in V.7 Dan.
85 Alt, Hos 5,8-6,6, 186. So auch Sellin[1] 54-56; Fohrer, Vertrag, 16; Rudolph 145f;
   Willi-Plein, Vorformen, 151; Thompson, Situation, 69f; Day, Allusions, 5f;
   Macintosh 238 u. vgl. schon Hitzig 29f.
86 Alt, Hos 5,8-6,6, 186. Die in II Reg 15,10.14 überlieferten Väternamen Jabesch
   und Gadi mögen auf eine gileaditische Herkunft der beiden Könige hinweisen.
   Schon Hitzig 29f dachte an Sallum.

kach.[87] Mißlich an dieser Deutung ist jedoch, daß gerade der übergreifende Zusammenhang der Thronusurpation in 6,7-9 mit keiner Silbe angedeutet wird. Um Königsmord geht es erst im folgenden Abschnitt Hos 7,3-7.

Nach alledem sollte man davor gewarnt sein, allzu genaue Aussagen darüber zu treffen, welcher Art die in 6,7-9 geschilderten Vergehen sind.[88] Die Formulierung ist traditioneller Feindmetaphorik verhaftet, wie sie auch in den Psalmen begegnet.[89] Aus den Einzelsprüchen läßt sich nur so viel herauslesen, daß es darin um konkrete Einzelvergehen wie Vertragsbruch[90] (V.7), Mord und Diebstahl (V.8-9) geht. Am ehesten wird es sich um zeitgenössische Einzelfälle handeln, deren nähere Umstände für uns heutige Leser jedoch nicht mehr aufzuhellen sind.

Ebenso wenig läßt sich entscheiden, ob die Einzelworte ursprünglich aus ephraimitischer oder judäischer Perspektive gesprochen wurden (vgl. schon zu 5,8-11 und 7,8b-9). Für ersteres könnte der behandelte Gegenstand sprechen. Hinter 6,7-9 stünden dann Klagen über die chaotischen Zustände im Inneren des Nordreiches. Möglich ist aber auch eine judäische Herkunft der Sprüche, sei es daß aus ihnen die Schadenfreude über die Auflösungserscheinungen des Nachbarn im Norden spricht, sei es daß sie Gründe für die Rechtmäßigkeit eines Krieges gegen ihn ange-

---

87 So Sellin[1] 54-56; Willi-Plein, Vorformen, 151; Thompson, Situation, 69f; Day, Allusions, 5f; Macintosh 238. Rudolph 145f und Fohrer, Vertrag, 16, halten sich alle Optionen offen.

88 Bezeichnenderweise werden alle drei in der Forschung diskutierten Möglichkeiten von Sellin je einmal vertreten.

89 Vgl. Kruger, Evildoer, mit z.T. massiven Eingriffen in den Text.

90 Daß es hier nicht um den Bruch des JHWH-Israel-Bundes geht, sondern um die „Vertragsbrüchigkeit Israels bei einer bestimmten historischen Gelegenheit", hat Perlitt, Bundestheologie, 141-144 (Zitat 142f), überzeugend nachgewiesen. Daran ändert auch nichts die neuerdings wieder von Day, Allusions, 4f, vorgetragene Kritik, derzufolge der Kontext (6,6), die verwendete Terminologie sowie Hoseas sonstige Opposition gegen die Bündnispolitik, die einen Vertragsbruch ja eher begrüßen müßte, für eine Deutung auf den JHWH-Israel-Bund spreche, denn: 1) gehört der zur Interpretation herangezogene Vers 6,6 einem jüngeren Textstratum zu; 2) ist es zwar richtig, daß עבר ברית sonst immer den JHWH-Israel-Bund bezeichnet, aber eben niemals indeterminiert; 3) muß sich der Bundesbruch in 6,7 nicht zwangsläufig auf einen Bund zwischen zwei Staaten beziehen, sondern kann ja z.B. auch einen Bund zwischen zwei Individuen meinen (vgl. I Sam 18,3; 23,18; II Sam 3,12f).

ben (V.7: Vertragsbruch; V.9: Unsicherheit der Verkehrs- und Handelswege[91]).

Eine eindeutig ephraimitische Perspektive nimmt auch hier erst die
Überlieferung ein (vgl. zu 7,8-12). Sie verallgemeinert die konkreten Vergehen konkreter Tätergruppen (7,1aβ.2) und bezieht sie auf das Nordreich in toto (6,10a). Die Vergehen werden dabei als Vergehen gegen
JHWH gewertet (7,2 und v.a. 6,7b[92]) und dienen so der Begründung für
dessen unheilvolles Gedenken (7,2).

5. Hos 7,3-7

a) *Übersetzung und Text*

7,3   In ihrer Bosheit erfreuen sie den König
      und in ihrer Falschheit die Obersten.

7,4   Sie alle sind Ehebrecher,
      wie ein brennender Ofen sind sie[a],
      dessen Bäcker aufhört zu schüren[b]
      vom Kneten des Teiges an bis zu seiner Durchsäuerung.

7,5   Am Tag unseres[a] Königs
      machten sie die Obersten krank
      mit der Glut des Weines,[b]
      dessen Gewalt die Übermütigen[c] dahinriß[d].

7,6   Als sie sehr nahe waren[a],
      war ihr Herz wie ein Ofen[b] in ihrer Hinterlist:
      die ganze Nacht schlief ihr Zorn[c],
      am Morgen brannte er wie flammendes Feuer.

7,7   Sie alle glühen wie ein Ofen
      und verzehren ihre Richter.
      Alle ihre Könige sind gefallen;
      keiner unter ihnen ruft mich an.

---

91 Zu Sichem als bedeutendem Verkehrsknotenpunkt s. Toombs, Art. Shechem,
    1175.
92 Zum interpretativen Charakter von 6,7b vgl. v.a. Perlitt, Bundestheologie, 142f.

4 a) In Anbetracht des männlichen Geschlechts von תנור ist die Endung des attributiv gebrauchten Partizips בערה auffällig. Das Problem löst sich, wenn man mit Oort, Hozea, 487; Wellhausen 118 und den meisten Auslegern am Ende von V.4a eine andere Wortabtrennung vornimmt: בער הם אפה. In M ist das Partizip als „eine Art *Lokativ*form" vokalisiert (GK §80k, vgl. §90c). – b) Part. Hi. von עור. Die Versionen haben hier das Substantiv עיר I „Stadt" (S, T, V, εʹ) oder II „Glut" (LXX) gelesen.

5 a) „Unser König" ist in der JHWH-Rede ungewöhnlich, aber deshalb sicher richtig. T gleicht an die 3.m.pl.-Suffixe des Kontextes an. – b) Die Frage ist, ob die Obersten sich selbst betrinken oder von anderen betrunken gemacht werden, ob שרים also Subjekt oder Objekt von החלו ist. Die Versionen haben sich für die erstgenannte Möglichkeit entschieden: „Die Obersten haben angefangen (חלל hi.), sich zu erhitzen (Inf. Qal von יחם) vom Wein." (LXX, V; vgl. S, T) Auf der Ebene des vorliegenden Textes können die שרים aber nur Objekt von החלו sein, da sie in V.3 neben dem König als Opfer böswilliger Handlungen erscheinen. Das Subjekt ist das gleiche wie in V.3-4. – c) Verkürztes Part. Pol. von ליץ (vgl. Rudolph 148). Zur Bedeutung „übermütig, frech sein" als Grundbedeutung der Wurzel s. Barth, Art. ליץ, u. vgl. schon GesB 386. Die Hinzuziehung arabischer Parallelen (Ruben, Method, 36: *laḍlaḍa* „ausspähen"; Gaster, Notes, 79: *lws* „abbiegen") ist für das Verständnis in Hos 7,5 somit nicht notwendig. Gegen eine Herleitung der Form von der Wurzel לצץ spricht, daß diese Wurzel im AT nicht belegt ist. Daran ändert auch der Verweis auf arab. *lṣṣ* „heimlich handeln" durch Macintosh 260 nichts, da er voraussetzt, daß mit den לצצים die Verschwörer bezeichnet sind. – d) Gegen das traditionelle Verständnis von V.5b „er (der König) reichte seine Hand den לצצים" (vgl. schon LXX, V) spricht, daß der König unvermittelt als Handelnder auftritt, während im Kontext allein die Verschwörer agieren. Am einfachsten ist es, wenn man die Formen der 3.m.sg. auf das am nächsten plazierte männliche Substantiv יין bezieht und V.5b als Relativsatz dazu versteht (so Wolff 133; Jeremias 90).

6 a) Intransitives Piel der Wurzel קרב, vgl. Ez 36,8; T, αʹ, θʹ, σʹ u. Andersen/Freedman 459; Gane/Milgrom, Art. קרב, 153, u.a. Zur Vokalisation als Qal (Duhm, Anmerkungen, 25; Jeremias 90 u.a.) besteht keine Veranlassung. Grammatisch möglich ist auch ein transitives Verständnis des Piel (so V), s. aber u. Anm. b). – b) Was wird mit dem Ofen in V.6a verglichen? Wenig wahrscheinlich ist ein Bezug auf קרבו, gleich ob man das Verb intransitiv (Gane/Milgrom, Art. קרב, 153: „sie näherten sich wie ein Ofen"; vgl. Jeremias 90, der aber Qal vokalisiert) oder transitiv (Macintosh 262f im Rückgriff auf Kimchi u. Raschi: „they have made ready their resolve like an oven") versteht. Gegen die erste Lösung spricht, daß Öfen nicht die Eigenschaft besitzen sich fortzubewegen, gegen die zweite, daß für קרב die Bedeutung „to fix, to set, to make ready" nicht belegt ist. Bleibt ein Bezug auf לבם oder באורבם. Für letzteres plädiert neuerdings wieder Barthélemy, Critique, 540 (vgl. schon Hitzig 32f, zuletzt Bons 99): „Puisqu'ils ont introduit, comme dans un four, leur cœur dans leur complot... " Seiner Meinung nach steht כתנור für כבתנור; dementsprechend korrespondiert ארבם mit der

Feuerstätte, לבם mit dem zugehörigen Brennmaterial. Nun wird das Brennmaterial in
V.6bβ mit dem Personalpronomen הוא angegeben. Barthélemy sieht hier einen Bezug
über V.6bα hinweg auf לבם. Näher liegt jedoch ein Bezug auf das letztgenannte Substantiv 3.m.sg. אפהם in V.6bα, das dann besser mit S und T אַפְּהֶם „ihr Zorn" zu lesen
ist (s.u. Anm. c). „Brennmaterial" ist somit „ihr Zorn", der in „ihrem Herzen" als der
„Feuerstätte" brennt. Dann wird aber auch in V.6a לבם mit dem Ofen verglichen sein
(vgl. Wünsche 292f; Andersen/Freedman 459; Eidevall, Grapes, 112). – c) Die Frage
ist: Worauf bezieht sich das Personalpronomen 3.m.sg. in V.6bβ? Zu erwarten ist ein
Bezug auf das letztgenannte Substantiv 3.m.sg. אפהם in V.6bα. Ebenso spricht der
konstitutive Gegensatz von Nacht und Morgen in V.6bα.β dafür, daß beide Zeilen ein
und dasselbe Subjekt aufweisen. Dann können die Punkte von M „ihr Bäcker" (vgl. V,
α', θ', σ') aber nicht richtig sein, denn es soll wohl kaum ausgedrückt werden, daß der
Bäcker brennt. Wahrscheinlicher ist eine Vokalisation nach S und T אַפְּהֶם „ihr Zorn"
(vgl. Wünsche 294f; Wellhausen 118; Nowack[3] 46; Jeremias 90 u. die meisten). M orientiert sich offensichtlich an den Punkten von V.4.

b) *Analyse*

Die Struktur von Hos 7,3-7[93] ergibt sich aus dem Wechsel der Zeitstufen,
wonach ein in Pf. geschilderter Einzelfall V.5f durch die vornehmlich in
Impf. gehaltenen Rahmenverse V.3f.7 „verallgemeinert und auf analoge
Ereignisse ausgeweitet wird"[94].

Ein Problem hat in der Forschungsgeschichte immer wieder die
Identifizierung des handelnden Subjekts des Abschnitts, eine 3.m.pl.-
Gruppe, dargestellt. Im allgemeinen hat man die Frage offengelassen, allein der Hinweis wurde gegeben,[95] daß es sich dabei um einen dem König
nahestehenden Kreis handeln muß. Aus sich selbst heraus gibt der Abschnitt keine Auskunft über sein handelndes Subjekt. Das Problem findet
aber eine Lösung, wenn man sich die Beobachtungen zur Komposition
von Hos 5,1f; 6,7-7,12* in Erinnerung ruft.[96] In der Überschrift Hos 5,1f
werden nacheinander die כהנים, der בית ישראל und der בית המלך angeredet. Analog begegnen in der Passage Hos 6,7-7,7* zunächst die כהנים
(6,9), dann der בית ישראל (6,10) und schließlich eine im Umkreis des

---

93   Zur Abgrenzung s.o. zu 6,7-7,2 u. 7,8-12.
94   Jeremias 95; vgl. schon Wellhausen 115f u. die meisten.
95   Vgl. etwa Rudolph 148f; Utzschneider, Hosea, 85.
96   S.o.S.79.

Königs befindliche Gruppe (7,3ff). Es liegt nahe, darin den בית המלך aus der Überschrift 5,1f zu sehen. Ab V.7 weitet sich der Kreis dann auf das ganze Volk aus, angezeigt durch Tempus sowie כלם (vgl. 5,2b).

Wichtigster Bestandteil von 7,3-7 ist das Bild vom Backofen, das jedoch bei jedem seiner drei Vorkommen eine andere Bedeutungsnuance aufweist: In V.6 steht es konkret für die Hinterlist der Verschwörer, die – wie ein nachts unter Asche gehaltener, morgens geschürter Ofen[97] – in der Nacht, während sie ihre Opfer mit Wein betrunken machen, ihren Zorn zurückhalten, um die am Morgen ihren Rausch Ausschlafenden dann leicht zu überwältigen. V.7 hat demgegenüber nicht mehr den konkreten Brennvorgang im Blick, sondern vergleicht allgemein die usurpatorische Verhaltensweise des Volkes mit einem glühenden, die Staatsgewalt verzehrenden Ofen.[98] Die Verschiebung im Bild, verbunden mit der beobachteten Verallgemeinerung in den Rahmenversen 3 und 7, läßt vermuten, daß in 7,5f älteres, wahrscheinlich mündliches Material aufgenommen ist (s.u.).[99]

Eine gänzliche Neuinterpretation findet nun in V.4 statt. Darin wird zum einen der Ofen auf der Bildebene in einem anderen Backstadium[100] geschildert: die Zeit der Teigherstellung, während der man den Ofen gewöhnlicherweise herunterbrennen läßt, um die Brotfladen letztlich nur noch mit der Restwärme zu backen. Zum anderen wird auf der Sachebene nicht mehr die zerstörerische politische Leidenschaft, sondern die sexuelle Lust versinnbildlicht, die auf ehebrecherische Weise ausgelebt wird,[101] während der Ehepartner einer anderen Beschäftigung nachgeht. Diese Uminterpretation des Kontextes sowie die unvermittelte Anklage des Ehebruchs machen es wahrscheinlich, daß 7,4 seiner Umgebung gegenüber sekundär ist.[102] Der Vers wird begrifflich aus dem Nahkontext

---

97 Zum Vorgang vgl. Dalman, AuS IV, 96f.104f.
98 Vgl. Wellhausen 119.
99 Vgl. Jeremias 95.
100 Zum Vorgang vgl. Dalman, AuS IV, 104f. Dieser Umstand ist in der Literatur bisher nicht hinreichend berücksichtigt worden.
101 So auch Yee, Composition, 180f.
102 So auch Wellhausen 115f; Marti 59; Duhm, Anmerkungen, 25; Yee, Composition, 180f. Auch Jeremias 90 gibt zu, daß „der Begriff ‚ehebrecherisch' ... dem Kontext einen neuen Deutungshorizont gibt", hält eine literarkritische Ausscheidung ohne

gespeist (כלם aus V.7; בער aus V.6; Vergleich mit dem תנור aus V.6 u.
7)[103] und interpretiert diesen im Sinne des Ehebrechens bzw. Weghurens
von JHWH.

Beobachtungen zu Tempusstruktur und Bildgehalt von Hos 7,3-7*
haben es nahegelegt, darin älteres Material verarbeitet zu sehen. Diese
Annahme erklärt auch die merkwürdige Rede von „unserem König" (V.5)
innerhalb einer JHWH-Rede. Das mutmaßlich überkommene Material in
V.5f ist in sich abgeschlossen und eigenständig denkbar. Es schildert einen zeitgenössischen Einzelfall im Zusammenhang einer Thronrevolte.
Die näheren Umstände bleiben jedoch im Dunkeln.

Das gilt schon für die genauen Handlungsabläufe. Klarheit herrscht
allein auf der Ebene des vorliegenden Textes. Der Kontext V.3.7 zeichnet
ein Bild von König und Obersten als Spielball in der Hand der Verschwörer: Diese handeln, jene verhalten sich rein passiv. Betrachtet man
V.5f dagegen für sich, besteht auch die Möglichkeit, daß Herrscher und
Hof am eigenen Sturz nicht ganz unbeteiligt waren. Vom grammatikalischen Standpunkt aus kann der König jedenfalls auch Subjekt von V.5b
sein und die Verschwörer also selbst zu sich herangezogen haben.[104] Und
ebenso können in V.5a die Obersten als handelnd gedacht sein, sei es daß
sie sich selbst betrunken haben[105], sei es daß sie den König in Rausch ver-
setzt haben,[106] wodurch das Verhängnis seinen Lauf nahm.

---

nähere Begründung jedoch für nicht notwendig. Zur redaktionsgeschichtlichen
Einordnung s.u.S.109.

103 Vgl. Yee, Composition, 180f, die zudem auf die lautlichen Anklänge zwischen אף,
אפה und נאף aufmerksam macht. Beachte auch die Vermutung von Wellhausen
116, der das Auftauchen des Bäckers durch die falsche Aussprache in V.6 veranlaßt sieht.

104 So das traditionelle Verständnis von V.5b; vgl. LXX, V. Zur Wendung משך יד in
der Bedeutung „die Hand reichen" s. die ugaritische Parallele KTU 1.15 u. vgl.
Aistleitner, Wörterbuch, 199, sowie die Mahnung zur Vorsicht bei Jeremias 96.

105 So die Versionen unter Herleitung des החלו von חלל (vgl. auch Wolff 135), aber
auch Macintosh 259 unter Herleitung von intransitiv verstandenem חלה hi.

106 So Barthélemy, Critique, 537f, unter Herleitung des החלו von kausativ
verstandenem חלה hi.: „Au jour où les princes ont rendu notre roi malade par le
poison du vin, il a tendu la main aux railleurs."

Offen bleiben muß auch, von welchem der vielen Königsmorde aus der Zeit nach Jerobeam II.[107] in 7,5f die Rede ist. Zumeist denkt man aufgrund des Kontextes (5,8-6,6; 7,8-12) an die Zeit des syrisch-ephraimitischen Krieges, also an die Ermordung Pekachs durch Hosea ben Ela.[108] Für diesen Staatsstreich könnte darüber hinaus die Tatsache sprechen, daß die Zusammenfassung in 7,7 bereits auf eine Reihe von Königsmorden zurückblickt. Allerdings sagt die Kontexteinbindung nur bedingt etwas über den historischen Ort eines Traditionsstücks aus. Für sich genommen, vermag der Wortlaut in Hos 7,5f eine Deutung auf die Beseitigung Pekachs nicht zu tragen; er widerspricht ihr aber auch nicht.

Die einzige historisch verwertbare Information innerhalb von 7,5-6 mag in der Bezeichnung des Königs als „unser König" liegen. Bei dieser Benennung dürfte ein gewisses Maß an Sympathie und Legalität mitschwingen. Trotzdem scheint es mir nicht gerechtfertigt, aufgrund dessen eine Identifikation des Opfers mit Pekachja oder Sacharja – den einzigen beiden Königen, die in der Zeit nach Jerobeam II. ohne Gewalt an die Macht kamen – vorzunehmen.[109] Die Bezeichnung kann von einem Parteigänger eines jeden der getöteten Könige gesprochen worden sein. Allerdings mag die Identifikation des Sprechers mit dem König ein Indiz für seine ephraimitische Herkunft sein. Aus dem Munde eines Judäers wäre sie zumindest ungewöhnlich.

Eine eindeutig ephraimitische Perspektive nimmt die Überlieferung ein. Sie erhebt den Einzelfall zur Regel, blickt also wahrscheinlich schon auf eine Reihe von Königsmorden zurück (V.7). In der Königspolitik erkennt sie eine Politik ohne und gegen JHWH (V.7bβ), die auf einer Stufe mit der gottlosen Außen- und Bündnispolitik steht (vgl. das קרא in V.7.11). Zusammen dienen Königs- und Bündnispolitik der Begründung für JHWHs Gericht.

---

107 Laut II Reg 15 fielen vier der fünf Nachfolger Jerobeams II. einem Putsch zum Opfer.
108 So etwa Wolff 140; Mays 104; Utzschneider, Hosea, 85f; Jeremias 96f; Moenikes, Ablehnung, 186; Bons 98f. Vgl. auch Gry, Dernières Années, der die Rolle Assurs bei der Thronbesteigung Hoseas besonders herausstellt. Von Assur ist in 7,5-6 allerdings keine Rede.
109 Für ersteres plädieren Procksch 41 und Macintosh 261, für letzteres Marti 60 (vgl. van Hoonacker 4; Duhm, Anmerkungen, 25; Andersen/Freedman 453).

6. Ergebnis

Ein Durchgang durch die politikkritischen Texte innerhalb von Hos 4,1-
9,9 hat folgendes Ergebnis erbracht: Die Texte stammen nicht alle von
ein und demselben Autor, sondern lassen sich zwei verschiedenen
Schichten zuordnen. Das ältere Stratum bilden Hos 5,1-2; 6,7-7,12*.
Darin ist ausschließlich das Nordreich Ephraim im Blick. Diesem wird
aufgrund einer gegen JHWH gerichteten Politik das göttliche Strafgericht
angesagt. Darauf baut die jüngere Schicht Hos 5,8-14; 8,7-10 auf. Sie
dehnt das Gericht auf das Südreich Juda aus und verschmelzt beide Reiche zu einer Einheit im Gottesgericht, nimmt also eine gesamtisraelitische
Perspektive ein.

Einige Indizien sprechen dafür, daß die Texte der älteren Schicht die
Grundschicht des Hoseabuches bilden. Wie sich herausgestellt hat, handelt es sich beim Grundbestand dieser Texte um die Erstverschriftung
von Prophetenworten. Diese wurden nicht nur gesammelt und mehr oder
weniger wörtlich wiedergegeben, sondern von vornherein mit Blick auf
den übergreifenden redaktionellen Zusammenhang der Komposition Hos
5,1-2; 6,7-7,12* formuliert. Die Komposition ist in sich abgeschlossen
(vgl. die Inklusion 5,1f; 7,12: פרש רשת על ,אסר), planvoll aufgebaut (vgl.
die Strukturierung des Hauptteils 6,7-7,7* nach den Adressaten der
Überschrift 5,1f: 6,9 כהנים; 6,10 בית ישראל; 7,3-6* im Umkreis des Königs befindliche Gruppe, der בית המלך; 7,7 כלם) und nicht auf Fortsetzung hin angelegt. Vorausgesetzt ist diese Grundschrift in der „Juda"-
Schicht Hos 5,8-14; 8,7-10, in der kultkritischen Fortschreibung zu Hos
5,8-14 in Hos 5,15-6,6 wie auch in Hos 11 (vgl. die aufgewiesenen Rückbezüge der Grundschicht von Hos 11 zu Hos 7,8-12)[110]. Dabei soll freilich nicht ausgeschlossen werden, daß auch in den noch nicht untersuchten kultkritischen Texten von Hos 4,1-9,9 bzw. in den Rahmenkapiteln
Hos 1-3 und 9,10ff älteres Material verarbeitet ist, wie sich das für Hos
5,8-11 innerhalb der Juda-Schicht bereits nahegelegt hat.

---

110 S.o.S.39.

III. Die kultischen Anklagen

Neben Anklagen im politischen Bereich findet sich in Hos 4,1-9,9 eine Reihe von Anklagen im kultischen Bereich. Die Analyse des Schlüsseltextes Hos 5,8-6,6, der beide Themenkomplexe in sich vereinigt, hat gezeigt, daß in diesem Text die kultischen Anklagen den politischen erst redaktionell zugefügt wurden (vgl. B.I.). So stellt sich die Frage, ob die kultische Thematik innerhalb von Hos 4,1-9,9 der politischen gegenüber insgesamt als sekundär zu beurteilen ist. Wenn an den Anfang der Überprüfung der Text Hos 4,1-3 gestellt wird, dann deshalb, weil er der kultkritischen Ergänzungsschicht von Hos 5,8-6,6 in 5,15-6,6* inhaltlich und terminologisch am nächsten steht.

1. Hos 4,1-3

a) *Übersetzung und Text*

4,1   Hört das Wort JHWHs, Söhne Israels!
       Denn einen Rechtsstreit hat JHWH
       mit den Bewohnern des Landes:
       Keine Treue und keine Hingabe
       und keine Gotteserkenntnis gibt es im Land.

4,2   Fluchen und Lügen und Morden und Stehlen und Ehebrechen
       haben die Schranken durchbrochen[a)],
       und Blutschuld reiht sich an Blutschuld.

4,3   Darum verdorrt[a)] die Erde
       und verschmachtet jeder Bewohner auf ihr
       samt den Tieren des Feldes[b)] und den Vögeln des Himmels,
       und auch die Fische des Meeres kommen um.

2 a) Einige Forscher ergänzen gemäß LXX באר hinter פרצו, das in M durch Homoioteleuton ausgefallen sei (vgl. u.a. Budde, Text 1, 282f; Sellin[2-3] 52; Wolff 81; Rudolph 96; Cardellini, Hosea 4,1-3, 259f; Nissinen, Prophetie, 94; Borbone, Libro, 125.141). LXX bietet jedoch die lectio facilior, insofern sie dem פרצו eine nähere Bestimmung zufügt und so eine Parallelzeile zu V.1bβ herstellt. Subjekt zu פרצו sind die zuvor aufgeführten Vergehen (Infinitivreihe) wie bei dem parallelen Verb נגעו die

דמים; vgl. schon LXX, S, V und die meisten. Wer die Landesbewohner aus 4,1bα als Subjekt von פרצו ansieht (so etwa Ewald 203; Wellhausen 12f.109; Robinson 16; Nyberg, Studien, 23f; Weiser 40; Aartun, Textüberlieferung, 12), muß innerhalb von V.2b mit einem Subjektwechsel rechnen, wer diese darüber hinaus als Subjekt von נגעו identifiziert (so etwa Sellin[1] 38; Jepsen 27; vgl. Nissinen, Prophetie, 95.129, der für die Ebene des vorliegenden Textes eine derartige Identifizierung erwägt, das ursprüngliche Subjekt aber für ausgefallen erklärt und mit äußeren Feinden frei ergänzt), einen Bezug über das nächstliegende Pluralnomen דמים hinweg in Kauf nehmen.

3 a) Das Bedeutungsspektrum von אבל reicht von „vertrocknen" bis zu „trauern". Umstritten ist, ob dafür zwei Wurzeln unterschieden werden müssen (vgl. zuletzt die Diskussion bei Grätz, Wettergott, 134-137). Daß in Hos 4,3 mit אבל ein physisches Phänomen bezeichnet ist, zeigt das letzte Glied der Reihe (V.3b: יאסף). – b) LXX fügt καὶ σὺν τοῖς ἑρπετοῖς τῆς γῆς = וברמש האדמה gemäß Hos 2,20 hinzu.

b) *Analyse*

Eine Abgrenzung von Hos 4,1-3 legen folgende Beobachtungen nahe: nach vorne der Wechsel vom erzählenden Bericht (Hos 3) in die durch den Höraufruf 4,1a eingeleitete, direkte Rede (Hos 4ff), nach hinten der Übergang von Propheten- in Gottesrede sowie der Adressatenwechsel (V.1f: Söhne Israels / Landesbewohner; V.4ff: Priester).[111]

Das Stück beginnt mit einer Höraufforderung an die בני ישראל (V.1a), die damit begründet wird, daß JHWH mit ihnen (parallel: יושבי הארץ) einen Rechtsstreit hat (V.1bα), dessen Inhalt in V.1bβ-2 zunächst theologisch (1bβ), sodann konkret (2a) und abschließend summarisch (2b) gefaßt wird. Darauf folgt eine Mitteilung über die kosmologi-

---

111 Lindblom, Hosea, 70; Junker, Os 4,1-10, 168; Rudolph 98f; Deissler 23, und Mölle, Ende, 261, bewerten den Sprecher- und Adressatenwechsel zwischen V.3 u. 4 unter, wenn sie aufgrund der aufrechterhaltenen Anklage mangelnder Gotteserkenntnis V.4-10 zu 4,1-3 ziehen. Lundbom, Contentious Priests, verbindet dagegen lediglich V.4a mit V.1-3 (vgl. Robinson 17f). Dabei fungiere V.4a als „conclusion" (64f), die mit V.1 eine Inklusion bilde (Stichwort ריב). Von diesem generellen Rechtsstreit JHWHs gegen die Bewohner des Landes in V.1-4a unterscheide sich der folgende, seinerseits vermittels Inklusion abgrenzbare Abschnitt 4,4b-9a durch seine differenzierte Wahrnehmung der Bewohnerschaft. Allerdings scheinen Differenzierungen innerhalb des Volkes bereits in V.4a vorausgesetzt zu sein, wenn gegenseitiger Rechtsstreit untersagt wird. Zudem markiert die Partikel אך einen deutlicheren Einsatz als das ו-copulativum in V.4b.

schen Auswirkungen der Vergehen des Volkes in V.3, eingeleitet durch
‏על־כן‎.

Trotz dieses stringenten Gedankenganges hat es in der Forschung
nicht an Bestreitungen der literarischen Einheitlichkeit von Hos 4,1-3 gefehlt. In V.1 fällt eine Reihe von Doppelungen auf: Die Adressaten werden zum einen als ‏בני ישראל‎, zum anderen als ‏יושבי הארץ‎ angesprochen. Der nachfolgende Text wird einmal mit ‏דבר יהוה‎, ein anderes Mal
mit ‏ריב ליהוה‎ überschrieben. Und an den Höraufruf schließen sich zwei
‏כי‎-Sätze an.

Allerdings stellt sich die Frage, ob man diese Doppelungen literarkritisch auswerten darf,[112] sei es, daß man V.1a,[113] V.1b-2a[114] oder V.1a-
bα.bβ[115] für sekundär erklärt. Das Nebeneinander von ‏דבר יהוה‎ und
‏ריב ליהוה‎ hat schon J. Jeremias zu verstehen gelehrt: „Es stellt die folgenden Kapitel unter eine doppelte Deutungskategorie: Sie sind ihrer
Herkunft nach ‚Wort Gottes‘ und ihrem Inhalt nach Worte des ‚Prozesses
Jahwes mit Israel‘."[116] Literarische Kohärenz legen aber besonders literarhistorische Erwägungen nahe. Hos 4,1-3 hat in Hos 5,1-2 eine auf-
fällige strukturelle Parallele:[117]

	Hos 4,1-3	*Hos 5,1-2*
A	‏שמעו דבר יהוה ...‎	‏שמעו זאת ...‎
B	‏... כי ריב ליהוה עם‎	‏כי לכם המשפט‎
C	‏כי‎ + Vergehen	‏כי‎ + Vergehen
D	‏על־כן ... (Straffolge)‎	‏ואני ... (Straffolge)‎

---

112 Vgl. auch die Kritik bei Willi-Plein, Vorformen, 129f; Rüterswörden, dominium
  terrae, 59f; Grätz, Wettergott, 138f.
113 So Wolff 82f; Boecker, Redeformen, 152; Cardellini, Hosea 4,1-3, 261f; vgl. Neumann, Wort Jahwäs, 257f.
114 So Nissinen, Prophetie, 90-95. Die Grundschicht von Nissinen V.1a.2b-3aα ist ein
  Torso, was sich nicht zuletzt daran zeigt, daß die Verben in V.2b kein Subjekt
  mehr aufweisen, das er deshalb für ausgefallen erklärt und mit den äußeren Feinden frei ergänzt (95).
115 So Lescow, Stufenschema, 67-69.
116 Jeremias 59.
117 Vgl. Neumann, Wort Jahwäs, 259; Gisin, Hosea, 101.

Besonders eng sind die Berührungen in den Segmenten A-C. Die Abfolge
כי – כי – שמעו begegnet im ganzen Alten Testament nur an diesen beiden Stellen. Das legt den Schluß nahe, daß zwischen Hos 4,1-3, mindestens aber 4,1-2 und Hos 5,1-2 eine literarische Beziehung besteht, daß
beide Texte also entweder von ein- und demselben Autor stammen[118]
oder literarisch voneinander abhängig sind. Dafür, daß Hos 4,1-3 Hos
5,1-2 literarisch voraussetzt, sprechen zum einen sein weiterer literarischer
Horizont, zum anderen die erkennbaren inhaltlichen Umprägungen.

Schon mehrfach haben Ausleger Hos 4,1-3 als einleitendes Stück erkannt, das die folgenden Einzelvorwürfe terminologisch bündelt und für
den Rechtsstreit JHWHs mit den Landesbewohnern beansprucht.[119] Besonders auffällig ist das gehäufte Vorkommen der Begrifflichkeit von Hos
4,1b-2 an der literarischen Nahtstelle 6,6.7ff, auf das R. G. Kratz aufmerksam gemacht hat.[120] Demnach verweist 4,2 auf das ältere Material ab
6,7 (רצח: 6,9; גנב: 7,1; כחש: 7,3; נאף]: 7,4, vgl. 4,13f;] דם: 6,8; אלה: vgl.
6,7) und 4,1bβ auf die redaktionelle Formulierung in 5,15-6,6* (חסד u.
דעת), die durch das Stichwort דעת (4,6) und den Oppositionsbegriff זבח
(4,13f) mit der Kultpolemik in 4,4ff verknüpft ist. Die Überschrift Hos
4,1-3 bindet somit über das Scharnier 6,6.7ff älteres und redaktionelles
Material sekundär zusammen und vollzieht darin literarisch die gleiche
Weiterentwicklung, die schon in der Einheit 5,8-6,6* zu beobachten war:
die Ergänzung des verurteilten politischen Fehlverhaltens um das kultische zwecks Aufweis der mangelnden Gotteserkenntnis des Volkes.

Doch der literarische Horizont der durch 4,1-3 eröffneten Komposition reicht noch weiter. Urteile im Rechtsstreit JHWHs mit den Bewohnern des Landes werden in Hos 9,1-9 und in Hos 11 gesprochen: In 9,3
wird ihnen das Wohnrecht im Lande JHWHs aufgekündigt, in 11,11 eine
erneute Wohnerlaubnis in ihren Häusern zugesichert (jedes Mal mit der
Wurzel ישב). Daneben lassen sich noch weitere Gründe nennen, die es
nahe legen, in Hos 11 das Ende einer durch 4,1-3 eröffneten Komposi-

---

118 So Gisin, Hosea, 101f.
119 Vgl. Wolff 86; Good, Composition, 33, u. seit dem Nachweis von Jeremias, Hosea
    4-7, 48f; ders. 59f die meisten.
120 Kratz, Erkenntnis Gottes, 12.

tion zu sehen:[121] Die abschließende Gottesspruchformel נאם יהוה weist zurück auf das Wort Gottes aus 4,1a (Stilmittel der Inklusion), die Volksbezeichnung עמי begegnet ausschließlich in Hos 4 und 11,7,[122] und die Hos 11 beschließenden Heilsworte können als wirkungsvoller Höhepunkt und Abschluß der Komposition Hos 4-11 begriffen werden, wie ja auch die übrigen Teile des Hoseabuches heilvoll enden.

Allerdings scheint hier kein ursprünglicher Zusammenhang vorzuliegen. Aufmerken läßt ja schon der Sprecherwechsel von Prophetenrede in 4,1-3 und 9,1-9 hin zu Gottesrede in Hos 11. Merkwürdig mutet darüber hinaus der Umstand an, daß den Bewohnern *des Landes* aus 4,1bα in 11,11 eine Rückkehr in *ihre Häuser* verheißen wird und nicht in das *Land JHWHs*, aus dem sie laut 9,3 vertrieben werden. Entscheidend ist jedoch die Tatsache, daß sich die beobachteten intertextuellen Bezüge auf seiten von Hos 11 auf die Passage 11,7-11 beschränken, die mit ihrer überraschenden Heilsansage nicht nur innerhalb von Hos 11 als Nachtrag identifiziert werden konnte,[123] sondern auch den umfassenden Todes- und nicht nur Exilierungsaussagen von Hos 9,1-9 zuwiderläuft.[124] All das legt die Vermutung nahe, daß Hos 11,7-11 als sekundärer Abschluß für eine durch 4,1-3 eröffnete Komposition formuliert wurde.

Fällt Hos 11 aus, bleibt zu prüfen, ob vielleicht Hos 9,1-9 als ursprüngliches Schlußstück einer mit Hos 4,1-3 anhebenden Komposition in Frage kommt. In der Tat bildet Hos 9,1-9 das mit der Überschrift genau abgestimmte Ziel. In 4,1-3 wird der Rechtsstreit JHWHs mit den Bewohnern des Landes eröffnet (4,1bα: ריב ליהוה עם יושבי הארץ). In 9,1-6 wird ihnen dementsprechend in auffällig gleicher Terminologie das Wohnrecht im Lande JHWHs aufgekündigt (9,3a: לא ישבו בארץ יהוה), der Rechtsstreit also zum Abschluß gebracht. In 4,1-3 werden die Israeliten zum Hören des Wortes JHWHs aufgefordert (4,1a). In 9,7-9 kommt in der Feindschaft gegen den Propheten analog dazu die Ablehnung seiner Botschaft, d.h. ebendieses Wortes JHWHs und damit JHWHs selbst, zum Ausdruck – mithin der gänzliche Bruch der Beziehung zwischen

---

121 Vgl. bes. Jeremias 59.139.
122 Zum Nachtrag 6,11b s.o.S.82f.
123 S.o.S.15ff.
124 Zu Hos 9,1-9 s.u.S.101ff.

Gott und seinem Volk. In Hos 9,1-9 wird man somit das Schlußstück des in Hos 4,1-3 begonnenen literarischen Stratums sehen dürfen.[125]

Nach alledem leitet Hos 4,1-3 eine Komposition ein, deren literarischer Horizont bis Hos 9,1-9 reicht. In diese Komposition ist der ältere Zusammenhang Hos 5,1-7,12*/8,10* eingearbeitet. Das vorgegebene politische Thema wird um das kultische ergänzt. Diese inhaltliche Fortentwicklung läßt sich auch bei der Reformulierung der alten Überschrift 5,1-2 durch 4,1-3 beobachten. Darauf führt die veränderte Bezeichnung der Adressaten: Während das Nordreich in 5,1 als ständisch gegliedertes, staatlich verfaßtes Gemeinwesen in den Blick kommt, werden die Israeliten in 4,1 als Bewohner des Landes angesprochen. Wie das gehäufte Vorkommen des Begriffes אֶרֶץ zeigt, spielt die Landthematik in Hos 4,1-3 eine besondere Rolle.[126] Sie findet sich prominent auch im Schlußstück der Komposition, in Hos 9,1-9, und kommt dort in der Ankündigung des Landverlustes zum Abschluß. Die Rahmenstücke Hos 4,1-3 und 9,1-9 propagieren JHWH als Eigentümer des Landes (9,3a), der den Bewohnern seines Landes (4,1b) das Wohnrecht aufkündigt (9,3), was ein Ende des JHWH-Kultes zur Folge hat (9,4). Wie M. Köckert gezeigt hat, steht hier „die Vorstellung, daß sich der Herrschafts- und Zuständigkeitsbereich eines Gottes allein auf das Land seines Volkes erstreckt", im Hintergrund. Unter dieser Voraussetzung „ist man im Ausland fern vom Wirkungs- oder Zuständigkeitsbereich des eigenen Landesgottes und damit von vornherein unter der Gewalt fremder Götter (I Sam 26,19). ‚Fremdes Land' (Ps 137,4) ist deshalb ‚unreines Land' (Am 7,17, vgl. Hos 9,3; Ez 4,13), in dem man keine Jahwelieder singen, geschweige denn opfern kann."[127] Vertreibung aus JHWHs Land bedeutet vor diesem Hintergrund das Ende des JHWH-Kultes. In der Komposition Hos 4,1-9,9 entsprechen sich somit angekündigte Strafe und aufgedeckte kultische Vergehen: Weil die Landesbewohner JHWH fälschlicherweise im Kult su-

---

125 So schon Kratz, Erkenntnis Gottes, 12. Die entscheidenden intertextuellen Beobachtungen finden sich bereits bei Zenger, Menschen, 187f, und Jeremias 113-115, die den literarischen Horizont jedoch wie üblich bis Hos 11 reichen lassen.

126 Das Stichwort אֶרֶץ begegnet in Hos 4,1-3 dreimal, die LXX fügt einen weiteren Beleg hinzu; s.o.S.93.

127 Köckert, Land, 49f; vgl. schon Utzschneider, Hosea, 178-185.

chen und zu erkennen meinen,[128] nimmt der ihnen das Land und macht sie dadurch kultunfähig. Zusammen mit den überkommenen politischen sind die neuformulierten kultischen Vergehen in der Überschrift 4,1-3 auf den Begriff der Gotteserkenntnis gebracht. Beides, Politik und Kult, ist Ausdruck mangelnder Gotteserkenntnis, in beidem verkennt Israel JHWH, der deshalb einen Rechtsstreit gegen sein Volk anstrengt.

Immer wieder ist für Hos 4,1-3 ein bundestheologischer Hintergrund angenommen worden, sei es, daß man dem Textstück einen Platz in der Ahnengalerie,[129] sei es, daß man ihm einen Platz im Umfeld deuteronomistischer Theologie zuwies.[130] Die klassische Ausformulierung dieser These findet sich bei H. W. Wolff.[131] Er weist den bundestheologischen Hintergrund an dem für das Hoseabuch zentralen Begriff der „Gotteserkenntnis" auf, indem er zum einen das Gotteshandeln an Israel in der Frühzeit, „was in Summa als Bundesschluß bezeichnet werden kann"[132], zum anderen das daraus sich ergebende Gottesrecht, wie es prominent im ersten Gebot formuliert ist, als Gegenstand der Gotteserkenntnis bestimmt. In neuerer Zeit entdeckt U. Rüterswörden in Hos 4,1-3 eine „Bundestheologie ohne בְּרִית", indem er aus der Bezeichnung der Israeliten als Landesbewohner einen privilegrechtlichen Vorstellungshintergrund herausliest, wonach das Land als verpflichtende Gabe JHWHs für Israel begriffen wird.[133] Nun hat sich allerdings gezeigt, daß hinter der Komposition Hos 4,1-9,9 eine andere Landkonzeption steht, nämlich die Vorstellung vom Land als Zuständigkeitsbereich und Eigentum des jeweiligen Landesgottes.[134] Dementsprechend ist von einer Land-

---

128 S.o. zu Hos 5,8-6,6.
129 So etwa Wolff, Wissen; ders. 86; Junker, Os 4,1-10, 170-173; Huffmon, Treaty Background; Brueggemann, Tradition; Mays 61-65; Kragelund Holt, SJOT 1 (vgl. dies., Prophesying); Rüterswörden, dominium terrae, 63-65; ders., Bundestheologie, 95f; Grätz, Wettergott, 165f.
130 So Yee, Composition, 267f; Nissinen, Prophetie, 152-168.183-185.204-211.
131 Wolff, Wissen.
132 Wolff, Wissen, 196.
133 Rüterswörden, dominium terrae, 63-65; ders., Bundestheologie, 95f, unter Verweis auf Halbe, Privilegrecht, und Zenger, Bundestheologie; zustimmend Grätz, Wettergott, 165f. Rüterswörden, Bundestheologie, 96, verweist zudem auf die Verwendung des Begriffes רִיב. Die bundestheologische Valenz des rîb-Motivs ist umstritten (zum Problem der sog. prophetischen Gerichtsreden [„rîb-pattern"] vgl. Ringgren, Art. רִיב, 499-501). Für sich genommen vermag der Begriff eine bundestheologische Verortung von Hos 4,1-3 jedenfalls nicht zu tragen. Seine Verwendung erklärt sich zwanglos aus der Verarbeitung älteren Materials in 4,4ff; s.u.S.108.
134 S.o.S.98f. Zur Differenzierung der unterschiedlichen Landkonzeptionen s. Utzschneider, Hosea, 178-185, u. v.a. Köckert, Land, 44-51.

gabe in Hos 4,1-9,9 keine Rede. Ebenso wenig findet sich darin aber ein Bezug auf
die anderen Themen der klassischen Heilsgeschichte, geschweige denn auf einen
Bundesschluß.[135] Die Belege für ein Gotteshandeln an Israel in der Frühzeit als
Gegenstand der Gotteserkenntnis gewinnt H. W. Wolff dann auch ausschließlich
aus den Rahmenpartien des Hoseabuches außerhalb der Komposition Hos 4,1-
9,9. Von besonderer Bedeutung ist in diesem Zusammenhang Hos 13,4.[136] Dort
liegt ein Bezug auf Präambel und erstes Gebot aus dem Kopfsatz des Dekalogs
und mithin auf Gotteshandeln und Gottesrecht als Inhalt der Gotteserkenntnis
auf der Hand. Anders jedoch in Hos 4,1-9,9: Wie sich in der Beschäftigung mit
Hos 5,15-6,6 gezeigt hat,[137] bedeutet Gotteserkenntnis hier rein negativ die Erkenntnis, daß JHWH im Kult nicht zu finden ist, das Volk im Kult also nicht den
„eigentlichen" JHWH erkennt, sondern einen anderen. In welchem positiven
Verhältnis dieser eigentliche JHWH zu Israel steht, wird in 4,1-9,9 (noch) nicht
reflektiert, sondern findet erst in den späteren Rahmenpartien des Hoseabuches
seinen Ausdruck. Das Verhältnis zwischen JHWH und Israel gründet danach im
erwählenden Gotteshandeln der Frühzeit und realisiert sich im daraus sich erge-
benden Gottesrecht, ganz im Sinne Wolffs.[138]

---

135 Zu Hos 6,7 s.o.S.85. Hos 8,1b ist nach allgemeinem Dafürhalten als deuterono-
    mistischer Zusatz zu beurteilen; vgl. grundlegend Perlitt, Bundestheologie, 146-
    149, sowie neuerdings Naumann, Hoseas Erben, 65-73.
136 Vgl. Nissinen, Prophetie, 152-168.
137 S.o.S.60f.
138 Vgl. Kratz, Erkenntnis Gottes. Der Umstand, daß Hos 4,1-3 keinen Bezug auf
    den theologisch entscheidenden Kopfsatz des Dekalogs mit Präambel und erstem
    Gebot erkennen läßt, widerrät der Annahme, das Textstück rekurriere mit der
    Trias „Morden, Stehlen, Ehebrechen" (4,2a) auf den fertigen Dekalog (so etwa
    Junker, Os 4,1-10, 171; Weiser 42; Rudolph 100f; Brueggemann, Tradition, 38;
    Nissinen, Prophetie, 152-168) oder eine Vorform desselben (so etwa Neef, Heils-
    traditionen, 206-209; Naumann, Hoseas Erben, 20). Wie gesehen, verdankt sich
    die Infinitivreihe und mithin die Trias vielmehr einer Bündelung der hoseanischen
    Einzelvorwürfe aus 4,4ff in der Überschrift 4,1-3. Dabei mag eine Reihe fester
    Rechtstermini im Hintergrund stehen (so etwa Fohrer, Dekalog, 137; Crüsemann,
    Bewahrung, 23f; Jeremias 62; Otto, Dekalog, 64; Grätz, Wettergott, 143f). Für die
    Formulierung des Dekalogs ist aber „von Belang, daß die prophetischen Anklagen
    von Hos. iv 2 ... mit der beim Propheten aufkommenden Ausschließlichkeits-
    forderung des ersten Gebots ... korreliert sind" (Kratz, Dekalog, 226). So wird
    man in Hos 4,2 einen literarischen Ausgangspunkt sehen dürfen, aus dem sich
    dann der spätere Dekalog entwickelt hat; so auch Hossfeld, Dekalog, 276-278;
    Levin, Verheißung, 90-92; Kratz, Dekalog, u. vgl. schon Marti 39.

Von Hos 4,3 ist bislang nur am Rande die Rede gewesen. Mit einiger Wahrscheinlichkeit liegt hier ein Nachtrag vor.[139] Darauf führt eine Verschiebung in der Strafzumessung. Ist der Kompositionsbogen Hos 4,1-3 – Hos 9,1-9 richtig gesehen, besteht die Strafe für die Bewohner des Landes (4,1) in einer Vertreibung aus JHWHs Land (9,3). In Hos 4,3 trifft die Strafe die Bewohner dagegen im Land. Sollte darüber hinaus M. DeRoche[140] im Recht sein, wenn er Hos 4,3 Kenntnis des priesterschriftlichen Schöpfungsberichtes unterstellt, weil der Vers die Gerichtsobjekte in umgekehrter Reihenfolge der Schöpfungswerke in Gen 1 aufführt, so ist in 4,3 nicht mehr nur das Land im Blick, sondern die ganze Erde. Der Landesgott JHWH ist zum Herrn der Welt avanciert.[141]

2. Hos 9,1-6

Wenden wir uns nun dem als Schlußstück der Komposition Hos 4,1-9,9 erkannten Text Hos 9,1-9 zu. Wie die Einleitung Hos 4,1-2 ist Hos 9,1-9 in Prophetenrede gehalten und unterscheidet sich darin vom Nahkontext. Hos 9,1-9 besteht aus zwei Einheiten 9,1-6 und 9,7-9, die thematisch (9,1-6: Erntefest; 9,7-9: Verfolgung des Propheten) und durch die jeweiligen Neueinsätze in 9,1 (direkte Anrede) und 9,7 (Wechsel in Pf., zudem

---

139 So auch Marti 39; Nowack³ 30; Guthe 7; Budde, Text 1, 283; Wolfe, Editing, 105; Jeremias 62f; Yee, Composition, 143f; Naumann, Hoseas Erben, 19.21-25; Mölle, Ende, 264f.

140 DeRoche, Reversal.

141 Zur theologiegeschichtlichen Einordnung von Hos 4,3 vgl. Jeremias 62f; Naumann, Hoseas Erben, 21-25; Stahl, FS Preuß. Die Tatsache, daß diese kosmologische Perspektive erst mit V.3aβ.b greifbar wird, hat einige Forscher dazu bewogen, V.3aα als genuine Fortsetzung von 4,1-2 anzusehen (Sellin²·³ 52; Lippl 39; Nissinen, Prophetie, 97f; Lescow, Stufenschema, 69; Rüterswörden, dominium terrae, 66). Laut Rüterswörden, dominium terrae, 66; Grätz, Wettergott, 139f; ders., Suche, 202, sei die Einheitlichkeit darüber hinaus durch die Kausalbeziehung עַל־כֵּן – כִּי verbürgt. Eine inhaltliche Verschiebung ist jedoch schon zwischen 4,1-2 und 4,3aα in der widersprüchlichen Strafzumessung zu beobachten gewesen. Und so spricht auch die Kausalbeziehung weniger für literarische Einheitlichkeit als vielmehr für den Gestaltungswillen des Glossators.

9,7-9 gerahmt durch die Wurzel פקד) voneinander abgrenzbar sind.[142] Zusammen bilden sie das mit der Überschrift Hos 4,1-2 genau abgestimmte Ziel der Komposition Hos 4,1-9,9: Hos 9,1-6 bringt den in Hos 4,1-2 eröffneten Rechtsstreit JHWHs mit den Bewohnern des Landes (לא ישבו בארץ יהוה) zum Abschluß (9,3: ריב ליהוה עם יושבי הארץ), Hos 9,7-9 dokumentiert in der Feindschaft gegen den Propheten die endgültige Ablehnung des Wortes JHWHs aus Hos 4,1 – mithin das Ende der Beziehung zwischen JHWH und Israel. So spricht nichts gegen die Annahme, daß Hos 9,1-6 und 9,7-9 auf ein und derselben literarischen Ebene liegen. Allerdings fällt auf, daß mit dem Vorwurf hurerischen Verhaltens Israels seinem Gott gegenüber in der ersten Einheit Hos 9,1-6 ein Thema angeschnitten ist, das vereinzelt auch in Kap. 4-5 begegnet, programmatisch aber in Hos 2 eingeführt ist. Wie dieser Bezug über die Komposition Hos 4,1-9,9 hinaus zu bewerten ist, darauf mag eine genauere Betrachtung von Hos 9,1-6 erste Hinweise geben.

a) *Übersetzung und Text*

9,1   Freue Dich nicht, Israel,
       nicht sei Jubel[a)] entsprechend den Völkern!
       Denn Du bist weggehurt von Deinem Gott,
       Du hast Hurenlohn geliebt auf allen Korntennen.

9,2   Tenne und Kelter werden sie nicht weiden[a)],
       und der Most wird sie[b)] im Stich lassen.

9,3   Sie werden nicht im Land JHWHs wohnen bleiben,
       und Ephraim soll nach Ägypten zurückkehren[a)],
       und in Assur sollen sie Unreines essen.

9,4   Nicht werden sie JHWH Wein (zum Trankopfer) ausgießen,
       und nicht werden sie ihm ihre Opfer darbringen[a)].

---

142 Für gewöhnlich werden 9,1-6 und 9,7-9 allerdings im Gefolge Wolffs 194-197 als Einheit in Form einer „Auftrittsskizze" angesehen. Mit Pfeiffer, Heiligtum, 180, läßt sich aber fragen, „worin ein inhaltlicher Bezug zwischen den beiden Teilen bestehen soll. V1-6 sind aus sich heraus voll und ganz verständlich. Umgekehrt setzen V7-9 die V1-6 nicht notwendig voraus. Die schwierigen V7-9 werden auch durch einen prononcierten Bezug auf V1-6 nicht verständlicher. Syntaktisch besteht kein Verweis von V7-9 auf V1-6." Vgl. auch Wacker, Figurationen, 165.

Es geht ihnen wie beim Trauerbrot:
Alle die davon essen, verunreinigen sich.
Denn ihr Brot ist für sie selbst,
nicht kommt es in JHWHs Haus.

9,5   Was werdet Ihr tun am Feiertag
und am Tag des JHWH-Festes?

9,6   Ja siehe, die der Verheerung entgangen sein werden[a],
die wird Ägypten einsammeln,
die wird Memphis[b] begraben.
Ihr kostbares Silber![c] –
Unkraut wird sie beerben,
Dornen in ihren Zelten.

1 a) M „bis zum Jubel" ergibt wenig Sinn. Die von den Verteidigern von M beigebrachte Parallele Hi 3,22 (so zuerst Buxtorf, Anticritica, 559f; vgl. neuerdings
Barthélemy, Critique, 558f; Macintosh 337) ist selbst nicht über jeden textkritischen
Zweifel erhaben (vgl. die einschlägigen Kommentare). Die Versionen lesen einmütig
„juble nicht", müssen aber keinen anderen Konsonantenbestand voraussetzen (etwa
אַל תָּגֵ֫יל; so u.a. Graetz, Emendationes, 13; Marti 70; Wolff 193; Jeremias 112), sondern können אַל גִּיל als Verkürzung von אַל יְהִי גִיל verstanden haben (so Eitan, Studies, 2; Wacker, Figurationen, 161; Pfeiffer, Heiligtum, 178; zur Konstruktion s. GK
§152g).
2 a) Von רעה I „weiden, pflegen" (so schon V). Nach anderen von רעה II „Verkehr
mit jmdm. pflegen" (vgl. u.a. Nyberg, Studien, 68; Wolff 193; Utzschneider, Hosea,
155f; Jeremias 112; Wacker, Figurationen, 162; Pfeiffer, Heiligtum, 178f). Die Differenz relativiert sich, wenn man mit Kellermann, Art. רע, 547-549, annimmt, daß die
wenigen stellen mit der Bedeutung „Verkehr pflegen" „von rā'āh I herzuleiten und als
Spezifizierungen der Grundbedeutung ‚weiden' zu verstehen sind" (549); vgl. Macintosh 340. LXX (ἔγνω) erklärt sich durch ר/ד-Verschreibung. – b) Die Versionen
gleichen das Suffix an die 3.m.pl. des Kontextes an und stellen somit die lectio facilior
dar (vgl. Rudolph 171f; Macintosh 341; Pfeiffer, Heiligtum, 181f). Zum Bezug des Suffixes 3.f.sg. s.u.
3 a) LXX (κατῴκησεν) gleicht die Wurzel an V.3a (ישב) an.
4 a) Die Versionen übersetzen ערב durchweg mit „angenehm sein". Allerdings geht es
in Hos 9,1-6 nicht um das Mißfallen, sondern die Unmöglichkeit von Opfern im
Fremdland. Driver, Minor Prophets 158f; ders., Words, 64f hat deshalb unter Verweis
auf das Südarabische und Syrische die Übersetzung „darbringen" vorgeschlagen und
darin breite Zustimmung gefunden (vgl. etwa Rudolph 172; Jeremias 112; Wacker,
Figurationen, 162). In diesem Fall müßte zwischen V.4aα[1] und V.4aα[2] kein Subjekts-
wechsel angenommen werden; die beiden Stichen würden exakt parallel laufen. Eine

Konjektur in יערכו (so Kuenen, Volksreligion, 311; Wellhausen 123; Marti 71; Nowack³ 55 u.a.) ist jedenfalls unnötig.
6 a) Futurum exactum; vgl. Kö §129; GK §106o. – b) Zu מֹף statt des im AT üblichen
נֹף für Memphis vgl. Macintosh 348. – c) Zum Status constructus vor Präpositionen
vgl. GK §130a.

b) *Analyse*

Die Struktur von Hos 9,1-6 erschließt sich aus den Personenwechseln
zwischen 2. und 3. Person. Demnach folgt auf eine begründete Absage an
Festfreude (V.1: 2.sg.) eine Gerichtsansage (V.2-4a.6: 3.Pers.), die chiastisch um die rhetorische Frage V.5 (2.pl., auf V.1 zurückweisend) gelegt
ist. Dabei entspricht der Entzug der Landesgaben V.2 der Verwüstung
des Landes V.6b und die Vertreibung des Volkes aus dem Land JHWHs
V.3-4 in fortschreitender Weise dem Tod des Volkes im Exil infolge der
Vertreibung V.6a.

Trotz des klaren Aufbaus ist Hos 9,1-6 kein einheitlicher Text. In
großer Einmütigkeit wird V.4b als Zusatz identifiziert, demzufolge „nicht
mehr die Trennung von Jahwe und seinem Land ... von vornherein jede
Speise unrein [macht], sondern die Unmöglichkeit einer Erstlingsgabe am
Jerusalemer Tempel. Damit ist ... eines der wichtigsten Probleme der
späteren Diaspora angezeigt, die permanente Abwesenheit vom Heiligtum."[143]

Darüber hinaus erweckt eine unterschiedliche Relationsbestimmung
von Volk und Land in der Gerichtsansage Zweifel an der literarischen
Integrität des Textstücks: Sind in V.2 Volk und Land gleichermaßen vom
Entzug der Ernteerträge betroffen, was sich gut in die Begründung V.1
einpaßt, wird in V.3-4a dem Volk die Trennung vom Land durch Exilierung angedroht. Während Israel in den Tod muß, bleibt das Land JHWHs
Eigentum. Es liegt die Vermutung nahe, daß zwischen V.1-2 und V.3-4a
kein ursprünglicher Zusammenhang besteht.[144]

V.5 weist mit seiner Festtagsthematik und Anredeform zurück an den
Anfang V.1. V.6 führt die Exilierungsaussage nach Ägypten aus V.3 aus.

---

143 Naumann, Hoseas Erben, 82.
144 So auch Robinson 35; Pfeiffer, Heiligtum, 181f.

Wie läßt sich das Verhältnis von V.1-2.5 einerseits und V.3-4a.6 anderseits nun genauer bestimmen?

Denkbar wäre, daß in Hos 9,1-6* zwei ursprünglich selbständige Einzelworte mehr oder weniger zufällig zusammengefügt wurden. Für diese Option votiert H. Pfeiffer im Hinblick auf V.1-2* und V.3-4a*. Seiner Meinung nach liegt „9,1-6 ... eine aus Kompilation der beiden Sprüche V1aα.b.2 und V3b-4a erwachsene Kurzkomposition zugrunde"[145], die sukzessive um nicht weniger als fünf Einzelzusätze (V.1aβ + Suffixumwandlung in V.2 von בם in בה; V.3a; V.5; V.4b; V.6) erweitert wurde. Voraussetzung für ihre Interpretation als Einzelworte ist, daß V.1-2* und V.3-4a* in sich geschlossen und zum Verständnis nicht auf Aussagen aus dem Kontext angewiesen sind. In ihrer vorliegenden Form läßt sich das für beide Sequenzen ausschließen: In V.1f ergibt das bezugslose Suffix 3.f.sg. am Ende von V.2 nur als Rückverweis auf die hurerische Frau aus Hos 2,4ff Sinn. V.3a beginnt mit unbestimmtem Subjekt und hat sich darüber hinaus als kompositionelles Pendant zu Hos 4,1 erwiesen[146].

H. Pfeiffer ist deshalb bestrebt, für die Kontextverbindungen redigierende Hände verantwortlich zu machen: Das allein vor dem Hintergrund von Hos 2,4ff verständliche Suffix 3.f.sg. in V.2b sei ursprünglich ein Suffix 3.m.pl. gewesen (vgl. V.2a) und aus Rücksicht auf V.1aβ geändert worden.[147] Der aber falle „zwischen den poetischen Distichoi V1aα und V.1b stilistisch aus dem Rahmen"[148]. Nun läßt sich allerdings fragen, ob damit ein hinreichender literarkritischer Grund angegeben ist. Eine inhaltliche Umprägung von V.1b durch V.1aβ ist jedenfalls nicht zu entdecken: Auch V.1b spricht Israel als Hure an, die die Landesgaben anderen Göttern als JHWH dankt (s. אתנן). Damit ist aber genau das Thema von Hos 2,4ff zur Sprache gebracht. Zieht man zudem die engen terminologischen Berührungen zwischen 9,1-2 und 2,4ff in Betracht,[149] liegt der Schluß nahe, daß die Bezüge zu Hos 2,4ff für 9,1-2 als Ganzes

---

145 Pfeiffer, Heiligtum, 180-183 (Zitat: 182); vgl. schon Robinson 35.
146 S.o.S.97f.
147 Vgl. Wacker, Figurationen, 163f.
148 Pfeiffer, Heiligtum, 180f.
149 זנה: 2,4.6.7; 9,1; אהב: 2,7.9.12.14.15; 9,1; אתנה/אתנן: 2,14; 9,1; דגן: 2,10.11; 9,1; תירוש: 2,11.13; 9,2.

konstitutiv sind, die Separierung eines kontextuell ungebundenen Grundtextes mithin unmöglich ist.

Zu einem ebenso negativen Ergebnis, was die Eliminierung der Kontextverbindungen betrifft, kommt man bei V.3-4a.[150] Für H. Pfeiffer „fällt der eingliedrige V3a aus dem poetischen Gefüge"[151]. Doch auch hier stellt sich die Frage, worin die inhaltliche Differenz bestehen soll, die eine literarkritische Ausscheidung gerade von V.3a rechtfertigen würde.[152] Die Bezeichnung des Landes als „Land JHWHs" paßt sich im Gegenteil vorzüglich in die hinter V.3b-4a stehende Konzeption vom Land als Zuständigkeitsbereich und Eigentum JHWHs als des Landesgottes ein. Wie gesehen,[153] ist diese Konzeption für die Komposition Hos 4,1-9,9 als Ganzes grundlegend. Die Kontextbezüge[154] sind also nicht auf V.3a beschränkt, sondern für 9,3-4a insgesamt wirksam, eine Interpretation als ursprünglich selbständiges Einzelwort von daher unwahrscheinlich.

Nach alledem läßt sich feststellen, daß sowohl 9,1-2.5 als auch 9,3-4a.6 von vornherein für den Buchkontext formuliert worden sind. Einen ersten Hinweis auf das relative Verhältnis beider Textstraten zueinander mag der soeben aufgewiesene literarische Horizont geben. Hos 9,3-4a.6 stellt demnach mit seiner Aufkündigung des Wohnrechts im Lande JHWHs den Zielpunkt des Rechtsstreits JHWHs mit den Bewohnern des Landes aus 4,1 dar. Dagegen schneidet Hos 9,1-2.5 mit den Erntegaben und ihrer Interpretation als Hurenlohn ein Thema an, das dem Nahkontext fremd, allerdings in Hos 2 programmatisch eingeführt und nur von daher verständlich ist. Während sich 9,3-4a.6 also als integraler Bestandteil der Komposition Hos 4,1-9,9 zu erkennen gibt, weist 9,1-2.5 darüber hinaus auf Hos 2.

Entscheidend für die relative Schichtung sind aber textimmanente Kriterien. Besondere Bedeutung kommt dabei der Bestimmung der

---

150 Zudem bleiben bei der Pfeifferschen Deutung Fragen offen: Was soll der Personenwechsel 2.sg./3.pl. innerhalb des Einzelspruches 9,1-2*? Wie kommt es zur Kompilation der beiden unabhängigen Prophetenworte 9,1-2* und 9,3b-4a?
151 Pfeiffer, Heiligtum, 181.
152 Wenn überhaupt, fällt eher V.3bα mit seinem Wechsel in die singularische Rede von Israel aus dem Trikolon.
153 S.o.S.98f.
154 Vgl. auch die Parallelität von Ägypten und Assur in 7,11 und 9,3b.

Schwere der Gerichtsaussagen zu. V.3 kündigt dem Volk die Vertreibung
aus JHWHs Land an. V.2 dehnt das Gericht auch auf das Land aus. Eine
Scheidung des Landesgottes von seinem Land ist in V.3 noch nicht impliziert. Das legt den Schluß nahe, daß 9,1-2.5 das jüngere Textstratum
repräsentiert.

Dagegen hält H. Pfeiffer V.3-4a für die weiterführende Aussage, insofern sie nicht mehr nur den Entzug der Kulturlandgaben wie V.1f, sondern darüber hinaus „eine Exilierung unter dem Vorzeichen des Ab-
bruchs der Heilsgeschichte ankündigen"[155]. Eine heilsgeschichtliche Deutung des „Zurück nach Ägypten" liegt in 9,3b aber weder nahe noch ist
sie wahrscheinlich. Die Ausführung der Exilierungsaussage in 9,6 präsentiert Ägypten im Gegenteil vielmehr als gegenwärtige politische Größe.[156]

Dieses Urteil über die literarischen Verhältnisse in Hos 9,1-6 läßt sich
bestätigen bei einem Blick auf die Verwendung der Personalformen: Gegenüber ihrer einheitlichen Verwendung in V.3-4a.6 (3.Pers.) finden sich
in V.1-2.5 wechselnde Personalformen (2.sg./pl.; 3.f.sg./m.pl.).[157]

Schließlich unterbricht V.5 den Aufbau des isolierten älteren Stratums
V.3-4a.6:[158] Hier werden nach einer Aufkündigung des Wohnrechts im
Land JHWHs mit der Vertreibungsaussage nach Ägypten und Assur (V.3)
die Folgen des Aufenthaltes in der Fremde unter umgekehrter Nennung
der Exilsländer (V.4a: Assur; V.6: Ägypten) ausgeführt. Demnach
bedeutet ein Leben in Assur das Ende des Opferkultes, weil die im fremden, anderen Mächten unterstehenden und damit unreinen Land ver-
zehrte Nahrung wie das Essen aus einem Trauerhaus[159] verunreinigt und

---

155 Pfeiffer, Heiligtum, 182.
156 V.6 hält Pfeiffer, Heiligtum, 182, dann auch konsequenterweise für einen Nachtrag. Allerdings muß die Perfektform הלכו nicht notwendig anzeigen, daß V.6
   „bereits auf die Vernichtung zurück[blickt]" (ebd.), sondern kann diese auch „als
   in der Zukunft vollendet vorliegende" (GK §106o „Futurum exactum") bezeichnen. Zur heilsgeschichtlichen Deutung des „Zurück nach Ägypten" s.o.S.37f.
157 Yee, Composition, 199, differenziert 9,1-6 mechanisch anhand der Personenwechsel 2./3. Person in eine Grundschicht V.1.5 und eine Ergänzungsschicht V.2-
   4.6. Allerdings bleiben bei dieser Lösung die literarischen Brüche zwischen V.2
   und V.3 sowie zwischen V.3-4a und V.4b unberücksichtigt. Zudem bietet V.5
   keinen sinnvollen Anschluß an V.1.
158 Vgl. Marti 71; Nowack³ 55.
159 Vgl. Num 19,14; Dtn 26,14.

kultunfähig macht, und die Flucht in das andere Exilsland Ägypten den
Tod in der Nekropole Memphis.

3. Aussagen über den Kult in Hos 4,1-9,9
– Sichtung und Ordnung der Belege

Mit Hos 4,1-2; 5,15-6,4.6; 9,3-4a.6.7-9 ist innerhalb der Komposition Hos
4,1-9,9 ein Textstratum zum Vorschein gekommen, das sich in kritischer
Weise mit Israels Kult auseinandersetzt. In Hos 4,1-9,9 finden sich noch
weitere Passagen, die den Kult zum Thema haben. Doch liegen diese
Texte nicht alle literarisch auf einer Ebene mit Hos 4,1-2; 5,15-6,4.6; 9,3-
4a.6.7-9. Abgesehen von den späten Einzelzusätzen in Hos 4,15[160] und
9,4b, lassen sich drei Gruppen kultpolemischer Texte unterscheiden:
      1) Eine erste Textgruppe vertritt die gleiche theologische Konzeption
wie die in Hos 4,1-2; 5,15-6,4.6; 9,3-4a.6.7-9 bereits identifizierte Ergänzungsschicht. Hos 4,4-10*[161].11-14*[162]; 7,13-16; 8,1-3*[163].11f[164] sehen den

---

160 Vgl. dazu Jeremias 71; Pfeiffer, Heiligtum, 65-68.
161 Inwieweit der Text einheitlich ist, kann hier nicht geprüft werden; vgl. zur Frage
    Jeremias 65-68; Yee, Composition, 160-164.265-272; Nissinen, Prophetie, 98-110;
    Pfeiffer, Heiligtum, 212-216; Mölle, Ende. Auffällig ist das Nebeneinander von
    Gottes- und Prophetenrede, von Anrede und besprechender Rede, von individu-
    ellem und kollektivem Verständnis des Priesters. Am ehesten wird in Hos 4,4-10
    ein Wort über einen Einzelpriester aufgenommen sein, das bei der Einbindung in
    den Kontext eine Kollektivierung und Bedeutungsausweitung auf die negativen
    Folgen für das Volk erfahren hat. V.10 stellt demgegenüber einen Einzelzusatz
    dar; vgl. Jeremias 68.
162 Die Frage nach der Einheitlichkeit des Textes ist unterschiedlich beantwortet wor-
    den; vgl. Jeremias 68-71; Yee, Composition, 164-167.262-272; Loretz, Ugarit,
    122f; Nissinen, Prophetie, 110-115; Pfeiffer, Heiligtum, 216-219. Ein Zusatz
    scheint jedenfalls in V.12b vorzuliegen, der von Gottes- in Prophetenrede wech-
    selt und die Verfehlung des Volkes „nicht mehr ... mit der begrenzten Einsicht
    des Gottesvolkes erklärt ..., sondern ... mit dem Wirken einer widergöttlichen
    Macht" (Jeremias 69). Der Halbvers überträgt das „Huren" (זנה) in kultischen
    Praktiken, wie es in der Grundschicht als Ausdruck mangelnder Gotteserkenntnis
    angeprangert wird, auf das Gottesverhältnis.
163 Hos 8,1b ist nach allgemeinem Dafürhalten als deuteronomistischer Zusatz zu
    beurteilen; vgl. grundlegend Perlitt, Bundestheologie, 146-149, sowie neuerdings
    Naumann, Hoseas Erben, 65-73.
164 Zu V.11f s.u.S.173f.

Kult gemäß Hos 6,6 als Ausdruck mangelnder Gotteserkenntnis, ja in Opposition zu rechter Gotteserkenntnis. Daß das Volk im Kult gleichwohl JHWH sucht, dort aber nicht findet, weil der sich dem Kult entzogen hat, verdeutlicht neben Hos 5,15-6,6* auch Hos 5,6-7. Für die Texte dieser Gruppe darf mit einem literarischen Zusammenhang gerechnet werden.[165]

2) Auf eine zweite Gruppe die kultische Verehrung betreffender Texte führt die in Hos 9,1-6 erkannte Ergänzungsschicht in V.1-2.5. Diese konfrontiert Israel mit dem Vorwurf hurerischen Verhaltens seinem Gott gegenüber – ein Vorwurf, der vereinzelt auch in Hos 4-5 begegnet (4,12b.16-19; 5,3-4), programmatisch aber in Hos 2 eingeführt wird und nur von daher verständlich ist. Israel wendet sich darin entgegen der ersten Textgruppe im Kult nicht JHWH, sondern als „Liebhaber" bezeichneten fremden Göttern zu. Stilistisch fallen die Rede von JHWH in 3.Pers.[166] sowie das gelegentliche Vorkommen eines Suffixes 3.f.sg. (4,16-19; 9,2) auf, das – in Hos 4,1-9,9 ohne Bezug – auf die hurerische Frau aus Hos 2 zurückweist. Neben dem Leittext Hos 2 und der Ergänzungsschicht in Hos 9,1-6 können dieser Textgruppe Hos 4,12b.16-19; 5,3-4 sowie – auf die Politik gewendet – Hos 6,10b; 7,4 zugerechnet werden.

Die Texte dieser Gruppe stellen offenbar die erste Fortschreibungswelle, die über die Komposition Hos 4,1-9,9* hinausgeht. Die Fortschreibungen greifen dabei in erster Linie in das überkommene Einleitungs- und Abschlußkapitel Hos 4 und 9 ein und stellen mit Hos 2 eine eigene Einleitung voran, die den Lesehorizont vorgibt: So wird die in der kultpolemischen Ergänzungsschicht (Textgruppe 1) verurteilte Hinwendung des Volkes zu JHWH im Kult als hurerische Hinwendung zu anderen Göttern gedeutet. Allerdings lassen sich diese Fortschreibungen nur mit Mühe einer einzigen literarischen Schicht zuordnen.[167] Eher ist mit

---

165 S.u.S.120ff.
166 Zur 1.Pers. in Hos 5,3 s.u.S.122.
167 Vgl. allein schon die von Yee, Composition, 68-95.103-130; Wacker, Figurationen, 195-214, beobachteten Spannungen innerhalb von Hos 2 sowie unsere eigene Analyse u.S.142ff.

mehreren Fortschreibungsschüben zu rechnen, die das Bild der von Israel gebrochenen Ehe mit JHWH immer präziser ausarbeiten, bevor ab Hos 9,10 Rückblicke in die Vor- und Frühgeschichte Israels zugefügt werden, in denen sich der Vorwurf der Hurerei nicht mehr findet.

3) Von diesen beiden Gruppen unterschieden ist ein dritter Textbereich, Hos 8,4b-6, der auf die Beseitigung bestimmter Kultgegenstände, der Götterbilder und des Stierbildes, abhebt – eine Aussage, die innerhalb von Hos 4,1-9,9 einzigartig ist, dafür aber außerhalb dieses Kernkomplexes in Hos 10,1-8 eine enge Parallele hat. Außerdem hat die Polemik gegen das Stierbild in Hos 5,8-7,16*, der längeren Parallelkomposition[168] zu Hos 8*, keine Entsprechung. So wird die Sequenz gegenüber Hos 4,1-9,9 als sekundär zu beurteilen sein.[169]

4. Ergebnis

Überblickt man das zu den kultkritischen Texten Gesagte, läßt sich feststellen, daß die kultische Thematik innerhalb von Hos 4,1-9,9 der politischen gegenüber insgesamt als sekundär einzustufen ist.

Das älteste Stratum kultkritischer Texte baut das überkommene Material zu der Komposition Hos 4,1-9,9 aus und geht über diesen Textbereich nicht hinaus. Die Komposition ist in sich geschlossen (vgl. Pro- und Epilog in 4,1f; 9,1-9*) und selbständig denkbar. Eine zweite Gruppe kultkritischer Texte stellt über den Vorwurf der Hurerei Verknüpfungen mit den Eingangskapiteln des Hoseabuches her. Eine dritte Gruppe vernetzt den Kernkomplex über die Stierbildpolemik mit den Geschichtsrückblicken des hinteren Buchteils ab Hos 9,10. Es hat also den Anschein, daß die Rahmenkapitel Hos 1-3 und 9,10-14,10 dem Buch erst sekundär zugesetzt sind. Dieser Befund konvergiert mit dem in Hos 11, wo sich herausgestellt hat, daß der Komplex Hos 4,1-9,9 bereits in der Grundschicht von Hos 11 vorausgesetzt ist, während die Bezüge zu den Rah-

---

168 Zur Komposition von Hos 5,8-8,13*, die Jeremias, Hos 4-7, 56; ders. 103f herausgearbeitet hat, s.u.S.122f.
169 So auch Alt, Stadtstaat, 295; Smend, Ort, 41. Zur weiteren literarkritischen Differenzierung und redaktionsgeschichtlichen Einordnung von Hos 8,4b-6 s.u.S.174f.

menkapiteln erst mit einer Ergänzungsschicht in den Text gelangt sind.[170] Ob in den Rahmenkapiteln gleichwohl mit einem eigenen Überlieferungskern zu rechnen ist oder ob sie insgesamt als Werk von Redaktoren anzusehen sind, wird die weitere Analyse zeigen. Zuvor soll aber noch in einem abschließenden synthetischen Teil die Entstehungsgeschichte von Hos 4,1-9,9 und mithin das Werden des frühen Hoseabuches zusammenfassend nachgezeichnet werden.

IV. Synthese: Buchgestalten des frühen Hoseabuches – Entstehungsgeschichte von Hos 4,1-9,9

1. Die Grundschicht des Hoseabuches

Die Analyse von Hos 4,1-9,9 hat ergeben, daß Hos 5,1-2; 6,7-7,2*; 7,3-7* und 7,8-12* die Grundschicht des Hoseabuches bilden. Die Texte sind kompositionell miteinander verzahnt und folgen einem einheitlichen Aussageduktus.

Mit großer Wahrscheinlichkeit wird die Grundschicht durch eine Überschrift, die den Namen der redenden Gottheit sowie den des übermittelnden Propheten enthielt, eingeleitet worden sein.[171] Im Hoseabuch kommt dafür die Notiz דבר יהוה בהושע in Hos 1,2* in Frage.

1.1. Struktur und Aussageprofil

Die Grundschicht beginnt in Hos 5,1-2 mit einem Höraufruf[172] an die gesamte Bevölkerung des Nordreiches Ephraim. Ihr wird aufgrund feindlichen Verhaltens das göttliche Strafurteil der Fesselung angekündigt. Von dieser Eröffnung aus spannt sich ein Kompositionsbogen zu Hos 7,8-12*, dessen Strafandrohung 7,12 ebenfalls die Fesselung Ephraims durch

---

170 S.o.S.42.
171 Vgl. die Unterschriften auf den neuassyrischen Sammeltafeln (Parpola, Prophecies, LXII-LXIV).
172 Zu שמעו זאת als Beginn eines Prophetenbuches vgl. Joel 1,2.

JHWH zum Inhalt hat, mit 5,1-2 signifikante terminologische Verbindungen aufweist (פרש רשת על aus dem Schuldaufweis 5,1b und die Wurzel אסר aus dem Strafurteil 5,2b) und die Grundschicht so zu einem Abschluß bringt (Stilmittel der Inklusion). Hos 5,1-2 und 7,8-12* bilden demnach zwei korrespondierende Rahmenteile und können als Pro- und Epilog der Grundschicht angesehen werden.

Der Prolog Hos 5,1-2 ist im Blick auf den Mittelteil der Grundschicht hin gestaltet. Er wird durch den dreigliedrigen Höraufruf 5,1aα eingeleitet, dessen zentrales Glied an das gesamte Nordreich adressiert ist, gerahmt von Aufforderungen an die zwei Stände „Priester" und „Haus des Königs". Die Adressaten begegnen im Mittelteil in der gleichen Reihenfolge wie im Höraufruf (6,9: כהנים; 6,10: בית ישראל; 7,3-6*: im Umkreis des Königs befindliche Personengruppe, der בית המלך) und werden in 7,7 in dem auf das Strafurteil des Prologs 5,2b weisenden כלם noch einmal gebündelt.

Inhaltlich beschäftigt sich die Grundschicht des Hoseabuches mit JHWHs unbedingtem Gericht gegen sein Volk. Vor diesem Hintergrund wird über die Politik des Nordreiches das Urteil gesprochen (5,1aβ: משפט), der Untergang als Strafe für eine verfehlte Politik begriffen. Unter Anklage stehen die Innen- und Königspolitik (6,7-7,7*) sowie die Außen- und Bündnispolitik (7,8-12*). Beides wird als Politik ohne Verstand (7,2.6.11: לב) be- und als Politik ohne und gegen JHWH (7,7.11: קרא) verurteilt. In beidem versucht Ephraim, die drohende Liquidierung abzuwenden. Vor dem Hintergrund von JHWHs unbedingtem Gericht zeugt eine solche Sicherheitspolitik allerdings von mangelnder Einsicht in das Gerichtsgeschehen und erscheint mithin als gegen JHWH gerichtetes Vorhaben. Im Sinne der Grundschicht findet es im Untergang Ephraims seine gerechte Strafe.

1.2. Das Wort des Propheten

Gewisse Indizien haben die Annahme nahegelegt, daß die Grundschicht Hos 5,1f; 6,7-7,12* nicht ein von jeher schriftlich konzipiertes Ganzes darstellt, sondern ehemals mündliches Material verarbeitet. Mit prophetischer Verkündigung ist in den Sprüchen Hos 6,7-9*; 7,5f und 7,8b-9 zu rechnen. Darin wird das bevorstehende Unheil nicht auf JHWH zurückgeführt, und auch die geschilderten Mißstände im Inneren des Landes sind nicht als Vergehen gegen JHWH gewertet. Das Chaos bricht einfach über Ephraim herein (7,8b-9) oder gründet in menschlichem Fehlverhalten (6,7-9*; 7,5f). Eine grundsätzliche Kritik am politischen und religiösen Status quo des Nordreiches ist damit aber nicht verbunden. Vielmehr werden konkrete Einzelvergehen – Vertragsbruch, Mord, Diebstahl, Wegelagerei, Königsmord – einzelner Städte (Adam, Gilead) und Stände (Priester, Haus des Königs) oder schlicht das Kommen einer Katastrophe für Ephraim vor Augen gehalten. Die näheren Umstände bleiben aber im Dunkeln: In welchem Kontext die Vergehen in 6,7-9* stehen, welcher der vielen Staatsstreiche gegen Ende des Nordreiches in 7,5f im Blick ist und woher das Unheil in 7,8b-9 kommt – das alles ist unklar. Selbst ob die Sprüche einen ephraimitischen oder judäischen Standpunkt einnehmen, geht nicht immer eindeutig aus ihnen hervor: Aus ephraimitischer Perspektive lassen sie sich als Klagen über die chaotischen Zustände im Inneren des Landes und über die drohende Katastrophe verstehen. In Juda dagegen wird man die chaotischen Zustände im Norden, falls bemerkt, entweder gleichgültig hingenommen oder als Zeichen des Verfalls begrüßt haben, möglicherweise sogar die Berechtigung für einen Krieg aus ihnen abgeleitet haben (vgl. v.a. 6,7-9: Vertragsbruch und Unsicherheit der Verkehrs- und Handelswege infolge Wegelagerei am Verkehrsknotenpunkt Sichem). Die Näherbestimmung des Königs als „unser König" in 7,5f spricht eher für eine ephraimitische Herkunft.

Ein ähnliches Bild hat sich für das rekonstruierte mündliche Material hinter Hos 5,8-11 ergeben. Die Sprüche nehmen Bezug auf eine kriegerische Auseinandersetzung im Grenzgebiet zwischen Ephraim und Juda, möglicherweise im Zusammenhang des sog. syrisch-ephraimitischen Krieges. Eine genauere Einordnung in das Geschehen ist nicht möglich. Dabei werden die beiden Staaten Ephraim und Juda je für sich in den

Blick genommen. Unklar ist jedoch auch hier, aus welcher Perspektive die Worte ursprünglich gesprochen sind. Der Text könnte zum einen gegeneinandergerichtete Fremdvölkerorakel des Nord- und Südreiches aufnehmen (V.[8.]9a.11a aus judäischer Sicht; V.[8.]10 aus ephraimitischer Sicht). Ebenso könnten ein Kriegsaufruf gegen Ephraim (V.8.9a) und eine Verhöhnung der dortigen Zustände (V.11a) aus dem Süden verwendet worden sein. Schließlich könnte sich der Abschnitt auch einer Aufforderung zur Verteidigung Ephraims (V.8) und eines Drohwortes gegen Juda (V.10) sowie Klagen über den drohenden Krieg (V.9a.11a) aus dem Norden bedienen. Die tatsächlichen Ursprünge lassen sich nicht mehr aufhellen. Entscheidend ist jedoch, daß das erwartete Unheil in diesen Sprüchen nicht als Strafe Gottes interpretiert ist, JHWH vielmehr als Staats- und Dynastiegott Partei für das jeweils eigene Staatswesen in Juda bzw. Ephraim ergreift. Gott und Staat bilden eine natürliche Einheit.[173]

Alles in allem fügt sich das rekonstruierte mündliche Material im Hoseabuch somit problemlos in die konventionelle Heils- und Mahnprophetie des Alten Orients ein.[174] Bei ihr handelt es sich in erster Linie um Königsprophetie, die dem Regenten eine lange Regierungszeit, den Fortbestand der Dynastie und den Sieg im Kampf gegen innere wie äußere Feinde zusichert. Daneben begegnen Forderungen ethischer und kultischer Art, die in wohlmeinende Mahnungen münden, sowie Warnungen vor drohendem Unheil, die auf eine Abwendung oder Minimierung der Gefahr zielen. Alles ist darauf ausgerichtet, das politische System und seine Machthaber zu stützen. Eine grundsätzliche Kritik an den Institutionen der Staatlichkeit, wie sie die alttestamentliche Überlieferung prägt, ist hier nicht zu entdecken.[175]

---

173 Für das natürliche Verhältnis zwischen Staat und Staatsgott vor Auftreten der Gerichtsprophetie vgl. immer noch Wellhausen, Geschichte, 78-103.
174 Ein Überblick findet sich bei Weippert, Aspekte, sowie neuerdings ders., NBL 3; Kratz, Propheten, 21-28. Für die neuassyrischen Parallelen vgl. ferner Nissinen, Relevanz.
175 Vgl. Nissinen, der in seiner Untersuchung „Das kritische Potential in der altorientalischen Prophetie" zu dem Schluß kommt, „dass die Propheten in diesen Gesellschaften in der Lage waren, die Unternehmungen des Königs kritisch zu beurteilen und ihm Vorwürfe zu machen", allerdings mit folgender Einschränkung: „Die Kritik ist immer gegen einen einzelnen König gerichtet und betrifft in der Regel seine Entscheidungen in einzelnen Situationen, nicht seine Person oder

Vergleichbar ist darüber hinaus die übrige aus den alttestamentlichen Büchern rekonstruierbare mündliche Verkündigung israelitischer und judäischer Propheten des 8. Jahrhunderts. Im Amosbuch sind das neben den von V. Fritz[176] herausgearbeiteten Bildworten Am 3,12a.bα[1]; 5,3*; 5,19, die von einer unspezifischen Unheilsahnung geprägt sind, partizipiale Wendungen, die konkrete Anklagen gegen die samaritanische Oberschicht vorbringen, jedoch keine Gerichtsaussage enthalten: Am 3,12bα[2].β; 4,1aα[2].β.b; 5,7; 6,4-6*.[177] Im Jesajabuch gehören dazu Heilsworte für Juda gegen die Feinde aus Aram und Ephraim in Jes (7,3-9a*?;) 8,1-4*; 17,1-3*, die wie die Sprüche hinter Hos 5,8-11 der Zeit des „syrisch-ephraimitischen Krieges" entstammen dürften.[178]

1.3. Anlaß und Bedeutung der Erstverschriftung

Ist damit die ursprüngliche Ausrichtung der hoseanischen Wortverkündigung in etwa bestimmt, können wir uns nun den historischen und theologischen Hintergründen ihrer ersten Verschriftung in der Komposition Hos 5,1f; 6,7-7,12* zuwenden.

Das älteste Hoseabuch propagiert einen JHWH, der sich gegen sein eigenes Volk, das Staatsvolk Ephraim, wendet. Als Begründung dienen zum einen die im mündlichen Material je nach Perspektive beklagten oder angeprangerten Mißstände in der Innen- und Königspolitik des Nordreiches. Sie werden aus ihrer konkreten Situation herausgelöst, auf eine allgemeingültige Ebene gehoben und zu Anklagen gegen das gesamte Volk gemacht (6,10-7,2*; 7,3.7). Dazu gesellen sich Anschuldigungen die Au-

---

seine Legitimität. Das kritische Potential der Prophetie führt in den uns bekannten Quellen nicht zu einer umfassenden Unheilsprophetie gegen das Königtum als Institution oder gegen die eigene Gesellschaft in ihrer Gesamtheit." (Zitat S.29f).

176 Fritz, Amosbuch, 35-37, dort auch die überzeugende Datierung der Amosworte in die 2. Hälfte des 8. Jahrhunderts.

177 Vgl. Kratz, Redaktion, 21; ders., Das Neue, 17; ders., Propheten, 56f; ders., Worte.

178 Vgl. Becker, Jesaja, 282.286, sowie Kratz, Redaktion, 21; ders., Das Neue, 11f; ders., Propheten, 54f.

ßen- und Bündnispolitik betreffend (7,11), die das mündliche Material noch nicht vorgab. Beide werden als Vergehen gegen JHWH gewertet und als Begründung für das unbedingte Gericht JHWHs gegen sein eigenes Volk herangezogen. Die ursprünglichen Prophetenworte erhalten dadurch einen völlig anderen, ja entgegengesetzten Sinn. Die althergebrachte selbstverständliche Beziehung zwischen Gott und Volk wird gekappt.

Wie läßt sich dieser radikale Bruch mit der überkommenen politischen und religiösen Ordnung nun erklären? Was ist die Ursache für das Aufkommen der unbedingten Gerichtsprophetie? Was nötigt zu einer derartigen Interpretation prophetischer Verkündigung im Rahmen einer schriftlichen Komposition?

Gewöhnlich werden die im Hoseabuch selbst angegebenen Gründe für bare Münze genommen und die chaotischen Zustände, die vielen Königsmorde und die Bündnispolitik des Nordreiches als Ursache für die unbedingte Gerichtsprophetie angesehen.[179] Allerdings sind diese alltäglichen Mißstände nicht dazu angetan, die Radikalität der Gerichtsbotschaft zu erklären. „Nicht die Sünde des Volkes, an der es ja nie fehlt und deretwegen man in jedem Augenblick den Stab über dasselbe brechen kann, veranlasst sie [sc. die klassischen Gerichtspropheten] zu reden, sondern der Umstand, dass Jahve etwas tun will, dass grosse Ereignisse bevorstehen."[180] So hat man im Vormarsch der Assyrer die Ursache für das Aufkommen der Gerichtsprophetie gesehen.[181] Doch auch die bloße Assyrergefahr vermag das unbedingte Nein der Hoseaüberlieferung nicht zu erklären. Kriegsgefahr hat es zu allen Zeiten gegeben. Sie dürfte eher zu Klage und Bitte als zur Ankündigung des vom eigenen Gott herbeigeführten Endes Anlaß gegeben haben. Man wird ihr in den althergebrachten Wegen entgegengetreten sein. Das natürliche Verhältnis von Gott und Volk wurde dadurch noch nicht in Frage gestellt. Diese außergewöhnliche Wende läßt sich erst damit erklären, daß die Verfasser der hoseanischen Grundschicht den durch Assur gewirkten Untergang des Nordreiches

---

179 Vgl. etwa Koch, Profeten, 11-26; ders., TRE 27, 486-491; Jeremias 20; Albertz, Religionsgeschichte, 245-280.
180 Wellhausen, Geschichte, 107.
181 Vgl. zuletzt Pfeiffer, Heiligtum, 225.

723/720 v.Chr. bereits erlebt haben.[182] Durch die Deutung der Katastrophe als Gericht versuchen sie, den Untergang Samarias im nachhinein zu erklären und JHWHs Handeln darin zu verstehen. Ihrer Interpretation zufolge ist der Nationalgott JHWH nicht zusammen mit dem Staat, mit dem er auf Gedeih und Verderb verbunden war, untergegangen. Diesen Untergang hat er vielmehr selbst gewirkt. Er tritt nicht mehr für sein Volk ein, sondern steht ihm auf seiten Assurs feindlich gegenüber.[183] Diese Deutung ermöglicht es, JHWH auch über den Zusammenbruch hinaus als Gottheit zu denken, als Gottheit jenseits der Staatlichkeit. Erst der Verlust der staatlichen Institutionen fordert die Schaffung einer neuen Wohnstatt für den heimatlos gewordenen JHWH heraus. Seine Heimat ist fortan die Schrift, das buchgewordene Prophetenwort.[184]

In der Grundschicht des Hoseabuches läßt sich der Übergang von konventioneller Heils- und Mahnprophetie zur unbedingten Gerichtsankündigung im Übergang vom Wort zur Schrift nachvollziehen. Beides, die unbedingte Gerichtsprophetie wie auch die auf Tradierung angelegte Schriftprophetie, hängt ursächlich zusammen und nimmt seinen Ausgang in der theologischen Reflexion über die staatliche Katastrophe des Nordreiches. Beides begegnet in etwa zeitgleich im jeweiligen literarischen Kern der Bücher Amos (Am 3-6*) und Jesaja (Denkschrift Jes 6-8* mit

---

182 Vgl. Kratz, Redaktion, 19f; ders., Das Neue, 20f; ders., Propheten, 65. Dagegen setzt Pohlmann, Erwägungen, das Aufkommen der unbedingten Gerichtsprophetie erst nach Untergang des Südreiches 587 v.Chr. an, weil sie den Horizont vorexilischer Denkmöglichkeiten übersteige. Offen bleibt bei dieser Datierung allerdings, warum in der Hosea-Grundschicht ausschließlich von Ephraim, Assur und Ägypten statt von Juda und Babylon die Rede ist. Im übrigen ist die Gerichtsprophetie auch nach 587 v.Chr ein religionsgeschichtlich singuläres Phänomen.

183 Möglicherweise ist dieses Interpretationsmuster angestoßen durch die von Spieckermann, Juda, 344-354, herausgearbeitete „Vorstellung von der Preisgabe der Besiegten durch ihre eigenen Götter" (345) in der neuassyrischen Propaganda der Sargonidenzeit.

184 Daneben hat es im Alten Orient freilich eine ganze Reihe von Möglichkeiten gegeben, mit Eroberungserfahrungen umzugehen, ohne daß das Gottesverhältnis der Besiegten dabei so radikal in Frage gestellt worden wäre, wie das in der Hosea-Grundschrift der Fall ist, vgl. etwa Berlejung, Notlösungen.

Verstockungsauftrag in Jes 6),[185] ist aber ansonsten im Alten Orient einschließlich Israel analogielos.[186]

2. Die Juda-Schicht

Hos 5,8-14 und Hos 8,7-10 konnten einer literarischen Ebene zugeordnet
werden, die Hos 7,8-12* und damit die gesamte hoseanische Grund-
schicht voraussetzt.[187] Die beiden Fortschreibungstexte bilden nach der
überkommenen Überschrift Hos 5,1-2 einen Rahmen um das vorgege-
bene Material Hos 6,7-7,12*, der den neuen Verstehenshorizont für den
Gesamtzusammenhang angibt. Entscheidende Neuerung gegenüber der
Grundschicht ist die Erweiterung des Adressatenkreises um das Südreich
Juda. Aufgrund einer verfehlten Außenpolitik erscheinen Ephraim und
Juda nun als eine Einheit unter das Vernichtungsgericht desselben Gottes
JHWH gestellt. Die Vereinigung der beiden Staaten zu einem Volk ist in
Hos 8,7-10 implizit, explizit jedoch ausschließlich in 5,8-14 vollzogen.
Aus der Perspektive dieses programmatischen Textes Hos 5,8-14, der
seinerseits eine Einengung des Blickwinkels auf das Geschick des Nord-
reiches enthält, ist Ephraim durchgängig als Teil des ganzen Volkes aus
Ephraim und Juda verstanden.
Bestimmend für die Formulierung der Ergänzungsschicht ist die Kon-
frontation von vorgegebenem Textmaterial einerseits und eigenen Zeitverhältnissen der Verfasser andererseits als Vorgang gegenseitiger Sinner-
schließung. Ergebnis ist der neue Gesamtzusammenhang aus Grundtext
und Ergänzungsschicht.[188] Im Blick auf die vorliegende Ergänzungsschicht stellt sich die Frage, zu welchem Zeitpunkt eine derartige „Ne-
beneinanderstellung von Ephraim und Juda ..., nicht mehr in der Rolle
von Widersachern, sondern als Schicksalsgenossen, die Gleiches leiden

185 Vgl. Kratz, Erkenntnis Gottes, 20f; ders., Propheten, 57-69.
186 Vgl. Jeremias, Proprium; Kratz, Erkenntnis Gottes, 19-21; ders., Redaktion, 16-
    23; ders., Propheten, 41-43.
187 S.o.S.68f.73-75.92.
188 Die hermeneutischen Voraussetzungen reflektiert Steck, Prophetenbücher. Vgl.
    auch Kratz, Art. Redaktionsgeschichte/Redaktionskritik; ders., Propheten, 43-51.

und Gleiches tun"[189] sinnvoll ist. Üblicherweise sieht man diese Situation mit dem Ende des sog. syrisch-ephraimitischen Krieges 733 v.Chr. gegeben, als Ephraim und Juda nach analogen Bündnisbemühungen gleichzeitig von Assur abhängig waren.[190] Gegen diese Auffassung spricht jedoch nicht allein der Umstand, daß sowohl in dem als älter erkannten literarischen Stratum, der Hosea-Grundschicht, als auch explizit in der Ergänzungsschicht (Hos 8,8) der Untergang des Nordreiches bereits vorausgesetzt ist. Darüber hinaus bleibt diese Sichtweise immer noch eine Erklärung dafür schuldig, wie ein ephraimitischer Prophet dazu kommt, eine gesamtisraelitische Perspektive einzunehmen. Einen Anlaß dazu hat es allein in den beiden letzten Dezennien des 8. Jahrhunderts v.Chr. (720-701) gegeben,[191] als die assyrische Expansion auf der syropalästinischen Landbrücke planmäßig von Norden nach Süden verlief[192] und in Ephraim wie in Juda auf dieselbe Gottheit JHWH stieß. In dieser Situation sah sich Juda wie zuvor Ephraim mit der näherrückenden assyrischen Übermacht konfrontiert. Beide Staaten suchten ihr durch analoge Bündnisbemühungen zu begegnen,[193] in Ephraim hat sie sich aber schließlich gegen den Nationalgott durchgesetzt. Angesichts dieser eindrücklichen Demonstration der Ohnmacht JHWHs gegenüber dem Vormarsch Assurs verschmolzen die Trägerkreise[194] des Hoseabuches die ehemals verfeindeten

---

189 Alt, Hos 5,8-6,6, 178.
190 So grundlegend Alt, Hos 5,8-6,6, 177-182, und Donner, Israel, 50f.53-63.
191 Vgl. Kratz, Erkenntnis Gottes, 10; ders., Redaktion, 19f. Möglich ist auch eine Datierung dieses Phänomens in die Zeit nach dem Untergang des Südreiches 587 v.Chr., doch wäre dann zu erklären, warum zwar von Juda neben Ephraim, nicht aber gleicherweise von Babylon neben Assur die Rede ist und warum mit der Hosea-Grundschicht ein Buch über einen vor knapp 150 Jahren untergegangenen, fremden Staat zur Hand genommen wird. So wird diese Option auch von kaum einem Exegeten vertreten; vgl. aber Levin, Das Alte Testament, 93-96, der antisamaritanische Polemik vermutet.
192 720 gegen Hamath (darunter Samaria), 713-711 gegen Asdod, 705-701 gegen Askalon (in diesem Zusammenhang auch gegen Jerusalem); s. zu den assyrischen Quellen TUAT I, 378-391, u. vgl. etwa Herrmann, Geschichte Israels, 314-320.
193 Für Ephraim vgl. TUAT I, 371.378; II Reg 15,19f (Menachem) u. TUAT I, 374.377; II Reg 17,3f (Hosea); für Juda vgl. II Reg 16,7f; TUAT I, 375 (Ahas), 381.
194 Der Umstand, daß das Südreich ins Blickfeld der prophetischen Reflexion kommt, läßt darauf schließen, daß die Hosea-Überlieferung nach Juda gelangt ist,

Reiche Ephraim und Juda zu einer Einheit im Gottesgericht, zu dem einen Gottesvolk Israel.[195] Denn sie sahen im Sinne des überkommenen Textmaterials wie im erfolgten so auch im drohenden Untergang des jeweiligen Staates JHWH am Werk.[196] Das gleiche Phänomen läßt sich in der Jesaja-Denkschrift Jes 6-8* beobachten, explizit in Jes 8,11-15.

3. Die kultpolemische Schicht

Eine weitere Ergänzungsschicht baut das überkommene Material zu der Komposition Hos 4,1-9,9 aus. Sie fügt den vorgegebenen politischen Gerichtsbegründungen solche kultischer Art hinzu. Ihr gehören folgende Texte zu: Hos 4,1f; 4,4-10*; 4,11-14*; 5,6-7; 5,15-6,6*; 7,13-16; 8,1-3*; 8,11f; 9,3-9*. Aus strukturellen Erwägungen heraus wird man noch Hos 8,4a diesem Stratum zuordnen dürfen.[197] Ergänzungsschicht und überkommenes Textmaterial formen ein planvoll arrangiertes Ganzes mit neuer Gesamtaussage.

---

vielleicht mit der Flüchtlingsbewegung nach Untergang des Nordreiches; vgl. Broshi, Expansion.

195 Dieser Sachverhalt läßt sich in nuce an der Interpretation des aufgenommenen mündlichen Materials in Hos 5,8-14 nachvollziehen, s.o.S.54-59.

196 Da der gemeinsame Nationalgott JHWH aller Wahrscheinlichkeit nach in lokalen Manifestationen existierte, „die unabhängig voneinander Verträge schlossen oder Kriege führten" (Kratz, Redaktion, 20; vgl. Dtn 33,2; Jdc 5,4f; Ps 68,9; Hab 3,3; v.a. aber die inschriftlichen Belege aus *Kuntilet ʿAǧrūd* bei Renz/Röllig, Handbuch I, 47-64 (Lit.!), zur Sache Emerton, New Light, 9-13; Keel/Uehlinger, Göttinnen, 255-259), wird man die Vernichtung Ephraims in Juda eher mit Gelassenheit und Genugtuung als mit Sorge um die eigene Existenz betrachtet haben. Der Umstand, daß der Untergang des Nordreiches in der prophetischen Reflexion aber auch als Bedrohung für das Südreich verstanden werden konnte, setzt voraus, daß hier die beiden Erscheinungsformen JHWHs in Ephraim und Juda als Einheit gedacht sind.

197 S.u.S.123.

3.1. Aufbau

Hos 4,1-2 und 9,3-9* bilden deutlich zwei korrespondierende äußere Rahmenteile der Komposition Hos 4,1-9,9.[198] Für das Material innerhalb dieser literarischen Klammer, Hos 4,4-8,13*, hat J. Jeremias eine Unterteilung in zwei Großkompositionen 4,4-5,7* und 5,8-8,13* vorgeschlagen, in denen 4,4-19* und 5,1-7* auf der einen, 5,8-7,16* und 8,1-13* auf der anderen Seite parallel strukturierte Abschnitte darstellen.[199] Leuchtet diese Sichtweise in bezug auf die zweite Großkomposition Hos 5,8-8,13* unmittelbar ein (s.u.), bereitet es innerhalb der ersten Großkomposition Hos 4,4-5,7* einige Mühe, Hos 4,4-19* und 5,1-7* als jeweils dreigliedrige Parallelkompositionen anzusehen. Denn zum einen vermögen die von J. Jeremias beigebrachten Entsprechungsmerkmale eine derartige Auffassung nur schwer zu tragen: In bezug auf den jeweiligen ersten Teil (4,4-10* und 5,1-2) konnte die Unterscheidung von Haupt- und Mitschuldigen für 5,1-2 jedenfalls nicht verifiziert werden. Hos 5,1-2 weist in der Struktur ohnehin eher auf 4,1-2 (Höraufruf mit doppeltem כי). In bezug auf den jeweiligen zweiten und dritten Teil sind die Entsprechungsmerkmale sehr allgemein gehalten (4,11-14 und 5,3-4: konzentrischer Aufbau; 4,16-19; 5,5-7*: Fehlen von Gottesrede und Anrede an Hörer). Zum anderen läßt 5,1-7* eher Bezüge nach 5,8ff erkennen als nach 4,4-19*,[200] was in besonderer Weise für 5,6-7 gilt. In Analogie zu 4,1-2 weisen diese Verse auf das Scharnier 5,15-6,6*; 6,7ff, so 5,6 sachlich und terminologisch (בקש, הלך) auf 5,15-6,6* und 5,7 auf 6,7ff (בגד: bei Hos sonst nur noch in 6,7; זר: 7,9; 8,7; אכל: 7,7.9; 9,3). Hos 5,6-7 hat also zusammenfassenden Charakter[201] und wird zur Überschrift 5,1-2 zu zählen sein.[202] Zusam-

---

198 S.o.S.97f.

199 Jeremias, Hos 4-7, 49f.56; ders. 64f.103f.

200 So auch Nissinen, Prophetie, 149, u. v.a. Naumann, Hoseas Erben, 43-45. Zum Überschriftcharakter von 5,1f, wodurch 6,7-7,12* zusammengebunden wird, s.o.S.79; zu 5,3f.5 beachte die wörtlichen Übereinstimmungen von 5,3b* mit 6,10b* und von 5,5a mit 7,10a gegenüber dem Stichwortbezug רוח זנונים in 5,4b zu 4,12b; 5,6-7 hat sachlich und terminologisch in 5,15-6,6* seine nächste Parallele, darüber hinaus Stichwortanklänge in 6,7ff (6,7: בגד; 7,9; 8,7.12: זר; 7,7.9; 9,3: אכל).

201 Vgl. Nissinen, Prophetie, 149.

men sind 5,1-2.6-7 als Teil des Rahmens der Komposition Hos 4,1-9,9
anzusehen, zum einen wegen besagter Analogien zu 4,1-2, zum anderen
aufgrund der Bezüge in das Schlußstück 9,7-9 über die Feindschaft gegen
den Propheten (פה; עמק hi.).

Dieser Rahmen Hos 4,1-2; 5,1-2.6-7; 9,3-9* gibt die Strukturierung
der Komposition an: Die beiden von markanten Höraufrufen eröffneten
Einleitungsstücke 4,1-2 und 5,1-2.6-7 nehmen eine Zweiteilung vor und
werden im Schlußstück 9,3-9* zum Ziel gebracht. In der Aufkündigung
des Wohnrechts im Land (9,3: לא ישבו בארץ יהוה) kommt der in 4,1-2
begonnene Rechtsstreit JHWHs mit den Bewohnern des Landes
(ריב ליהוה עם יושבי הארץ) zum Abschluß. In der Beschreibung der
Feindschaft gegen den Propheten erreicht die Ablehnung der durch die
Höraufrufe 4,1a und 5,1a angezeigten Botschaft und darin eben JHWHs
selbst ihren Höhepunkt (5,1f; 9,7f: פה; עמק hi.). Der endgültige Erweis
des Bruches zwischen JHWH und seinem Volk ist damit erbracht.

In diesen Rahmen, der von JHWH in 3.Pers. redet,[203] sind zwei aufeinander bezogene JHWH-Reden Hos 4,4-14* und 5,8-8,13* eingefaßt,
die die für den Rechtsstreit beanspruchten Vergehen des Volkes aufdecken. Die zwei Einheiten des vorderen Redegangs geben den Lesehorizont vor. Hos 4,4-10* bringt einen JHWH zu Gehör, der in seiner Tora
von sich Kenntnis gegeben hat, von Priestern und Volk aber vergessen
wurde. Hos 4,11-14* spricht darauf mit dem Kult als Ausdruck dieser
fehlenden Gotteserkenntnis das in der Schicht neue Thema an. Der hintere Redegang Hos 5,8-8,13* führt den Mangel an Gotteserkenntnis als
Erkenntnis eines anderen JHWH in Kult und Politik vor. Der Redegang

---

202 Daß 5,3-4 einem jüngeren Textstratum zugehört, das die Hinwendung des Volkes
    zu JHWH im Kult aus 5,6-7 als hurerische Hinwendung zu anderen Göttern in-
    terpretiert, wurde bereits notiert; s.o.S.109f. (Gruppe 2 der kultkritischen Texte) u.
    vgl. Naumann, Hoseas Erben, 43-45. Die konzentrisch aufgebaute (Jeremias 75)
    Einheit V.3-4 gestaltet dabei offensichtlich den harten Übergang zwischen
    JHWH-Rede (V.1-2 u. 3) und Rede von JHWH in 3.Pers. (V.6-7) etwas weicher
    (zum Überleitungscharakter von V.3 vgl. auch Mazor, Hos 5.1-3, 123). Dahinge-
    gen ist V.5 noch späterer Zusatz, der V.3-4.6-7 durch das Stichwort גאון auslegt
    und mit 7,10 eine Art Kehrvers bildet, s.o.S.71 u. vgl. zum sekundären Charakter
    von 5,5 Robinson 21f; Jeremias 74.76; Seifert, Reden, 143.
203 Eine Ausnahme stellt allein das überkommene Material innerhalb des zweiten
    Einleitungsstücks 5,1-2 dar.

besteht aus zwei parallel strukturierten Abschnitten 5,8-7,16* und 8,1-13*,[204] die jeweils nacheinander die Themen Kult (5,8-6,6*; 8,1-3*) – Innenpolitik (6,7-7,7*; 8,4a) – Außenpolitik (7,8-12*; 8,7-10) – Kult (7,13-16; 8,11-12) behandeln und auch innerhalb der einzelnen Bereiche deutlich aufeinander bezogen sind. Innerhalb von 5,8-6,6* und 8,1-3* entsprechen sich der jeweilige Beginn mit dem Ertönen des שׁופר angesichts von Feindgefahr (5,8; 8,1) und das darauffolgende Aussprechen der falschen Gotteserkenntnis (ידע) durch das Volk. Innerhalb der beiden Abschnitte über die Innenpolitik korrespondieren die jeweilige Einleitung durch das exponiert plazierte Personalpronomen 3.m.pl. (והמה bzw. הם) sowie die Bezeichnung der politischen Machthaber (Wurzel מלך; שׂר bzw. שׂרר). Die folgenden Einheiten über die Außenpolitik sind teilparallel aufgebaut.[205] Schließlich sind die hinteren Abschnitte über den Kult durch den bei Hosea sonst nicht verwendeten Begriff חשׁב (7,15; 8,12) untereinander und darüber hinaus im Chiasmus auf die beiden Einheiten des vorderen Redegangs rückbezogen, so 7,13-16 auf 4,11-14* (תירושׁ; לב[206]) und 8,11-12 auf 4,4-10* (רבם bzw. רבה; Wurzel זבח; חטא; תורה).

3.2. Aussageprofil und Veranlassung

Bei der Beschreibung des Aufbaus ist der Gedankengang des neubearbeiteten Buches bereits hinreichend nachgezeichnet worden, so daß sein Aussagegehalt nun in aller Kürze umrissen werden kann.

Die Ergänzungsschicht bringt eine Alternative in JHWH ein, die sie in Blick auf den Kult formuliert, aber auch auf die überkommenen politi-

---

204 S. Jeremias, Hos 4-7, 56; ders. 103f. Allerdings ist die Polemik gegen das Stierbild in 8,4b-6, das in 5,8-7,16* keine Entsprechung hat, Hos 8* gegenüber als sekundär anzusehen, s.o.S.110 (Gruppe 3 der kultkritischen Texte).
205 S.o.S.74.
206 Zum einen sind 4,11-14* und der vordere Redegang 5,8-7,16* durch den Begriff לב miteinander vernetzt (4,11; 7,2.6.11.14), zum anderen aber auch durch die Diskrepanz zwischen der im Bekenntnis 6,1-3 ausgesprochenen Erwartung des Volkes, von JHWH aufgerichtet zu werden (6,2 קום hi.), und der zum Ende eines jeden Textbereiches zum Ausdruck kommenden faktischen Abwärtsbewegung des Volkes (4,14 לבט ni.; 7,7 נפל; 7,12 ירד hi.; 7,16 נפל).

schen Vorwürfe bezogen sehen will. Auf der einen Seite steht der JHWH, den das Volk in der Politik und im Kult protegierend wirksam sieht (6,1-3), auf der anderen Seite der JHWH des Propheten, der jenseits der Außen- und Innenpolitik (8,4a) sowie jenseits des Kultes (5,6) agiert, in den Torot von sich Kenntnis gegeben hat (4,6; 8,12), von Priestern und Volk aber vergessen wurde (4,4-10*). Aus dieser Perspektive sind Politik und Kult Ausdruck mangelnder Gotteserkenntnis.

Die Gottesfrage bricht aus naheliegenden Gründen beim Kult auf. Er prägt sowohl den Schuldaufweis als auch die Strafzumessung. Vor dem Hintergrund der Vorstellung JHWHs als Eigentümers des Landes (9,3a) wird dessen Bewohnern (4,1b) das Wohnrecht aufgekündigt (9,3). Außerhalb des Landes ist JHWH-Kult aber aufgrund der territorialen Beschränkung der Gottheit auf ihr Land unmöglich. In der Vertreibung setzt JHWH so der falschen Gotteserkenntnis im Kult selbst ein Ende (9,4).

Die Neubearbeitung des überkommenen Hoseabuches dürfte in denselben Zeitraum des assyrischen Vormarsches auf der syropalästinischen Landbrücke in den beiden letzten Jahrzehnten des 8. Jahrhunderts v.Chr. fallen, der auch schon für die Abfassung der Juda-Schicht wahrscheinlich gemacht werden konnte. Vor diesem Hintergrund läßt sich die geschilderte Differenzierung innerhalb von JHWH jedenfalls am ehesten plausibel machen. Die Überlieferer des Hoseabuches, die vom überkommenen Textmaterial her die assyrische Expansion als Gericht des einen JHWH an seinem Volk aus Ephraim und Juda verstanden, scheinen es als scharfen Kontrast empfunden zu haben, wenn nach Untergang des Nordreiches in Juda die selbstverständliche Verbindung von Staat und Nationalgott fortbestand, die in Ephraim mit demselben Gott JHWH zerbrochen war. So traten für sie JHWH und JHWH auseinander: der wahre JHWH, der jenseits der staatlichen Institutionen auf seiten Assurs gegen sein Volk auftrat, wurde von einem trügerisch-machtlosen JHWH unterschieden, den man in Juda als Garant der staatlichen Institutionen wirksam sah. Theologiegeschichtlich stehen der kultpolemischen Ergänzungsschicht Texte wie Jes 1,10-15.16f; Am 5,21-27 am nächsten.[207] Dagegen hat sich

---

207 Vgl. Kratz, Kultpolemik, bes. 103-111.

ein bundestheologischer Hintergrund, wie er neuerdings für eine deuteronomistische Verortung gewisser Texte dieser Schicht, v.a. 4,1-2; 5,15-6,6,
angenommen wird, nicht verifizieren lassen.[208]

4. Die Trägerschaft der Hosea-Überlieferung

Wenden wir uns abschließend noch der Frage nach den Trägerkreisen der
Hosea-Überlieferung zu, begeben wir uns auf dünnes Eis. Über sie ist
nichts bekannt, so daß wir über Vermutungen nicht hinauskommen.
Auf relativ sicherem Boden befinden wir uns allein im Fall der altorientalischen Prophetie.[209] Hier fällt auf, daß die Propheten ihre Botschaften
niemals selber schriftlich niedergelegt haben, was angesichts der Tatsache,
daß eine Ausbildung in Lesen und Schreiben für die Ausübung ihres Be-
rufes nicht notwendig gewesen sein dürfte, wenig überrascht. Stets haben
sie sich professioneller Schreiber bedient,[210] die an den Schreiberschulen
von Hof und Tempel angesiedelt waren. Im neuassyrischen Reich unter
Asarhaddon und Assurbanipal scheint es in solchen Kreisen zu einer
ersten Sammlung und Tradierung sowie zu einer regelrechten schriftge-
lehrten Beschäftigung mit Prophetenworten gekommen zu sein.
Anders als im Alten Testament hat die Überlieferung der assyrischen
Prophetien den Untergang des Reiches 612 v.Chr. nicht überdauert. Ob
das daran liegt, daß die Zeit zur Ausbildung einer tragfähigen Überliefe-
rungstätigkeit zu kurz war,[211] erscheint jedoch eher zweifelhaft. Denn für
die assyrischen Schreiber bestand, nachdem der institutionelle Rahmen, in
den sie eingebettet waren, zerbrochen war, keine Veranlassung mehr zur
Weitertradierung der Orakel. So riß mit dem staatlichen Untergang auch
die Überlieferung ab.

---

208 S.o.S.99f gegen Yee, Composition, 145-153.267f.279f; Nissinen, Prophetie, 152-
    168.183-185.199-203.204-211.
209 Vgl. diesbezüglich den instruktiven Beitrag von Nissinen, Spoken.
210 In einem Brief aus Mari (ARM 26, Nr. 414,29-42, zitiert bei Nissinen, Spoken,
    245f) ist sogar belegt, wie ein Prophet bei einem königlichen Offiziellen einen
    Schreiber anfordert, damit dieser für ihn ein empfangenes Gotteswort an den Kö-
    nig niederschreibt. Für das AT vgl. Jer 36.
211 So Nissinen, Spoken, 254.

Im Unterschied dazu setzt die Überlieferungsbildung im Buch Hosea, wie wir sahen, erst mit Untergang des Nordreiches und seiner staatlichen Institutionen richtig ein. Zwar dürfte es auch in Israel analog den neuassyrischen Verhältnissen eine Überlieferung von Prophetenworten gegeben haben. Anders als jene verschwanden diese nach der Katastrophe aber nicht unter den Trümmern brennender Palastarchive, sondern entfalteten ihre Wirkung in der beginnenden Schriftprophetie. Dabei könnten die Tradenten der Hosea-Überlieferung durchaus ehemaligen Schreiberschulen entstammen. Im Unterschied zu ihren assyrischen Kollegen nahmen sie aber nach Untergang des Reiches eine grundsätzlich ablehnende Haltung zu Hof und Tempel ein. Nicht der Legitimation und Stützung der staatlichen Institutionen diente ihre Schrift, sondern der Vergewisserung JHWHs über den staatlichen Untergang hinaus und dem Schriftstudium. Auf diese Weise hat sich hier eine Form von „Tradentenprophetie"[212] herausgebildet, die über die Wechselfälle der Geschichte erhaben war.

Eine Parallele zu dieser Entwicklung findet sich möglicherweise in Qumran.[213] Die Bildung dieser Siedlung am Toten Meer geht vermutlich auf den Verlust des Hohenpriesteramtes am Jerusalemer Tempel zurück.[214] Typisch für die neu entstandene Gruppierung ist unter anderem ein hohes Maß an schriftgelehrter Betätigung. Dabei werden die mitgebrachten heiligen Schriften studiert, tradiert und ausgelegt. Dies schlägt sich auch in der Entstehung zahlreicher eigener Werke nieder. Unter ähnlichen Bedingungen könnte man sich vielleicht auch den Ausgang der hoseanischen Überlieferung vorstellen. Wir befinden uns mit Qumran zwar in sehr viel späterer Zeit. Andere historische Analogien existieren aber nicht.

---

212 Zum Begriff vgl. Steck, Prophetenbücher, 166-177.
213 Vgl. Kratz, Propheten, 49.
214 Vgl. Stegemann, Essener, 198-226, und zur Diskussion van der Woude, ThR 57, 225-253.

C. Die Eingangskapitel des Hoseabuches

In der Einleitung (A.I.) wurde bereits darauf hingewiesen, daß sich das Hoseabuch in zwei recht ungleiche Teile gliedert: Der erste Teil, Hos 1-3, kreist thematisch um die Ehe des Propheten Hosea als Bild für das Verhältnis JHWHs zu Israel. Er ist im Berichtstil gehalten. Im Zentrum, Hos 2, steht eine wohlstrukturierte und mit Rahmenformeln versehene Gottesrede. Im zweiten Teil, Hos 4-14, tritt die Ehemetapher fast vollständig zurück.[1] Das Verhältnis JHWHs zu seinem Volk wird statt dessen in anderen Bildern zum Ausdruck gebracht: Israel erscheint darin als Weintraubenfund in der Wüste (9,10) und als Adoptivsohn JHWHs (11,1). An die Stelle der Erzählung tritt Spruchüberlieferung, die im Unterschied zu der Gottesrede in Hos 2 – mit Ausnahme der Gottesspruchformel 11,11 – keine Rahmenformeln aufweist.

Bis zu Beginn des 20. Jahrhunderts wurde der unterschiedliche Charakter der beiden Buchteile in der Regel biographisch erklärt.[2] Die Differenzen in Form und Inhalt haben ihre Ursache demnach in unterschiedlichen Verkündigungsphasen des Propheten: Während Hos 1-3 den letzten Jahren Jerobeams II. entstamme (vgl. Hos 1,1.4), nehme Hos 4-14 bereits auf die unruhigen Zeiten nach seinem Tod Bezug. Die Einheit beider Teile bleibt über die Person des Propheten aber gewahrt.

Im Verlauf des 20. Jahrhunderts wurde dagegen mehr die jeweilige Eigenständigkeit beider Buchteile betont. Eine Extremposition nehmen dabei diejenigen Forscher ein, die im Gefolge von H. Graetz zwei ursprünglich voneinander unabhängige Autoren Proto- und Deutero-Hosea

---

1   Ausnahme ist die Rede von Israels Hurerei „von JHWH weg" in Hos 4,12; 9,1.
2   Vgl. etwa Umbreit 7f; Wünsche IX-XVIII; Nowack[3] 3-5.9f u. noch Kraeling, Prophets 50.58.

zu unterscheiden suchen, deren literarische Hinterlassenschaft mehr oder weniger zufällig zusammen überliefert wurde.[3]

Gewöhnlich werden die Differenzen zwischen Hos 1-3 auf der einen und Hos 4-14 auf der anderen Seite aber mit der je eigenen mündlichen[4] oder schriftlichen[5] Überlieferungsgeschichte erklärt. Dieser bis heute vorherrschenden Meinung zufolge liegen sowohl Hos 1-3 als auch Hos 4-14 Worte ein und desselben Propheten aus dem 8. Jahrhundert v.Chr. zugrunde, die zu unterschiedlichen Sammlungen vereinigt und unabhängig voneinander überliefert worden seien. Dabei hätten beide Sammlungen ihre je charakteristische Ausgestaltung erfahren. Frühestens in exilischer Zeit habe dann eine Zusammenfügung der bis dato selbständig gewachsenen und tradierten Buchteile stattgefunden.

Vereinzelt ist die unterschiedliche Gestaltung beider Buchteile neuerdings auf die Arbeit von Redaktoren zurückgeführt worden. G. A. Yee macht dafür die Endredaktion verantwortlich. Ihrer Meinung nach habe der Endredaktor das Hoseabuch durch Einfügung heilvoll ausgerichteter Eigenformulierungen (Hos 3; 11; 14) einer Dreiteilung unterzogen. In jedem der drei Teile werde das Verhältnis zwischen JHWH und Israel mit einem charakteristischen Bild beschrieben: in Hos 1-3 mit dem Bild der Ehe, in Hos 4-11 mit dem Bild der Kindschaft und in Hos 12-14 wieder mit dem Bild der Ehe. Dem Endredaktor habe dabei eine schon redigierte Sammlung von Hoseaworten vorgelegen, die alle drei Buchteile durchzieht.[6]

Dagegen hält C. Levin den ganzen ersten Buchteil als Werk von Redaktoren, die eine überkommene Sammlung von Prophetenworten (Hos 4,1ff) mit einer neuen Einleitung versehen haben. Hos 1-3 gebe sich

---

3   Graetz, Geschichte, 392-399; Kaufmann, Religion, 368-377; Ginsberg, Art. Hosea. Vgl. auch Toy, Note, der unabhängig von Graetz zu diesem Ergebnis gelangt zu sein scheint.

4   So etwa Nyberg, Studien, 7-9.17-19; Birkeland, Traditionswesen, 59-63; Buss, Word, 33f.47f.

5   So etwa Wolff XXIII-XXVII; Willi-Plein, Vorformen, 126-129.252f; Jeremias 19f; ders., TRE 15, 591-593; ders., RGG[4] 3, 1909f; Haag, Ehe, 8f.

6   Yee, Composition, 51f.310-313. Vgl. schon Marti 1f, der für die Zweiteilung des Hoseabuches einen Redaktor verantwortlich macht, der Hos 3 eingeschaltet habe.

dabei als vielschichtiges Gebilde zu erkennen. Prophetenworte seien darin aber nicht zu finden.[7]

Versucht man nun, die in der Forschung vertretenen Auffassungen zum Verhältnis von Hos 1-3 und Hos 4-14 einer Bewertung zu unterziehen, mag ein Blick auf die bisher erzielten Ergebnisse hilfreich sein. Die Analyse von Hos 11 hat erbracht, daß der Komplex Hos 4,1-9,9 bereits in der Grundschicht des Kapitels vorausgesetzt ist, während die Bezüge zu den Geschichtsrückblicken ab Hos 9,10 und zu den Eingangskapiteln Hos 1-3 erst mit einer Ergänzungsschicht Einzug in den Text gehalten haben. Dieser Befund hat die Arbeitshypothese nahegelegt, daß Hos 4,1-9,9 den literarhistorischen Kern des Hoseabuches bildet.[8] Und tatsächlich hat sich erwiesen, daß Hos 4,1-9,9 ein literarisch geschlossenes Ganzes darstellt.[9] Von daher ist es eher unwahrscheinlich, daß dem Hoseabuch eine alle Teile durchziehende Sammlung von Prophetenworten zugrunde liegt, die erst sekundär untergliedert und charakteristisch ausgestaltet worden sei (so G. A. Yee). Die weitere Analyse wird dieses Urteil bestätigen. Darüber hinaus sind in sekundären Partien von Hos 4,1-9,9 literarische Rückbezüge zu Hos 2, also Spuren einer erst nachträglichen Vernetzung der Komposition Hos 4,1-9,9 mit Hos 1-3 festgestellt worden.[10] Es erhebt sich somit die Frage, ob – wie gemeinhin angenommen – auch in Hos 1-3 mit einem eigenen Überlieferungskern zu rechnen ist oder ob der erste Buchteil von vornherein im Blick auf Hos 4ff formuliert wurde (so C. Levin). Klärung soll eine nähere Untersuchung von Hos 1-3 bringen.

---

7   Levin, Verheißung, 239f.
8   S.o.S.42f.
9   S.o.S.97-99.110f.
10   S.o.S.109f (zweite Gruppe kultkritischer Texte).

I. Einheit und Vielfalt in Hos 1-3

1. Annäherungen

Hos 1-3 kreist thematisch um die Ehe des Propheten Hosea als Bild für das Verhältnis JHWHs zu Israel.[11] Betrachtet man die Textoberfläche,[12] ist eine Geschehnisfolge intendiert: Hos 1 berichtet Eheschließung und Geburt dreier Kinder. Hos 2 schildert die Trennung von der Frau (V.4-15) und kündigt deren Wiederannahme an (V.16-25). In Hos 3 wird die Wiederannahme der Frau schließlich vollzogen.

Dabei ist umstritten, ob es sich in Hos 1 und 3 um ein und dieselbe oder zwei verschiedene Frauen handelt.[13] Für letzteres könnte die Indeterminiertheit der Frau in Hos 3,1 sprechen. Doch läßt sich die Artikellosigkeit von אשה auch qualifizierend verstehen: „liebe eine solche Frau!"[14] Daß der Prophet eine bestimmte Frau im Blick gehabt hat, scheint dann auch die Formulierung der Ausführung des Befehls in 3,2 mit bloßem Pronominalsuffix zu indizieren: „Da kaufte ich sie mir." Allerdings könnte sich das Suffix 3.f.sg. ebenso gut auf eine unbestimmte Frau rückbeziehen: „Da kaufte ich mir eine."[15] Vom grammatikalischen Standpunkt aus ist die Frage, ob in Hos 3 von einer zweiten Frau die Rede ist, also nicht zu entscheiden. Wenn die Ehe des Propheten aber in irgendeiner Weise die Beziehung JHWHs zu Israel abbilden soll, muß es

---

11 Zur Auslegungsgeschichte s. Rowley, Marriage; Rudolph 40-49 u. bes. die Studie von Bitter, Ehe. Neuere Literatur referiert Wacker, Figurationen, 106-139. Besondere Beachtung wurde Hos 1-3 von seiten feministischer Theologie zuteil; s. Balz-Cochois, Gomer; Setel, Pornographie; Leith, Verse; van Dijk-Hemmes, Imagination; Wacker, Figurationen; Exum, Plotted, 101-128; Landy 31-47; Sherwood, Prostitute, 254-322; Törnkvist, Use; Baumann, Liebe; Keefe, Body, sowie die Beiträge in dem von Brenner herausgegebenen Feminist Companion to the Latter Prophets; vgl. auch Snyman, Social Reality. Einen Überblick über die feministische Beschäftigung mit der Ehemetapher bietet Boshoff, Female Imagery.

12 S. die sorgfältigen synchronen Textbeobachtungen von Vogels, Osée – Gomer, und Renaud, Livret. Vgl. neuerdings auch Sherwood, Prostitute.

13 Für ersteres vgl. etwa die Aufzählung bei Rowley, Marriage, 224, Anm. 2, und die meisten Neueren; für letzteres die bei Rowley, Marriage, 219, Anm. 4, und Schäfer-Lichtenberger, JHWH, 114f.121; Wacker, Figurationen, 119.

14 GK §125b.

15 So etwa Ehrlich, Randglossen, 171; Rudolph 85; Wacker, Figurationen, 90.

sich in Hos 1 und 3 um ein und dieselbe Frau handeln. „Denn die Bedeutung der Handlung geht verloren, wenn die hier erwähnte Person
nicht die selbe ist wie in Kap. 1. Wenn Hosea ein neues Weib nehmen
soll, das zu ihm bis dahin in keiner Beziehung gestanden hat, das also
auch, wenn es אהבת רע ומנאפת heisst, nicht ihm, sondern einem Dritten
die Ehe gebrochen hat, was soll das für das Verhältnis Jahwes zu Israel
besagen? will er das treulose Israel, das Weib seiner Jugend verstossen
und dafür ein neues Volk, ein anderes Weib nehmen – aber nicht etwa ein
reines und treues, sondern eins, das auch schon die Ehe gebrochen hat,
nur nicht ihm? Das wäre Aberwitz. Es widerspricht zudem völlig der
folgenden Deutung: sowie Jahwe die Kinder Israel lieb hat, trotzdem
sie sich fremden Göttern zuwenden. Vielmehr, nur in Bezug auf Hosea
kann אהבת רע ומנאפת gesagt sein; das Weib hat ihm die Ehe gebrochen."[16]

Bei aller Geschlossenheit im Leseablauf lassen sich gewisse Spannungen und Inkongruenzen innerhalb von Hos 1-3 nicht übersehen. Besonders augenfällig sind Unterschiede in der *formalen* Gestaltung der drei Kapitel. So ist Hos 1 als Fremdbericht, Hos 2 als Gottesrede und Hos 3 als
Eigenbericht gestaltet. Doch die Unterschiede zwischen den einzelnen
Kapiteln beschränken sich nicht auf ihre Form. Mit den formalen gehen
auch *inhaltliche* Inkongruenzen einher: Während die im Berichtstil gehaltenen Kapitel 1 und 3 von Hoseas Ehe mit Gomer handeln, kommt in der
Gottesrede Hos 2 JHWHs Ehe mit Israel unmittelbar zur Sprache. Allerdings ist in Kap. 1 von der Ehe nur am Rande die Rede; eigentlich geht es
darin um die aus dieser Ehe hervorgegangenen Kinder und ihre Symbol-
namen. Diese finden dafür in Hos 3 keine Erwähnung. Hier ist die für

---

16 Wellhausen 104. Ein Sonderfall der soeben zurückgewiesenen Auffassung, Hos 1
   und 3 spreche von zwei verschiedenen Frauen, stellt deren Interpretation als
   Repräsentantinnen der beiden Reiche Ephraim und Juda dar. Diese Interpretation
   findet sich schon in der Antike (vgl. etwa Hieronymus, Osee I, i, 164-167), in
   neuerer Zeit etwa bei Marti 33f; Diebner, Frau; Wacker, Figurationen, 240;
   vorsichtig: Schart, Entstehung, 170f. Dabei kann die Zuordnung, welche Frau
   welches Reich repräsentiert, differieren, was die Überzeugungskraft dieser
   Interpretation nicht eben erhöht. Zumeist wird die erste Frau auf das Nordreich, die
   zweite auf das Südreich gedeutet (umgekehrt etwa Marti 34). Eindeutige Hinweise,
   daß eine der beiden Darstellungen der Frau allein auf Juda zu beziehen sei, fehlen.

Hos 1-2 charakteristische Unterscheidung zwischen Frau und Kindern aufgehoben; die Frau steht nun für die Söhne Israel.

Wie ist der je eigene Charakter der drei Kapitel bei gleichzeitiger Verknüpfung im Aussageverlauf zu erklären?

Einige Forscher versuchen, mit bloßen Textänderungen auszukommen. So erklärt etwa K. Budde die Unterschiede in der formalen Gestaltung der Kapitel mit der Annahme, durch die Einfügung der Rede Hos 2 sei ein Bericht über die Trennung Hoseas von Gomer verdrängt und in Hos 1 ein ursprünglicher Ich-Bericht in einen Er-Bericht umgewandelt worden.[17] Allerdings fragt man sich, warum ein Späterer einen Selbstbericht in einen Fremdbericht verwandelt, einen anderen durch eine Gottesrede ersetzt und dann vor Hos 3 Halt gemacht haben sollte. Überhaupt sind die Unterschiede zwischen den Kapiteln – wie gesehen – nicht nur formaler, sondern auch inhaltlicher Natur.

Andere betonen mehr die Differenzen zwischen den einzelnen Kapiteln und führen diese auf eine je eigene mündliche oder schriftliche Vorgeschichte zurück. So sieht die traditionshistorisch orientierte Forschung in den drei Kapiteln selbständige mündliche Traditionskomplexe.[18] J. Jeremias hält sie dagegen für drei voneinander unabhängige literarische Einheiten.[19] Jedenfalls seien die Kapitel je für sich überliefert worden, bis es frühestens in exilischer Zeit zu einer Zusammenstellung zum heute vorliegenden ersten Teil des Hoseabuches gekommen sei.

Sollte diese Interpretation richtig sein, müßte jedes der drei Kapitel in sich verständlich sein. Das aber läßt sich nicht verifizieren, wie besonders

---

17 Budde, Geschichte, 72f; ders., Redaktion; ders., Schrifttum, 10. Später beschränkt er das eingefügte Material auf Hos 2,1-3: Budde, Abschnitt, 7f.26.64-66; ders., Hosea 1 und 3; zustimmend Sellin[2-3] 18-21. Vgl. auch Bewer, Story.

18 So Birkeland, Traditionswesen, 63; Buss, Word, 33f, u.a.

19 Jeremias 19f; ders., TRE 15, 592; ders., RGG[4] 3, 1909; zustimmend Seifert, Reden, 128; vgl. schon Toy, Note, 76-78; Snaith, Mercy, 27-33; Renaud, Livret, 168. In diese Richtung geht auch die des öfteren geäußerte Vermutung, in Hos 1 und 3 handele es sich um zwei voneinander unabhängige Parallelversionen; vgl. etwa Robinson, Ehe; ders. 1.16f; Eissfeldt, Einleitung, 522-524. Ruppert, Beobachtungen, 176f; ders., Erwägungen, rechnet mit einem sukzessiven Zusammenwachsen der ursprünglich selbständigen Einheiten (in der Reihenfolge Hos 2 > 1 > 3) und befindet sich damit schon auf dem Weg zu einer redaktionsgeschichtlichen Lösung; zu ihr s.u.

an Hos 3 deutlich wird: Das Kapitel versteht sich ja selbst als Fortsetzung
(עוד).[20] Zudem bliebe das handelnde Ich ohne die vorangehenden Kapitel unbestimmt. Dazu kommt die Einsicht, daß zum Verständnis von Hos
3 das, was in den vorigen beiden Kapiteln zu lesen ist, wenigstens
inhaltlich vorausgesetzt ist; Eheschließung und Scheidung müssen im
Mindesten mitgedacht werden. Dann ist es aber einfacher anzunehmen,
daß Hos 3 von vornherein im Blick auf den Kontext verfaßt wurde.

Gleiches gilt für Hos 1: In 1,2 wird Hosea der Befehl erteilt, eine hurerische Frau und hurerische Kinder zu nehmen. Die Disqualifizierung
von Frau und Kindern als hurerisch spielt im weiteren Verlauf des Kapitels aber keine Rolle mehr. Sie läßt sich erst vor dem Hintergrund von
Hos 2 verstehen, wo das hurerische Verhalten der Frau aufgewiesen wird.
Ohne den Heiratsbefehl in 1,2 ist Hos 1 aber nicht lebensfähig. Und auch
die neuerdings wieder beliebte Eliminierung allein der Hurenthematik aus
1,2 empfiehlt sich nicht, da sie nur auf Kosten des Konsonantentextes
vorgenommen werden kann.[21] So liegt der Schluß nahe, daß auch Hos 1
von vornherein für den Kontext verfaßt wurde.

Nach alledem bietet sich eine redaktionsgeschichtliche Lösung an.
Unsere Analyse folgt den mutmaßlichen Wachstumsstadien, beginnend
mit dem jüngsten Kapitel.

2. Redaktionsgeschichtliche Einsichten

2.1. Hos 3

Aufgrund seiner Stilisierung als Eigenbericht halten C. Steuernagel, I.
Willi-Plein und neuerdings A. Scherer Hos 3 für ein autobiographisches
Zeugnis des Propheten, dem ein Redaktor die Kapitel 1f vorangestellt

---

20 Eine Streichung allein des עוד läßt sich ohne die Vorentscheidung, Hos 3 sei ein
    selbständiges Gebilde, nicht plausibel machen.
21 Vertreter dieser auf Hölscher, Profeten, 424f, zurückgehenden Meinung nennt
    Wacker, Figurationen, 192f. Die Änderung des Konsonantentextes betrifft die
    zweimalige Umwandlung eines Status constructus in einen Status absolutus (אשת
    אשה; ילדי > ילדים <).

habe.[22] Gegen diese Lösung spricht jedoch die oben aufgewiesene Unselbständigkeit von Hos 3.[23] Hos 3 setzt sowohl die Ehe Hoseas mit Gomer bzw. JHWHs mit Israel (Hos 1) als auch deren Scheidung (Hos 2) voraus. Umgekehrt bedürfen die Kapitel 1-2 keiner Fortsetzung: Frau und Kinder der unglücklichen Ehe trifft die Ungnade des Eheherrn (1,2-2,15), beiden wird aber auch eine Wiederannahme in Aussicht gestellt (2,16-25). Dabei nimmt 2,25 abschließend auf die Kinder aus Hos 1 Bezug (Stilmittel der Inklusion).

Nun läßt sich aber zeigen, daß Hos 3 die Kapitel 1-2 nicht nur inhaltlich, sondern auch literarisch voraussetzt. Besonders deutlich wird das an der Aufnahme von Hos 1,2 durch 3,1:[24]

אשת זנונים	לך קח לך	ויאמר יהוה אל הושע	1,2
אשה אהבת רע	לך אהב עוד	ויאמר יהוה אלי	3,1

In beiden Versen folgt auf den analog gestalteten göttlichen Befehl ein Nebensatz, der JHWH innerhalb der Gottesrede in 3.Pers. führt und Israel unter Verwendung der Basis אחר der Fremdgötterverehrung bezichtigt.

Bei derart parallelen Formulierungen kommt den Unterschieden besondere Bedeutung zu. Der Autor von 3,1 ersetzt die Aufforderung, eine Frau zu nehmen (לקח), durch die, sie zu lieben (אהב). Überhaupt fällt seine Vorliebe für die Wurzel אהב auf, und zwar in dem Maße, wie für Hos 1,2 die Wurzel זנה charakteristisch ist (jeweils vier Vorkommen).[25] Während זנה nun aber aus naheliegenden Gründen ausschließlich von Israels (Fehl-)Verhalten ausgesagt werden kann, läßt sich die Wurzel אהב

---

22 Steuernagel, Lehrbuch, 605; Willi-Plein, Vorformen, 126-129; Scherer, BN 95, 27f.

23 Das gilt im übrigen auch für den Vorschlag von Wolff XXIV.39.73f und Schmidt, Bemerkungen, Hos 2,4ff; 3,1-5* als älteste (vom Propheten selbst verfaßte) Sammlung anzusehen. Denn Hos 3,1-5 setzt mehr voraus, als in 2,4ff mitgeteilt wird: eine Bestimmung des handelnden Ich sowie das Wissen um dessen Ehe. Beides findet sich aber in Hos 1.

24 Vgl. Yee, Composition, 58; Wacker, Figurationen, 217f. Vgl. auch Schmidt, Bemerkungen, 162f, der die Richtung der Abhängigkeit freilich andersherum bestimmt, das עוד in 3,1 aber streichen muß.

25 Vgl. Andersen/Freedman 295; Yee, Composition, 60.

darüber hinaus auf JHWHs Haltung gegenüber Israel beziehen. Dieser wechselseitig gedachte Charakter der Liebe zwischen JHWH und Israel hat G. A. Yee dazu bewogen, in Hos 3 einen deuteronomistischen Autor am Werk zu sehen.[26] Für diese Annahme könnte auch die Wendung פנה אל אלהים אחרים sprechen, die sich sonst nur noch in Dtn 31,18.20 (vgl. Dtn 29,17; 30,17) findet. Doch läßt sich die Denkfigur von Hos 3 nur mit Mühe dem Deuteronomismus zuordnen. Zwar ist Israels Sünde – ganz in den Bahnen deuteronomistischer Theologie – mit mangelnder Liebe zu JHWH in der Hinwendung zu anderen Göttern angegeben (Verstoß gegen das 1. Gebot). Zwar muß JHWH Israel dafür bestrafen (V.3-4). Aber die Strafe bleibt eine (auf das Exil) begrenzte. Über Schuld und Strafe steht die göttliche Liebe.[27] Hos 3 redet von Gottes Liebe *trotz* Israels mangelnder Gegenliebe. Die Liebe, die Israel laut Hos 3 zuteil wird, ist ganz und gar *unverdiente* Liebe.[28] Hos 3 formuliert damit eine Alternative zu deuteronomistischem Denken, das sprachlich und sachlich aber vorausgesetzt ist. Konstitutiv für diese Deutung des Deuteronomismus ist das Wissen um die Vergebungsbedürftigkeit Israels einerseits und die Gewißheit um JHWHs Gnade andererseits. Theologiegeschichtlich stehen Hos 3 Texte wie Ex 34,6f; Num 14,18f oder Jer 31,(3.)31-34 am nächsten.[29] Innerhalb des Hoseabuches konnte dieser Geistesrichtung bereits die zweite Ergänzungsschicht von Hos 11 in V.7-9.11 zugeordnet werden.[30]

Bestätigung findet die hier vorgetragene Interpretation von Hos 3 durch Jer 3,1-5. Die besondere Nähe zwischen beiden Texten ist schon

---

26 Yee, Composition, 60.

27 Deshalb gehen alle Versuche, in Hos 3 einen unheilvoll ausgerichteten Grundbestand zu isolieren, fehl; vgl. die Diskussion bei Wacker, Figurationen, 214-220.

28 Zu dieser Interpretation von Hos 3 vgl. bes. Seifert, Reden, 126-138, die den Text freilich dem Propheten selbst zuschreibt (129).

29 Vgl. zu dieser Deutung des Deuteronomismus bes. Schmid, Buchgestalten, 302-304; Spieckermann, Barmherzig, u. ders., Liebeserklärung. Es besteht also keine Notwendigkeit, 3,1b oder Teile davon einer deuteronomistischen Redaktion des Kapitels zuzuschreiben (so etwa Schreiner, Ehe, 175f; Ruppert, Beobachtungen, 175; Renaud, Livret, 163f.169f; Jeremias 55; Schmidt, Bemerkungen, 160; Seifert, Reden, 131; Schart, Entstehung, 170; Haag, Ehe, 17-19).

30 S.o.S.41f.

des öfteren gesehen worden.[31] Hos 3 und Jer 3,1-5 verhandeln das in Dtn
24,1-4 geregelte Problem der Palingamie,[32] beziehen es aber auf das Verhältnis zwischen JHWH und Israel. Schon diese den beiden Texten eigentümliche Interpretation des Ehegesetzes läßt vermuten, daß sie nicht
unabhängig voneinander entstanden sind. Sprachliche Erwägungen machen es wahrscheinlich, daß Hos 3 literarisch auf Jer 3,1-5 Bezug
nimmt.[33] Aufmerken läßt bereits die dem Hoseabuch fremde Bezeichnung des Liebhabers der Frau als רע (Hos 3,1; sonst pl. מאהבים). Das
Wort ist im gesamten Hoseabuch singulär, begegnet aber recht häufig im
Jeremiabuch[34] und könnte somit von dort über Jer 3,1(.20) nach Hos 3
gelangt sein. Eine weitere Auffälligkeit findet sich in Hos 3,3. Der Vers
liest sich bis in die Formulierungen hinein wie ein Gegenstück zu Jer 3,1f:
Die Frau soll (statt auf ihre Freier) auf Hosea warten (ישב ל; vgl. Jer
3,2a), nicht mehr huren (זנה; vgl. Jer 3,1b) und keinem (anderen) Mann
gehören (היה לאיש; vgl. Jer 3,1a). So wird auch Hosea sich ihr wieder
zuwenden (אליך, vgl. אליה in Jer 3,1a).[35] Hos 3 hat Jer 3,1-5 also im Hintergrund, prägt den Text aber charakteristisch um: Jer 3,1-5 denkt die Beziehung zwischen JHWH und Israel nach der Scheidung ganz in den
Bahnen von Dtn 24,1-4: „Rückkehr zu Jahwe von Rechts wegen ausge-

---

31 Vgl. etwa Wellhausen 105; May, Interpretation, 286; Jeremias 54; Schulz-Rauch,
    Hosea und Jeremia, 175-194; Wacker, Figurationen, 239.
32 Weil nicht sein kann, was nicht sein darf, wurde ab und an bestritten, daß hinter
    Hos 3 das Problem der Palingamie steht (vgl. etwa Robinson, Ehe, 308f; Rowley,
    Marriage, 227; Seifert, Reden, 132). Das nimmt dem Text aber seine Spitze, der ja
    gerade aussagen will, daß die göttliche Liebe hier etwas nach dem Gesetz Un-
    mögliches bewerkstelligt; s.u.
33 Das hat auch Wacker, Figurationen, 239, vermutet.
34 Jer 3,1.20; 5,8; 6,21; 7,5; 9,3.4.7; 19,9; 22,8.13; 23,27.30.35; 29,23; 31,34; 34,15.17;
    36,16; 46,16.
35 Ergänzung nach Jer 3,1a: אליה עוד הישוב > אליך (אשוב) וגם אני. Steht die Frage
    aus Jer 3,1a hier im Hintergrund, ist die alte Streitfrage, ob der elliptische Halbvers
    Hos 3,3b positiv (so die Versionen) oder negativ (so etwa Ibn Esra; Kimchi; vgl.
    Wünsche 115) zu verstehen ist, aus der Perspektive von 3,1 („liebe eine solche
    Frau!") im erstgenannten Sinne zu beantworten.

schlossen."[36] Anders Hos 3: Was von Rechts wegen ausgeschlossen ist, das bewerkstelligt die Liebe Gottes.[37]

2.2. Hos 1

Ist somit Hos 3 als Zusatz zu Hos 1-2 ausgewiesen,[38] bleibt noch das diachrone Verhältnis der Kapitel 1 und 2 zueinander zu klären. C. Levin sieht die Priorität auf seiten von Hos 1.[39] Für ihn ergibt sich der Nachtragscharakter von Hos 2 aus dem Wortlaut von 2,4. Dieser zum ältesten Bestand des Kapitels zu zählende Vers unterbreche den ursprünglichen Zusammenhang zwischen 1,9 und 4,1, indem er Formulierungen der literarischen Nahtstelle aufgreife und bündele (syntaktische Struktur von 1,9b; Stichwort רִיב aus 4,1). Dabei lasse sich eine inhaltliche Verschiebung gegenüber Hos 1 ausmachen, denn Hos 2 übertrage das Verhältnis zwischen Hosea und Gomer auf das zwischen JHWH und Israel. „Dieser allegorische Zug lag der Zeichenhandlung fern – nichts deutet in Hos 1 darauf, daß der Prophet beauftragt war, die Rolle seines Gottes darzustellen."[40] Allerdings bezieht Hos 1,2b die Ehe Hoseas ausdrücklich auf die Ehe JHWHs mit Israel und liegt damit ganz auf der Linie von Hos 2.[41] Mehr noch: Da dieser Zug in Hos 1 keine Rolle mehr spielt, sondern erst vor dem Hintergrund von Hos 2 voll verständlich wird, liegt eher die gegenteilige Folgerung nahe, daß Hos 1 literarisch auf Hos 2 zurückblickt (s.o.). Auch der Schluß, daß Hos 2,4 Formulierungen

---

36 So die Überschrift zu Jer 3,1-5 in dem Kommentar von Rudolph, Jeremia, 21. Zu Jer 3,1-5 innerhalb des Abschnitts Jer 3,1-4,2* vgl. bes. die Deutung von Schmid, Buchgestalten, 277-294.

37 Vgl. Wolff 79f; ders., Wort, 27.38; Jeremias 54; Schulz-Rauch, Hosea und Jeremia, 177-179, sowie die treffliche Predigt von Wolff, Hochzeit, 68-75.

38 Vgl. auch Volz, Ehegeschichte, 328-332; Marti 33f; Staerk, Weltreich, 194; Day, Exilic?, 113; Hölscher, Profeten, 426-429; Haupt, JBL 34, 42.47; Guthe 6f; Batten, JBL 48, 271-273; Wolfe, Editing, 93f; May, Interpretation, 285-287; North, Solution; Levin, Verheißung, 239f; Yee, Composition, 57-64; Whitt, Divorce, 42f; Wacker, Figurationen, 217-220.

39 Levin, Verheißung, 239f; vgl. schon North, Solution.

40 Levin, Verheißung, 240.

41 Vgl. auch die Kritik von Schmidt, Bemerkungen, 158f.

aus 1,9 und 4,1 zusammenziehe und deshalb als sekundär zu betrachten sei, ist nicht zwingend. Der terminologische Befund könnte ebenso gut dafür sprechen, daß das Hoseabuch sukzessive nach vorne erweitert wurde: 4,1 > 2,4 (רִיב); 2,4 > 1,9 (Syntax). Schließlich liegt in der negierten Bundesformel 1,9b[42], verglichen mit der singulären Wendung 2,4aβ, die geprägtere Wendung vor.[43] Bestätigung wird dieses Urteil über die Posteriorität von Hos 1 in der folgenden literarkritischen Analyse von Hos 2 finden. Dem Ergebnis sei hier insoweit vorgegriffen, als sich zeigen lassen wird, daß diejenigen Partien in Hos 2, die auf Hos 1 verweisen (2,1-3.6-7a.25), dem Kapitel erst sekundär zugesetzt sind, z.T. von eben dem Autor, der auch für Hos 1 verantwortlich zeichnet.[44]

Hos 1 handelt von der Geburt der drei Prophetenkinder, deren unheilsschwangere Namen dem Nordreich Ephraim den totalen Untergang androhen (V.4: Königtum; V.6: Staat; V.9: Gottesbeziehung). Wie C. Levin überzeugend nachgewiesen hat, entstammt das erzählerische Grundgerüst dem Bericht über Geburt und Namengebung des Jesaja-Sohnes Raubebald-Eilebeute in Jes 8,1-4.[45] Hos 1 hat seine literarische Ausgestaltung demnach in Juda erfahren. Allerdings ist es unwahrscheinlich, daß Hos 1 wie sein Bezugstext Jes 8,1-4 eine Drohung gegen das Nordreich aus Anlaß des syrisch-ephraimitischen Krieges formuliert.[46] In diesem Falle hätte der Autor von Hos 1 den Feind im Norden wohl kaum als „mein Volk" bezeichnet (V.9).[47] Vielmehr scheint Hos 1 das Ende des Nordreiches 723/0 v.Chr. aus der Retrospektive in den Blick zu nehmen.[48] Begründet wird der Untergang des Nordreiches mit einem „Huren von JHWH weg" (1,2b), also dem Abfall von JHWH und der Hinwendung zu anderen Göttern, der Übertretung des ersten Gebotes. Diese Sichtweise teilt Hos 1 mit Texten, die im deuteronomistischen Traditionsstrom stehen (vgl. etwa I Reg 12-14; II Reg 17,7ff). Dazu würde pas-

---

42 Lies mit Rücksicht auf 2,25 אלהיכם; vgl. Wellhausen 99; Weiser 20; Smend, Bundesformel, 32; Ehrlich, Text; Borbone, Libro, 131.137, u.a.
43 Die Beleglage für die Formel offeriert Smend, Bundesformel.
44 Vgl. auch Yee, Composition, 105-112.
45 Levin, Verheißung, 236f; vgl. auch Vermeylen, Osée 1, 200-202.
46 So Levin, Verheißung, 238f.
47 Vgl. Kratz, Redaktion, 20; ders., Israel, 16f.
48 Vgl. auch Jeremias 29f; Vermeylen, Osée 1, 203, u.a.

sen, daß in Hos 1 Formulierungen begegnen, die in der deuteronomistischen Literatur ihren Belegschwerpunkt haben: der Ausdruck מאחרי יהוה (V.2bγ; vgl. Num 14,43; Jos 22,16.18.23.29; I Sam 12,20; II Reg 17,21; II Chr 25,27; 34,33; Zeph 1,6), die Wendung זנה אחרי (V.2bβ; vgl. Ex 34,15.16; Lev 17,7; 20,5.6; Num 15,39; Dtn 31,16; Jdc 2,17; 8,27.33; I Chr 5,25; Ez 6,9; 16,34; 20,30; 23,30), die Bezeichnung des Königtums als ממלכות (V.4bβ; vgl. Jos 13,12.21.27.30.31; I Sam 15,28; 16,3; Jer 26,1) und die Bundesformel, die, abgesehen von Hos 1,9 und abhängig davon Hos 2,25, erst in der deuteronomisch-deuteronomistischen Literatur anzutreffen ist. Nun ist die Herkunft der Bundesformel ein Problem für sich und auch V.2bβ.γ.4bβ nicht über jeden literarkritischen Zweifel erhaben. Doch selbst wenn man V.2bβ.γ.4bβ als Zusätze streicht,[49] bleibt der Vorwurf der Hurerei im Sinne der Fremdgötterverehrung in V.2bα bestehen, wo er sich ohne Textänderung literarkritisch nicht herauslösen läßt. Seine volle Entfaltung findet der Vorwurf jedoch erst in Hos 2. Doch auch dort ist er, wie die weitere Analyse zeigen wird, erst sekundär nachgetragen (vgl. זנה in V.4.6.7), und zwar in Partien, die deuteronomistische Theologie und Begriffsbildung bereits voraussetzen.

Eine genauere inhaltliche Konturierung von Hos 1 ist aufgrund weiterer aufgenommener Referenztexte möglich.[50]

Der Name des ersten Kindes widmet sich dem Königtum. Im Unterschied zu den beiden folgenden Drohnamen wird hier in der Deutung ein Einzelfall herausgegriffen und einer zusätzlichen Schuld überführt. Es geht um die Ausrottung des Hauses Ahab im Zuge der Revolution des Jehu, die in II Reg 9f ihre narrative Ausgestaltung erfahren hat. Sowohl in Hos 1 als auch in II Reg 9f ist der Vorwurf der Fremdgötterverehrung zentral,[51] diametral entgegengesetzt ist dagegen die Beurteilung des Handelns Jehus. II Reg 9f bewertet die Beseitigung des dem Baalskult anhänglichen Hauses Ahab positiv und verbindet dies mit einer Bestandsgarantie für die Dynastie Jehu bis ins vierte Glied (II Reg 10,30). Tatsächlich ist Jehu der einzige Nordreichskönig, dem im Königebuch bescheinigt

---

49 So etwa Schreiner, Ehe, 171-174; Renaud, Livret, 161f; Vermeylen, Osée 1, 194f.
50 Unberücksichtigt bleiben hier die gemeinhin als sekundär beurteilten Verse 1,1.5.7; vgl. zu ihnen etwa Jeremias 23.34.
51 In II Reg 9,22 sogar einmal in der Terminologie von Hos 1 mit זנונים.

wird, er habe einmal „das Rechte in den Augen JHWHs getan" (II Reg
10,30). Hos 1 betrachtet die Tat Jehus hingegen als strafwürdige Blutschuld.[52] Die Divergenz zum Urteil des Königebuches erklärt sich m.E.
am einfachsten, wenn man annimmt, daß Hos 1 die Interpretation von II
Reg 9f bereits kennt und sich gerade aufgrund der positiven Beurteilung
des Jehu mit solcher Vehemenz gegen ihn wendet. Hos 1,4 setzt die Tat
des Jehu am Hause Ahab mit der Tat des Ahab an Naboth (I Reg 21)
gleich und bringt sie so in eine Sukzession des Blutvergießens (vgl. Hos
1,4 mit II Reg 9,26). Den Anstoß zu dieser Interpretation mag das „Blutschuld reiht sich an Blutschuld" in Hos 4,2 gegeben haben. In diese Kette
des Blutvergießens, die das Königtum des Nordreiches dem Untergang
weiht, fügt sich nun auch die Tat des Jehu ein, was Hos 1 deshalb *gerade*
aufgrund ihrer positiven Bewertung im Königebuch deutlich herausstellt.
Die Tat Jehus erhält so Modellcharakter für die vielen Königsmorde gegen Ende des Nordreiches (vgl. Hos 7,3-7).[53] Der Autor von Hos 1
depraviert somit das einzige, was es über das Nordreichkönigtum überhaupt an Positivem zu berichten gab.[54]

Der Name des zweiten Kindes kündigt dem Haus Israel JHWHs
Erbarmen. Das Gotteswort „Ich werde mich nicht länger (לא אוסיף עוד)
des Hauses Israel erbarmen!" in 1,6 setzt das im Visionszyklus des
Amosbuches (Am 7,1-3.4-6.7-8; 8,1-2) thematisierte Ende göttlicher
Geduld voraus, das nach zweimaliger erfolgreicher Fürbitte des
Propheten in dem ähnlich lautenden Gotteswort „Ich werde nicht länger
(לא אוסיף עוד) (schonend) an ihm vorübergehen!" (Am 7,8; 8,2) seinen
Ausdruck findet.[55] Die Akzentverschiebung gegenüber den Amosvisionen

---

52 Dieser Gegensatz wurde seit jeher empfunden; vgl. schon die Paraphrase von T.
53 Vgl. Jeremias 30-32.
54 Möglich wäre auch, daß Hos 1 die positive Beurteilung des Königebuches noch
    nicht kennt (so etwa Vermeylen, Osée, 202f). Allerdings bleibt in diesem Fall die
    Frage, warum der Autor von Hos 1 gerade auf Jehu und nicht auf einen der ande-
    ren usurpatorischen Nordreichskönige rekurriert.
55 Vgl. Schart, Entstehung, 116-120; Jeremias, Rezeptionsprozesse, 38f; Vermeylen,
    Osée 1, 197-200. Die Richtung der Abhängigkeit ergibt sich daraus, daß Hos 1 in
    sich nicht voll verständlich ist: Die Aussage „ich werde mich nicht länger erbar-
    men" in Hos 1,6 setzt voraus, daß JHWH sich zuvor des Hauses Israel erbarmt
    hat. Davon redet aber nicht Hos 1, sondern Am 7f*. Anders Becker, Fürbitter,
    156-158. Er hält dafür, „daß die Visionen das Hosea-Buch literarisch voraussetzen

wird an der Wahl der Volksbezeichnungen deutlich. Die ersten beiden Amosvisionen sprechen von „Jakob" (7,2.5), die hinteren beiden von „mein Volk Israel" (7,8; 8,2). Aller Wahrscheinlichkeit nach ist damit Israel als Gottesvolk im Blick.[56] Hos 1,6 verwendet demgegenüber die Bezeichnung „Haus Israel". Dieser Ausdruck läßt sich im Hoseabuch (1,4.6; 5,1; 6,10; 12,1) aber nie anders als im Sinne des Staatsvolks des Nordreichs verstehen.[57] Ganz offensichtlich beschränkt Hos 1 den Entzug göttlichen Erbarmens also auf das Nordreich. Eine ähnliche Tendenz läßt sich an der Auslegung des Deuteronomistischen Geschichtswerkes durch die Chronik beobachten.[58]

Mit dem dritten Kind kündigt der Autor von Hos 1 dem Nordreich schließlich das Gottesverhältnis durch die Negierung der Bundesformel[59] auf: „Ihr seid nicht mein Volk, und ich bin nicht euer Gott[60]!" (1,9)

Überblickt man das zu Hos 1 Gesagte, läßt sich folgendes Resumé ziehen: Hos 1 reflektiert den Untergang des Nordreiches in den Bahnen deuteronomistischer Geschichtstheologie, geht aber insofern einen Schritt weiter, als mit Jehu der einzige Nordreichkönig, der im Königebuch eine positive Bewertung erfährt, auch noch disqualifiziert wird. Die Beschränkung des Entzugs göttlichen Erbarmens auf das Nordreich rückt Hos 1 zudem in eine gewisse Nähe zur Chronik.

---

und umschließen", denn: „Sie proklamieren nicht nur (wie Hos. i) das Ende des Gottesverhältnisses, sondern das Ende der physischen Existenz." (S.157) Allerdings fällt auf, daß Becker Hos 1 für seine Argumentation gar nicht benötigt. Seine Interpretation der Amosvisionen kommt auch ohne das Hoseabuch aus (S.158: „Mit Texten wie Hos. xi oder xii würden die "Leerstellen" der Amos-Visionen ... aufs beste ausgefüllt. Näher noch liegt indes ... die Wortsammlung Am. iii-vi."). Zudem wird mit der Unterscheidung zwischen „Ende des Gottesverhältnisses" und „Ende der physischen Existenz" wohl doch eher eine (moderne) Scheinalternative aufgetan.

56 Vgl. den Nachweis bei Jeremias, Jakob; ders., Amos, 98-105, und Becker, Fürbitter, 155f, für „Jakob" zudem Zobel, Art. יעקׂב(ו), 772f.

57 Das hat Wolff, Amos, 199f, auch für das Amosbuch wahrscheinlich gemacht.

58 Vgl. Kratz, Reich Gottes, 456-465, bes. 456f.

59 Dabei mag der Rückgriff auf die Bundesformel von dem amosischen „Gekommen ist das Ende für mein Volk (עמי) Israel!" (Am 8,2) her inspiriert sein; vgl. Schart, Entstehung, 119; Vermeylen, Osée 1, 198.200.

60 Textus emendatus nach 2,25 אלהיכם; vgl. Wellhausen 99; Weiser 20; Smend, Bundesformel, 32; Ehrlich, Text; Borbone, Libro, 131.137, u.a.

3. Zwischenbilanz

Unser Durchgang durch die Eingangskapitel des Hoseabuches hat zu einem differenzierten redaktionsgeschichtlichen Ergebnis geführt. Der literarische Kern des Abschnitts befindet sich demnach in Hos 2.[61] An ihn haben sich sukzessive die biographischen Kapitel 1 und 3 angelagert. Die eingangs gestellte Frage, ob Hos 1-3 von vornherein im Blick auf Hos 4ff formuliert wurde oder ob hier ein eigenständiger Überlieferungskern vorliegt, ist also konkret an Hos 2 zu richten. Dabei können die heilvoll ausgerichteten Nachträge in V.1-3 und V.16-25 unberücksichtigt bleiben. Sie setzen beide die redaktionelle Erweiterung von Hos 2 um Kapitel 1 bereits voraus.[62] Wenden wir uns also Hos 2,4-15 zu.

II. Der literarische Kern der Kapitel 1-3 in Hos 2,4-15

a) *Übersetzung und Text*

2,4	Streitet mit eurer Mutter, streitet,
	denn sie ist nicht meine Frau,
	und ich bin nicht ihr Mann!
	Sie[a] soll ihre Hurenzeichen aus ihrem[a] Gesicht entfernen
	und ihre Ehebruchszeichen zwischen ihren Brüsten weg,
2,5	damit ich sie nicht[a] nackt ausziehe
	und sie wie am Tag ihrer Geburt hinstelle
	und sie zur Wüste mache
	und sie einem Land der Trockenheit gleichmache
	und sie an Durst sterben lasse.
2,6	Auch ihrer Söhne will ich mich nicht erbarmen,
	denn Söhne der Hurerei sind sie.

---

61 So auch Yee, Composition, 103-112; Schmitt, Wife, 7; Kratz, Erkenntnis Gottes, 13; Wischnowsky, Tochter Zion, 101f; vgl. schon Robinson 1.

62 Der Nachtragscharakter von V.1-3 ist weitestgehend Konsens. Den von V.16-25 hat Levin, Verheißung, 241-245, überzeugend nachgewiesen und theologiegeschichtlich eingeordnet; vgl. auch Pfeiffer, Heiligtum, 202-206.

2,7   Denn gehurt hat ihre Mutter,
        Schandbares trieb^a), die sie gebar.
        Denn sie hat gesagt:
        „Ich will hinter meinen Liebhabern herlaufen,
        die mir mein Brot und mein Wasser geben,
        meine Wolle und meinen Flachs^b),
        mein Öl und meine Getränke."

2,8   Darum siehe, ich will ihren^a) Weg mit Dornen versperren
        und will ihr eine Mauer mauern,^b)
        daß sie ihre Pfade nicht mehr findet.

2,9   Dann wird sie ihren Liebhabern nachlaufen,
        aber sie wird sie nicht einholen.
        Und sie wird nach ihnen suchen,
        aber sie wird nicht finden^a).
        So wird sie sagen:
        „Ich will gehen und zurückkehren zu meinem ersten Mann,
        denn damals ging es mir besser als jetzt."

2,10   Aber sie hat nicht erkannt,
        denn ich war es,
        der ihr das Korn und den Most und das Öl gegeben hat.
        Und Silber, das ich ihr vermehrt habe,
        und Gold haben sie verwandt für den Baal.^a)

2,11   Darum nehme ich wieder zurück mein Korn zu seiner Zeit
        und meinen Most zu seiner Frist,
        nehme meine Wolle und meinen Flachs^a) weg,
        womit sie ihre Blöße bedeckt.^b)

2,12   Und jetzt will ich ihre Schande^a) aufdecken
        vor den Augen ihrer Liebhaber,
        und niemand kann sie aus meiner Hand erretten.

2,13   Und ich lasse aufhören all ihre Freude,
        ihr Fest, ihren Neumond und ihren Sabbat und all ihre Festzeiten.

2,14   Und ich verwüste ihren Weinstock und ihren Feigenbaum,
        von denen sie sagte:
        „Dirnenlohn^a) sind sie^b) mir,
        den mir meine Liebhaber gegeben haben."
        Und ich mache sie^b) zu Gestrüpp,

daß die Tiere des Feldes sie[b] fressen.

2,15   Ich ahnde an ihr die Tage der Baale,
denen[a] sie Räucheropfer darbrachte.
Und sie legte sich ihren Ring und ihr Halsgeschmeide an
und lief ihren Liebhabern nach.
Mich aber hat sie vergessen – Spruch JHWHs.

4-5 a) LXX (καὶ ἐξαρῶ ... ἐκ προσώπου μου ..., ὅπως ἄν ...) macht aus der ultimativen Vermahnung in M eine unbedingte Drohung und gleicht V.4b-5 so an die Gerichtsaussage V.6-15 an (lectio facilior; vgl. Rudolph 62f; Bons/Joosten/Kessler 70). Bei der Umwandlung der Verbform 3.f.sg. in die 1.sg. mag V.19 Modell gestanden haben (Bons/Joosten/Kessler 70).
7 a) Metaplastisches Hi. von בוש; vgl. GK §72x; 78b. – b) Gemeinhin vokalisiert man pluralisch פִּשְׁתִּי, da das Wort sonst nur im Plural eine Maskulin-Endung aufweist, im Singular hingegen ausschließlich feminin belegt ist. Für die paarweise angeordneten landwirtschaftlichen Produkte würde sich in diesem Fall eine Reimstruktur mit alternierender -ij/-aj-Endung ergeben (vgl. Freedman, פשת, 275, und schon Ehrlich, Randglossen, 167). M könnte aber auch als lectio difficilior beibehalten werden (Tångberg, Note; Macintosh 48).
8 a) Das Suffix 2.f.sg. paßt nicht in den Kontext. Deshalb wird gemeinhin mit LXX und S in 3.f.sg. geändert (so zuerst Houbigant, Biblia, 593). Oder wird hier bewußt der unvermittelte Personenwechsel anderer Stellen nachgeahmt (vgl. etwa 2,18f)? Dann würde M die lectio difficilior darstellen (vgl. neuerdings Barthélemy, Critique, 500; Bons/Joosten/Kessler 71). In 4QpHos^a II,7 ist das Suffix nicht zu entziffern; vgl. Vielhauer, Rekonstruktion, 49. – b) LXX (καὶ ἀνοικοδομήσω τὰς ὁδοὺς αὐτῆς) übersetzt die figura etymologica unter Heranziehung von Thr 3,9 (ἀνῳκοδόμησεν ὁδούς μου); vgl. Turner, 'ANOIKODOMEIN; Barthélemy, Critique, 501; Bons/Joosten/Kessler 71f. 4QpHos^a läßt sie aus, möglicherweise aus dem theologischen Vorbehalt heraus, JHWH als „Erbauer der Mauer" dargestellt zu sehen – in CD IV,12.19 eine Bezeichnung für Gegner der Gemeinschaft (vgl. Brooke, Biblical Texts, 91).
9 a) In Anlehnung an die übrigen Verben in V.9a fügen LXX und S תמצא ein Objekt hinzu. Sein Fehlen im Schlußglied läßt sich jedoch im Sinne einer fortschreitenden Verflüchtigung verstehen (מאהביה – אתם – ם – Fehlen); vgl. van Gelderen/Gispen 48.
10 a) Die syntaktische Einbindung von V.10b ist unklar. Entweder ist der Halbvers der Wendung והיא לא ידעה subordiniert und führt den כי-Satz in 1.sg. fort (so die gängige Zuordnung). Oder V.10b liegt mit והיא לא ידעה syntaktisch auf einer Ebene. In diesem Fall wäre עשו לבעל Hauptsatz und הרביתי לה als Relativsatz anzusehen (so van Hoonacker 23f; Willi-Plein, Vorformen,121f; Wacker, Figurationen, 68). Die Sache ist letztlich nicht zu entscheiden; vgl. die Diskussion bei Wacker, Figurationen, 68f.

11 a) Vgl. Anm. 7 b). – b) Unklar ist, ob sich der Infinitivsatz auf die unmittelbar voranstehenden Substantive צמרי ופשתי oder auf das Verb והצלתי bezieht. Gewöhnlich
wird ersteres für richtig gehalten. In diesem Fall wäre etwas wie „die ich gegeben habe"
(so S, T) o.ä. mitzudenken. LXX (τοῦ μὴ καλύπτειν) und 4QpHosᵃ (מלכסות) beziehen
den Infinitivsatz dagegen auf das Verb. Dafür plädiert neuerdings auch Qimron,
Lexicon, 323-325. Seiner Meinung nach hat die Konstruktion des Infinitiv mit ל bei
Verben des Verneinens und Hinderns die gleiche Bedeutung wie die mit מן im
Biblischen und die mit מל im späteren Hebräisch. Beide Interpretationen sind
möglich. Die Aussage bleibt gleich.

12 a) Etymologie und Bedeutung des hapax legomenon נבלות sind ungeklärt. Am
ehesten liegt eine Abstraktbildung der Wurzel נבל vor (vgl. Willi-Plein, Vorformen,
122; Olyan, BZ.NF 36, 259f), also etwa „Welkheit, Zerfall" von נבל I (so Keil 40; van
Hoonacker 24f) oder „Torheit, Schande" von נבל II (für ersteres vgl. schon V, für
letzteres T). Seit Steininger, ZAW 24, wird נבלות auch gern als seltene naful-Form
(vgl. dazu GK §85n) einer sonst nicht bezeugten Wurzel בלת bestimmt, die von akk.
baltu < baštu „(weibliche) Scham" herzuleiten sei. Doch ist diese Bedeutung im Akkadischen ganz unsicher (vgl. CAD B 142-144 gegen AHw I 112a.b); vgl. zudem die
Kritik bei Willi-Plein, Vorformen, 122. Die Assoziation „weibliche Scham" wird aber
auch durch das Verb גלה geweckt. 40 der 56 Belege für גלה pi. beziehen sich auf das
„Aufdecken der Scham oder dessen, was diese verdeckt" (Westermann/Albertz, Art.
גלה, 422). Auch ohne die unsichere akkadische Herleitung läßt sich נבלות daher vielleicht in der Bedeutung „Welkheit" oder „Schande" als Ausdruck für die weibliche
Scham verstehen – und zwar mit einem verächtlichen Unterton. Ähnlich despektierli-
che Umschreibungen der weiblichen Genitalien finden sich auch anderwärts im AT
(Jer 13,26; Nah 3,5 קלון; Jes 47,3 חרפה). Vom Kontext her ist in Hos 2,12a ohnehin
die weibliche Scham im Blick (vgl. V.11 ערוה).

14 a) Die Form אתנה statt des sonst üblichen אתן mag um des Wortspieles mit תאנה
willen gewählt sein (vgl. etwa Hitzig/Steiner 14). 4QpHosᵃ III,18 (אתנם) fügt ein ם
hinzu, wie öfter in den Qumran-Schriften bei Worten, die mit offener Silbe enden (vgl.
Qimron, Hebrew, 27f). – b) Bezugsworte der maskulinen Personalpronomen sind die
femininen Substantive גפן und תאנה; vgl. dazu Kö §14.

15 a) V quibus. Möglich ist auch ein Bezug auf ימי (so LXX, S, T).

b) Analyse

Innerhalb von Hos 2 erfahren die Verse 4-15 durch den anfänglichen
doppelten Imperativ ריבו und die abschließende Gottesspruchformel
נאם יהוה eine deutliche Abgrenzung. Inhaltlich läuft der Abschnitt auf
Gottes Gericht hinaus. Im Rahmen der Gesamtkomposition von Hos 2

ist er aber eingebunden in den umfassenden Heilswillen JHWHs mit seinem Volk.[63]

Hos 2,4-15 beginnt mit einem Aufruf des Vaters JHWH (vgl. die Gottesspruchformel V.15) an die Kinder, mit der eigenen Mutter in Streit zu treten, weil diese sich durch ihr Verhalten außerhalb der ehelichen Gemeinschaft gestellt und die Ehe damit praktisch aufgelöst hat (V.4a).[64] Die Mutter soll von ihren Kindern vermahnt werden, ihre Hurerei abzulegen (V.4b). Andernfalls drohen ihr durch JHWH, ihren Eheherrn, als Folgen der Ehescheidung ihre Entkleidung bis zur Blöße der Geburt und ihre Vertrocknung bis zum Verdursten (V.5).

Auffällig ist die Differenzierung Israels in Mutter und Kinder. Für eine Scheidung verschiedener Gruppen innerhalb des Volkes[65] gibt es keine Hinweise. Hier wird Israel offensichtlich zur Auseinandersetzung mit sich selbst aufgefordert. Dieses Stilmittel dient dazu, Israel die (fiktive) Möglichkeit einzuräumen, sich aus eigener Einsicht von ihren ehebrecherischen Buhlen ab- und dem rechtmäßigen Ehemann JHWH wieder zuzuwenden.

---

63 Vgl. die synchronen Betrachtungen von Hos 2 bei Galbiati, Struttura; Krszyna, Struktur; Cassuto, Second Chapter; Lys, ETR 51; Clines, Structure; Renaud, Genèse.

64 Umstritten ist, ob V.4aβ eine Ehescheidungsformel (so etwa Kuhl, Dokumente; Wolff 39; Geller, Papyri, 140f; Westbrook, Adultery, 578; Whitt, Divorce, 35f) oder eine Eheschließungsformel in negierter Form (so etwa Jeremias 41; Yee, Composition, 105; Kruger, Marriage Metaphor, 11f; Wacker, Figurationen, 87; Wischnowsky, Tochter Zion, 106) aufnimmt. Für beides sind wir auf außerbiblische Belege, aus Mesopotamien und Elephantine, angewiesen. Gegen die Scheidungsformel (für Mesopotamien vgl. Westbrook, Marriage Law, 69f, und Roth, Marriage Agreements, 12; für Elephantine Porten/Yardeni B2.6, Z.23.27; B3.3, Z.7.9; B.3.8, Z.21f.25) spricht nicht so sehr die Verwendung der 3. statt der sonst üblichen 2.Pers. (vgl. aber die Verwendung der 3.Pers. in einem Ehevertrag aus neubabylonischer Zeit [Roth, Marriage Agreements, Nr.5,13] sowie einem aus Elephantine [Porten/Yardeni B3.8, Z.22]) – angeredet sind in Hos 2,4 ja die Kinder – als vielmehr das Element der Reziprozität. Das ist aber ein Charakteristikum für die in Elephantine belegte Eheschließungsformel (vgl. Porten/Yardeni B2.6, Z.4; B3.3, Z.3f; B3.8, Z.4). Inhaltlich trägt die Unterscheidung nicht viel aus. In beiden Fällen wird die Trennung der Eheleute festgestellt.

65 So etwa Rudolph 66; Schlißke, Gottessöhne, 124. Vgl. bereits Kimchi bei Wünsche 46f.

Die Erfolglosigkeit dieses Ultimatums wird in zwei parallel gestalteten Redegängen aufgezeigt, die aus je drei Elementen bestehen: 1) einer mit הִיא לוֹא formulierten Disqualifikation der Frau (V.4aβ: „sie ist nicht meine Frau"; V.10aα: „sie hat keine Erkenntnis"); 2) einem mit כִּי eingeleiteten Schuldaufweis, der die vermeintlichen Geber der Landesgaben (V.7b Liebhaber) dem wahren Geber (V.10aβ.b JHWH) gegenüberstellt; und 3) einer mit לָכֵן eingeleiteten Strafansage, die im ersten Redegang Israel zu einer Rückkehr zu JHWH bewegen soll (V.8-9), während sie im zweiten Redegang mit dem Entzug der Landesgaben eine endgültige Gerichtsmaßnahme ankündigt (V.11-15).

Aus dieser wohldisponierten Ordnung von Hos 2,4-15 fallen lediglich die V.6-7a heraus. Die Gerichtsansage V.6a greift den Strafankündigungen V.8f.11ff voraus. Darüber hinaus stehen V.6-7a in Spannung zu V.4a. In stilistischer Hinsicht verlassen sie die Anrede an die Söhne und führen sie in der 3.Pers. Inhaltlich wird die differenzierte Wahrnehmung von Mutter und Kindern nivelliert. Die Söhne erben die Schuld ihrer Mutter, sind also von Geburt her Hurensöhne. Diese Sichtweise haben die V.6-7a mit Hos 1 gemein. Auch terminologisch bestehen enge Berührungen mit Hos 1 (רֶחַם, זְנוּנִים, הָרָה). So liegt die Vermutung nahe, daß Hos 2,6-7a einen Zusatz darstellt, möglicherweise von eben dem Autor, der auch für Hos 1 verantwortlich zeichnet.[66]

Eine Spannung besteht außerdem zwischen den beiden Strafansagen V.8-9 und V.11-15. V.8-9 kündigt ein pädagogisches Gericht an, dessen Ziel die Rückkehr der Frau zu JHWH ist. V.11-15 droht hingegen eine endgültige Gerichtsmaßnahme an. Liegt V.11-15 damit genau auf der Linie der ultimativen Vermahnung V.4-5, erscheint V.8-9 demgegenüber merkwürdig fürsorglich: Hatte JHWH in V.4-5 die Verantwortung für Israels Geschick ganz in dessen Hände gelegt, so will er sich nun doch wieder selbst darum kümmern. Auffällig ist auch, daß der Schuldaufweis in V.10 die Strafansage V.8-9 nicht zu kennen scheint, aber motivisch nahtlos an den Schuldaufweis V.7b anschließt. Auch V.11-15 nehmen auf

---

66 So auch Yee, Composition, 108-110; Haag, Ehebund, 11; Wacker, Figurationen, 198f.242f; Wischnowsky, Tochter Zion, 102; vgl. schon Kuhl, Dokumente, 108. Volz, Jahweprophetie, 26; Harper 228; Jeremias 42, u.a. scheiden dagegen lediglich V.6, Marti 23; Praetorius, Bemerkungen, 8, V.6b aus.

V.8-9 keinerlei Bezug. Es ist daher zu vermuten, daß es sich bei der Strafansage V.8-9 um einen Zusatz handelt, der das endgültige und totale Gericht V.11-15 als erzieherische Maßnahme und damit als Vorstufe auf
dem Weg zum Heil verstanden sehen will.[67] Der Zusatz steht damit der
Heilsansage V.16-17 nahe (vgl. auch den analogen Beginn mit לכן הנה),
mit der er entweder literarisch auf einer Ebene liegt oder die er bereits
voraussetzt.[68]

Ein Nachtrag wird schließlich in V.10b vorliegen.[69] Auffällig sind sowohl das Subjekt 3.m.pl. bezüglich Israel als auch die Erwähnung Baals
im Singular neben den pluralischen Liebhabern (V.7.9.12.14) und Baalen
(V.15) im Kontext. Der Halbvers ergänzt die Aufzählung der Landesgaben in V.10a (vgl. V.7b.11) um nichtagrarische Erzeugnisse (Silber und
Gold). Am ehesten scheint mir hier die Herstellung eines Baals*bildes* im
Blick zu sein (vgl. 8,4; 13,2).[70]

Der verbleibende Textbestand von Hos 2,4-15 besteht aus einer ultimativen Vermahnung (V.4-5), einem Schuldaufweis (V.7b.10a) und einer
Strafansage (V.11-15). Auch er weist noch zahlreiche Inkonsistenzen auf.

Verwunderung löst zunächst der unvermittelte Übergang vom Mahn-
zum Gerichtswort aus. Diesen Wechsel in der Aussagerichtung hat man

---

67 Vgl. auch Volz, Jahweprophetie, 26; Nowack² 19f; Harper 236f; Kuhl, Doku-
    mente, 108; Tushingham 158; Buss, Word, 34; Yee, Composition, 77f; Köckert,
    Land, 72; Whitt, Divorce, 38; Haag, Ehebund, 11; Wacker, Figurationen, 214;
    Wischnowsky, Tochter Zion, 102f. Marti 25 streicht allein V.9b.
68 Für ersteres plädieren Yee, Composition, 78-82; Haag, Ehebund, 12;
    Wischnowsky, Tochter Zion, 103, für letzteres Köckert, Land, 72. Laut Renaud,
    Genèse, 6-13, und Ruppert, Beobachtungen, 170, kann der Redaktor bei der Ein-
    fügung von V.8f.16f auf einen oder mehrere ehemals selbständige Propheten-
    sprüche zurückgreifen, doch sind die Formulierungen dafür zu genau auf den
    jetzigen Kontext abgestimmt (vgl. etwa V.9b mit V.7b). Zudem bliebe der Bezug
    der Suffixe unbestimmt. Andere erwägen eine Umstellung von V.8f hinter V.15
    (so etwa Oort, Hozea, 352f; Condamin, Interpolations, 388; Budde, Abschnitt, 41;
    Humbert, Perspective nomade, 164; Weiser 29f; Rudolph 69), wogegen jedoch der
    erkannte planvolle Aufbau der Rede 2,4-15 spricht.
69 So auch Allwohn, Ehe, 22; Willi-Plein, Vorformen, 121f; Jeremias 44; Yee,
    Composition, 85f; Seifert, Reden, 95.106; Wischnowsky, Tochter Zion, 103, u.a.
    Im Gefolge Wellhausens 101 werden oft auch nur die beiden letzten Worte für
    eine Glosse gehalten.
70 So schon T, dann auch Wellhausen 101; Yee, Composition, 85f; Seifert, Reden,
    95; Macintosh 54f u.a.; vgl. aber die Diskussion bei Wacker, Figurationen, 69.

mit der Annahme zu erklären versucht, daß in Hos 2,4-15* zwei ursprünglich selbständige Einzelsprüche V.4-5 und V.7.10-15 (so J. Jeremias) bzw. V.4-7 und V.10-15 (so L. Ruppert) zu einer Komposition zusammengeschlossen wurden.[71] Doch kann weder mit V.7 noch mit V.10
ein ursprünglich eigenständiges Prophetenwort begonnen haben, da in
beiden Fällen die handelnden Personen unbestimmt blieben. Zudem läuft
der beobachtete Wechsel in der Aussagerichtung quer durch V.4-5. Während V.4a ganz auf der Linie des Gerichtswortes V.11-15 die Trennung
zwischen JHWH und Israel feststellt, räumt V.4b-5 der Frau eine letzte
Chance ein, diese doch noch abzuwenden. So liegt die Vermutung näher,
daß die ultimative Vermahnung V.4b-5 dem Text sekundär zugesetzt
wurde.[72]

Der Nachtrag weist eminente Nähe zu der Bildrede von der untreuen
Frau in Ez 16 auf.[73] Nur in Hos 2 und Ez 16 wird der Zustand der Frau
(Nacktheit עֵ(י)רֹם Ez 16,7) an ihrem Geburtstag (יוֹם + יָלַד inf.cs.qal
pas./ni. Ez 16, 4f) thematisiert.[74] In beiden Texten führt JHWHs Gericht
zur Wiederherstellung des Geburtszustandes (Entkleidung פָּשַׁט hi. +
עֵ(י)רֹם Ez 16,39)[75]. In beiden Texten besteht die Schuld der Frau in der
als Hurerei (Wurzel זנה) und Ehebruch (נאף) bezeichneten Hinwendung
zu anderen Göttern.[76] In Hos 2,4b erinnert die Formulierung darüber
hinaus an die überwiegend in deuteronomistischen und chronistischen

---

71 Jeremias 38-40; Ruppert, Erwägungen, 210f.
72 So auch Wacker, Figurationen, 255-259. Anders Yee, Composition, 105-108, die
    den Widerspruch innerhalb von V.4-5 durch Ausscheidung von V.4aβ zu lösen
    versucht (vgl. schon Harper 226; Budde, Abschnitt, 31f, u.a.). Der unvermittelte
    Übergang zum Gerichtswort V.11-15 bleibt so aber bestehen. Whitt, Divorce, 59,
    macht den Text gar durch Emendation des כְּ zu פ passig.
73 Vgl. Wacker, Figurationen, 258f.
74 Dagegen rekurriert Jer 2,2 auf die „Braut-" und „Jugendzeit", Ez 23,19 auf die
    „Tage der Jugend"; zu letzterem vgl. auch Hos 2,17.
75 Vgl. Ez 23,26.
76 S. Ez 16,15-25.30b-34. Dagegen ist in Ez 23 mit dem Vorwurf des Hurens und
    Ehebrechens eher an die Bündnispolitik mit den Fremdmächten gedacht. Vgl.
    Zimmerli, BK XIII,1,539; Pohlmann, ATD 22,2, 340f.

Texten begegnende Aufforderung zur Beseitigung (סור hi.) fremder
Götter und ihrer Kultgegenstände.[77]

Auffällig ist des weiteren, daß die Strafansage V.11-15 eine zweifache
Einleitung erfährt, einmal mit לכן in V.11 und einmal mit ועתה in V.12.
Der Doppelung in der Strafansage entspricht eine Doppelung im
Schuldaufweis. Sowohl in V.7b als auch in V.10a wird der Frau man-
gelnde Einsicht in den wahren Geber der Landesgaben vorgeworfen.
Dabei nennt V.10a andere Produkte als V.7b. Es handelt sich um die im
Deuteronomium formelhaft gebrauchte Trias Korn (דגן), Most (תירוש)
und Öl (יצהר).[78] Erst in der Strafankündigung V.11b werden zwei der in
V.7b aufgezählten Erzeugnisse wieder aufgenommen. So steht zu vermuten, daß der zweite Schuldaufweis V.10a und die erste Strafansage
V.11 nachträglich eingeschoben wurden.[79] Dafür könnte auch die Beobachtung sprechen, daß „2,12 erst durch den vorangehenden Vers
2,11c.c$_{Inf}$ eine Vereindeutigung in Richtung auf körperliche ‚Entblößung'
der Frau"[80] erhält. Das Thema „Entkleidung" hat der Zusatz mit V.4b-5
gemein. Auch V.11 bedient sich dabei einer Formulierung, die in Ez 16
begegnet (ערוה + כסה Ez 16,8). Es liegt der Schluß nahe, daß beide Zusätze von ein und demselben Autor stammen.

Spannungen sind schließlich auch im hinteren Strafteil V.12-15 fest-
zustellen. Die Strafansage V.12 droht der Frau die Aufdeckung ihrer
Schande vor den Augen der Liebhaber an. V.12b („und keiner kann sie
aus meiner Hand wegnehmen") wirkt dabei wie ein Abschluß. V.13 setzt
mit weiteren Gerichtsmaßnahmen neu ein. Der Vers „interpretiert das
Wortpaar ‚Zeit'/‚Frist' aus V.11 auf Feste hin und könnte als Kommentar

---

77 S. Gen 35,2; Jos 24,14.23; Jdc 10,16; I Sam 7,3.4; 28,3; I Reg 15,12; II Reg 3,2;
   18,4.22; 23,19; Jes 36,7; Jer 4,1; Ez 11,18; II Chr 14,2.4; 17,6; 32,12; 33,15; vgl.
   Wacker, Figurationen, 257f.
78 Dtn 7,13; 11,14; 12,17; 14,23; 18,4; 28,51. Daß sich diese Reihe bereits in Ugarit
   nachweisen lasse (so etwa Wolff 47; Jeremias 44; Weider, Ehemetaphorik, 106;
   Bons 49), ist so nicht richtig. Die zum Beleg angeführte Stelle KTU 1.16 III nennt
   „Brot (*lḥm*), Wein (*jn*), Öl (*šmn*)".
79 So auch Yee, Composition, 117f; Whitt, Divorce, 37.
80 Wacker, Figurationen, 202. Gleichwohl hält sie die zweite Gerichtseinleitung mit
   ועתה für sekundär (S.211).

angesehen werden"[81]. V.14 kommt noch einmal auf den Entzug der Ernteerträge zu sprechen, nennt aber wieder andere Landesgaben als V.7b.10a und bringt sie auf den Begriff des Hurenlohnes. Auch hier könnte ein Zusatz vorliegen.[82] Beide Verse weisen inhaltlich (Interpretation der Landesgaben als Hurenlohn, Verwüstung des Landes, Ende der Feste) und terminologisch (אתנה/ן, חג, מועד) auf Hos 9,1-6, und zwar in seiner redigierten Form.[83] V.15 verläßt die Bildebene und identifiziert die Liebhaber aus 2,7b.12 nachträglich mit den Baalen[84]. Die abschließende Charakteristik V.15b שכחה ואתי erinnert an die Disqualifikation der Frau והיא לא ידעה כי אנכי im Schuldaufweis V.10aα. V.15 insgesamt nimmt mit seiner inhaltlichen Reihung Strafe (V.15aα[1]) / Schuld (V.15aα[2][ab אשר].b) die Thematik von V.10f* in umgekehrter Reihenfolge auf. Die Verse 10f*.15 bilden so einen Rahmen um die ursprüngliche Strafansage V.12. Es hat den Anschein, als sei hier derselbe Autor am Werk.[85]

Nach alledem scheint der literarische Kern von Hos 2,4-15 in den Versen 4a.7b.12 vorzuliegen.[86] Er handelt von der Trennung zwischen JHWH und seiner nicht näher bezeichneten Ehefrau.[87] Traditionellerweise wird diese Frau mit dem Volk Israel identifiziert.[88] Doch ist das

---

81 Wacker, Figurationen, 211; vgl. Budde, Abschnitt, 39; Yee, Composition, 118; Haag, Ehebund, 12.

82 So auch Yee, Composition, 117-119; Wacker, Figurationen, 211; vgl. schon Kuhl, Dokumente, 108.

83 Zu Hos 9,1-6 s.o.S.101ff.

84 Die Baale begegnen im Hoseabuch sonst nur noch in den sekundären Partien 2,19 und 11,2. Zur redaktionsgeschichtlichen Einordnung von 11,2 s.o.S.41.

85 Vgl. Yee, Composition, 119f. Für einen Einzelzusatz halten V.15 Whitt, Divorce, 39, u. Wacker, Figurationen, 201.211.

86 Ähnlich erkennt Yee, Composition, 122-125, die Grundschicht von Hos 2 in V.4aα.b-5.7b.12 (vgl. Schmitt, Wife, 9f), Wacker, Figurationen, 213f.253-259, in V.4a.7b.10a.11. Daß hier mit V.7b* „das Fragment eines längeren Liedes, das die Liebe zwischen Frau und Mann besingt" (so Wacker, Figurationen, 209.315f [Zitat S.315] in Rückgriff auf Loretz, Liebeslied), aufgenommen sei, läßt sich natürlich bestenfalls vermuten.

87 Die Annahme, die Identität der Frau sei bewußt offen gelassen (so Schließke, Gottessöhne, 124; Schulz-Rauch, Hosea und Jeremia, 157; Kruger, BZ.NF 43), „erhebt die Not des Auslegers zur Tugend des Verfassers" (Wischnowsky, Tochter Zion, 105).

88 Vgl. schon T („die Gemeinde Israels"); in neuerer Zeit mit Nachdruck vertreten von Humbert, Perspective nomade, 163; Rudolph 64; Dearman, YHWH's House.

nicht so klar, wie es von 2,16f her scheinen mag. Als weibliche Größe kommt Israel im AT sonst nur noch in Jer 2f* in den Blick. Im Alten Orient läßt sich das Bild eines Volkes als Ehefrau und Mutter überhaupt nicht nachweisen. Die Gleichsetzung Israels mit einer Frau ist also alles andere als selbstverständlich. Angesichts der unbestimmten Redeweise in Hos 2,4 sollte man sich daher nach einer näherliegenden Identifikation der Frau umsehen.

In der gegenwärtigen Forschung werden im wesentlichen zwei Möglichkeiten diskutiert.[89] Die eine geht auf W. R. Smith zurück und ist im 20. Jahrhundert breit rezipiert worden.[90] Demnach steht die Frau in Hos 2 für das Land, das von JHWH als Wettergott mit seinem fruchtbringenden Regen besamt wird. O. Keel hat neuerdings ikonographische Belege für eine derartige terra-mater-Vorstellung beigebracht.[91] Eine andere Deutung hat J. J. Schmitt ins Gespräch gebracht.[92] Er identifiziert die Frau mit Samaria. Für die Ehe JHWHs mit einer Stadt (zumeist Jerusalem, daneben aber auch Samaria) gibt es im AT hinreichend Belege.[93] Im Hintergrund mag die im westsemitischen Raum belegte Vorstellung einer besonderen Beziehung zwischen göttlich gedachter (weiblicher) Stadt bzw. Stadtgöttin und zugehörigem (männlichem) Stadt- und Schutzgott stehen.[94] Für Hos 2 kommt eine Deutung auf Samaria aber nicht in Frage. Die Produkte, die die Frau laut 2,7b ihren Liebhabern zu verdanken meint, weisen nicht in den städtischen, sondern in den ländlichen Bereich. Der Unterschied wird deutlich, wenn man die Produkte von Hos 2 mit denen vergleicht, die

---

89 Wenig Wahrscheinlichkeit hat der Vorschlag von Yee, Composition, 124f (vgl. schon Batten, JBL 48, 269), für sich, die Frau in Hos 2,4 mit der Stammutter Rahel zu identifizieren. Hos 2 behandelt die Trennung zwischen JHWH und seiner Frau. Als Ehefrau JHWHs kommt Rahel aber nicht in Frage.

90 Smith, Religion, 66-80.77. Profilierte Vertreter im 20.Jh.: Duhm 19; Whitt, Divorce; Keel, Goddesses, 50-53.

91 Keel, Goddesses, 15-57, in expliziter Auseinandersetzung mit der Generalkritik von Frevel, Aschera. Vgl. Nutt, BN 91. Spuren einer terra-mater-Vorstellung finden sich auch im AT; vgl. die von Keel, Ω-Gruppe, 70-75, beigebrachten Belege.

92 Schmitt, Wife; ders., Divorce. Ihm folgen Wacker, Figurationen, 323-325, und Wischnowsky, Tochter Zion, 105.

93 Vgl. Steck, Zion.

94 Vgl. neben den genannten Aufsätzen von Schmitt Lewy, HUCA 18, 438-442; Fitzgerald, Background; Biddle, Figure; Spieckermann, Stadtgott.

Jerusalem in Ez 16 von JHWH erhält: Schmuck und edle Stoffe, also Handwerks- und Handelsware in Ez 16,10-13, landwirtschaftliche Erzeugnisse in Hos 2,7b.[95] So wird die Frau in Hos 2* am ehesten mit dem Land zu identifizieren sein.

Die Ergänzungsschicht – sie begegnet uns in den Versen 4b-5.10a.11.15 – stattet Hos 2 mit Zügen der Bildrede Ez 16 aus. So kommt es zu einer Identifizierung der Frau mit dem Volk Israel[96] und zu dem eigentümlich zwischen Land und Volk schillernden Charakter der Frau im heute vorliegenden Text.

Die engsten Berührungen zwischen Hos 2 und Ez 16 finden sich, wie gesehen, in den Strafansagen V.5.11. Die darin angedrohte Entkleidung der Frau mag den Entzug der Versorgung durch den Ehemann im Blick haben.[97] Durch den Bezug zu Ez 16 gewinnt sie aber eine spezifische Be-

---

95 Vgl. Keel, Goddesses, 52f. Wasser (מים), Wolle (צמר) und Flachs (פשת) leuchten als agrarische Produkte unmittelbar ein. Brot (לחם) und Öl (שמן) werden auch in Ugarit explizit mit dem „Regen Baals" in Verbindung gebracht, der „süß für die Erde ist" (KTU 1.16 III). Desgleichen fügt sich der Trank (שקוי) in die Reihe der Gaben des Wettergottes an das Land ein, bezeichnet doch die Wurzel שקה anderwärts das Tränken der Erde mit Regen (vgl. etwa Ps 104,13).

96 In Ez 16 steht die Frau freilich für Jerusalem. Eine ähnliche Deutung ursprünglicher Jerusalem-Aussagen auf Israel findet sich in Jer 2f. Vgl. Schmid, Buchgestalten, 282f.

97 Eherechtlich gesehen, hatte der Mann die Pflicht zur Versorgung seiner Ehefrau (vgl. Ex 21,10). Wurde die Ehe durch Verschulden der Frau aufgelöst, war der Mann dieser Pflicht enthoben (vgl. CH 141 u. dazu Westbrook, Marriage Law, 76f.83f; ders., Adultery, 561f). Mehrere Exegeten möchten in der öffentlichen Entkleidung der Frau eine gängige juristische Praxis für Ehebrecherinnen erkennen (so etwa Kuhl, Dokumente; Gordon, Hos 2,4-5; Greengus, Textbook Case; Phillips, Aspects, 352f; Kruger, Harlot, 111-113; ders., Hem; ders., Marriage Metaphor, 12-15; Huehnergard, CBQ 47; Whitt, Divorce, 36). Die zum Beweis angeführten Belege, die der Frau die Entblößung androhen, sind aber keineswegs zwingend: „Die bei GORDON, Hos 2,4-5, 279f. zitierte Parallele aus Nuzi ist insofern mit Hos 2 kaum vergleichbar als sie aus einem Testament stammt und Regeln trifft für das Verhalten der Kinder gegenüber der Ehefrau *nach* dem Tod des Mannes." (Wischnowsky, Tochter Zion, 107) Gleiches gilt für die fünf von Huehnergard, CBQ 47, aus Emar angeführten Belege. Der von Greengus, Textbook Case, zur Diskussion gestellte sumerische Text aus Nippur ist aufgrund seines fragmentarischen Erhaltungszustandes an der entscheidenden Stelle mit Vorsicht zu genießen (vgl. Westbrook, Marriage Law, 76). Und auch der von Kuhl, Dokumente, 104f, zum Vergleich herangezogene altbabylonische Ehevertrag aus Hana läßt nicht unbedingt auf eine juristische Praxis öffentlicher Entkleidung

deutung: In Ez 16,8 wird die mit der Bekleidung durch JHWH vollzogene Eheschließung als Bundesschluß interpretiert. Da der Bundesbegriff im Zusammenhang der Eheschließung sonst nicht begegnet,[98] wird man auf einen bundestheologischen Hintergrund der Stelle schließen dürfen. Entkleidung bedeutet aus dieser Perspektive die Beendigung des Bundesverhältnisses zwischen JHWH und Israel.

Zur Beschreibung der Schuld der Frau bedient sich der Ergänzer Formulierungen, die in der deuteronomistischen Literatur ihren Belegschwerpunkt haben (V.4b: Forderung des Entfernens illegitimer Kultgegenstände mit סור hi.; V.10a: Trias „Korn, Most und Öl"). Auch inhaltlich fügen sich die Ergänzungen in den deuteronomistischen Traditionsstrom ein: Das Vergessen JHWHs zugunsten anderer Götter in Anbetracht der Kulturlandgüter ist Thema deuteronomischer Paränese (vgl. Dtn 8; 11). So liegt die Vermutung nahe, daß die Ergänzungsschicht deuteronomistische Theologie und Begriffsbildung bereits voraussetzt.[99]

Wirft man vor diesem theologiegeschichtlichen Hintergrund einen Blick zurück auf die Grundschicht, könnte man zunächst geneigt sein, diese in unmittelbarer Nähe zur Ergänzungsschicht zu verorten. Die Wendung הלך אחרי erinnert an entsprechende deuteronomistische Formulierungen,[100] die Rede von den מאהבים begegnet prominent auch in Ez 16.[101] Doch ist das nicht zwingend. Denn im Unterschied zu denjenigen Formulierungen der Ergänzungsschicht, für die Parallelen in Ez 16 und der deuteronomistischen Literatur aufgewiesen werden konnten, finden sich für die genannten Ausdrücke der Grundschicht schon Vorbilder in Hos 4,1-9,9: Die Wendung הלך אחרי begegnet in Hos 5,11. Das Ziel des Laufens ist dort mit צו angegeben. Welche Größe sich dahinter verbirgt, läßt sich aufgrund der unsicheren Bedeutung des Wortes nicht mit

---

schließen, da der im Akkadischen verwendete Terminus *erîššu* sowohl „nackt" als auch „mittellos" bedeuten kann. Auf die öffentliche Entblößung einer Frau heben allein einige prophetische Texte im AT ab (Jes 47,3; Ez 16,37-39; 23,26.29; Nah 3,5), und zwar als Metapher für das Handeln JHWHs.
98 S. Pohlmann, ATD 22,1, 226; vgl. aber Mal 2,14.
99 Vgl. Yee, Composition, 118-120.
100 Vgl. die Auflistung bei Weinfeld, Deuteronomy, 320 (Belege!).
101 Vgl. zudem Jer 22,20.22; 30,14; Thr 1,19 und Ez 23. Sach 13,6 spricht unmetaphorisch von den מאהבים.

Bestimmtheit sagen.[102] Im unmittelbaren Kontext Hos 5,8-6,6 ist einmal an die politischen Großmächte gedacht (5,13; vgl. 7,11f), ein anderes Mal an den JHWH, den das Volk im Kult zu erkennen meint (6,1; vgl. 5,6).[103] In Hos 2,7 gilt das Laufen dagegen den „Liebhabern". Die Rede von den Liebhabern (מְאַהֲבִים) erinnert an die freundschaftlichen Beziehungen (אֹהֲבִים), die Ephraim laut Hos 8,9 zu den politischen Großmächten unterhält. In Hos 2,7 sind damit aber andere Götter bezeichnet. Aus dieser Perspektive erscheint das in Hos 4,1-9,9 gerügte Laufen zu den Großmächten und zu JHWH im Kult als Hinwendung zu anderen Göttern.

Überhaupt orientiert sich der Autor der Grundschicht von Hos 2 an Hos 4,1-9,9. Die abschließende Bemerkung „und niemand kann sie aus meiner Hand erretten (נצל hi.)" findet sich ähnlich in Hos 5,14: „und niemand ist da, der rettet (נצל hi.)". Darüber hinaus ahmt Hos 2* die Struktur des Eingangsstücks Hos 4,1f nach (Imp. 2.m.pl. + כִּי + כִּי). Im Unterschied zu Hos 4,1f sind die Landeskinder in Hos 2* aber nicht Gegner im Rechtsstreit JHWHs (רִיב), sondern selbst dazu aufgerufen, mit ihrer Mutter zu rechten (רִיב) und sich so von ihrem ehebrecherischen Verhalten zu distanzieren. Auf diese Weise ist der Rechtsstreit auf das Land verlagert, die Bewohnerschaft aber nicht aus der Verantwortung entlassen. Von ihr ist in Hos 2* nicht weiter die Rede. Erst Hos 4,1-9,9 stellt auch ihr Scheitern heraus. So ist die Grundschicht von Hos 2 über die Anrede an die Landesbewohner in 2,4a dem überkommenen Material Hos 4,1-9,9 sekundär vorgeschaltet.

Inhaltlich wird durch die Vorschaltung der Grundschicht von Hos 2 das Gerichtswirken JHWHs auf das Land ausgedehnt. In Hos 4,1-9,9 gilt JHWHs Rechtsstreit allein den Landesbewohnern (4,1). Ihnen wird die Vertreibung angedroht, das Land bleibt JHWHs Eigentum (9,3).[104] Hos 2* propagiert dagegen die Trennung zwischen Land und Landesgott (2,4a). JHWH gibt sein Land der Schändung preis (2,12), nachdem es mit anderen Göttern die Ehe gebrochen hat (2,7b).

---

102 S.o.S.47f.
103 S.o.S.50f.
104 S.o.S.98f.

Fragt man nach der zeitlichen Einordnung der Grundschicht, sieht man sich wie üblich mit der Schwierigkeit konfrontiert, daß Kriterien für eine absolute Datierung fehlen. So ist man zunächst auf die relative Textstratigraphie gewiesen. Einen ersten – freilich vagen – Anhaltspunkt bietet die ermittelte innere Schichtung von Hos 2, näherhin die Ergänzungsschicht V.4b-5.10a.11.15, die die Grundschicht zum ersten Mal fortschreibt. Für sie konnte Kenntnis von Ez 16 und von deuteronomistischer Theologie und Begriffsbildung wahrscheinlich gemacht werden. Eine genauere zeitliche Einordnung ist aber auch für diese Schicht nicht möglich. Etwas weiter führt die Beobachtung, daß Hos 2* die Komposition Hos 4,1-9,9 literarisch voraussetzt. Wie diese blickt dann so auch die Grundschicht von Hos 2 auf den Untergang des Nordreiches 723/0 v.Chr. bereits zurück. Die Rede von der Schändung des Landes in 2,12 mag dabei die Erfahrung seiner Plünderung durch die assyrischen Besatzer widerspiegeln. Vor diesem Hintergrund läßt sich eine Trennung zwischen Landesgott und Land jedenfalls ohne weiteres plausibel machen, stellt sich doch die Frage, wie JHWH als Landesgott die Plünderung seines Landes überhaupt zulassen kann. Die Antwort, die die Tradenten des Hoseabuches in Hos 2* finden, bewegt sich in den durch Hos 4,1-9,9 vorgezeichneten Bahnen. In Hos 4,1-9,9 wird der Untergang des Staates mit seinen Stützen Königtum und Kult sowie die Exilierung der Bevölkerung auf JHWH selbst zurückgeführt. In dieser Fluchtlinie interpretiert Hos 2* die Plünderung des Landes nun als JHWHs eigenes Werk. Sie ist sinnfälliger Ausdruck der Trennung JHWHs von seinem Land. Die Schuld an dieser Situation trägt das Land, das die Trennung in der Hinwendung zu anderen Göttern zuvor selbst vollzogen hat.

Nach alledem besteht keine Notwendigkeit, die Grundschicht von Hos 2 zeitlich weit von Hos 4,1-9,9 abzurücken. Beide Textkomplexe sind mit dem einen Problem befaßt, die Folgen der Eroberung des Nordreiches durch die Assyrer theologisch zu verarbeiten. Dabei entdecken sie einen JHWH jenseits von Staat, Kult und Land. In der Loslösung JHWHs von allen staatlichen und geographischen Bindungen arbeiten sie theologiegeschichtlich derjenigen Gründungslegende Israels vor, die in der Exoduserzählung ihre narrative Ausgestaltung gefunden hat.[105]

III. Ertrag

Die Analyse der Eingangskapitel Hos 1-3 hat ergeben, daß sich dieser Textkomplex einem längeren Redaktions- und Fortschreibungsprozeß verdankt. Er hat nie selbständig für sich bestanden, sondern ist vielmehr von vornherein auf den Kernteil des Buches in Hos 4,1-9,9 hin geschrieben. Wir haben es hier also mit einem Fall innerbiblischer Exegese zu tun.[106]

Das läßt sich bereits für seinen ältesten Bestandteil in Hos 2 nachweisen. Die Grundschicht von Hos 2 in den Versen 4a.7b.12 dehnt das in Hos 4,1-9,9 den Landesbewohnern angedrohte Gericht JHWHs auf das Land aus und propagiert eine Trennung zwischen Land und Landesgott. Sie enthebt JHWH seiner regionalen Begrenzung und ist noch in vorexilischer Zeit denkbar.

Die Hauptstadien der weiteren Entstehungsgeschichte von Hos 1-3 stellen sich zusammenfassend folgendermaßen dar:

Eine erste folgenreiche Überarbeitung hat Hos 2 durch Ergänzung der Verse 4b-5.10a.11.15 erfahren. Sie stattet Hos 2 mit Zügen der Bildrede Ez 16 aus und trägt deuteronomistisches Gedankengut in den Text ein. Der Bearbeiter identifiziert die Ehefrau JHWHs aus der Grundschicht mit dem Volk und interpretiert das dort angeklagte Nachlaufen hinter den Liebhabern als Verstoß gegen den Alleinverehrungsanspruch

---

105 Für den theologiegeschichtlichen Zusammenhang vgl. Kratz, Erkenntnis Gottes; ders., Komposition, 314-323, u. jüngst Gertz, Mose. Zum ursprünglichen Nebeneinander von Erzväter- und Exodus-Landnahme-Erzählung als zwei konkurrierende Gründungslegenden Israels vgl. grundlegend de Pury, Tradition patriarcale; ders., Cycle; ders., Osée 12; ders., Erwägungen; ders., Choix, sowie neuerdings die eingehende Studie von Schmid, Erzväter.
106 Vgl. zu diesem Problemfeld die grundlegende Arbeit von Fishbane, Biblical Interpretation, daneben ders., Torah; ders., Revelation; ders., Inner-Biblical Exegesis; ders., Bible, sowie Schmid, Innerbiblische Schriftauslegung; Kratz, Innerbiblische Exegese; für die prophetische Literatur zudem Steck, Prophetenbücher.

JHWHs, der mit dem Entzug der Kulturlandgaben bestraft wird. Termi-nologisch und inhaltlich liegt diese Ergänzungsschicht auf einer Linie mit einigen kultkritischen Zusätzen, die im vorigen Kapitel in Hos 4,1-9,9 er-kannt wurden (4,12b.16-19; 5,3-4; 6,10b; 7,4; 9,1-2.5).

Erst mit den Rahmenkapitel Hos 1 und 3 halten erzählende Elemente Einzug. Unter Auslegung von Hos 2 entwerfen sie die Ehegeschichte Hoseas, in der der Prophet die Beziehung JHWHs zu Israel darstellen und durchleiden soll. Der theologische Sachverhalt ist in das (fiktive) Gewand prophetischer Biographie gekleidet.[107] Theologiegeschichtlich geben Hos 1 und 3 ein Weiterdenken deuteronomistischer Theologie zu erkennen.

Hos 1 nimmt den Untergang des Nordreiches aus der Perspektive deuteronomistischer Geschichtstheologie wahr, geht aber insofern einen Schritt weiter, als mit der Ausrottung des Hauses Ahab durch Jehu das einzige, was es über das Nordreich(königtum) überhaupt an Positivem zu berichten gab, auch noch depraviert wird.

Hos 3 formuliert dagegen eine Alternative zu deuteronomistischem Denken, indem es von JHWHs Liebe trotz Israels mangelnder Gegen-liebe erzählt und damit einen neuen Horizont für das Verhältnis von Gottheit und Gottesvolk öffnet.

---

107 Vgl. zu diesem Problemfeld Schöpflin, Theologie.

D. Die Geschichtsrückblicke des Hoseabuches

Mit den Ergebnissen der neueren Pentateuchforschung ist es zunehmend ungewiß geworden, zu welcher Zeit die vor- und frühgeschichtlichen Traditionen Israels schriftlich fixiert worden sind. Herrschte bis vor etwa 25 Jahren noch weitgehend Einigkeit darüber, daß mit dem Jahwistischen Geschichtswerk eine Quelle aus salomonischer oder doch jedenfalls der frühen Königszeit vorliegt, reichen heutige Datierungsversuche für das, was man mit dem Siglum J bezeichnet oder zumindest für die früheste Verschriftung altisraelitischer Traditionen hält, bis in die exilische oder frühnachexilische Zeit hinein.[1] Doch selbst wenn man für eine recht späte schriftliche Fixierung der vor- und frühgeschichtlichen Traditionen plädiert, ist damit noch nicht unbedingt etwas über das Alter dieser Traditionen selbst und der in ihnen propagierten Sicht von den Anfängen Israels ausgesagt. Im Gegenteil scheinen gerade die Geschichtskenntnisse der Propheten des 8. Jahrhunderts für ein relativ hohes Alter der Pentateuchtraditionen zu sprechen.[2] Besondere Bedeutung kommt in diesem Zusammenhang dem Propheten Hosea zu, denn bei ihm lassen sich Anspielungen auf alle Hauptthemen der pentateuchischen Überlieferung entdecken: die Vätertradition in Hos 12, die Exodustradition in Hos 2,17; 11,1; 12,10.14; 13,4, die Wüstenzugtradition in Hos 2,16f; 9,10-17; 12,10; 13,4-6 und die Landnahmetradition in Hos 2,16f; 9,10-17 und 10,1-2. Und so kann E. Blum, einer jener „Spätdatierer", in seinen „Studien zur Komposition des Pentateuch" feststellen: „Den Adressaten dieser Worte war jedenfalls das Grundgerüst der Ursprungsgeschichte Israels, wie auch

---

1   Die Wende dokumentiert Köckert, Suche; für die neueste Diskussion vgl. den jüngst von Gertz, Schmid und Witte herausgegebenen Sammelband „Abschied vom Jahwisten".
2   Vgl. Kreuzer, Frühgeschichte, 215-230.

wir es kennen, konzeptionell wohl vertraut."[3] Diese Sichtweise liegt dann auch dem wirkungsträchtigen Entwurf einer „Religionsgeschichte Israels in alttestamentlicher Zeit" von R. Albertz zugrunde. Sie erfährt Unterstützung durch die neueren einschlägigen Arbeiten zu den Geschichtsrückblicken im Hoseabuch von H.-D. Neef und D. R. Daniels.[4]

Die Beurteilung der Geschichtskenntnisse des Hosea hängt allerdings eng zusammen mit der Beurteilung der Literargeschichte des Buches. Die genannten Untersuchungen führen die fraglichen Texte allesamt wie selbstverständlich auf den Propheten Hosea selbst zurück. Seit den redaktionsgeschichtlichen Arbeiten von G. A. Yee, M. Nissinen, M.-T. Wacker und H. Pfeiffer ist das jedoch nicht mehr ohne weiteres möglich.[5] Auch die vorliegende Untersuchung hat bislang ein recht differenziertes Bild von der Entstehung des Buches ergeben. Der literarische Kern des Hoseabuches ist demnach in Hos 4,1-9,9 zu finden.[6] Er verrät keinerlei Kenntnis altisraelitischer Traditionen. Das ändert sich erst mit den Geschichtsrückblicken ab Hos 9,10. Allerdings hat die Analyse von Hos 11 erbracht, daß es sich zumindest bei diesem Kapitel um eine mehrstufige Fortschreibung zu Hos 4,1-9,9 handelt. Insbesondere für den Rekurs auf den Exodus in Hos 11 konnte wahrscheinlich gemacht werden, daß er sich einer erst nachträglichen Bearbeitung des Kapitels verdankt, die deuteronomistische Theologie und Begriffsbildung bereits im Rücken hat.[7] So stellt sich die Frage, ob auch die übrigen Geschichtsrückblicke dem Buch erst sekundär zugewachsen sind oder ob hier älteres Material verarbeitet ist, ein Teil der Geschichtsrückblicke also noch auf den Propheten selbst zurückgeht. Ich werde mich im folgenden zunächst den Geschichtsrückblicken in Hos 9,10-11,11 zuwenden, sodann die Kapitel 12-13 miteinbeziehen.

---

3   Blum, Studien, 218. Vgl. jüngst ders., Jakobs Traum, zur Vätertradition sowie Römer, Numeri, 229f, zum Aufenthalt in der Wüste.
4   Neef, Heilstraditionen; Daniels, Hosea. Vgl. Dozeman, Hosea.
5   Yee, Composition; Nissinen, Prophetie; Wacker, Figurationen; Pfeiffer, Heiligtum.
6   S.o.S.45ff, zusammenfassend S.111ff.
7   S.o.S.13ff. Gleiches gilt für Hos 2,16f, s.o.S.142.

I. Einheit und Vielfalt in Hos 9,10-11,11

Innerhalb des Hoseabuches bildet der Abschnitt Hos 9,10-11,11 den hinteren Teil der Komposition Hos 4-11. Nachdem in Hos 4,1-9,9 Israels Vergehen als Gottvergessenheit in Politik und Kult aufgedeckt worden sind, wendet sich der Blick nun zurück in die Vor- und Frühgeschichte des Volkes. So wird in Hos 9,10 auf die Erwählung in der Wüste und den Abfall in Baal Peor (Num 25) rekurriert, in 9,15 mit der Erwähnung von Gilgal auf die Anfänge des Königtums (I Sam 11,15 Krönung Sauls) oder den Einzug in das Kulturland (Jos 4-5), in 10,1 auf den anfänglichen Überfluß der Kulturlandgaben, in 10,9 auf die Schandtat von Gibea (Jdc 19-21) oder auf Heimatort und Residenz Sauls (I Sam 11,4; 14,2; 15,34; 22,6; 23,19; 26,1; vgl. Jes 10,29) und somit wieder auf die Anfänge des Königtums und in 11,1 schließlich auf die Herausführung aus Ägypten.

Wie J. Jeremias gezeigt hat, gibt sich Hos 9,10-11,11 als wohlstrukturiert zu erkennen. Demnach bilden Hos 9,1-17 und 10,1-15 zwei parallele Kompositionen: „Jeweils leitet den ersten Teil ein Geschichtsrückblick ein, der den heilvollen Beginn der Geschichte des Gottesvolkes mit dem früh vollzogenen Abfall von Jahwe konfrontiert (9,10 par. 10,1), während ein zweiter Geschichtsrückblick, der die ständig beibehaltene Schuld Israels betont, den zweiten Teil einführt (9,15 par. 10,9)."[8] Das Kapitel 11 ist dann Abschluß und zugleich Höhepunkt nicht nur der Geschichtsrückblicke Hos 9,10-11,11, sondern der gesamten Komposition Hos 4-11. Darin wird ein Weg beschritten vom heilvollen Beginn über Abfall und Strafe hin zu dem in JHWHs Herzensumsturz gründenden Neubeginn. Da Hos 11 bereits oben einer eingehenden Analyse unterzogen worden ist (s. A.II.), werde ich mich im folgenden der Parallelkomposition Hos 9,10-10,15 zuwenden.

Innerhalb von Hos 9,10-10,15 nimmt der Abschnitt Hos 10,1-8 in formaler Hinsicht eine Sonderstellung ein. Denn im Unterschied zu seiner Umgebung fehlt darin sowohl die Gottesrede wie auch jegliche Anrede an Israel. Statt dessen ist der Abschnitt ganz in reflektierender Prophetenrede gehalten. Wie ist dieser Wechsel in der Redeform zu erklären?

---

8   Jeremias 133.

Man könnte Hos 10,1-8 als Fortsetzung des prophetischen Gebetswunsches in Hos 9,17 verstehen. Diese Sicht hat als erster A. van Hoonacker vertreten; H. W. Wolff und J. Jeremias sind ihm darin gefolgt.[9] Allerdings vermögen sie nicht einsichtig zu machen, *inwiefern* Hos 10,1-8 „unmittelbare Fortsetzung" (so J. Jeremias) oder „Ergänzung in gleicher Richtung" (so H. W. Wolff) zu 9,17 sein sollte. Im Gegenteil: In Hos 10,1-8 ist der Gebetsstil von 9,17 verlassen. Zudem wechselt die Art der Bestrafung: Wird in 9,17 die Exilierung des Volkes angedroht, hebt 10,1-8 auf die Beseitigung der falschen Stützen des Volkes – der Altäre und Mazzeben, des Stierbildes und des Königtums – ab.

So könnte man mit M. Nissinen[10] erwägen, ob sich die Form der Prophetenrede in Hos 10,1-8 nicht erst einem redaktionellen Akt verdankt, begegnet doch die Rede von JHWH in 3.Pers. einzig in V.2. Doch zum einen weist seine Grundschicht V.1.5a.bα.6-7.8b im Zusammenhang gelesen auffallend harte Übergänge auf. Auch Nissinen scheint das zu spüren, denn er rechnet in V.5 mit einer anderslautenden, nicht mehr zu rekonstruierenden, durch den vorliegenden Wortlaut ersetzten Einleitung als Übergang zu V.1. Zum anderen ist die Sonderstellung von Hos 10,1-8 innerhalb von Hos 9,10-10,15 nicht auf den Stil beschränkt. Auch inhaltlich hebt sich der Abschnitt insofern vom Kontext ab, als hier genau betrachtet gar kein Geschichtsrückblick vorliegt. Das in V.1 Geschilderte läßt sich jedenfalls mit keinem der aus der alttestamentlichen Historiographie bekannten Ereignisse der Vor- und Frühgeschichte Israels in Verbindung bringen.[11] Vielmehr entsteht erst durch die umliegenden Ge-

---

9   Van Hoonacker 96; Wolff 224; Jeremias 129.
10 Nissinen, Prophetie, 309-312.
11 Manche denken an den Eintritt Israels ins Kulturland (vgl. etwa Marti 78, Nowack³ 60, neuerdings Neef, Heilstraditionen, 76-78). Der Vergleich Israels mit einem üppigen Weinstock kann jedoch auf jedwede Zeit wirtschaftlicher Prosperität gehen (Wolff 225, Rudolph 192, Deissler 45f, Jeremias 128 u.a. denken etwa an die Zeit Jerobeams II.). Noch weniger läßt sich Hos 10,1-8 als Geschichtsrückblick ansprechen, wenn man mit Macintosh 383f.387 u. Pfeiffer, Heiligtum, 102.105, in dem בוקק eine negative Qualifikation des Weinstocks („verwüstet"; s.u. Anm. a zu 10,1) und somit in V.1 eine Beschreibung der gegenwärtigen Situation des Nordreiches sieht. Bei Daniels, Hosea, findet Hos 10,1-8 bezeichnenderweise keine Behandlung.

schichtsrückblicke der Eindruck, auch in Hos 10,1-8 müsse ein solcher vorliegen.

Nach alledem legen formale wie inhaltliche Beobachtungen die Vermutung nahe, daß Hos 9,10-10,15 kein literarisch einheitliches Gebilde darstellt, sondern Hos 10,1-8 entweder dem vorliegenden Textzusammenhang der Geschichtsrückblicke in Hos 9,10-17 und 10,9-15 redaktionell zugefügt wurde oder umgekehrt durch diese eine sekundäre Rahmung erhielt.

Es fällt auf, daß das Personalpronomen הוא in 10,2 innerhalb von Hos 10,1-8 kein Bezugswort aufweist, das den Zerstörer der Kultgegenstände identifizieren würde.[12] Hos 10,1-8 ist somit in sich nicht voll verständlich, sondern auf Früheres angewiesen. Dies könnte dafür sprechen, daß dieser Abschnitt seinem Kontext gegenüber sekundär ist. Bezugswort für das Personalpronomen in V.2 wäre in diesem Fall אלהי „mein (des Propheten) Gott" aus Hos 9,17. Hos 10,1-8 könnte allerdings ebenso gut an das Stück Hos 9,1-9 anschließen, mit dem es die Prophetenrede sowie das Thema „Reichtum und Verlust der Landesgaben" gemeinsam hat. Bezugswort für das Personalpronomen in 10,2 wäre in diesem Fall אלהיו „sein (des Propheten) Gott" aus Hos 9,8. Die Geschichtsrückblicke wären demnach Hos 10,1-8 gegenüber sekundär. Von der fehlenden Identifikation des Zerstörers der Kultgegenstände her läßt sich also kein Urteil über die relative Textstratigraphie fällen.

Weiter führt folgende Beobachtung. Die Erkenntnis, daß erst vor dem Hintergrund der umliegenden Geschichtsrückblicke auch Hos 10,1-8 als ein solcher erscheint, läßt folgende zwei Deutungsmöglichkeiten zu. Entweder fügen die Geschichtsrückblicke Hos 10,1-8 eine Bedeutungsnuance hinzu, die dem Abschnitt selbst nicht innewohnt, geben also durch die sekundäre Rahmung einen neuen Interpretationshorizont vor. Oder in Hos 10,1-8 soll von vornherein der Geschichtsbezug mitgehört werden.

---

12 Nyberg, Studien, 72, u. Östborn, Yahweh, 89, denken an Baal, von dem steht aber nichts im Text. Unwahrscheinlich ist auch ein Bezug auf Israel (so Marti 78; Nowack³ 60), denn das kommt in V.2 durchgängig als pluralische Größe in den Blick. Wer dagegen das zuvor genannte Herz als Zerstörer der Kultgegenstände identifiziert (Steingrimsson, Zeit, 192; Macintosh 389-391; vgl. schon Raschi, Ibn Esra, Kimchi bei Wünsche 427f), macht die Ursache zum Verursacher der Gerichtsschläge und läßt Gott außen vor.

Dann würden die Geschichtsrückblicke die notwendige Voraussetzung für Hos 10,1-8 bilden, ohne die der Abschnitt nicht voll verständlich wäre. Das aber läßt sich nicht verifizieren. Hos 10,1-8 ist ohne die Geschichtsrückblicke voll verständlich, was die folgende Analyse bestätigen wird. So liegt der Schluß nahe, daß Hos 10,1-8 durch die Geschichtsrückblicke in 9,10-17 und 10,9-15 sekundär gerahmt wurde.

Dabei greifen die Geschichtsrückblicke die beiden in Hos 10,1-8 thematisierten Hauptsünden Israels, den Kult und das Königtum, auf und verfolgen deren Geschichte zurück bis an den Anfang. Hos 9,15 und 10,9f rekurrieren auf die Errichtung des Königtums unter Saul (Gilgal als Krönungsort Sauls nach I Sam 11,15; Gibea als Geburtsort und Residenz nach I Sam 11,4; 14,2; 15,34; 22,6; 23,19; 26,1; vgl. Jes 10,29),[13] Hos 9,10 bringt den Beginn der kultischen Schuldgeschichte mit Baal Peor an der Schwelle zum Kulturland in Zusammenhang (vgl. Num 25). Die Tendenz, die Schuld Israels immer weiter zurückzuverfolgen, läßt sich auch in anderen Schriften des AT beobachten.[14] In dieser Fluchtlinie verortet Hos 11 die Anfänge der Geschichte des Abfalls von JHWH in Ägypten, Hos 12 gar noch vor der Geburt des Urahns Jakob in seiner Mutter Leib.

Sind die literarhistorischen Verhältnisse in Hos 9,10-10,15 richtig gesehen, liegen die Konsequenzen für eine relative zeitliche Einordnung der Geschichtsrückblicke in diesen Kapiteln auf der Hand: Wenn die Geschichtsrückblicke in Hos 9,10-17 und 10,9-15 dem Stück Hos 10,1-8 erst sekundär zugewachsen sind, kann dieses zur Bestimmung eines literarhistorischen terminus a quo herangezogen werden. Es scheint somit lohnend, Hos 10,1-8 etwas genauer anzusehen.

---

13 Zu Hos 9,15 vgl. den Nachweis bei Jeremias 124f, zu Hos 10,9f den bei Wellhausen, Composition, 233.
14 Vgl. etwa Dtn 9,7ff; I Sam 8,8; II Reg 21,14f; Jer 7,25f; 11,7f; 32,22f.31.

II. Der literarhistorische terminus a quo der Geschichtsrückblicke: Hos 10,1-8

1. Exegese von Hos 10,1-8

a) *Übersetzung und Text*

10,1   Ein üppiger[a] Weinstock[b] war Israel,
dementsprechend brachte[c] es Frucht.
Je zahlreicher seine Frucht war,
desto zahlreicher machte es die Altäre[d];
Je schöner sein Land war,
desto schöner machten sie Mazzeben.

10,2   Geteilt[a] ist ihr Herz.
Jetzt sollen sie es büßen[b].
Er, er wird ihre Altäre zerbrechen.
Er wird ihre Mazzeben verwüsten.

10,3   Ja, jetzt sagen sie:
Wir haben keinen König.
Denn wir haben JHWH nicht gefürchtet.
Und der König – was könnte er für uns tun?

10,4   Sie faßten Beschlüsse,[a]
schworen[b] Nichtiges,
schlossen Verträge,
so daß das Recht wie Giftkraut sproßt
auf den Furchen des Ackers.

10,5   Beim Kalbszeug[a] von Beth-Aven
weilt[b] die Bewohnerschaft[c] Samarias.
Ja, seinetwegen ist verdorrt das Volk.
Und seine Pfaffen, seinetwegen,
wegen seiner Pracht jubeln sie.
Ja, in die Verbannung ist es gegangen,
weg von ihm.

10,6   Auch sie wird nach Assur[a] gebracht[b]
als Tribut für den Großkönig[c].
Schmach[d] trägt Ephraim davon,

Israel wird zuschanden an seinem Plan[e].

10,7   Vernichtet[a] ist Samaria.

Sein König[b] ist wie ein Zweig[c] auf der Wasseroberfläche.

10,8   Zerstört werden die Höhen des Frevels, Israels Sünde.

Dornen und Disteln wachsen auf ihren Altären.

Sie werden zu den Bergen sagen: Bedeckt uns!

und zu den Hügeln: Fallt auf uns!

1 a) Die Versionen verstehen בוקק teils als negative (T: בזיזא; α': ἔνυδρος; σ': ὑλομανοῦσα), teils als positive (LXX: εὐκληματοῦσα; S: dšbwq'; V: *frondosa*) Näherbestimmung des Weinstocks. Ersteres entspricht der im AT üblichen Bedeutung der Wurzel, für letzteres läßt sich arab. *bqq* „reichlich hervorbringen" anführen (vgl. Michaelis, Supplementa, 279; Eitan, Studies, 2f; Humbert, Marge, 200). Eine Entscheidung fällt deshalb schwer, weil sich beide Lesarten als lectio facilior erklären ließen, die positive als Angleichung „an die übrigen Geschichtsrückblicke des Hoseabuches" (Pfeiffer, Heiligtum, 102), die negative als Angleichung an die gewöhnliche Bedeutung von בקק (so Rudolph 191). Angesichts dieses Befundes ist für die weitere Argumentation Vorsicht geboten. Die hier vorgetragene These ist aber unabhängig von der Entscheidung. – b) גפן maskulin wie II Reg 4,39. – c) שוה I „gleich sein", pi. „gleich machen" (vgl. V, α', σ' sowie unter den Neueren van Gelderen/Gispen 352f; Wolff 222; Pfeiffer, Heiligtum, 102). Eine Herleitung von שוה II pi. „hinstellen, machen, hervorbringen" (GesB 813) oder von arab. *sawwa* „reif machen" (Nyberg, Studien, 71f; Rudolph 191; Jeremias 126) legt das schwierige גפן בוקק von V.1aα auf eine positive Bedeutung, eine Herleitung von שוה = שׁוא (Macintosh 385f) auf eine negative Bedeutung fest. – d) Zur Einführung des direkten Objektes mit ל vgl. GK §117n.

2 a) Mit den Versionen von חלק II herzuleiten, das als Intransitivum „geteilt sein" nur an dieser Stelle begegnet; so auch Raschi, Ibn Esra, Kimchi (vgl. Wünsche 427) und unter den Neueren etwa Nyberg, Studien, 72; Weiser, Art. πιστεύω, 188; ders. 77; Rudolph 191; Steingrimsson, Zeit, 195-197; Seidl, Hosea 10, 471. Alternativ wird im 20. Jh. gern von חלק I „glatt sein" abgeleitet. – b) Zur Bedeutung von אשם s.o. Anm. a) zu 5,15. LXX leitet hier wie in 5,15 und 14,1 fälschlicherweise von שמם her (vgl. V).

4 a) An die Frage V.3bβ, was der König nütze, schließt die pluralische Verbform דברו übermäßig hart an. In Anlehnung an LXX (λαλῶν > דֹּבֵר ?) wird deshalb seit Wellhausen 125 gern an die absoluten Infinitive von V.4a angeglichen (דַּבֵּר). M bietet aber die lectio difficilior. – b) Die ungewöhnliche Bildung des Infinitivus absolutus (אָלוֹת statt אָלֹה) mag Angleichung an das folgende כָּרֹת sein (GK §75n). Außer T (ימן) übersetzen die Versionen die Form fälschlicherweise als Substantiv f.pl.

5 a) Die Wiedergabe von עגלות mit „Färsen" (so V, α') bereitet Probleme, auch wenn man darin mit Andersen/Freedman 555; Wacker, Frau, 119; dies., Figurationen, 271-274, einen *pluralis majestatis* zur Bezeichnung einer Göttin oder mit Knauf, Herkunft,

155f, einen Hinweis auf das Betheler Pantheon, das er mit den in den Elephantine-Papyri bezeugten Gottheiten *Yahû, *ʿAnat-Yahû und ʾIšim-Bēt-ʾēl gleichsetzt, erkennen möchte. Gegen die Interpretation als *pluralis maiestatis* spricht der polemische Kontext (so auch Frevel, Aschera, 322f), bei der Deutung auf eine Göttertriade bleibt die Femininform letztlich unerklärt, sieht man einmal von den religionsgeschichtlichen Schwierigkeiten der Rekonstruktion ab (vgl. die Kritik bei Keel/Uehlinger, Göttinnen, 219f; Pfeiffer, Heiligtum, 48). So ändern einige Forscher mit LXX, S und θ' (Angleichung an 8,5f?) in m.sg. עגל (vgl. etwa Oort, Hozea, 495; Wellhausen 125; Willi-Plein, Vorformen, 184f), andere in f.sg. עגלה (vgl. etwa Nyberg, Studien, 73; Hvidberg, Weeping, 99). M kann aber beibehalten werden, wenn man die Endung וֹת als Abstraktplural (BLe §61tı) versteht (vgl. schon Keil 92 u. neuerdings Macintosh 399f; Pfeiffer, Heiligtum, 103). Andere erwägen, die Abstraktendung וֹת zu punktieren (Rudolph 195; Jeremias 127; Frevel, Aschera, 323). – b) גור I „weilen", vgl. LXX, S. Möglich ist auch eine Herleitung von גור III „fürchten (um)" (so θ', σ') oder „verehren" (so T, V, αʹ). Beide Wurzeln werden sonst nicht mit der Präposition ל konstruiert. – c) Die Singularform ist entweder distributiv (Rudolph 196; Macintosh 399) oder als Kollektivum (Nyberg, Studien, 73; Wolff 222) zu verstehen. LXX, S und V übersetzen in Anlehnung an die Verbform pluralisch.

6 a) LXX (εἰς Ἀσσυρίους δήσαντες) hat לאשור ganz offensichtlich doppelt gelesen, beim zweiten Mal als Form der Wurzel אסר (vgl. Rudolph 196; Macintosh 405). – b) Zur Konstruktion vgl. GK §121b. LXX, S und T lösen die schwierige Passivkonstruktion auf, müssen also keine andere Vorlage voraussetzen. – c) Zu מלך ירב s.o. Anm. a) zu 5,13. – d) Substantiv zu בוש mit seltener Bildung auf נה (vgl. GesB 121). Eine Umvokalisation in בָּשְׁנָה (so Michaelis, Varianten, 182; Rudolph 196; Frevel, Aschera, 325) ist nicht notwendig. – e) Aus dem Bestreben heraus, V.6b an die kultische Thematik von V.5-6a anzugleichen, möchten einige Forscher in מעצתו eine Gottesbezeichnung sehen. Wellhausen 125 u.a. konjizieren in מעצבו, andere deuten עצה als Femininform von עץ und erkennen darin eine Anspielung auf eine weibliche Gottheit (vgl. etwa Rudolph 196f; Andersen/Freedman 558; Jeremias 127; Wacker, Frau, 119). Ein Femininum von עץ ist jedoch sonst nicht belegt (vgl. die Diskussion in HALAT III, 821, sowie bei Frevel, Aschera, 325-327). Es besteht keine Notwendigkeit, von M abzugehen. Das gilt auch für den Vorschlag von Driver, Isaiah, 45, hier eine in ihrer Existenz ebenfalls zweifelhafte Wurzel עצה II „disobedience, rebellion" anzusetzen (vgl. HALAT III, 821).

7 a) דמה III wie 4,5f; 10,15; vgl. HALAT I, 216. – b) Folgt man der masoretischen Texteinteilung (vgl. die Versionen), ist מלכה wohl als Apposition zu שמרון zu verstehen (so auch Nyberg, Studien, 75; Barthélemy, Critique, 575). Einfacher ist es jedoch, den Atnach zu שמרון zu versetzen (vgl. Wünsche 441f, Wellhausen 125 u. die meisten). – c) Bezüglich des hapax legomenon קצף schwanken die alten Übersetzungen zwischen „Zweig" (LXX, S, θ') und „Schaum" (T, V, αʹ, σʹ). Für ersteres verweist Blau, Untersuchungen, 343, auf arab. *qaṣafa* „Holz brechen", für letzteres hat sich

neuerdings Cohen, "Foam", wieder stark gemacht. Beides ist möglich. Meist entscheidet man sich für „Zweig".

b) *Analyse*

Den Aufbau von Hos 10,1-8 hat J. Jeremias treffend als „konzentrische Figur" beschrieben: „Den äußersten Rahmen bilden die Verse 1f. und 8 mit dem Thema Altäre und Malsteine (Mazzeben), einen inneren Rahmen die Verse 3f. und 7 mit dem Thema Königtum, im Zentrum stehen die Verse 5-6 mit dem Thema Stierbild."[15] Aus dieser wohldisponierten Ordnung fallen die Verse 4 (Thema Recht) und 6b (Thema Bündnispolitik) heraus. Das wird bei der Literarkritik zu bedenken sein.

Zu Hos 10,1-8 kann ich mich der literarkritischen Analyse von H. Pfeiffer weitgehend anschließen.[16]

V.1-2 wirken inhaltlich und stilistisch geschlossen. Die Passage wird in V.1-2aα mit einem Schuldaufweis eröffnet. V.1a beschreibt im Bild des Weinstocks den Reichtum der Kulturlandgaben, V.1b in zwei parallel gestalteten Sätzen dessen Mißbrauch durch Israel im Kult, konkret in der Vermehrung der Altäre und in der Verschönerung der Mazzeben. V.2aα folgert abschließend: „Geteilt ist ihr Herz!" Eingeleitet durch עתה, bringt V.2aβ.b eine Strafandrohung, die die Zerstörung ebendieser Altäre und Mazzeben durch JHWH ankündigt.

Mit *V.3* beginnt ein neuer Abschnitt. Inhaltlich geht es nicht mehr um den Kult, sondern um das Königtum. Stilistisch bedeutsam ist, daß das עתה aus V.2 zwar aufgenommen, aber in einer anderen Weise verwendet wird: In V.2 eröffnet es eine Strafandrohung, in V.3 ein Zitat. Zugleich benötigt der Abschnitt das ישראל aus V.1-2 zur Näherbestimmung seines handelnden Subjekts. Diese Beobachtungen lassen sich dahin deuten, daß V.3 den V.1-2 gegenüber sekundär ist.

Zu *V.4* wurde schon bemerkt, daß die konzentrische Struktur von Hos 10,1-8 hier durchbrochen wird. Gewöhnlich wird der Vers als Antwort auf die Frage, was der König nütze, aus V.3bβ verstanden. V.4 spricht aber von einer pluralischen Größe. Der Übergang zur 3.m.pl. wird

---

15 Jeremias 127. Vgl. van Leeuwen, Meaning.
16 Pfeiffer, Heiligtum, 105-112.

von zahlreichen Exegeten als so hart empfunden, daß sie, um den Bezug zum König herzustellen, in einen Infinitivus absolutus ändern (s.o. Anm. a zu 10,4). Ohne diese Änderung kann sich die pluralische Form im Kontext nur über V.3aβ.b hinweg auf Israel in V.3aα beziehen.[17] Die syntaktische Verknüpfung mit V.3 ist also denkbar lose. Terminologisch greift V.4 mehrere Wendungen aus Hos 12 auf: כרת ברית aus 12,2, משפט aus 12,7 sowie שוא und על תלמי שדי aus 12,12. Aus Am 6,12 wird zudem das Bild vom Giftkraut für die Rechtsverwilderung übernommen (ראש und משפט). Anders als im Amosbuch und in Hos 12 stellt das Thema „Recht" in Hos 10,1-8 eher einen Fremdkörper dar. So liegt die Vermutung nahe, daß V.4 einen Zusatz darstellt.[18]

Der folgende Abschnitt umfaßt V.5-6a. Er handelt von der Beseitigung des Stierbildes und läßt sich in fünf Sätze einteilen:[19]

Satz 1:	לעגלות בית און יגורו שכן שמרון
Satz 2:	כי אבל עליו עמו
Satz 3:	וכמריו עליו יגילו על כבודו
Satz 4:	כי גלה ממנו
Satz 5:	גם אותו לאשור יובל מנחה למלך ירב

Zunächst ist der Gebrauch der Tempora auffällig. Satz 1, 3 und 5 verwenden das Imperfekt, Satz 2 und 4 das Perfekt. In Satz 2 und 4 steht das Verb in der 3.m.sg. Die Sätze weisen eine parallele Konstruktion auf, bestehend aus: כי – Verb – Präposition + Suffix. Die Sätze 1 und 3 sind chiastisch strukturiert. Satz 1 hat eine präpositionale Konstruktion am

---

17 Moenikes, Ablehnung, 192-194, u. Macintosh 394 sehen dagegen einen Bezug auf das Königtum im allgemeinen. Im Vorangehenden beziehen sich aber alle 3.m.pl.-Formen auf Israel, so daß dieses Verständnis m.E. nicht naheliegt.

18 Laut Pfeiffer, Heiligtum, 106, handelt nur V.4b von der Rechtsverwilderung, V.4a dagegen von der Bündnispolitik. Dementsprechend sei lediglich V.4b als sekundär zu beurteilen, während V.4a zusammen mit V.6b einen innersten Rahmen in der Komposition Hos 10,1-8 bilde. Allerdings ist ein literarischer Bruch zwischen den beiden Vershälften nicht zu erkennen. Von V.4b her sind die Vergehen in V.4a aber als Rechtsbruch zu deuten. Im übrigen ist auch das Thema Bündnispolitik in 10,1-8 nicht gut verankert, zumal wenn man V.6b mit Pfeiffer, Heiligtum, 108f für einen Zusatz hält.

19 Nach Pfeiffer, Heiligtum, 106; vgl. schon Utzschneider, Hosea, 115.

Anfang und das Subjekt am Ende. Bei Satz 3 ist es umgekehrt. Das finite Verb in der 3.m.*pl.* steht jeweils in der Mitte. Satz 5 hat demgegenüber eine eigene Struktur. Die Sätze 2 und 4 durchbrechen den chiastischen Zusammenhang der Sätze 1 und 3. Darüber hinaus stellen sie auch inhaltlich einen deutlichen Gegensatz dar: Der Jubel der Priester (Satz 3) erscheint angesichts der Exiliierung des Volkes (Satz 4)[20] und des Verdorrens der Bewohnerschaft Samarias (Satz 2)[21] unangebracht.[22] Dieser Befund läßt es wahrscheinlich erscheinen, daß die unabhängig nicht denkbaren כי-Sätze 2 und 4 ein späterer Nachtrag sind.[23] Sie ergänzen die Androhung des Abtransports des Stierbildes um die Schilderung von der Exiliierung des Volkes. Die Grundschicht könnte direkt an V.1-2 angeschlossen haben.

V.6b setzt im vorliegenden Textbestand die Strafandrohung von V.6a fort. Allerdings fällt auf, daß die Formulierung hier ins Allgemeine ver-

---

20 Für das Volk als Subjekt von Satz 4 spricht die Parallelität zu Satz 2 sowie die Tatsache, daß גלה qal terminus technicus für die Verbannung des *Volkes* ist.

21 Die Bedeutung „verdorren" für אבל legt sich aufgrund der Parallelität zu Satz 4 nahe, wo גלה ebenfalls einen „geminderten Zustand des Volkes" bezeichnet (Pfeiffer, Heiligtum, 127).

22 Gemeinhin versucht man sich des Gegensatzes durch Problematisierung der Wurzel גיל zu entledigen, sei es durch Konjektur (Graetz, Emendationes, 13; Harper 342 u.a.: יחילו; Wellhausen 125, Marti 80, Nowack³ 61 u.a.: יילילו; Eitan, Studies, 4: יָגֻלּוּ; Dahood, New Readings, 178: יגיה לו), sei es durch Postulierung einer nur hier auftretenden anderen Bedeutung (Rudolph 196; HALAT I, 182, u.a.: „klagen"; Macintosh 400: „to fear"), sei es durch das Verständnis als Ironie (Ehrlich, Randglossen, 196; Willi-Plein, Vorformen, 185, Wacker, Figurationen, 271f, u.a.). Gegen eine kultdramatische Deutung im Zusammenhang des Baalskultes, derzufolge sich das Nebeneinander von Trauer und Jubel als Äußerungen über Tod und Auferstehung Baals erkläre (so Pedersen, Israel, 713; Hvidberg, Weeping, 99f), spricht die Tempusstruktur (vgl. die Kritik bei Rudolph 197; Pfeiffer, Heiligtum, 123).

23 Einen Zusatz könnte auch das an Satz 2 anklingende עליו in Satz 3 darstellen, das den chiastischen Aufbau mit Satz 1 durchbricht (vgl. schon Duhm 32; Guthe 16; andere greifen zur Konjektur, so Robinson 98 in יילילו, Tsevat, Notes, 111, u. Rudolph 196 in עלו 3.m.pl.Pf. von *עול arab. „klagen"; wieder andere verbinden es mit וכמריו zu einem eigenen elliptischen Satz, so Stuart 256f; Wacker, Figurationen, 271, u.a.). Diese Einfügung löst die in der Grundschicht bestehende Verbindung von על כבודו zu שכן שמרון auf und verknüpft על כבודו statt dessen mit עגלות (constructio ad sensum; vgl. Rudolph 195). Die Ergänzung liegt offensichtlich textgeschichtlich auf einer Ebene mit Satz 2.

wischt. Auch werden mit Ephraim und Israel neue Subjekte präsentiert. Schließlich klingt der Begriff עצב an jesajanische Formulierungen an.[24] Vermutlich handelt es sich bei V.6b also um einen Nachtrag.

V.7 ist über das Subjekt שמרון locker mit V.5-6a verbunden. Über die Rede vom Ende des Königtums ist er aber inhaltlich mit dem redaktionellen V.3 verbunden. Die kultische Thematik von V.5-6a spielt dagegen keine Rolle. Wahrscheinlich gehören V.3.7 einer Bearbeitungsschicht zu.

Die Strafandrohung *V.8* zeigt eine nur lose Verbindung mit dem Vorangehenden. Das gibt schon der recht unbeholfene Anschluß mit Pf.-cons. an die Pf.-Form in V.7 zu erkennen. Mit seiner kultischen Thematik erinnert der Vers am ehesten an V.5-6a. Dieser Abschnitt handelt jedoch ausschließlich vom Stierbild und seiner Zerstörung. Dagegen führt V.8 mit den Höhen und Altären neue Gerichtsobjekte ein. Der Vers kompiliert dabei Formulierungen aus dem Nahkontext: Aus V.5 greift er die Disqualifikation Bethels als און „Frevel" auf und wendet sie auf die Höhen an, aus V.9 die Wendung חטאת ישראל. Darüber hinaus verwendet er Terminologie, die stark an deuteronomistische und chronistische Sprache erinnert, so z.B. die Wendung חטאת ישראל (vgl. חטאת עמך ישראל in I Reg 8,34; II Chr 6,25; חטאת עבדיך ועמך ישראל in I Reg 8,36; II Chr 6,27; חטאת יהודה in Jer 17,1; 50,20; חטאת עמי ישראל in Dan 9,20), die Bezeichnung illegitimer Heiligtümer als במות[25] sowie die Zusammenstellung von במה und מזבח (außer in Ez 6,6 nur noch in I/II Reg und I/II Chr).[26] In V.8 wird somit ein Zusatz vorliegen, der über den Terminus מזבחות den Bogen inklusionsartig zu V.1-2 zurückschlägt.

Ein Durchgang durch Hos 10,1-8 führt zu dem Ergebnis, daß der Abschnitt nicht in einem Zuge verfaßt, sondern erst allmählich zu seiner jetzigen Gestalt angewachsen ist. Die Grundschicht bilden die Verse 1-2 und 5-6a ohne die כ-Sätze. Darin geht es um die Beseitigung einzelner Kultgegenstände – der Altäre, der Mazzeben und des Stierbildes. Eine Bearbeitungsschicht, die mindestens die Verse 3 und 7 umfaßt, themati-

---

24 Vgl. Jes 5,19; 8,10; 14,26; 19,3.17; 25,1; 28,29; 29,15 u. bes. 30,1-5 in Verbindung mit בוש.

25 „Von den insgesamt 103 alttestamentlichen Belegen für במה entfallen auf Dtn und DtrG 53, auf Jer 6 und auf I/II Chr 19 Belege." (Pfeiffer, Heiligtum, 109)

26 Weitere Hinweise bei Pfeiffer, Heiligtum, 109f.

siert das Ende des Königtums im Rahmen der Vernichtung von Samaria. Insofern letztere mit Deportationen einhergegangen ist, lassen sich dieser Schicht wahrscheinlich auch die כי-Sätze aus V.5-6a zuordnen. Wie ein Blick auf V.3 zeigt, scheint dem Redaktor der Anschluß seiner Zusätze mit כי eigen zu sein.

Der innere Zusammenhang der einzelnen Bestandteile der Ergänzungsschicht läßt sich möglicherweise noch präziser fassen. Der Grund, den V.3 für den Verlust des Königtums angibt, liest sich, als diene I Sam 12,14.24f als Maßstab. Dort ist die Konkurrenz des irdischen Königtums zu JHWHs Königsherrschaft vorausgesetzt, der Fortbestand von König und Volk allerdings an die Bedingung der Gottesfurcht geknüpft.[27] Ganz auf dieser Linie führt Hos 10,3 den Untergang des Königtums auf das Fehlen von Gottesfurcht zurück.[28] In den beiden כי-Sätzen von V.5-6a wird daraufhin die Exilierung des Volkes, in V.7 das Ende des Königs von Samaria beschrieben. Für die Priorität von I Sam 12 gegenüber der Ergänzungsschicht von Hos 10,1-8 spricht dabei, daß das Thema „Gottesfurcht" im Unterschied zur deuteronomisch-deuteronomistischen Literatur im Hoseabuch sonst keine Rolle spielt.[29]

Darüber hinaus konnten einige wenige Einzelzusätze ausfindig gemacht werden: V.4 trägt amosisches, V.6b jesajanisches Gedankengut in den Text ein. V.8 schließlich zeigt (spät)deuteronomistischen Einfluß und schafft eine Rückbindung zu V.1-2.

2. Der literar- und theologiegeschichtliche Ort von Hos 10,1-8*

Auf der Suche nach einer Antwort auf die Frage, ob die Geschichtsrückblicke im Hoseabuch auf den Propheten selbst zurückzuführen oder dem Buch erst sekundär zugewachsen sind, hat sich die Erkenntnis aufge-

---

27 Zu I Sam 12 vgl. bes. Veijola, Königtum, 83-99; Kaiser, Gott, 194f.

28 Worin konkret der Autor der Ergänzungsschicht das Fehlen von Gottesfurcht gesehen hat, erhellt aus seinen Zusätzen zu V.5-6a. Darin wird als Grund für die Exilierung des Volkes das Stierbild angegeben (s. das zweifache עליו).

29 Die Wurzel ירא spielt in dtn.-dtr. Texten eine herausgehobene Rolle. Im Hoseabuch begegnet sie dagegen nur an dieser Stelle. Vgl. Stähli, Art. ירא.

drängt, daß sie jedenfalls innerhalb von Hos 9,10-10,15 einen redaktionellen Rahmen um den soeben behandelten Text Hos 10,1-8 bilden. Um zu einer relativen zeitlichen Einordnung dieser Geschichtsrückblicke zu gelangen, kann deshalb Hos 10,1-8 der Bestimmung eines literarhistorischen terminus a quo dienen. So soll im folgenden eine literarhistorische Einordnung dieses Abschnitts versucht werden, näherhin seiner Grundschicht in V.1-2.5-6a*.

Unabhängig vom jeweils ermittelten Grundbestand in Hos 10,1-8, wird dieser üblicherweise der Verkündigung des Propheten zugerechnet.[30] Die Beobachtung, daß dem Personalpronomen הוא in V.2 innerhalb von Hos 10,1-8 ein Bezugswort fehlt, das den Zerstörer der Kultgegenstände identifizieren würde, weist jedoch eher in eine andere Richtung, nämlich Hos 10,1-8* als direkte Fortsetzung von Hos 9,1-9 anzusehen.[31]

Es schließt sich die Frage an, ob diese Fortsetzung ursprünglich oder redaktionell ist. Von den bisherigen Ergebnissen der Arbeit her gesehen, ist man geneigt, diese Frage im letztgenannten Sinne beantworten. Hos 9,1-9 bildet das Schlußstück der Komposition Hos 4,1-9,9, die sich als literarisch geschlossenes Ganzes erwiesen hat.[32] Bei Hos 10,1-8* muß es sich von daher um eine Fortschreibung handeln. Und tatsächlich läßt sich dieses Urteil von Hos 10,1-8* her bestätigen. Darauf führt ein Vergleich mit Hos 8 – einem Text, mit dem Hos 10,1-8* große inhaltliche und terminologische Gemeinsamkeiten aufweist.

In Hos 8,11-12[33] findet sich wie in Hos 10,1-2 der Vorwurf, Israel habe

---

30 Ausnahmen bilden lediglich Vermeylen, Isaïe, 162f, und Yee, Composition, 294-298.
31 S.o.S.163f.
32 S.o.S.97-99.110f.
33 Demgegenüber gibt sich Hos 8,13 als Zusatz zu erkennen (so auch Yee, Composition, 195-197). Der Vers fällt aus der antithetischen Struktur von 8,11-12 heraus, wechselt von Gottes- in Prophetenrede und führt Ephraim nicht mehr als singularische, sondern als pluralische Größe. Anders Pfeiffer, Heiligtum, 137f, der für Hos 8,10b.11-13 mit einem komplizierteren Textwachstum rechnet: Dem Grundbestand in V.10b.13bβ sei ein versprengtes Einzelwort V.11.13aα.bα mehr oder weniger zufällig eingeschrieben worden. Bei V.12 und 13aβ handele es sich dagegen um zwei Einzelzusätze. Pfeiffer stützt seine Literarkritik in erster Linie auf die Beobachtung, daß V.13aβ.bβ den durch V.13aα.bα konstituierten Parallelismus durchbreche. Allerdings läßt sich fragen, ob damit ein hinreichender literarkritischer Grund angegeben ist. Durch die Eliminierung von V.13aβ wird

die Altäre vermehrt. Eine Kombination von רבה und מזבח begegnet im
AT nur an diesen beiden Stellen. Dieser Umstand macht es wahrscheinlich, daß beide Texte nicht unabhängig voneinander entstanden
sind. Dennoch weisen sie inhaltlich an zwei Stellen deutliche Unterschiede auf. Diese betreffen zum einen die Frage, worin das Verwerfliche
an der Vermehrung von Altären besteht, zum anderen das Objekt der
göttlichen Strafe. Hos 8,11-12 stellt die Menge der Altäre der Vielzahl
göttlicher Weisungen[34] antithetisch gegenüber. Diese Entgegensetzung
will auf dem Hintergrund der kultpolemischen Ergänzungsschicht in Hos
4,1-9,9 verstanden werden: Hos 8,11-12 lehnt eine Vermehrung von Altären ab, weil JHWH sich im Kult nicht finden läßt, sondern jenseits des
Kultes gegen sein Volk auftritt.[35] Dementsprechend trifft in Hos (8,13;)
9,1-9* das Gericht das Volk, das JHWH im Kult sucht und ihn gerade
deshalb nicht erkennt. Im Unterschied dazu hebt Hos 10,1-2 auf die Zerstörung der Altäre ab. Eine Kritik über ihre Vermehrung hinaus ist nicht
zu erkennen. Das läßt darauf schließen, daß hier die Anzahl der Altäre
selbst das Problem ist. Daß Hos 10,1-2 und 8,11-12 auf einer literarischen
Ebene liegen, scheint mir nach alledem nicht wahrscheinlich.

Über die Richtung der Abhängigkeit gibt ein Vergleich der jeweiligen
gegen das Stierbild polemisierenden Abschnitte Auskunft. In Hos 8 begegnet dieses Thema in den redaktionellen V.4b-6.[36] Die unmittelbar auf
das Stierbild bezogenen Passagen V.5aα.6b sind im Unterschied zum
Kontext in Prophetenrede gehalten, was sie als Zusatz erkennen läßt.[37]

V.13bα jedenfalls der Identifikation seines Subjektes beraubt. Zudem bleibt bei
Pfeiffers Analyse die Frage offen, woher das Einzelwort V.11.13aα.bα kommt und
warum es gerade hier eingefügt wurde.

34 Lies mit LXX, S, V, α', σ' und den meisten neueren Exegeten תורתי. M gleicht an
die singularische Formulierung von 8,1b an.
35 Zur kultpolemischen Ergänzungsschicht s.o.S.120ff.
36 S.o.S.110.
37 Ein noch späterer Nachtrag liegt in den Versen 4b.6a vor, die auf die *Bildhaftigkeit*
des Stieres abheben, während V.5aβ.b als Strafansage an den ursprünglichen
Schuldaufweis V.4a anschließen könnte. Vgl. Pfeiffer, Heiligtum, 135-137.139, der
in V.5aα.6b allerdings ein versprengtes Prophetenwort sieht, das Hos 8 erst
sekundär eingestellt worden sei. Doch kommt V.5aα.6b volle Selbständigkeit nicht
zu, weshalb Pfeiffer konzediert: „Wahrscheinlich ist der Spruch V5aα.6b nur
fragmentarisch überliefert. Darauf deutet der fehlende Subjektbezug der
Verbform זנח in V5aα, wenngleich *der Leser* auch ohne ausdrückliche Nennung

Die Formulierung als Prophetenrede haben sie mit der Grundschicht von Hos 10 gemein. Beide Sequenzen zielen auf die Beseitigung des Stierbildes. Aufgrund dieser stilistischen und inhaltlichen Parallelen liegt der Schluß nahe, daß die Stierbildpolemik in beiden Kapiteln von ein und derselben Hand stammt.

Ein Vergleich von Hos 10,1-2.5-6a* mit den entsprechenden Partien in Hos 8 kommt zu dem Ergebnis, daß sich der Vorwurf der Vermehrung der Altäre unterschiedlicher Verfasserschaft verdankt, während die Verse, die vom Stierbild handeln, auf einer literarischen Ebene liegen. Da sich das Thema „Vermehren von Altären" als genuiner Bestandteil der Komposition Hos 4,1-9,9, die Stierbildpolemik dagegen als Zusatz erzeigt hat, liegt der Schluß nahe, daß die Grundschicht von Hos 10,1-8 insgesamt eine Fortschreibung zu der Komposition Hos 4,1-9,9 bildet.

Sind die literarhistorischen Verhältnisse richtig gesehen, kann Hos 10,1-2.5-6a* nicht der mündlichen Verkündigung des Propheten entstammen. Vielmehr setzt der Abschnitt den Untergang des Nordreiches bereits voraus. Doch läßt sich der theologiegeschichtliche Ort der Grundschicht von Hos 10,1-2.5-6a* noch näher eingrenzen. Darauf führt eine inhaltliche Erwägung.

Liest man in V.1 von Israels kultischen Aktivitäten, von der Vermehrung und immer prachtvolleren Ausgestaltung der Kulteinrichtungen, nimmt man die Androhung ihrer Zerstörung mit Erstaunen zur Kenntnis. Was ist eigentlich so verwerflich an der Vervielfältigung von Altären und der Verschönerung von Mazzeben? Der Text gibt auf diese Frage keine Antwort. Statt dessen droht er lediglich die Zerstörung der genannten Kultgegenstände an. Das legt den Schluß nahe, daß in ihrer Existenz selbst das Problem liegt.

Fragt man danach, welcher Textbereich des AT die Vermehrung von Altären und die Existenz von Mazzeben kritisch beleuchtet, wird man in der deuteronomisch-deuteronomistischen Literatur fündig. Programmatisch formuliert ist dieser Sachverhalt in Dtn 12. Liest man Hos 10,1-2 vor dem Hintergrund von Dtn 12, erscheint die Vermehrung von Altären

---

des Subjektes weiß, daß nur Gott Subjekt von V5aα sein kann." (139; Hervorhebung R.V.)

als Verstoß gegen das Gebot, JHWH nur an dem einen, von ihm erwählten Ort zu verehren, und die Verschönerung der Mazzeben als Verstoß gegen das Gebot, JHWH allein als Gott zu verehren und deshalb die
Mazzeben als Symbole anderer Götter zu zerstören.

In diese deuteronomistische Perspektive fügt sich auch die Stierbildpolemik von V.5-6a* mühelos ein, gilt doch das Festhalten an der Sünde
Jerobeams, d.h. die fortdauernde Verehrung der zwei von Jerobeam I.
aufgestellten goldenen Kälber in Bethel und Dan, in der deuteronomistischen Historiographie als Hauptursache für den Untergang des Nordreiches.[38] Zum einen erweist sich der Kult in Bethel an Stelle Jerusalems somit als Angriff auf das Gebot der Kultuseinheit. Vor allem aber erscheint
das Stierbild in Hos 10 als Repräsentant einer konkurrierenden Gottheit.
Seine Verehrung kommt einem Verstoß gegen das erste Gebot gleich.

Mit dieser theologiegeschichtlichen Einordnung der Grundschicht
konvergiert auch ihr Sprachgebrauch: Von den neun alttestamentlichen
Belegen, in denen מזבחות und מצבות nebeneinander genannt werden,
handeln sieben von ihrer Zerstörung. Neben Hos 10,1.2 sind dies Ex
34,14; Dtn 7,5; 12,3; II Chr 14,2; 31,1. Sie gehören allesamt dem deuteronomistischen oder chronistischen Literaturbereich zu. In den deuteronomistischen Literaturbereich weist darüber hinaus die abschließende
Qualifikation von Israels kultischem Fehlverhalten in V.2aα: „Geteilt ist
ihr Herz!" Sie wirkt wie das genaue Gegenteil einer gottgemäßen Haltung
nach Dtn 6,5: „Du sollst JHWH, Deinen Gott, lieben mit Deinem *ganzen*
Herzen!"[39] Schließlich begegnet die Bezeichnung der Priester als כמרים
(V.5) sonst nur noch in II Reg 23,5 und Zeph 1,4[40] – zwei Verse, die im
deuteronomistischen Traditionsstrom stehen.

Aus alledem läßt sich schließen, daß die Grundschicht von Hos 10,1-
8 im Wirkungskreis deuteronomistischer Theologie entstanden ist.[41] In

---

38 Vgl. I Reg 12,26-33; II Reg 10,29.31; 13,6.11; 14,24; 15,9.18.24.28; 17,21.
39 Vgl. Dtn 4,29; 10,12; 11,13; 13,4; 26,16; 30,2.6.10; Jos 22,5; I Sam 7,3; 12,20.24; I
    Reg 2,4; 8,23.61; 11,4; 14,8; 15,3.14; II Reg 10,31; 20,3; 23,3.25; Jer 3,10; 24,7;
    29,13. Die Rede vom „geteilten Herzen" in Hos 10,2 sehen auch Weiser, Art.
    πιστεύω, 188, und Vermeylen, Isaïe, 162, vor dem Hintergrund von Dtn 6,5.
40 Zum deuteronomistischen Hintergrund von Zeph 1,4 vgl. Levin, Anfänge, 224-
    226; Seybold, Satirische Prophetie, 75-93; ders., ZBK.AT 24,2, 94f.
41 So auch Vermeylen, Isaïe, 162f; Yee, Composition, 294-298.

der Beurteilung des Nordreichkultes greift sie die deuteronomische Gesetzgebung auf, wie sie programmatisch in Dtn 12 formuliert ist. Ihr geht es darum aufzuzeigen, daß Israel gegen die deuteronomischen Forderungen der Kultuseinheit und Kultusreinheit verstoßen hat. Hos 10,1-8* rückt damit in gewisse Nähe zu deuteronomistischen Texten wie I Reg 12,26-33; II Reg 17,7ff, die ein ähnliches Anliegen erkennen lassen.

Daß Hos 10,1-8* deuteronomistische Theologie und Begriffsbildung bereits im Rücken hat, legt sich auch aus buchgenetischen Erwägungen heraus nahe, näherhin der Verwendung der Weinstockmetapher in Hos 10,1. Der Weinstock bzw. Weinberg fungiert in der Liebeslyrik als Bild für die Geliebte.[42] Bezogen auf Israel klingt hier die Ehemetapher aus Hos 2 an. Da sich eine Identifikation der Frau mit dem Volk Israel in Hos 2 aber erst für die im deuteronomistischen Traditionsstrom stehende erste Ergänzungsschicht nachweisen läßt, kann auch für Hos 10,1-8* keine frühere Entstehungszeit angenommen werden.

Inhaltlich nehmen sowohl Hos 2* als auch Hos 10,1-8* den fehlerhaften Umgang mit der von JHWH gewährten Fruchtbarkeit des Landes in den Blick. Während Hos 2* Israel allgemein der JHWH-Vergessenheit und Hinwendung zu anderen Göttern bezichtigt, führt Hos 10,1-8* aus, was damit konkret gemeint ist: Der Autor von Hos 10,1-8* interpretiert das Fehlverhalten der Frau in Hos 2* im Bild des Weinstocks als Verstoß gegen die deuteronomischen Gebote zur Kultuseinheit und Kultusreinheit.

Ein äußerer Anlaß für diese Interpretation mag in Hos 9,1-9 zu finden sein, woran Hos 10,1-8* einst direkt anschloß. Hos 9 untersagt Israel Festfreude, weil es von JHWH weggehurt sei. Dieses Verbot liest sich wie eine Umkehrung der Gebote zur Festfreude, die Dtn 12 wie ein Kehrvers durchziehen (V.7.12.18). Vor diesem Hintergrund lag es für den Redaktor nahe, Israels Hurerei von Dtn 12 her näher zu bestimmen.

---

42 Cant 1,6; 2,15; 6,11; 7,13; 8,11f; vgl. Müller, Art. כרם, 338-340, sowie Keel, Hohelied, z.St.

III. Die Geschichtsrückblicke in Hos 12 und 13

Trifft unsere Rekonstruktion zu, kann von den Geschichtsrückblicken in
Hos 9,10-10,15, die Hos 10,1-8 zeitlich und sachlich voraussetzen, nicht
auf die Geschichtskenntnisse des Propheten Hosea im 8. Jahrhundert zu-
rückgeschlossen werden. Im Gegenteil befindet man sich mit diesen
Texten in relativer zeitlicher Nähe zu den spätesten Ansetzungen für eine
schriftliche Fixierung von Pentateuchtraditionen in der Pentateuchforschung, wenn nicht gar danach. Zu einem ähnlichen Ergebnis hat schon
die Untersuchung der Geschichtsrückblicke in Hos 2 und 11 geführt.

Ebenso wenig verraten die Geschichtsrückblicke in Hos 12 und 13
über die Geschichtskenntnisse des Propheten Hosea, denn auch sie geben
sich als frühestens exilische Fortschreibungen innerhalb des Hoseabuches
zu erkennen.

Hos 12 handelt von der Schuld des Erzvaters Jakob. In dem Kapitel
stehen Gottes- und Prophetenrede derart unvermittelt nebeneinander,
daß man von einem literarisch einheitlichen Gebilde kaum sprechen
kann.[43] Der Kern ist am ehesten in den unmittelbar auf Jakob bezogenen
Versen 3-5.7.13f zu finden.[44] Sie sind sowohl stilistisch (Erzählstil,
Prophetenrede) wie auch durch das gemeinsame Jakob-Thema miteinander verbunden. Ihr Fortschreibungscharakter innerhalb des Hoseabuches
läßt sich an dem einleitenden Vers 12,3 ablesen, der יעקב für alles weitere
als Subjekt vorgibt. Der Vers selbst stellt eine Kompilation von Hos 4,1.9
dar.

Hos 12* streitet um die rechte Israel-Ätiologie.[45] Dabei wird die
Jakobtradition negativ gegen die Exodustradition ausgespielt. Was Israel
ausmacht, bestimmt nicht die Zugehörigkeit zu einer Genealogie, sondern
JHWHs Handeln in der Geschichte. Die Genealogie regelt das schiedlich-
friedliche Nebeneinander von Stämmen, Völkern, Staaten und ihren
Göttern. Sie hat damit eine Affinität zum Polytheismus, die sie im Sinne
der Hoseaüberlieferung für die Bestimmung der Identität Israels un-

---

43   So in neuerer Zeit etwa Gese, Jakob; Neef, Heilstraditionen, 22-24.
44   So Jeremias 150. Weitere Vorschläge nennt Pfeiffer, Heiligtum, 69f.
45   Vgl. de Pury, Osée 12; ders., Erwägungen.

brauchbar macht. Der Exodus, auf den sich die Hoseaüberlieferung statt
dessen beruft, begründet demgegenüber ein exklusives Verhältnis zwischen JHWH und Israel, das sich von Seiten Israels im Halten (שמר) des
durch Mose und die Propheten übermittelten Gesetzes zu bewähren hat.
Die Grundschicht von Hos 12 steht damit in erstaunlicher Nähe zu deuteronomistischer Theologie. H. Pfeiffer hat gute Gründe beigebracht, daß
diese hier bereits vorausgesetzt ist. Er verweist 1) auf die im deuteronomistischen Traditionsstrom stehende Wendung שמר משפט,[46] 2) auf die
Zeichnung der Propheten als Gebotsübermittler in mosaischer Sukzession[47] und 3) auf die Verbindung von Mose, Prophet und Exodus, die
sich auf das deuteronomistische Stück Ex 3,1-4,18 zurückführen läßt.[48]

Buchinternen Anlaß zu den theologischen Erwägungen in Hos 12
gibt das vorangehende Kapitel. Von hier wird das Thema der Erwählung
aufgegriffen und nun selbst zum Gegenstand der Überlegungen gemacht.
Hos 11 propagiert eine Erwählung durch Berufung (קרא). Hiervon setzt
Hos 12 mit dem Marker בבטן die Erwählung im Mutterleibe negativ ab.[49]
Das Kapitel unterstreicht so, daß die Erwählung ממצרים (Hos 11,1;
12,14) die einzig gültige ist, während die bloße Berufung auf die Abstam-
mung nur trügerische Sicherheit gewährt.

Nach und nach ist Hos 12 zu seiner vorliegenden Gestalt angewachsen. Zuweilen wird vermutet, die Redaktoren hätten dabei auf ehemals
selbständige Prophetenworte zurückgegriffen,[50] doch sind die Zusätze
dafür zu genau auf das überkommene Material abgestimmt.[51] Im Falle der
Exodusreminiszenz Hos 12,10 findet sich darüber hinaus eine wortwört-

---

46 Vgl. Pfeiffer, Heiligtum, 89f.
47 Vgl. Pfeiffer, Heiligtum, 94.
48 Vgl. Pfeiffer, Heiligtum, 94f, mit Verweis auf Perlitt, Mose, 17f, für den Bezug
    zwischen Hos 12 und Ex 3,1-4,18 und auf Blum, Studien, 20-37, für die literar-
    und theologiegeschichtliche Einordnung von Ex 3,1-4,18.
49 Beide Erwählungskonzepte wurzeln in der Königsideologie, sind im Hoseabuch
    aber auf das Volk übertragen. Zur Erwählung durch Berufung s.o. zu Hos 11, zur
    Erwählung im Mutterleib vgl. die bei Beyerlin, Textbuch, 53-56, aufgeführten
    ägyptischen Königstexte.
50 Vgl. etwa Jeremias 150; Pfeiffer, Heiligtum, 70.
51 Vgl. etwa das Spiel mit der Wurzel און in V.4 „Manneskraft", 9 „Vermögen" und
    12 „Schuld". Gertner, Masorah, 274f, spricht für die vorliegende Gestalt von Hos

liche Parallele in Hos 13,4. Mit seiner Rede von JHWH in 1.Pers. fällt der Vers aus der Prophetenrede von Hos 12 heraus, fügt sich aber gut zu dem nahezu durchgängig in Gottesrede gehaltenen Kapitel 13. Hos 12,10 könnte demnach aus 13,4 übernommen sein.

Die Geschichtsrückblicke in *Hos 13* erweisen sich allesamt als Entfaltung des ויאשם בבעל in V.1.[52]

V.2-3 bestimmt das Verschulden mit Baal als Verstoß gegen das dekalogische Bilderverbot näher. Mit V.2aα[2] mag der Abschnitt auf die Episode vom Goldenen Kalb Ex 32 anspielen (32,8: עשו להם עגל מסכה, vgl. 32,4).[53] Der Satz hat seine engsten Parallelen in Dtn 9,12; II Reg 17,16 und Ps 106,19. Alles in allem ordnen sich V.2-3 inhaltlich wie sprachlich in den Reigen nachexilischer Götzenbildpolemik ein.[54]

V.4-8 schlägt über V.2-3 hinweg zurück auf V.1. Hier wird JHWH dem Baal als einzig wahrer Gott und Retter gegenübergestellt, der Israel aus Ägypten geführt und in der Wüste geweidet hat, von Israel aber in satter Überheblichkeit vergessen wurde. Der Abschnitt vereinigt in sich eine Kurzfassung des Dekalogprologs, Aussagen über die Ausschließlichkeit JHWHs deuterojesajanischen Stils (vgl. Jes 43,10f; 45,5.21) und die deuteronomische Trias שכח – רום לב – שבע (Dtn 8,7-14; vgl. 6,10-12). Eine erst nachexilische Entstehungszeit liegt von daher nahe.[55]

V.9-11 schließlich wertet die Hoffnung, die Israel auf das Königtum setzt, als Vergehen gegen den Ausschließlichkeitsanspruch JHWHs, gleichbedeutend mit einem „Verschulden mit Baal" (V.1). Dabei mag V.10b, der Israels Wunsch nach einem König im Zuge der Installation

---

12 aufgrund der zahlreichen „word ‚bridges', word plays and text blendings" gar von einer frühen Form des Midrasch.

52 Vgl. Wacker, Figurationen, 233f; dies., Gendering, 267-270.

53 So etwa Wacker, Gendering, 267.

54 Vgl. Wacker, Figurationen, 234, u. bes. den Nachweis bei Pfeiffer, Heiligtum, 169-171.

55 Vgl. Nissinen, Prophetie, 156-168. Pfeiffer, Heiligtum, 172f, identifiziert Hos 13,4a.5 indes noch als ursprünglich mündliches Prophetenwort. Eine literarkritisch relevante stilistische Spannung zwischen V.4a.5 einerseits und V.4b andererseits vermag ich allerdings nicht zu entdecken. Auch ist der Eingriff in den Konsonantenbestand bezüglich der Verbform ידעתיך in V.5 – Pfeiffer liest nicht nur mit LXX ירעתיך von der Wurzel רעה (ר/ד-Verschreibung), sondern ändert darüber hinaus in eine Impf.-Form ארעך – seiner These nicht eben zuträglich.

des Königtums I Sam 8,6 nahezu wortwörtlich aufnimmt, sekundär nachgetragen sein.[56] Der deutliche antithetische Rückbezug von V.10a zu V.4b über die Wurzel ישע macht es aber wahrscheinlich, daß auch der Restbestand von V.9-11 keine alte Hoseatradition enthält, sondern von vornherein für den Kontext formuliert ist. Mit seiner pointierten Rede vom „Geben" und „Nehmen" erinnert der Abschnitt an Hos 2. Überhaupt scheint Hos 13 auf Hos 2 zurückzuschlagen, so daß man das Kapitel mit M.-T. Wacker als „Relecture" von Hos 2 bezeichnen kann.[57]

IV. Ertrag

Eine Untersuchung der Geschichtsrückblicke des Hoseabuches hat ergeben, daß diese nicht auf den Propheten selbst zurückgehen, sondern dem Buch erst sekundär zugewachsen sind. Wie schon bei den Eingangskapiteln des Hoseabuches Hos 1-3 handelt es sich auch bei den Geschichtsrückblicken um einen Fall innerbiblischer Exegese.

Ihren Ausgang nimmt die literarhistorische Entwicklung in Hos 10,1-8. Bereits die Grundschicht des Textes in V.1-2.5-6a* (ohne die כי-Sätze) setzt die Komposition Hos 4,1-9,9 – wahrscheinlich sogar die Ergänzungsschicht in Hos 2 – voraus. Sie verarbeitet deuteronomistische Theologie. Ihr geht es darum aufzuzeigen, daß das Nordreich gegen die deuteronomischen Forderungen zur Kultuseinheit und Kultusreinheit, gegen das erste Gebot verstoßen hat. Eine Bearbeitungsschicht (V.3.7 sowie die כי-Sätze in V.5-6a) reflektiert das Ende von König und Volk Samarias vor dem Hintergrund von I Sam 12,14.24f.

Erst mit Hos 9,10-17 und 10,9-15 – zwei Texten, die sich wie ein Rahmen um Hos 10,1-8 legen – finden Rückblicke in die Vor- und Frühgeschichte Israels Eingang in das Hoseabuch. Sie greifen die beiden in Hos 10,1-8 thematisierten Hauptsünden Israels, den Kult und das Königtum, auf und verfolgen deren Geschichte zurück bis an ihren Anfang

56 Vgl. Marti 102; Pfeiffer, Heiligtum, 156.
57 Vgl. Wacker, Figurationen, 256; dies., Gendering, 268-270.279-281. Beachtenswert ist insbesondere noch das Themenensemble Exodus, Wüste, Kulturlandgaben mit der Antithese שכח/ידע in 2,4-17; 13,4-6.

(9,15; 10,9f: Errichtung des Königtums unter Saul; 9,10: Abfall in Baal Peor an der Schwelle zum Kulturland). In der Tendenz, die Schuld Israels immer weiter zurückzuverlegen, treffen sie sich mit einigen Texten, die im deuteronomistischen Traditionsstrom stehen. In diesen Strom fügen sich auch die Geschichtsrückblicke in Hos 11, 12 und 13 ein.

Sind die Geschichtsrückblicke dem Hoseabuch somit erst sekundär zugewachsen, entfällt Hosea als frühester Zeuge für „das Grundgerüst der Ursprungsgeschichte Israels, wie auch wir es kennen"[58]. Über das Alter der Pentateuchtraditionen selbst ist damit noch nicht zwangsläufig etwas ausgesagt. Allerdings läßt sich die in ihnen propagierte Sicht von den Anfängen Israels in den älteren Partien des Hoseabuches (Hos 2,4-15*; 4,1-9,9*; 11*) nicht verifizieren. Im Gegenteil: Das im Hoseabuch rekonstruierte mündliche Material zeichnet ein Bild von Israel und seinem Nationalgott JHWH, das sich kaum vom religiösen Selbstverständnis der Nachbarvölker unterscheidet. Erst mit dem Zusammenbruch der natürlichen staatlichen und religiösen Ordnung in der Katastrophe von 723/0 v.Chr. setzt ein Reflexionsprozeß ein, der JHWH und Israel von den untergegangenen Institutionen löst (Hos 4,1-9,9*), vom Land (und seinen Bewohnern) abhebt (Hos 2,4-15*) und das Verhältnis zwischen JHWH und Israel so auf eine neue – erwählungstheologische – Grundlage stellt (Hos 11 Grundschicht). Das frühe Hoseabuch arbeitet damit theologiegeschichtlich derjenigen Gründungslegende vor, die in der Exoduserzählung ihre narrative Ausgestaltung gefunden hat.[59] Von dort ist sie – im Verbund mit anderen vor- und frühgeschichtlichen Vorstellungen – über deuteronomistische Vermittlung auch in die späteren Fortschreibungen des Hoseabuches gelangt (Hos 2,16f; 11 Ergänzungsschicht; 12,10.14; 13,4).

---

58 Blum, Studien, 218.
59 Für den theologiegeschichtlichen Zusammenhang vgl. Kratz, Erkenntnis Gottes; ders., Israel; ders., Komposition, 314-323, der die Geburt des Exoduscredo freilich im Hoseabuch vermutet, u. jüngst auch Gertz, Mose. Zum ursprünglichen Nebeneinander von Erzväter- und Exodus-Landnahme-Erzählung als zwei konkurrierende Gründungslegenden Israels vgl. grundlegend de Pury, Tradition patriarcale; ders., Cycle; ders., Osée 12; ders., Erwägungen; ders., Choix, sowie neuerdings die eingehende Studie von Schmid, Erzväter.

E. Der Schluß des Buches Hosea

Das Hoseabuch endet mit der Verheißung von Heil (Hos 14,2-10). Heil
für ein Israel, das umkehrt (V.2-4). Heil, das JHWH – aus Liebe zu Israel
– bedingungslos zu geben bereit ist (V.5). Heil, das in blühenden Farben
gemalt ist und, so wird eingeschärft, allein von JHWH kommt, nicht von
den Götzenbildern (V.6-9). Heil, das jedem gilt, der all das versteht, aber
eben auch *nur* ihm (V.10).

Betrachtet man den Schlußabschnitt Hos 14,2-10 näher, gewinnt man
den Eindruck, das meiste schon einmal so oder in ähnlicher Weise an anderer Stelle im Buch gelesen zu haben.

Die *Verse 2-4* erinnern mit ihrer Umkehrforderung an andere Umkehrtexte im Hoseabuch. Wurde dort in immer neuen Anläufen die Man-
gelhaftigkeit von Israels Umkehr aufgewiesen (2,9f; 5,15ff; 12,7ff), ja gar
seine Weigerung umzukehren konstatiert (7,10; 11,5), wird es in 14,2-4
nun zur Rückkehr zu „JHWH, Deinem Gott" aufgefordert. Die Wendung יהוה אלהיך begegnet zweimal in dem Abschnitt Hos 12-13 (12,10;
13,4) und bezeichnet dort den Gott, der sich in der Herausführung aus
Ägypten als einziger Hort und Heiland für Israel erwiesen hat. An ihn soll
sich Israel wenden, jetzt, da es, wie in 5,5 wortgleich (כשל בעון) angekündigt, über seine Sünde gestrauchelt und die Katastrophe eingetreten
ist. Wie soll Israels Umkehr aussehen? Entsprechend der opferkritischen
Tendenz im Buchkontext (vgl. 5,6; 6,6) wird eine Darbringung der „Lippen als Stiere" gefordert. An die Stelle des Opfers tritt das Bekenntnis, die
Lossagung von allen Mächten, auf die Israel in der Vergangenheit seine
Hoffnung auf Rettung (vgl. 1,7; 13,4.10 ישע) setzte, statt allein auf
JHWH zu vertrauen, heißen sie nun Assur (vgl. 5,13; 7,11; 8,9; 12,2),
Streitroß (סוס, vgl. 1,7) oder Machwerk der eigenen Hände (מעשה, vgl.
8,4-6; 13,2).

V.5 schließt sich terminologisch und inhaltlich eng an Hos 11 an.
JHWHs Heilshandeln (רפא, vgl. 11,3) an Israel trotz dessen unheilvoller

Abtrünnigkeit (מְשׁוּבָה, vgl. 11,7), die Abkehr vom Zorn (אַף, vgl. 11,9) aus freier, ungebundener, voraussetzungsloser Liebe (אהב, vgl. 11,1) zu Israel – das alles war bereits in Hos 11 zu lesen. Doch hier, am Schluß des Buches, setzt JHWH Israels heilloser מְשׁוּבָה ein für allemal von sich aus ein Ende.

Die *Verse 6-9* beschreiben Israels Heil in blühenden Farben. Die Bilder aus dem Pflanzenbereich entstammen der Liebeslyrik[1] und rufen das Ehegleichnis aus Hos 2 in Erinnerung. Als Nebenbuhler JHWHs (Hos 2: מְאַהֲבִים) treten hier noch einmal die Götzenbilder (עֲצַבִּים) in Erscheinung, die bereits in 4,17; 8,4; 13,2 (עֲצַבִּים), 2,10b (בַּעַל) und 11,2 (פְּסִילִים) als Konkurrenten JHWHs genannt sind. Doch von ihnen ist, so wird abschließend festgestellt, kein Heil zu erwarten.

V.10 schließlich empfiehlt das Hoseabuch als Gegenstand des Schriftstudiums. Der Vers greift breit auf die Sprache des Buches zurück,[2] am deutlichsten im Begriff der (Gottes-)Erkenntnis (יד״ע), der sich wie ein roter Faden durch das Buch zieht. Die Gotteserkenntnis, die das Buch in der Politik (7,9), im Kult (2,10; 4,6; 5,4; 6,3.6) und in der Geschichte Israels (11,3; 13,4) einfordert oder vermißt, dient im letzten Vers der Anleitung zur Erkenntnis des göttlichen Willens und der göttlichen Führung auf dem individuellen Lebensweg, die der einzelne im wiederholten Lesen des Buches erhalten kann.

Überblickt man das zuvor Gesagte, wird deutlich, daß in Hos 14,2-10 Leselinien aus dem vorangehenden Buchkontext aufgenommen, gebündelt und zum Ziel geführt werden. Dem Schlußabschnitt kommt somit nicht nur strukturell, sondern auch hermeneutisch eine herausgehobene Funktion für das Buchganze zu. Er gibt dem Buch den Verständnishorizont vor.

Doch wie ist dieser Verständnishorizont genauer zu beschreiben? Das Beziehungssystem, das durch Hos 14,2-10 aufgestellt wird, ist derart vielfältig und komplex, daß man Mühe hat zu sagen, welche der ermittel-

---

1   S.u.S.197f.
2   Vgl. zu חכם 13,13; zu בין 4,14; zu ידע 2,10.22; 4,1.6; 5,3.4.9; 6,3.6; 7,9; 8,2.4; 9,7; 11,3; 13,4.5; zu דרך 2,8; 4,9; 6,9; 9,8; 10,13; 12,3; 13,7; zu הלך 1,2.3; 2,7.9.15.16; 3,1; 5,6.11.13.14.15; 6,1.4; 7,11.12; 9,6; 11,2.10; 13,3; 14,7; zu פשע 7,13; 8,1; zu כשל 4,5; 5,5; 14,2.

ten Bezüge und Rückverweise für das Buchganze sinntragend sind. Die
Bezugnahmen auf andere Umkehrtexte des Hoseabuches, die Israels Heil
von seiner Umkehr zu JHWH abhängig machen?[3] Der Rückbezug zu Hos
11, der JHWHs voraussetzungslosen Heilswillen für Israel betont?[4] Die
Erinnerung an das Ehegleichnis in Hos 2, die herausstreicht, daß Israels
Heil allein von JHWH und nicht von den Götzenbildern kommt?[5] Oder
der Rückgriff auf das Problem der fehlenden Gotteserkenntnis, an dem
sich die Wege von Gerechten und Frevlern scheiden?[6] Klärung ist von
einer Analyse desjenigen Abschnittes zu erwarten, der als einziger alle
genannten Sinndimensionen in sich vereinigt: der Schlußabschnitt Hos
14,2-10. Ich werde mich dabei zunächst dem in seiner literarischen Beurteilung heftig umstrittenen Textstück V.2-9 zuwenden (I.), darauf dem in
der Forschung wenig beachteten V.10 ein eigenes Kapitel widmen (II.)
und schließlich die Ergebnisse kurz zusammenfassen (III.).

I. Hos 14,2-9

Seit J. Wellhausens lapidarem Urteil, daß von des Propheten „Hand ... nur
Weniges in 14, 2-10 herrühren dürfte"[7], hat man Hos 14,2-9 in der
älteren, literarkritisch geprägten Forschung zumeist als Zusatz angesehen.[8] Doch sind die Stimmen derer, die die Echtheit des Textes verteidig-
ten, nie ganz verstummt, und um die Mitte des 20. Jahrhunderts hatte sich

---

3   So etwa Yee, Composition, zusammenfassend 309-313.
4   So Jeremias, zusammenfassend 19-21.
5   „Nach dem Willen der Kompositoren hat ... nicht die Heilsverheißung Hoseas das
    letzte Wort, sondern die *mahnende* Anrede einer je neuen Gegenwart." Denn: „Für
    Jahrhunderte bleibt V 9 das letzte Wort im Hoseabuch. Und dieses Wort ist eine
    lockende Mahnung an jeden Hörer/Leser, sich von den Götzen weg, hin zu
    Jahwe zu wenden, der alles Gedeihen und Fruchtbarkeit bewirkt." (Naumann,
    Hoseas Erben, 171, vgl. 132)
6   So etwa Kratz, Erkenntnis Gottes, 17f.
7   Wellhausen 134.
8   Vgl. etwa Cheyne, Introduction, XIX; Marti 104f; Harper 408f; Duhm, Anmer-
    kungen, 42f; Nowack³ 79.

das Blatt sogar zu ihren Gunsten gewendet.[9] Erst der detaillierten Analyse von J. Jeremias ist die Erkenntnis zu verdanken, daß es sich bei Hos 14,2-9 um einen Text handelt, der bewußt als Buchschluß formuliert ist, der Leselinien des vorangehenden Buchkontextes aufnimmt, bündelt und zum Ziel führt, der erst von daher voll verständlich und mithin als redaktionelle Bildung anzusprechen ist.[10] Seitdem dreht sich der Streit um die Frage, ob *hinter* Hos 14,2-9 vielleicht doch noch mit mündlichem Material zu rechnen ist[11] oder ob der Abschnitt von vornherein für den literarischen Kontext geschaffen wurde.[12] Aufschluß soll ein Durchgang durch Hos 14,2-9 bringen.

a) *Übersetzung und Text*

14,2   Kehre um, Israel, zu JHWH, deinem Gott,
       denn du bist gestrauchelt über deine Schuld!
14,3   Nehmt Worte mit euch und kehrt um zu JHWH!
       Sprecht zu ihm: Ganz[a] vergib die Schuld,
       und nimm Gutes an![b]
       So wollen wir darbringen als Stiere unsere Lippen[c]:
14,4   Assur soll uns nicht helfen,
       auf dem Roß wollen wir nicht reiten,
       und wir wollen nicht länger sagen „Unser Gott!"
       zum Machwerk unserer Hände!
       Denn bei dir findet die Waise Erbarmen.

---

9   Vgl. für die ältere Forschung etwa Smith 308-311; Staerk, Weltreich, 36-45; Budde, Schluss, 205-207; Sellin[2-3] 137-143, für die Mehrheitsmeinung Mitte des 20. Jh.'s Weiser 101f; Rudolph 250; Kinet, Ba'al, 304 Anm. 103, u. jüngst Gisin, Hosea, 269-282.
10 Jeremias, Eschatologie, 231-233; ders. 169-174.
11 So hält Emmerson, Hosea, 46-55, Hos 14,2-9 für eine von einem judäischen Redaktor besorgte Komposition dreier ehemals selbständiger Einzelworte V.2-4.5-8.9. Für Naumann, Hoseas Erben, 122-147, stellen lediglich die V.5.6-8.9 ursprüngliche Hoseaworte dar, während die V.2-4 sowie ihre Zusammenstellung in der Komposition V.2-9 auf das Konto von Hoseatradenten ginge. Seifert, Reden, 230-234, schließlich beschränkt das mündliche Material auf V.5.
12 So die neueren redaktionsgeschichtlichen Arbeiten, vgl. Yee, Composition, 131-142; Nissinen, Prophetie, 333f.341; Nogalski, Literary Precursors, 58-73; Wacker, Figurationen, 251-253; Schart, Entstehung, 173-176; Pfeiffer, Heiligtum, 161f.

14,5   Ich will ihre Abtrünnigkeit heilen,
       will sie aus freien Stücken lieben;
       denn mein Zorn hat sich von ihm abgewandt.

14,6   Ich will wie der Tau für Israel sein,
       es soll blühen wie die Lilie
       und seine Wurzeln treiben[a] wie der Libanon[b].

14,7   Seine Sprößlinge sollen sich ausbreiten,
       und seine Pracht soll sein wie die des Ölbaumes
       und sein Duft wie der des Libanon[a].

14,8   Es sollen zurückkehren[a], die in seinem[b] Schatten wohnen[c],
       sie sollen Getreide beleben,[d]
       sie sollen blühen wie ein Weinstock,
       dessen Ruhm wie der Wein des Libanon ist.

14,9   Ephraim
       – was habe ich[a] noch mit den Götterbildern zu schaffen?
       Ich bin es, der gewiß erhört und es anschaut.[b]
       Ich bin wie ein grünender Wacholder,
       an mir ist Frucht für dich zu finden.

3 a) Das vorangestellte כל läßt sich adverbiell verstehen, vgl. GK §128e; II Sam 1,9; Hi 27,3. Laut Freedman, Chain, 536, Beispiel für einen „broken construct chain". Die ungewöhnliche Syntax hat schon den alten Übersetzern Probleme bereitet und in der Bibelkritik Anlaß zu Emendationen gegeben: Graetz, Emendationes, 14; Gordis, Text, 89; Wolff 300f u.a. lesen im Gefolge von LXX (μή) בל, Borbone, Libro, 180, unter Verweis auf die lukianische Rezension (δύνασαι πᾶσαν ἀφαιρεῖν) und weitere griechische Textzeugen (תכל (vgl. Oort, Hozea, 503: יכלה) statt כל. Nybergs, Studien, 107-110, Wiedergabe von כל mit „jedesmal wenn" hängt an seinem Verständnis von נשא עון als „Schuld anrechnen", wofür es aber keinen Beleg gibt (vgl. Rudolph 247). Von Sodens, ZAH 2, origineller Vorschlag, „an die Stelle der ... Verbalform tiśśā' das Substantiv maśśā' ‚Last, Bürde' zu setzen, dessen m im MT eine Zeile zu tief hinter prj steht" (92), ist reine Konjektur. – b) Die Singularität der Wendung וקח טוב hat in der Forschung zu einer Vielzahl von Konjekturvorschlägen geführt (vgl. die Auflistung bei Barthélemy, Critique, 620), die aber allesamt keinen Anhalt an der Textüberlieferung haben. Bleibt man bei M, legen sich vom Kontext her folgende Deutungsmöglichkeiten nahe, je nachdem, ob man die Wendung mit dem vorhergehenden oder dem folgenden Satz zusammenordnet. Verbindet man die Wendung mit כל תשא עון, kann וקח טוב entweder mit „Nimm Güte an!', d.h. ‚Sei uns wieder gut!" (Seifert, Reden, 228; vgl. schon Hitzig[1] 124, von Orelli 233, Jeremias 168) oder mit „Gib Huld!" (Frey, Aufbau, 99; vgl. neuerdings Kaiser, Gott 2, 59, der allerdings טוב in טוב umpunktiert)

wiedergegeben werden. טוב bezeichnet in diesem Fall etwas, das JHWH Israel gewährt. Setzt man טוב dagegen parallel zu פרים שפתינו, meint es umgekehrt etwas, das Israel JHWH darbringt, etwa die Zusage, sich zu bessern, ein aufrichtiges Bekenntnis o.ä. Ob man von daher für טוב auf eine spezielle Bedeutung „Wort, Rede" schließen darf, wie Wolff 301 und Rudolph 247 unter Verweis auf Neh 6,1; Ps 39,3 meinen (vgl. Gordis, Text, 89f), ist allerdings fraglich (vgl. die Kritik bei Seifert, Reden, 228). Eine Wiedergabe der Wendung mit der konventionellen Bedeutung von טוב ergibt jedenfalls einen trefflichen Sinn: „Nimm Gutes an!" (so schon Hieronymus, Osee III, xiv, 65-71; und unter den Neueren Wünsche 584f; Willi-Plein, Vorformen, 229; Macintosh 561; Barthélemy, Critique, 620f, u.a.) – c) Meist liest man im Gefolge von LXX (καρπόν χειλέων ἡμῶν, vgl. S) „Frucht unserer Lippen" (פרי שפתינו). Das überschüssige מ wird dabei entweder als enklitisches מ erklärt, wie es auch im Ugaritischen belegt ist (Gordis, Text, 88f; vgl. O'Callaghan, Echoes, 171), dem folgenden Wort zugeschlagen (Lippl 82; Jeremias 168: פרי משפתינו falsche Wortabtrennung) oder ganz gestrichen (Wellhausen 133; Marti 105f u.a.). Allerdings bietet LXX die lectio facilior (vgl. Barthélemy, Critique, 621-623). Die Wendung „Frucht der Lippen" ist in der hebräischen Bibel ohne Beleg, begegnet aber in der LXX zweimal gegen die Lesart von M (Prov 18,20 פרי פי איש; 31,31 פרי ידיה), darüber hinaus in PsSal 15,3; Hebr 13,15 und 1QH I,28. Ganz offensichtlich greift der Übersetzer auf eine zu seiner Zeit geläufigere Wendung zurück. Inhaltlich nehmen sich beide Varianten nicht viel. Weiterreichende, von der Textüberlieferung aber nicht gedeckte Konjekturvorschläge: פרים שפתינו (Hitzig[1] 124); נדרי שפתינו (Graetz, Emendationes, 14); פרי פשעינו (Ehrlich, Randglossen, 210); פרי מִשְׁפָּתֵינוּ (van Hoonacker 127); פָּרִי(ם) מִשְׁפָּתֵינוּ (O'Callaghan, VT 4, 171).

6 a) נכה im Sinne von „hineinstoßen" (vgl. I Sam 2,14; 19,10). Der Umstand, daß נכה im Alten Testament nur an dieser Stelle in Verbindung mit Pflanzenwurzeln gebraucht wird, hat zu einer ganzen Reihe unnötiger Konjekturvorschläge geführt: וילכו (Wellhausen 133); ויסבכו (Oettli, Zeugen, 101); וישרש (Ehrlich, Randglossen, 210f); וית (Sellin[1] 137); ויר (Nyberg, Studien, 111; Borbone, Libro, 81); וישלח (Robinson 52). – b) „Libanon" im übertragenen Sinn für den „Wald des Libanon". Zu einer Änderung in eine Baumart (Oort, Hozea, 503; van Hoonacker 128f, u.a.: לבנה; Guthe 22: ארזים) oder gar Streichung des Wortes (so etwa Marti 106f, Nowack[3] 80) besteht keine Notwendigkeit.

7 a) Zum „Duft des Libanon" vgl. Cant 4,11. Eine Änderung in לבנה „Weihrauch" im Anschluß an T (so etwa Graetz, Emendationes, 14) ist somit nicht notwendig.

8 a) Möglich ist auch ein Verständnis von שוב als Formverb zu יחיו (so etwa Keil 118; Jeremias 168; Macintosh 573f), doch stehen die Verben dafür ungewöhnlich weit auseinander (vgl. aber II Reg 13,25). – b) Zum Suffix-Bezug an צל s.u.S.199. – c) LXX und S lesen (ו)ישבו statt ישבי (so auch Oort, Hozea, 503; Wellhausen 133; Rudolph 248 u.v.m.) und lösen die seltene Verbindung eines Status constructus mit einem Präpositionalausdruck auf (lectio facilior). – d) „Sie werden Getreide erzeugen und grü-

nen wie eine Rebe' ist ein höchst unerquicklicher Mischmasch von eigentlicher und bildlicher Rede." (Wellhausen 134) Das berechtigt jedoch nicht zur Konjektur, sei es, daß man die erste Sequenz in bildliche Rede transformiert (Oettli, Zeugen, 101, u.a. lesen יהיו בגן, Jeremias 168 יחיו בגן), sei es, daß man die zweite Sequenz ihrer Bildlichkeit beraubt (vgl. Budde, Schluss, 210; Sellin[1] 137; Weiser 101; Kruger, Love, 33.44: וְיִפְרְחוּ גפן). Alle diese Versuche haben keinen Anhalt an der Textüberlieferung. Weitere Konjekturvorschläge (vgl. die Auflistung bei Barthélemy, Critique, 623f) orientieren sich an LXX, die חיה im qal (vgl. S, V) und ein zusätzliches Verb bezeugt (ζήσονται καὶ μεθυσθήσονται σίτῳ). Dieser Lesart am nächsten kommt der Rekonstruktionsversuch von Coote, JBL 93 (יְחִיו ירויו דגן). Doch scheint dem LXX-Übersetzer die singuläre Verbindung von חיה pi. mit einem vegetabilen Objekt ebenso schwer verständlich gewesen zu sein wie den modernen Kommentatoren, die sich auf ihn berufen. Seine Lösung bestand darin, חיה als qal zu lesen, wodurch die grammatische Anbindung von דגן unklar wurde, so daß er ein geeignetes Verb zur Verdeutlichung hinzufügte (vgl. Wolff 301; Barthélemy, Critique, 623f; Bons/Joosten/Kessler 166). M bildet also die lectio difficilior.

9 a) Schwierig an M ist die enge Verbindung JHWHs mit den Götterbildern. Deshalb wird meist mit LXX לו statt לי gelesen (י/ו-Verschreibung, vgl. etwa Ewald 247, Wellhausen 134, Rudolph 249, Jeremias 168 u.a.). Andere fassen V.9a im Gefolge von S und T als Äußerung Ephraims auf und verstehen V.9 als Dialog zwischen Ephraim und JHWH (laut Mauchline 724; van der Woude, Bemerkungen, 483-485; Kruger, Love, 33f.44; Macintosh 576-578 sind V.9a.bα[2] von Ephraim, V.9bα[1].β von JHWH gesprochen, Oestreich, Metaphors, 50f, hält allein V.9a für eine Äußerung Ephraims), doch gibt es in M für einen Sprecherwechsel keine Anzeichen. Die kunstvolle Gestaltung des Verses mit מה לי – אני – אני – ממני ist im Gegenteil eher ein Hinweis dafür, daß JHWH durchgängig als Sprecher gedacht ist (vgl. Braulik, Ablehnung, 121-123; Frevel, Aschera, 331f; Seifert, Reden, 230.238f). Die Versionen bilden demgegenüber die lectiones faciliores. – b) LXX liest – vermutlich in Anlehnung an 6,1 (vgl. Wolff 301f; Jeremias 173) – ἐγὼ ἐταπείνωσα αὐτόν καὶ ἐγὼ κατισχύσω αὐτόν „ich habe ihn gedemütigt, ich werde ihn auch stärken". Zu Wellhausens wirkungsträchtiger Konjektur אֲנִי עֲנִתוֹ וַאֲשֻׁרֶּנוּ s.u.S.199f. Weitere (entbehrliche) Änderungsvorschläge bei Barthélemy, Critique, 625-627.

b) *Analyse*

Nach den düsteren Gerichtsansagen von Hos 13,1-14,1 – der Abschnitt ist durch die Inklusion mit אשם in 13,1 und 14,1 zusammengebunden[13] – öffnet Hos 14,2-9 den Blick für Israels zukünftiges Heil. Der Passus setzt

---

13 Vgl. Jeremias 160.

mit einem emphatischen Imperativ neu ein (V.2: שובה) und ist durch die
direkte Anrede Israels im Singular gerahmt (V.2.9). Für eine gewisse thematische Geschlossenheit sorgt der wiederholte Gebrauch der Wurzel
שוב (V.2.3.5.8). V.10 behält zwar die Heilsperspektive bei, engt den
Adressatenkreis jedoch auf die Gerechten ein. Der Vers nimmt einen
Standpunkt außerhalb des Buches, auf das er sich mit אלה bezieht, ein
und bildet eine Einheit für sich.

Hos 14,2-9 gliedert sich in zwei Teile, den prophetischen Aufruf zur
Umkehr in V.2-4 und die göttliche Heilsverheißung in V.5-9. Wie H. W.
Wolff und besonders J. Jeremias deutlich gemacht haben,[14] handelt es
sich dabei nicht um ein Bedingungsgefüge, so daß V.5-9 als Antwort auf
die in der Zwischenzeit erfolgte Umkehr Israels zu verstehen wäre.[15] Dagegen spricht zum einen, daß Israel in V.5ff nicht direkt angeredet ist.
Zum anderen eröffnet erst die Verheißung in V.5, daß JHWH Israels
Abtrünnigkeit (משובה) heilt, dem Volk die Möglichkeit zu der in V.2-4
geforderten Umkehr (שוב). „Sachlich und zeitlich geht also das Gotteswort V.5-9 dem Bußgebet Israels voraus. Anders ausgedrückt: V.5-9 sind
nicht Verheißung Gottes für den Fall, daß Israel das Bußgebet spricht,
sondern V.5-9 beinhalten den festliegenden und bedingungslosen Heilswillen Gottes, aufgrund dessen Israel nun zur (vorher unmöglichen)
Rückkehr zu Gott aufgefordert werden kann."[16]

Allerdings scheint hier kein ursprünglicher Zusammenhang vorzuliegen. Denn anders als in V.5-9 ergeht der Aufruf zur Umkehr an Israel in
V.2-4 nicht aufgrund der verheißenen Heilung der Abtrünnigkeit (V.5),
sondern aufgrund der Feststellung, daß Israel über seine Sünde gestrauchelt sei (V.2b: כי כשלת בעונך), also aufgrund des vollzogenen Gerichts.[17] Zusammen mit dem formalen Befund, daß V.2-4 Israel in der 2.,
V.5-9 hingegen in der 3. Person führt, spricht diese Beobachtung für einen literarischen Schnitt zwischen V.4 und V.5. Da ohne V.2-4 die Plural-

---

14 Wolff, Umkehr, 142f; ders. 302; Jeremias, Eschatologie, 232; ders. 169; vgl. auch
    Naumann, Hoseas Erben, 122f; Seifert, Reden, 230f.
15 So etwa Nowack³ 79; Fohrer, Umkehr, 230-232; Rudolph 250; Yee, Composition, 135.
16 Jeremias 169.
17 Darauf hat bes. Naumann, Hoseas Erben, 133, hingewiesen.

Suffixe in V.5 unbestimmt blieben, läßt sich schließen, daß V.5-9 die
Verse 2-4 nachträglich fortschreibt.[18] Der literarische Kern von Hos 14,2-
9 ist demnach in den Versen 2-4 zu finden.

Der Bußruf *Hos 14,2-4* besteht aus einer singularisch formulierten
Aufforderung zur Umkehr in V.2 und ihrer pluralischen Entfaltung samt
Bußgebet in V.3-4. Wie schon gesehen, besitzt der Abschnitt zahlreiche
Parallelen im vorangehenden Buchkontext. Das Thema „Umkehr" (שוב)
begegnet über das ganze Buch verteilt in 2,9; 3,5; 5,4; 6,1; 7,10; 11,5.7;
12,7, die Wendung „JHWH, Dein Gott" (יהוה אלהיך) in 12,10; 13,4, das
Straucheln über die eigene Schuld (כשל בעון) wortgleich in 5,5, die Op-
ferkritik in V.3[19] erinnert an 5,6; 6,6. „Assur" als Vertrauensgegenstand
V.4 – als „Retter" (ישע) in Konkurrenz zu JHWH wie der König in
13,4.10 und militärische Macht überhaupt in 1,7 – hat seine Parallele in
5,13; 7,11; 8,9; 12,2, das „Streitroß" (סוס) in 1,7 und das „Machwerk"
(מעשה) der eigenen Hände in 8,4-6; 13,2. V.4b schließlich weist mit der
Rede von JHWHs „Erbarmen" (רחם) zurück auf das zweite Hosea-Kind
Lo-Ruchama in 1,6 (vgl. 2,6.25) und erinnert mit dem Bild der Waisen an
die Metapher von Israel als hilfsbedürftigem Kind in Hos 11. Die Formulierungen in Hos 14,2-4 stehen also nicht für sich, sondern samt und
sonders in Beziehung zu anderen Formulierungen im Buch. Ginge man
allein nach der Sprachstatistik, wäre dieser Befund dahingehend zu deu-

---

18 So auch Schart, Entstehung, 174; Pfeiffer, Heiligtum, 161f. Anders Wacker, Figurationen, 251-253, die die Priorität auf Seiten von V.5-9 sieht. Das Problem des
fehlenden Suffix-Bezugs in V.5 umgeht sie, indem sie V.5-9 direkt mit Hos 13,12-
14 verbindet „zu einem eine Vorform des jetzigen Hoseabuches abschließenden
Text, der nach der neuerlichen Einsicht in Ephraims Unfähigkeit, den Weg zu
JHWH zu finden (13,12f), nunmehr von JHWHs ‚Erlösungswillen‘ (13,14), von
‚Heilung‘ und ‚Liebe‘ (14,5) spricht" (251). Eine Verbindung von Hos 13,12-14
und 14,5-9 ließe sich jedoch nur dann in Erwägung ziehen, wenn man 13,14 (wie
Wacker) heilvoll interpretiert – eine Deutung, die zuletzt Rudolph 240f (vgl.
schon Harper 404) mit guten Gründen zurückgewiesen hat. Versteht man Hos
13,14 dagegen mit dem Gros der neueren Forschung als Unheilswort, erscheint
der Anschluß mit dem Heilswort 14,5 doch arg abrupt.
19 Darüber hinaus könnte V.3 mit der Formulierung כל תשא עון auf 1,6 Bezug nehmen, wenn die schwierige Wendung כי נשא אשא להם hier ebenfalls als Verge-
bungsaussage zu deuten sein sollte (vgl. die Diskussion bei Yee, Composition,
66f).

ten, daß hier ein gut hoseanisches Wort vorliegt.[20] Allerdings hat sich im Verlauf der Arbeit gezeigt, daß die genannten Bezugstexte von Hos 14,2-4 allesamt nicht der mündlichen Verkündigung des Propheten entstammen, sondern ihrerseits bereits als von vornherein schriftlich konzipierte Erzeugnisse anzusehen sind. Da es wahrscheinlicher ist, daß Hos 14,2-4 Aussagen aus verschiedenen Texten zusammenzieht, als daß der Abschnitt durch die genannten Bezugstexte aufgenommen und ausgeführt wird, läßt sich schließen, daß man es hier ebenfalls mit einem von vornherein redaktionellen Text zu tun hat. Mündliche Verkündigung ist darin nicht zu finden.

Der textgenetische Weg wird deutlich, wenn man nach dem Sinn der Zufügung fragt. Im voranstehenden Buchkontext begegnet das Thema „Umkehr" nie im Mahnwort.[21] Statt dessen wird wiederholt festgestellt, daß Israel die Umkehr verweigert (5,4[22]; 7,10; 11,5) oder die Hoffnung darauf enttäuscht hat (2,9f; 5,15ff; 12,7ff) und deshalb ins Gericht muß.[23] Hos 14,2-4 dagegen blickt auf das Gericht bereits zurück, die angekündigte Katastrophe ist eingetreten (vgl. die wörtliche Aufnahme der Ankündigung 5,5bα וישראל ואפרים יכשלו בעונם in 14,2b כי כשלת בעונך).[24] Doch die Geschichte JHWHs mit Israel ist damit

---

20   So die in Anmerkung 9 genannten Forscher, die die Echtheit von Hos 14,2-9 verteidigen.

21   Vgl. Jeremias 170.

22   נתן im Sinne von „preisgeben, ablassen von" mit Israel als Subjekt und מעלליהם als Objekt; vgl. Hitzig[1] 91; Wellhausen 113; Willi-Plein, Vorformen, 142 u.a.

23   Davon zu unterscheiden ist die eher resignative Feststellung der Umkehrunfähigkeit Israels, aus der allein JHWHs erlösendes Handeln erretten kann, in 11,7-11* (dazu s.o.S.41f u. vgl. 3,5). Der Abschnitt steht damit dem Vers Hos 14,5 nahe, mit dem er auch sprachlich verbunden ist (Nominalform משובה nur an diesen beiden Stellen im Hoseabuch) und der der obigen Analyse zufolge einem literarhistorisch späteren Stadium als Hos 14,2-4 zuzuordnen ist (s.o.S.190f).

24   So die Opinio communis. Rudolph 250 setzt dagegen, daß „auch in den Jahren zuvor ... immer wieder das Urteil gerechtfertigt" gewesen sei, „daß Israel ‚durch eigene Schuld zu Fall gekommen ist'" (vgl. Davies 300f). Eine Datierung von Hos 14,2-4 in die Zeit vor 723/720 v.Chr. ließe sich aber nur dann in Erwägung ziehen, wenn man es hier mit einem ursprünglichen Prophetenwort zu tun hätte. Ist es jedoch richtig, daß das Stück von vornherein für den vorliegenden Buchkontext formuliert wurde, legen sowohl der genannte Bezug zu 5,5 als auch die Position in unmittelbarem Anschluß an die Vernichtungsansage gegen Samaria in 13,1-14,1 eine zeitliche Einordnung nach 723/720 nahe.

nicht zu Ende. Anders als in Hos 1,1-14,1 dient das Thema „Umkehr" in Hos 14,2-4 nicht dem Schuldaufweis, sondern eröffnet eine neue Perspektive jenseits des Gerichts. Mag Israel auch über seine Sünde gestrauchelt sein – JHWH gibt sein Volk nicht preis, bleibt vielmehr „JHWH, *Dein* Gott" (יהוה אלהיך), der sich – wie der Bezug zu 12,10; 13,4 zeigt – in der Herausführung aus Ägypten als alleiniger Retter für Israel erwiesen hat und als solcher auf dessen Umkehr wartet.

Wie Israels Umkehr konkret aussehen soll, entfalten V.3-4 und wird darin zusammenfassend mit „Lippen als Stiere" bezeichnet. Was ist damit gemeint? In seiner opferkritischen Tendenz erinnert der Abschnitt an Hos 5,6; 6,6. Doch bleibt Hos 14,2-4 nicht bei der rein negativen Aussage, daß JHWH im Kult nicht zu finden sei,[25] stehen. Statt dessen werden hier Vorstellungen und Begriffe des Opferkultes aufgegriffen[26] und mit neuem Inhalt gefüllt. An die Stelle der Opfer treten die Bitte um Vergebung und die Absage an alle Mächte, von denen Israel in der Vergangenheit „Rettung" (vgl. 1,7; 13,4.10 ישע) erwartete, anstatt seine Hoffnung allein auf JHWH zu setzen, ganz gleich, ob sie „Assur" (vgl. 5,13; 7,11; 8,9; 12,2), „Streitroß" (סוס, vgl. 1,7) oder „Machwerk" der eigenen Hände (מעשה, vgl. 8,4-6; 13,2) heißen.

Daß Israel nach dem Gericht überhaupt noch die Möglichkeit zur Umkehr erhält, entspringt allein Gottes Barmherzigkeit (V.4b).[27] Von daher bietet es sich nicht an, die Vertrauensaussage V.4b literarkritisch zu eliminieren.[28] Die dafür vorgebrachten Argumente – die etwas ungewöhnliche Konstruktion mit אשר[29] und die fehlenden terminologischen

---

25 Zur Kultkritik in Hos 5,6; 6,6 s.o.S.108f.120ff.

26 Zur Mitnahme (לקח עם) von Opfergaben beim Hintreten vor JHWH vgl. die Aufforderung Ex 23,15; 34,20, vor JHWH nicht mit leeren Händen zu erscheinen; zu שלם die in den kultischen Bereich weisende (vgl. Keller, Art. נדר, 40f) häufige (Dtn 23,22; II Sam 15,7; Hi 22,27; Ps 22,26; 50,14; 61,9; 65,2; 66,13; 76,12; 116,14.18; Prov 7,14; Koh 5,3; Jes 19,21, Nah 2,1) Verbindung mit נדר „Gelübde"; zum Stier (פר) als Opfertier vgl. bes. Ex 29; Lev 4; 8; 16; Num 7; 28f; Ez 43; 45. Zum Ganzen vgl. Rudolph 250; Willi-Plein, Vorformen, 229f; Kruger, Love, 35-37; Naumann, Hoseas Erben, 134-137.

27 So auch Keil 117; Schart, Entstehung, 174.

28 So etwa Marti 106; Wolff 301; Jeremias 172; Naumann, Hoseas Erben, 144-147; Seifert, Reden, 235f.

29 Vgl. dazu GK §158b.

Berührungen mit V.2-4a – sind nicht ausreichend, zumal das Bekenntnis zu JHWH, der sich der Waisen erbarmt – wie in einigen Psalmen (Ps 10,14.18; 68,6; 146,9) ein Bild für „das von Menschen verlassene, rein auf Jahwe angewiesene Israel"[30] –, gut zu der voranstehenden Absage an alle trügerischen menschenmöglichen Helfer paßt. Zudem ist der Halbvers gut in den Kontext des Buches eingebunden.[31] Mit der Rede von JHWHs „Erbarmen" (רחם) bezieht er sich auf das zweite Hosea-Kind Lo-Ruchama vom Anfang des Buches zurück (1,6, vgl. 2,6) und hebt dessen Unheilsnamen auf (vgl. 2,25). Zugleich ruft er das Bild von Israel als elternlosem Kind aus Hos 11 in Erinnerung. Hatte JHWH sich dort als einer zu erkennen gegeben, der die Waise an Sohnes Statt annimmt (11,1), so spricht aus dem Bekenntnis 14,4b nun das begründete Vertrauen, daß das aufgrund verweigerter Umkehr wiederum verwaiste Israel (11,5) vor JHWH Erbarmen findet, wieder in die alte Sohnesposition eingesetzt wird und so erneut die Möglichkeit zur Umkehr erhält.

Fragt man nach einer theologiegeschichtlichen Einordnung von Hos 14,2-4, sind folgende Aspekte von Bedeutung: Wie gesehen, blickt das Stück bereits auf den Untergang des Nordreiches 723/720 v.Chr. zurück. Darüber hinaus hat J. Jeremias darauf aufmerksam gemacht, daß Sprache und Thematik insbesondere des Abrenuntationsbekenntnisses in V.4 judäischen Einfluß erkennen lassen:[32] Vertrauen in militärische Macht – im Hoseabuch ein Randthema (10,13b) – greift, zumal mit dem Terminus סוס, auf typisch jesajanische Gedankengänge zurück (vgl. Jes 30,16; 31,1-3; 2,7)[33]. Ebenfalls in judäisches Milieu weist der Vorwurf der Anbetung des „Machwerks der eigenen Hände" (מעשה ידים), hat er doch seinen Belegschwerpunkt in der deuteronomisch-deuteronomistischen und davon abhängigen Literatur (Dtn 4,28; 27,15; II Reg 19,18; 22,17; II Chr 32,19; 34,25; Ps 115,4; 135,15; Jes 2,8; 17,8; 37,19; Jer 1,16; 10,3; 25,6f;

---

30 Wellhausen 133, vgl. Willi-Plein, Vorformen, 232; Jeremias 172.
31 Vgl. Yee, Composition, 133-135; Seifert, Reden, 235f; Schart, Entstehung, 174f.
32 Jeremias, Eschatologie, 231f; ders. 169-172.
33 Vgl. schon Wellhausen 133: „Verstehn kann das nur, wer Isa. 30 kennt."

32,30; 44,8; Mi 5,12).[34] Aus alledem lässt sich schließen, daß die Verse Hos 14,2-4 „auf judäische Leser des Hoseabuches zielen"[35].

Der genauere theologische Ort des Textstücks ist in der Forschung indes umstritten. Während die einen im Gefolge von J. Jeremias Hos 14,2-4 als Werk von Hosea-Schülern ansehen, die in sachlicher und zeitlicher Nähe zum Propheten wirkten und für die Komposition des Hoseabuches verantwortlich zeichneten,[36] plädieren G. A. Yee und A. Schart für eine erheblich spätere Datierung des Abschnitts im Kielwasser deuteronomistischer Theologie und Begriffsbildung.[37] Vergegenwärtigt man sich die in dieser Arbeit ermittelten Ergebnisse zur Redaktionsgeschichte des Buches, hat die erstgenannte Möglichkeit jedoch nur wenig Wahrscheinlichkeit für sich. Trifft es nämlich zu, daß Hos 14,2-4 große Teile des Hoseabuches bereits voraussetzt, darunter auch solche, die unserer Analyse zufolge im deuteronomistischen Traditionsstrom stehen, wie etwa die Erzählung von den drei Symbolkindern in Hos 1, die Bilderpolemiken in Hos 8,4-6; 13,2, die deuteronomistisch redigierte Fassung von Hos 11 mit der Feststellung der Umkehrunwilligkeit Israels und die göttlichen Selbstvorstellungen in Hos 12,10; 13,4,[38] so kann auch für Hos 14,2-4 keine frühere Entstehungszeit angenommen werden. Bleibt zu prüfen, ob die von G. A. Yee und A. Schart vorgeschlagene Verortung von Hos 14,2-4 im Umkreis deuteronomistischer Theologie verifizierbar ist.

Tatsächlich weist der Bußruf Hos 14,2-4 enge Berührungen zur jüngeren deuteronomistischen Umkehrtheologie auf, als deren Grundtexte Dtn 4,29-31 und 30,1-10 angesehen werden können.[39] Hier wie dort ist ein Israel im Blick, das das Gericht erlitten hat und dem vor diesem Hintergrund mit der Umkehr eine Zukunftsperspektive eröffnet wird

---

34 Dem fügen sich auch Hos 8,4-6 und 13,2 ein – die Vorwürfe innerhalb des Hoseabuches, die 14,4 am nächsten stehen (zu 8,4-6 s.o.S.174f, zu 13,2 S.180).

35 Jeremias, Eschatologie, 232.

36 So etwa Naumann, Hoseas Erben, 139f.144.170-172; Seifert, Reden, 234, im Anschluß an Jeremias, Eschatologie, 231-233; ders. 169-172.

37 Yee, Composition, 132-135; Schart, Entstehung, 173-176.

38 S.o.S.41.137ff.174f.180.

39 Vgl. dazu Knapp, Deuteronomium 4, 91-106.154-157; Graupner in Graupner/Fabry, Art. שוב, 1155f. Einen Zusammenhang zwischen Hos 14,2ff und Dtn 4,29-31; 30,1-10 sieht auch Kaiser, Gott 2, 58f.

(Dtn 4,30; 30,1-3; Hos 14,2). Hier wie dort hat die Umkehr ihren Grund in Gottes Barmherzigkeit (Dtn 4,31; Hos 14,4b: רחם, vgl. Dtn 30,3) und vollzieht sich wesentlich in der Hinwendung zu seinen Geboten (Dtn 30,2.8.10; vgl. 4,30; in Hos 14,4 als Rückkehr zu den ersten beiden Dekaloggeboten in der Lossagung von Assur, Streitroß und Götzenbildern als Rettern neben JHWH, vgl. 13,4.10 ישע). So dürfte es auch kein Zufall sein, daß die Umkehr zu JHWH sowohl in Dtn 4,30; 30,2 als auch in Hos 14,2 mit der seltenen Wendung שוב עד zum Ausdruck gebracht wird, die mit Israel als Subjekt sonst nur noch in Jes 9,12; Thr 3,40; Joel 2,12 und Am 4,6.8.9.10.11 begegnet.[40] Schließlich sei darauf hingewiesen, daß sich in diesen Kontext spätdeuteronomistischer Umkehrtheologie auch die Bitte um Vergebung der Schuld aus Hos 14,3 einfügt, findet sich eine solche doch auch im Tempelweihgebet Salomos I Reg 8 im Zusammenhang der Umkehrthematik mit Blick auf ein Israel, das das Gericht erlitten hat.[41] Nimmt man all diese Beobachtungen zusammen, wird man nicht fehlgehen, den Autor von Hos 14,2-4 in die Nähe dieser späten Form des Deuteronomismus zu rücken.

Fassen wir zusammen: Die Analyse von Hos 14,2-4 hat ergeben, daß dieser Text nie selbständig für sich bestanden hat, sondern von vornherein für den Buchkontext verfaßt wurde, aus dem er Formulierungen zusammenzieht und dem er einen neuen Lesehorizont im Sinne spätdeuteronomistischer Umkehrtheologie vorgibt. Mündliche Verkündigung ist darin nicht zu finden.

Hos 14,5 greift inhaltlich hinter V.2 zurück und setzt der Umkehrtheologie von V.2-4 die Botschaft von Gottes voraussetzungsloser Liebe aus Hos 11 entgegen. Aus eigener Kraft ist Israel demnach nicht in der Lage, zu JHWH zurückzukehren. Diese illusionslose Sicht des Menschen teilt der Autor von Hos 14,5 mit dem von Hos 11 (vgl. V.7). Daß Israel an seiner heillosen Umkehrunfähigkeit (משובה) aber dennoch nicht zugrunde geht, JHWHs Zorn (אף) sich vielmehr abgewandt hat (vgl.

---

40 Weitere Belege in Hi 22,23 mit Hiob und Jes 19,22 mit Ägypten als Subjekt.
41 Vgl. dazu Wolff, Kerygma; Graupner in Graupner/Fabry, Art. שוב, 1157.

11,7-9),[42] ist einzig und allein der freien, bedingungslos (נדבה) schenkenden Liebe Gottes zu verdanken. Mit dieser Liebe nahm die Beziehung zwischen JHWH und Israel ihren Anfang, und sie ist nach Abfall und Gericht nun auch der Grund für den Neuanfang (vgl. insbesondere die Korrespondenz zwischen Hos 11,1 und 14,5 mit dem Terminus אהב). Dabei geht Hos 14,5 insofern über die Aussage von Hos 11 hinaus, als hier nicht mehr nur von JHWHs bleibender Liebe trotz Israels Umkehrunfähigkeit gesprochen wird,[43] sondern darüber hinaus eine Heilung (רפא, vgl. 11,3) derselben durch JHWH verheißen wird, von der her die Aufforderung zur Rückkehr zu JHWH aus Hos 14,2-4 allererst sinnvoll und möglich ist.[44] Aufgrund der inhaltlichen Verschiebung gegenüber Hos 11 mag in Hos 14,5 eine spätere Hand am Werk sein.[45] Mit mündlicher Verkündigung ist jedenfalls auch hier nicht zu rechnen.[46] Gedanklich am nächsten steht dem Vers die Rede von Israel mit „neuem Herzen", wie es Ez 11,19; 36,26f erwarten.[47]

Hos 14,6-9 beschreiben die Auswirkungen der göttlichen Liebe auf Israel, und zwar in der Bildsprache der Liebeslyrik:[48] Das Substantiv שושנה (V.6) findet sich nur hier und achtmal im Hohelied (Cant 2,1.2.16; 4,5; 5,13; 6,2.3; 7,3).[49] Der Duft des Libanon (ריח לבנון, V.7) hat seine einzige Parallele in Cant 4,11. Überhaupt gehört ריח zum Vorzugsvokabular des Hoheliedes (1,3.12; 2,13; 4,10.11; 7,9.14), ebenso wie יין in V.8 (vgl.

---

42 Eine Ausscheidung des Halbverses Hos 14,5b aufgrund seines abweichenden Suffixes (so etwa Wolff 301) ist nicht notwendig; vgl. Jeremias 172, der Einfluß des Kehrversgedichtes Jes 9,7-20 (vgl. 5,25; 10,4) für möglich hält.
43 So die Sichtweise der zweiten Ergänzungsschicht von Hos 11; dazu s.o.S.41f.
44 S.o.S.190.
45 So Jeremias, Eschatologie, 232f; ders. 172, der Hos 11 dem Propheten, Hos 14,5 dagegen Schülern des Propheten zuschreibt. Vgl. Köckert, Geschichte, 29.
46 Gegen Naumann, Hoseas Erben, 124-126; Seifert, Reden, 232-234. Dieses Urteil legte sich ja schon aufgrund der Unbestimmtheit der Plural-Suffixe nahe; s.o.S.190f.
47 Vgl. Jeremias, Eschatologie, 233; ders. 172.
48 Vgl. bes. Wolff 302.305f; Feuillet, RB 78; ders., Origines, 111-113; Kinet, Ba'al, 305 Anm. 108; Yee, Composition, 138f; Grün-Rath, FS Bohren, 66; Frevel, Aschera, 346-348; Seifert, Reden, 237f.
49 Sonst begegnet lediglich noch die maskuline Form שושן, und zwar in Psalmenüberschriften (Ps 45,1; 60,1; 69,1; 80,1) und in I Reg 7,19.22.26; II Chr 4,5 als Gestaltungselement im Salomonischen Tempel.

Cant 1,2.4; 2,4; 4,10; 5,1; 7,10; 8,2). Das Sprossen des Weinstocks
(פרח הגפן, V.8) begegnet in Cant 6,11; 7,13,[50] das Sitzen im Schatten eines Baumes (ישב בצל)[51] wie in V.8f so auch in Cant 2,3 in Verbindung
mit dem Genießen seiner Frucht (פרי). Ganz offensichtlich entsprießt
Hos 14,6-9 inhaltlich der göttlichen Liebeserklärung aus V.5.[52] Von daher
bietet es sich nicht an, diese Verse der mündlichen Verkündigung Hoseas
zuzurechnen,[53] auch wenn ihnen eine gewisse Selbständigkeit gegenüber
V.5 in der Tat nicht abzusprechen ist: Der Abschnitt setzt mit nochmali-
ger Nennung von Adressaten in V.6 neu ein. Darüber hinaus erscheint
JHWH nicht mehr als Arzt (V.5), sondern als Fruchtbarkeit bringender
Tau (V.6) und immergrüner Fruchtbaum (V.9). Hält man diese Be-
obachtungen für gewichtig genug, um einen literarischen Schnitt zwischen
V.5 und V.6 zu rechtfertigen, wird man hier eher an eine Fortschreibung
zu denken haben. Jedenfalls fügt Hos 14,6-9 der Heilungsverheißung in
V.5 eine Beschreibung der kommenden Heilszeit hinzu. Vegetations- und
Liebesmetaphorik rufen das Ehegleichnis aus Hos 2 in Erinnerung, zu
dessen heilvollen Partien von Wiederannahme und Aufblühen Israels in
V.16-25 sachlich die engsten Berührungen bestehen.[54]

Sind Hos 14,6-9 auch durch die Bildsprache aus der Liebeslyrik und
den gemeinsamen Rückbezug auf das Ehegleichnis aus Hos 2 eng miteinander verbunden, liegt hier dennoch kein originärer Zusammenhang vor.

Fragwürdig ist vor allem die ursprüngliche Zugehörigkeit von V.8.
Inmitten der bildreichen Sprache von Hos 14,6-9 nimmt der Vers eine
Sonderstellung ein, insofern er die Bilder vom Gedeihen Israels vorüber-
gehend in konkrete Aussagen von Heimkehr und Getreideanbau überführt. Anders als V.6-7.9 erscheint Israel im Plural. Zudem führt der Vers

---

50 Einziger weiterer Beleg: Gen 40,10.
51 Weitere Belege: Ez 31,6.17; Jon 4,5; vgl. Ps 91,1.
52 Vgl. Seifert, Reden, 231.
53 So Naumann, Hoseas Erben, 123f, der S.129 jedoch selbst zugibt: „Deutlich wird
    die vollzogene Heilung der Abtrünnigkeit V 5 vorausgesetzt."
54 Vgl. Yee, Composition, 137-139; Frevel, Aschera, 346-349; Bons 170; Schart,
    Entstehung, 175.256. Letzterer führt auch Am 9,14f als Parallele an, Kruger,
    Love, 41f, darüber hinaus Jes 27,6 und Jer 24,6.

JHWH in 3.Ps.,[55] durchbricht also die Gottesrede von 14,6-9. Es drängt sich die Vermutung auf, daß hier ein Zusatz vorliegt.[56] Wie in Hos 11,10-11 konkretisiert sich das Heil in der Erlaubnis heimzukehren.

Auch V.9 ist nicht über jeden literarkritischen Zweifel erhaben.[57] Ephraim wird als neuer Adressat eingeführt. Die Erwähnung der עצבים verläßt die Bildsprache der Liebeslyrik aus V.6-7(.8) und weist zurück auf V.2-4. Zudem überrascht, daß nach der umfassenden Heilungsaussage aus V.5 überhaupt noch einmal auf die Fremdgötterproblematik eingegangen wird: Viermal begegnet das auf JHWH bezogene Personalpronomen 1.sg. (לי, אני, אני, ממני) und streicht damit JHWHs Ausschließlichkeitsanspruch auf Israel heraus. Es ist schwer vorstellbar, daß hier ein und derselbe Autor am Werk ist. Da V.9 mit seiner Nähe zur Liebeslyrik wie V.6-9 insgesamt der göttlichen Liebeserklärung aus V.5 entspringt, ist hier eine jüngere Hand zu erkennen.[58]

Seit J. Wellhausens berühmter Konjektur („für עניתי ואשורנו möglicher Weise עָנְתוֹ וַאֲשֻׁרְתּוֹ"[59]) wird zumeist angenommen, JHWH trete hier in Konkurrenz zu weiblichen Gottheiten, von denen er wesentliche Züge und Funktionen übernehme.[60] Versteht man den Vers jedoch vor dem

---

55 Auf JHWH bezieht sich das Suffix 3.m.sg. an בצלו (so auch Hitzig¹ 125; Schwab, Art. צל, 1040; Frevel, Aschera, 331; Wacker, Figurationen, 297f; Berge, FS Steingrimsson, 5f; u. vgl. schon Kimchi bei Wünsche 593). Im unmittelbaren Kontext ist freilich nicht allein JHWH (V.9), sondern auch Israel (V.6-7) als Baum dargestellt. Das Suffix könnte sich also ebenso gut auf Israel beziehen (so etwa Wünsche 593; Seifert, Reden, 229; Macintosh 573). Für die hier vorgeschlagene Deutung auf JHWH spricht jedoch, daß die Parallele in Cant 2,3 (s.o.) das „Sitzen in seinem Schatten" (ישב בצלו) auf den Liebespartner bezieht – eine Rolle, die in Hos 14,6-9, liest man den Abschnitt vor dem Hintergrund des Ehegleichnisses aus Hos 2, JHWH einnimmt. Die seit Wellhausen 133f beliebte Änderung des Suffixes in die 1.Ps. zur Angleichung an die Gottesrede des Kontextes hat nicht nur keine Textzeugen hinter sich, sondern ist darüber hinaus auch überflüssig.
56 So auch Fohrer, Umkehr, 230; Kruger, Love, 33. Nogalski, Literary Precursors, 67f, scheidet lediglich den ersten Halbvers aus, doch läßt sich V.8b nur mit Mühe direkt an V.7 anschließen (Doppelung des Vergleichs mit dem Libanon).
57 Vgl. schon Kruger, Love, 43; Kaiser, Gott 2, 58.
58 Gegen Pfeiffer, Heiligtum, 162, der die Priorität auf seiten von V.9 sieht.
59 Wellhausen 134.
60 So bei Übernahme oder Modifikation der Konjektur Wellhausens etwa Duhm, Anmerkungen, 42f; Greßmann 398; Sellin¹ 105f; Fohrer, Umkehr, 230; Jacob 95 und in neuerer Zeit Weinfeld, Inscriptions, 122f; Schroer, Bilder, 44; Loretz,

Hintergrund des hoseanischen Ehegleichnisses aus Hos 2, paßt der Vergleich JHWHs mit weiblichen Gottheiten nicht ins Bild. Vielmehr nimmt
JHWH die Rolle des Ehemannes Israels ein, als Nebenbuhler treten die
Liebhaber (מאהבים) bzw. Baale (בעלים, vgl. 11,2) auf, die wie in 4,17; 8,4
und 13,2 als עצבים bezeichnet werden.[61] Möglicherweise hat der Redaktor die pflanzlich naturhafte Bildsprache der Verse 6-7(.8) in der Beschreibung des Verhältnisses zwischen JHWH und Israel als dem Göt-
zenkult zu nahestehend empfunden.[62] Er versuchte deshalb in Erinnerung zu rufen, daß Israels Heil von JHWH allein und nicht von den Götzen kommt. „Für die Komposition 14,2-9 wie für den Überlieferungs-
komplex, den 14,9 abschließt, gilt damit aber, daß nicht die Ansage zukünftigen Heils das letzte Wort behält, sondern die Mahnung"[63].

Überblickt man die aufgezeigte Entstehungsgeschichte von Hos 14,2-
9, läßt sich eine wellenförmige Bewegung von Umkehrforderung (V.2-4)
über unbedingte Heilsverheißung (V.5.6-7) zurück zur Mahnung (V.9)
ausmachen. Die eingangs aufgeworfene Frage, ob darin mit mündlicher
Verkündigung zu rechnen ist, kann negativ beantwortet werden. Vielmehr
hat sich herausgestellt, daß der Abschnitt von vornherein für den
Buchkontext verfaßt wurde und auf jeder Entwicklungsstufe dem Buchganzen einen neuen Lesehorizont mit eigenem literarischen Bezugssystem
vorgibt. Um ein vollständiges Bild von diesem sukzessiven Interpreta-
tionsprozeß am Ende des Hoseabuches zu erhalten, ist auch der abschließende Vers Hos 14,10 mit in die Überlegungen einzubeziehen. Ihm
wollen wir uns im folgenden zuwenden.

SEpL 6; ders., Hos 14,9; Margalit, Meaning, 292-295; ohne Konjektur: Day, Case;
ders., Asherah, 404-406; Schroer, Zweiggöttin, 217; Braulik, Ablehnung, 121-123;
Naumann, Hoseas Erben, 130f; Wacker, Figurationen, 274f.297-299; Seifert, Reden, 230.238-241, u.a. Zum Ganzen vgl. Frevel, Aschera, 329-349.

61 So auch Frevel, Aschera, 346-349; vgl. Yee, Composition, 136-140.
62 Vgl. von Rad, Theologie II, 153: „Es ist merkwürdig, daß derselbe Prophet, der so
    intensiv heilsgeschichtlich denkt, doch zugleich das Verhältnis Jahwes zu Israel in
    den Horizont eines fast pflanzlich naturhaften Gedeihens und Blühens hinaus-
    verlagern kann".
63 Naumann, Hoseas Erben, 132.

II. Hos 14,10

a) *Übersetzung und Text*

14,10 Wer weise ist, verstehe dies,
wer klug ist, erkenne es![a]
Ja, gerade sind die Wege JHWHs;
die Gerechten gehen auf ihnen,
aber die Frevler kommen auf ihnen zu Fall.

10 a) Wörtlich: „Wer ist weise? Er verstehe dies! Wer ist klug? Er erkenne es!" (vgl. GesB 419; Rudolph 253; Macintosh 582).

b) *Analyse*

Hos 14,10 nimmt eine Sonderstellung innerhalb des Hoseabuches ein. Der Vers versteht sich nicht mehr als Fortführung des „Wortes JHWHs", das laut Hos 1,1 an Hosea, den Sohn des Beeri, ergangen und im Hoseabuch wiedergegeben ist, sondern richtet sich an den Leser des Buches, der mittels einer doppelten Aufforderung (V.10a) dazu ermuntert wird, im Prophetenwort die „Wege JHWHs" zu erkennen, auf denen Gerechte und Frevler sich voneinander scheiden (V.10b). Der Schlußvers setzt das fertige Hoseabuch, auf das mit אלה Bezug genommen wird, also bereits voraus und wird deshalb in der Fachliteratur gemeinhin[64] als Zusatz betrachtet.

In diese Richtung weisen auch die zahlreichen Stichwortverbindungen, mit denen der Autor von Hos 14,10 auf das Voranstehende Bezug nimmt. Schon H. W. Wolff hat die Überlegung angestellt, daß die Verwendung der Wurzeln פשע und כשל ihren Grund in der bewußten Aufnahme hoseanischer Begrifflichkeit hat.[65] So erklärt sich jedenfalls zwanglos, daß hier nicht wie sonst üblich die רשעים, sondern die פשעים den צדקים gegenübergestellt sind (vgl. פשע in Hos 7,13; 8,1), während כשל ohnehin zum Vorzugsvokabular des Hoseabuches gezählt werden kann

---

64 Eine Ausnahme stellt Coote, JBL 93, 173, dar.
65 Wolff 311; vgl. auch die Überprüfung der Kontextbezüge von Gamberoni, ThGl 77, 203-205.

(von den zehn Belegen im Dodekapropheton gehören sechs dem Hoseabuch an: Hos 4,5bis; 5,5bis; 14,2.10).

Doch sind die terminologischen Berührungen damit nicht erschöpft.[66]
Das Problem der Gotteserkenntnis zieht sich durch das ganze Buch,[67] in
der Regel unter Verwendung der Wurzel ידע (2,10.22; 4,1.6; 5,3.4.9; 6,3.6;
7,9; 8,2.4; 9,7; 11,3; 13,4.5), je einmal aber auch mit חכם (13,13) und בין
(4,14). Und das „Laufen" (הלך) auf den Wegen JHWHs kontrastiert das
im Buch beklagte „Laufen" zu den Bündnispartnern (5,13; 7,11f), zu
JHWH im Kult (5,6; 6,1) sowie zu anderen Göttern (2,7.9.15; 11,2) und
entspricht dem in 11,10 erwarteten „Laufen hinter JHWH her". So
werden auch diese für das Buch so zentralen Begriffe nicht zufällig
gewählt sein.[68]

Der Umstand, daß alle diese Worte daneben auch in der Weisheitsli-
teratur begegnen,[69] hat T. Naumann indes dazu bewogen, einen terminologischen Rückgriff des Autors von V.10 auf das Hoseabuch überhaupt in
Frage zu stellen. „So darf man die Wortwahl in V 10b nur mit Vorbehalt
als beabsichtigte lexikalische Verankerung im Hoseabuch ansehen.
Weiterreichende Schlüsse verbieten sich von hier aus aber. In V 10 wird
ein so bei Hosea nicht zu findendes Deutemuster an das Prophetenbuch
angelegt. Weder mit כשל noch mit פשעים werden bestimmte Passagen
der Verkündigung Hoseas aktualisiert."[70] Nun läßt sich die weisheitliche
Prägung von Hos 14,10 schwerlich leugnen. Gleichwohl muß hier kein
Gegensatz vorliegen. Vielmehr mag sich der weisheitliche Ausleger des
Hoseabuches erst und gerade durch die sprachlichen Kongruenzen zu
seiner Nachinterpretation veranlaßt gesehen haben.[71]

---

66   Dafür plädiert Koenen, Heil, 218.
67   Vgl. Seow, Foolish People Motif, der deshalb zu Recht die enge Verbindung von
     Hos 14,10 zum Rest des Buches hervorhebt.
68   So auch Sheppard, Wisdom, 132-134; Kratz, Erkenntnis Gottes, 17.
69   Für die drei Erkenntnisbegriffe בין, חכם und ידע liegt das ohnehin auf der Hand.
     Die פשעים stehen in dem weisheitlichen Psalm 37 (zusammen mit den רשעים) in
     Antithese zu den צדקים (V.38f), die Wurzel כשל begegnet immerhin sechsmal in
     Prov (4,12.16.19; 16,18; 24,16.17) und einmal in Hi (4,4), davon zweimal wie in
     Hos 14,10 bezogen auf das Straucheln der Frevler (Prov 4,19; 24,16).
70   Naumann, Hoseas Erben, 153.
71   Dabei mag auch das Vorkommen der Baummetaphorik in den unmittelbar voran-
     gehenden Versen Hos 14,6-9 eine Rolle gespielt haben, begegnet diese doch auch

Leitend für die Deutung, die Hos 14,10 dem Hoseabuch gibt, ist die Scheidung von Gerechten und Frevlern auf den Wegen JHWHs. Heil und Unheil, Gehen und Fallen trifft Israel demnach nicht mehr als Ganzes. Vielmehr sind die Heilsaussagen des Buches auf die Gerechten (vgl. die Eingrenzung des הלך „gehen" [hinter JHWH her] aus 11,10 auf die Gerechten), die Unheilsaussagen dagegen auf die Frevler bezogen (vgl. die entsprechende Einschränkung des כשל „straucheln" auf die Frevler).[72] Zu welcher der beiden Gruppen der Leser gehört, entscheidet sich nicht zuletzt daran, ob er in der Lage ist, im Prophetenwort die „Wege JHWHs" zu erkennen – Gottes Willen und Walten auf dem eigenen Lebensweg –, wie ja überhaupt Israels Wohl und Wehe im Buch entscheidend von seiner (Un-)Fähigkeit zur Gotteserkenntnis abhängt. „Für Hos 14,10 ist das Hoseabuch – im Blick auf die mit Stichwörtern ‚zitierten' Stellen und im ganzen – Anleitung zur Erkenntnis Gottes im Leben des einzelnen. Die prophetische Gotteserkenntnis in der Politik, im Kult und in der Geschichte Israels wird so zum Paradigma des göttlichen Willens und – davon nicht zu trennen – der göttlichen Führung für den individuellen Lebensweg"[73]. So nimmt das Hoseabuch eine ähnliche Entwicklung wie der Psalter durch die Vorschaltung von Ps 1 als Proömium oder wenig später das Buch Jesus Sirach mit Sir 39,24, der nächsten Parallele zu Hos 14,10.

III. Ertrag

Die Analyse von Hos 14,2-10 hat zu einem doppelten Ergebnis geführt: Zum einen hat sich herausgestellt, daß der Abschnitt von vornherein und bewußt als Buchschluß konzipiert wurde, der eine Vielzahl von Leselinien des vorangehenden Buchkontextes aufnimmt, bündelt und zum Ziel führt. Und zum anderen hat sich Hos 14,2-10 als literarisch gewachsene

---

in anderen weisheitlich geprägten Texten im Zusammenhang der Unterscheidung zwischen Gerechten und Frevlern; vgl. etwa Ps 1; Jer 17,5ff, zur Sache Berge, FS Steingrimsson.

72 Vgl. Koenen, Heil, 218f.
73 Kratz, Erkenntnis Gottes, 17f.

Größe zu erkennen gegeben, die auf jeder Entwicklungsstufe ein eigenes Bezugssystem konstituiert und so das Buch immer wieder mit einer neuen Gesamtdeutung versieht. Auf die eingangs formulierte Frage, welche der zahlreichen aus dem Buch aufgenommenen und in Hos 14,2-10 zusammenlaufenden Leselinien für das Buchganze als sinntragend anzusehen sind, kann demnach eine literarhistorisch differenzierte Antwort gegeben werden.

Am Anfang des sukzessiven Interpretationsprozesses in Hos 14,2-10 stand der Bußruf in V.2-4, der die Umkehrthematik des Buches aufgreift und weiterführt. Begegnete diese im Buch einzig und allein zum Zwecke des Schuldaufweises, eröffnet die geforderte Umkehr in 14,2-4 Israel die Möglichkeit eines Neuanfangs nach dem Gericht. Das Hoseabuch erhält so eine heilvolle Gesamtausrichtung, die konzeptionell enge Berührungen mit spätdeuteronomistischer Umkehrtheologie aufweist.

Eine weitere Neuinterpretation erfuhr das Buch durch die Anfügung von Hos 14,5. Gegenüber der Umkehrtheologie von V.2-4 streicht dieser Vers JHWHs vorauseilende, bedingungslose Liebe heraus, die Umkehr und Neuanfang Israels allererst möglich macht. Daß JHWH Israel trotz dessen Unfähigkeit, aus eigener Kraft zu ihm zurückzukehren, mit Liebe begegnet, davon war ja bereits in Hos 11 zu lesen. Doch hier, am Schluß des Buches, setzt JHWH Israels Umkehrunfähigkeit ein für allemal ein Ende, indem er sie heilt.

Hos 14,6-9 beschreiben Israels Heil im Sinne des Ehegleichnisses aus Hos 2. Während V.6-7 vor diesem Hintergrund als ideale Verwirklichung des Verhältnisses zwischen JHWH und Israel verstanden werden können, greift V.9 noch einmal hinter dieses Ideal zurück und gibt dem Buch einen mahnenden Schlußpunkt: Der Vers warnt vor der Hinwendung zu JHWHs Nebenbuhlern und unterstreicht so seinen Alleinverehrungsanspruch. Der Einzelzusatz V.8 dagegen hat innerhalb des Ensembles V.6-9 lediglich einen lokalen Haftpunkt; ihm zufolge konkretisiert sich das Heil in der Rückkehr aus dem Exil.

Eine letzte Neuinterpretation erhielt das Buch schließlich durch die Zufügung von Hos 14,10. Bestimmend für das Verständnis der Buches ist nunmehr eine Differenzierung innerhalb von Israel in Gerechte und Frevler. Dementsprechend sind die Heilsaussagen des Buches auf die Gerechten, die Unheilsaussagen dagegen auf die Frevler bezogen. Der Vers versteht das Hoseabuch als Quelle weisheitlicher Gelehrsamkeit, als Anleitung zur Erkenntnis Gottes im Leben des einzelnen – eine Entwicklung, wie sie sich auch im Psalter (vgl. Ps 1) und im Buch Jesus Sirach (vgl. Sir 39,24) beobachten läßt.

F. Die Auslegung des Buches Hosea in Qumran
– Ein Blick über die Kanongrenze

Die literarische und historische Analyse des Hoseabuches hat uns eine bewegte Entstehungsgeschichte vor Augen geführt, die von den rudimentären, eher unspektakulären Anfängen prophetischer Wortverkündigung im 8. Jh. v.Chr. bis zur weisheitlichen Deutung des Buches gegen Ende des 3. Jh.s v.Chr. reicht und von der permanenten Selbstauslegung der Schrift in den verschiedenen dazwischen liegenden Jahrhunderten geprägt ist. Wenn wir zum Abschluß der Arbeit nun noch einen Blick auf die Auslegung des Hoseabuches in Qumran werfen, so trägt das dem Umstand Rechnung, daß auch nach Abschluß des buchimmanenten Auslegungsprozesses die Auslegung weiterging, nur eben nicht mehr – sieht man einmal von der mit dem Abschreiben und Übersetzen des Bibeltextes einhergehenden Interpretationstätigkeit in der Textüberlieferung ab – innerhalb des Buches, sondern außerhalb desselben. Ein Blick ans Tote Meer[1] bietet sich vor allem deshalb an, weil sich einerseits unserer Analyse zufolge das literarische Wachstum des biblischen Prophetenbuches zeitlich bis kurz vor die Gründung der Siedlung von Qumran in der Mitte des 2. Jh.s v.Chr. erstreckt hat, andererseits die Auslegung des Hoseabuches in Qumran einen sehr viel unmittelbareren Anschluß an die biblische Überlieferung vermuten läßt, als bisher angenommen.

Als Bibelhandschrift wurde das Hoseabuch in den Funden vom Toten Meer nie selbständig, sondern stets im Rahmen von Zwölfprophetenrollen überliefert.[2] Von daher mag es auf den ersten Blick überraschend

---

1 Zur Verwendung von Hosea-Stellen in den alttestamentlichen Apokryphen und Pseudepigraphen, die freilich auch mit in diesen Rezeptionszusammenhang gehören, s. die Liste von Delamarter, Scripture Index. Zur Rezeption im Neuen Testament s. die Liste bei Nestle/Aland, 798, u. vgl. Fuß, Zeit.

2 Drei der acht in Qumran bezeugten Zwölfprophetenhandschriften bieten Hoseatext: 4QXII^c (4Q78), 4QXII^d (4Q79) und 4QXII^g (4Q82). Editio major durch

erscheinen, wenn im folgenden dieses Buch als gesonderte Schrift in den Blick genommen werden soll. Daß das Hoseabuch in Qumran daneben aber ebenso als eigenständige Größe wahrgenommen werden konnte, darauf weist insbesondere der Befund in der Auslegungsliteratur. Jedenfalls hat eine materielle Rekonstruktion der beiden Pescharim zum Hoseabuch 4QpHos[a+b] eine jeweils separate Auslegung dieses Prophetenbuches ergeben.[3]

Bevor wir uns nun den Belegen selbst zuwenden, soll in wenigen Strichen das Besondere des Schriftverständnisses von Qumran in Erinnerung gerufen werden.[4] Es läßt sich anhand von 1QpHab II,7-10, einem Teil der Auslegung zu Hab 1,5, deutlich machen. Dort heißt es:[5]

> 7 wenn sie alles hören, was kom[men wird über] das letzte Geschlecht, aus dem Munde 8 des Priesters, in [dessen Herz] Gott [Einsicht] gegeben hat, um zu deuten alle 9 Worte seiner Knechte, der Propheten, [durch] die Gott verkündet hat 10 alles, was kommen wird über sein Volk und [sein Land.]

Zwar hat Gott das zukünftige Schicksal seines Volkes bereits die Propheten wissen lassen. Ihnen fehlte aber noch das volle Verständnis dieses Zeugnisses. Erst „dem Priester", dem Lehrer der Gerechtigkeit, ist es gegeben, die prophetische Verkündigung angemessen auszulegen, d.h. als Gottes Wort für die endzeitlich verstandene Gegenwart der Gemeinschaft (vgl. 1QpHab VII,1-8). In diesem Bewußtsein haben die Essener[6] zum einen prophetische Bücher der Bibel Vers für Vers ausgelegt und auf die Endzeit hin gedeutet (Pescharim), zum anderen ihre eigenen Erfahrungen in dieser Endzeit durch die prophetischen Schriften zu erklären

---

Fuller, DJD XV, speziell zu Hosea S.237-251.253-256.271-318 mit den Tafeln XLIV-XLVI; XLVI; XLIX-LXIV. Er datiert 4Q78 ca. 75 v.Chr., 4Q79 gegen Ende des 1.Jh.s v.Chr. und 4Q82 in das letzte Drittel des 1.Jh.s v.Chr. Zum Text vgl. zudem ders., Textual Traditions. Der fragmentarische Erhaltungszustand der übrigen Zwölfprophetenhandschriften vom Toten Meer läßt nicht ausschließen, daß hier ursprünglich ebenfalls Hoseatext beinhaltet war. Nur eine materielle Rekonstruktion könnte diesbezüglich Klarheit bringen.

3 Vgl. Vielhauer, Rekonstruktion.
4 Vgl. Steck, Prophetenbücher, 133-135; Kratz, Innerbiblische Exegese, 40-43, und zur Diskussion van der Woude, ThR 57, 23-30.
5 Übersetzung nach Lohse, Texte, 229.
6 Zu dieser klassischen Identifizierungshypothese s. Stegemann, Essener, 194ff, und jüngst Mebarki/Puech, Manuscrits.

versucht (thematische Midraschim). Neben der Verwendung von Prophetentexten in diesen beiden exegetischen Gattungen finden sich zahlreiche explizite Schriftzitate, midraschartige Passagen und Anspielungen in den übrigen Texten aus Qumran.[7]

Im folgenden beschränken wir uns auf die expliziten Hosea-Zitate, die durch Zitations- und/oder Deuteformeln als solche kenntlich gemacht sind.[8] Sie finden sich in den beiden Pescharim zum Hoseabuch 4QpHos[a+b], dem Midrasch zur Eschatologie 4QMidrEschat und der Damakusschrift CD. Möglicherweise läßt sich dem noch ein Zitat aus dem Jesaja-Pescher 4QpJes[c] hinzufügen.

I. Die Pescharim zum Buch Hosea

Zum Buch Hosea sind in Qumran zwei Pescharim belegt: 4QpHos[a] (4Q166) und 4QpHos[b] (4Q167). Die materielle Rekonstruktion der Handschriften ergibt, daß es sich dabei um zwei formal sehr unterschiedliche Werke handelt, näherhin 4QpHos[a] nur ausgewählte Passagen, 4QpHos[b] dagegen das gesamte Hoseabuch kursorisch zitiert und kommentiert. Ich greife im folgenden auf meine eigene Neuedition zurück.[9]

---

7 (Nicht ganz vollständige) Auflistungen der Bibelstellen in den nichtbiblischen Handschriften aus Qumran bieten Maier, Text III, 161-182.174; Washburn, Catalog.
8 Wenig untersucht sind – davon unterschieden – bloße Anspielungen auf Bibeltexte in den Qumranschriften; vgl. aber die in der vorigen Fußnote genannten Listen von Maier und Washburn, darüber hinaus zu 1QM Carmignac, RB 63, 234-260.375-390, zu 1QH ders., RdQ 2, 357-394.
9 Vielhauer, Rekonstruktion; vgl. meinen Beitrag in Steudel, Texte II, 237-253. Erstausgabe des Gesamttextes durch Allegro, DJDJ V, 31-36 mit Tafeln X-XI; Ergänzungen und Verbesserungen: Strugnell, RdQ 7, 199-203; vgl. zudem die Ausgabe von Horgan, Pesharim, 138-158 mit Anhang S.38-45.

1. 4QpHos^a

4QpHos^a besteht aus einem einzigen Fragment. Paläographisch läßt sich die Handschrift in die spätherodianische Zeit, um die Zeitenwende herum, datieren. Bei den beiden fragmentarisch erhaltenen Kolumnen handelt es sich vermutlich um die Kolumnen II und III der ursprünglich aller Wahrscheinlichkeit nach ca. 21 Kolumnen umfassenden Schriftrolle. Im Unterschied zu dem stark fragmentarischen Erhaltungszustand von Kol.II läßt sich der Text der Kol.III nahezu vollständig rekonstruieren. Er ist für die Deutung von 4QpHos^a also besonders ergiebig.

> (1) [Nicht hat sie erkannt, daß] ich es war, der ihr gegeben hat das Korn [und den Most (2) und das Öl; und Silber,] das ich vermehrt habe, und Gold < > haben sie verwandt [für den Baal (Hos 2,10). Seine Deutung ist,] (3) daß [sie aßen und] satt wurden und Gott vergaßen, der [sie fütterte; und alle] (4) seine Gebote warfen sie hinter sich, die er zu ihnen gesandt hat [durch] (5) seine Knechte, die Propheten; aber auf diejenigen, die sie in die Irre führen, haben sie gehört, und sie ehrten sie [...], (6) und wie vor Göttern haben sie sich vor ihnen gefürchtet in ihrer Blindheit. (vacat) (7) (vacat) (8) Darum nehme ich wieder zurück mein Korn zu seiner Zeit und meinen Most [zu seiner Frist], (9) nehme meine Wolle und meinen Flachs weg, um [ihre Blöße] nicht zu bedecken. (10) Und auf solche Weise will ich ihre Scham aufdecken vor den Augen [ihrer] Liebha[ber, und niemand] (11) kann sie aus meiner Hand wegnehmen (Hos 2,11-12). (vacat) (12) Seine Deutung ist, daß er sie geschlagen hat mit Hunger und mit Nacktheit, damit sie werden zu Schan[de] (13) und Schmach vor den Augen der Völker, auf die sie sich gestützt haben, aber die (14) erretten sie nicht aus ihren Nöten. Und ich lasse aufhören all ihre Freude, (15) [ihr] Fe[st], ihren [Ne]umond und ihren Sabbat und all ihre Festzeiten (Hos 2,13). Seine Deutung ist, daß (16) sie [die Tage des] Zeugnisses zu begehen pflegten nach den Festzeiten der Völker. Und [all (17) ihre Freude] hat sich für sie gewendet zu Trauer. Und ich verwüste [ihren Weinstock (18) und ihren Feigenbaum], von denen sie sagte: Dirnenlohn sind sie mir, [den gegeben haben (19) mir] meine [Liebhaber]. Und ich mache sie zu Gestrüpp, daß die T[iere des Feldes] sie fressen (Hos 2,14).

Wie 4QpHos^a interpretiert wird, hängt wesentlich von der Identifizierung der „Völker" in Kol. III,13 ab. A. Dupont-Sommer[10] meint in ihnen die Römer zu erkennen, auf die sich Hyrkan II. 63 v.Chr. bei der Eroberung Jerusalems stützte, die seinem Königtum aber letztendlich ein Ende setzten. Gegen diese Identifikation spricht allerdings, daß die Römer gemein-

---

10 Dupont-Sommer, Schriften, 300.

hin als „Kittim" bezeichnet werden.[11] Amoussine[12] hat demgegenüber die
„Völker" mit den Nabatäern identifiziert. Er bezieht sich dabei auf Josephus, Ant XIV,2,1-3, und dessen Darstellung der Belagerung Jerusalems durch den Nabatäerkönig Aretas III. im Zuge des Bruderzwists zwischen Hyrkan II. und Aristobul II. 65. v.Chr. Hiernach stützte sich Hyrkan II. innenpolitisch auf die Pharisäer (vgl. III,5 מתעיהם „diejenigen, die
sie in die Irre führen") und bei der Belagerung Jerusalems militärisch auf
die Nabatäer, welche aber auf römischen Druck hin das Feld wieder räu-
men mußten (vgl. III,12-14). Auch fiel die Belagerung auf ein Passahfest
(vgl. III,15-17). Daß die Belagerer dazu keine Opfertiere durchließen, rief
als göttliche Strafe eine Hungersnot hervor (vgl. III,12). Problematisch ist
dabei zum einen die Gleichsetzung der „Irreführer" aus III,5 mit den
Pharisäern, kommen doch diese in III,6 seltsamerweise als Objekt göttlicher Verehrung in den Blick. Zum anderen ist auch der Bezug von III,15-
17 auf das Passahfest des Jahres 65 v.Chr. schwierig, weil hier nicht ein
konkreter Frevel (Vorenthalten von Opfertieren) bei einem genau zu da-
tierenden Fest gerügt wird, sondern sich die Zeilen gegen eine an die
„Völker", d.h. die Seleukiden, angelehnte Kalenderordnung wenden.
Wahrscheinlich ist daher vielmehr, daß mit den „Völkern" auch in III,13
die Seleukiden gemeint sind, wie dies J. Carmignac mit Bezug auf die
Verhältnisse zu Beginn des 1. Jh.s v.Chr. annimmt: „les Juifs infidèles se
sont, jadis, appuyés sur les Séleucides, mais ils seront bientôt châtiés, eux
et les Séleucides, par les Kittîm (= les Romains)"[13]. Carmignac interpretiert die Gerichtsaussagen also futurisch. Die pf.-Formen in III,12.17
blicken aber eher schon auf das Gericht zurück. Um zu klären, welches
Ereignis in der Vergangenheit den Hintergrund des Textes bildet, lohnt
ein genauerer Blick auf Z.5-6 von Kol.III: Wer verbirgt sich hinter den
„Irreführern" (מתעיהם) in Z. 5? Die partizipiale Konstruktion von תעה
hi. wird üblicherweise auf innerjüdische Gegner der Gemeinschaft interpretiert. Dem widerspricht aber die Aussage, ihnen werde göttliche Ver-

11 Darauf haben Carmignac, Textes, 79f, und Amoussine, RdQ 7, 548, zu Recht
    aufmerksam gemacht.
12 Amoussine, RdQ 7, 545-552. So auch Fuß, Zeit, 44-73.
13 Carmignac, Textes, 80.

ehrung zuteil. Diese weist vielmehr auf die Ereignisse zur Zeit des Seleu-
kidenkönigs Antiochos IV. Epiphanes (175-164 v.Chr.), der aller Wahrscheinlichkeit nach in Jerusalem den Herrscherkult angeregt hat. So
wurde ihm und im Gefolge seinen Sukzessoren von seiten hellenistisch
gesinnter jüdischer Kreise mit politischem Zentrum in der Akra göttliche
Verehrung zuteil, bis diese 141 v.Chr. schließlich ihre Macht verloren.[14]
Bei den „Irreführern" (מתעיהם) handelt es sich also höchstwahrschein-
lich um die seleukidischen Könige von Antiochos IV. Epiphanes bis
Demetrios II. Nikator.[15]

In diesen zeitgeschichtlichen Rahmen lassen sich die übrigen Aussagen des Textes mühelos einordnen. Dies gilt zum einen für die Anklagen
– Aufhebung der Tora (III,3-5), Einführung des seleukidischen Kalenders
(III,16) wie des Herrscherkultes (III,5-6) –,[16] zum anderen für die Ge-
richtsaussagen – Hunger und Nacktheit (III,12-14) sowie Beendigung des
Kultes (III,14-17). Letztere deuten auf die Maßnahmen der Makkabäer
bei der Eroberung der Akra 143 v.Chr. Simon schnitt der Akra die Le-
bensmittelversorgung ab, indem er um sie eine Mauer zog (I Makk 12,36;
Josephus, Ant XIII,5,11). Zwei Jahre später konnte er sie schließlich
durch Aushungerung einnehmen (I Makk 13,49f; Josephus, Ant XIII,6,6).
Daran vermochten auch die Truppen des seleukidischen Generals
Tryphon nichts zu ändern, die den Eingeschlossenen zu Hilfe eilten, wegen eines Wintereinbruchs aber nichts ausrichten konnten (I Makk 13,21f;
Josephus, Ant XIII,6,5; vgl. 4QpHos[a] III,13f). Die Eroberung der Akra
dürfte so auch dem hellenistischen Kult in Jerusalem ein Ende bereitet
haben.

Sind diese Zusammenhänge richtig gesehen, läßt sich feststellen, daß
Schuldaufweis und Gerichtsansage von Hos 2,10-13 in 4QpHos[a] nicht
wie im Bibeltext auf ganz Israel bezogen sind, sondern ausschließlich auf

---

14 Zu den historischen Hintergründen vgl. Bickermann, Gott; Hengel, Judentum,
    486-554; Vielhauer, Rekonstruktion, 79f.
15 Vgl. Dan 11,32, wo Antiochos IV. ebenfalls als Verführer (יחניף בחלקות) einer
    bundesbrüchigen Gruppe in Israel gezeichnet ist.
16 Vgl. Dan 7,25; I Makk 1,44-51 sowie zur Sache Hengel (1988) 532-537. Zur Ein-
    führung des seleukidischen Kalenders in Jerusalem durch radikale jüdische Helle-
    nisten darüber hinaus VanderKam, JSJ 12; ders., Calendrical Texts, unter Beru-
    fung auf Dan 7,25; I Makk 1,59; II Makk 6,7a.

eine frevlerische Gruppe innerhalb von Israel, näherhin die jüdischen Hellenisten der Akra. Eben diese hellenistisch gesinnten jüdischen Kreise waren es, deren religionspolitische Maßnahmen zu Spaltungen innerhalb des Judentums führten, aus denen letzten Endes auch die Qumran-Gemeinschaft hervorgehen sollte.

2. 4QpHos[b]

Von dem Werk sind 40 Fragmente erhalten. Davon können über die Hälfte im Rahmen einer materiellen Rekonstruktion in fünf aufeinanderfolgende Kolumnen eingeordnet werden. Aller Wahrscheinlichkeit nach handelt es sich dabei um Kol. X-XIV eines dereinst aus insgesamt 23 Kolumnen bestehenden Werkes. Belegt sind Text und zum Teil Kommentar zu Hos 2,2 (Frg. 25) sowie zu den Kapiteln 5; 6; 7(?) und 8. Auch diese Handschrift läßt sich um die Zeitenwende herum datieren.

Nennenswerte Reste der Kommentierung sind allein in Kol.X,6-9 erhalten.[17]

> (6) [... *Und nicht heilt er euc]h von dem Geschwür* (Hos 5,13bβ). (vacat) [Seine] Deu[tung ...] (7) [...] der Löwe des Zorns. *Denn ich bin wie ein Lö[we für E]ph[rai]m [und wie ein Junglöwe für das Haus* (8) *Juda* (Hos 5,14a). Seine Deutung ... der] letzte Priester; der streckt seine Hand aus, um Ephraim zu schlagen.

Die Parallele in 4QpNah I legt nahe, daß sich hinter dem „Zorneslöwen" (Z. 7) der Hasmonäerkönig Alexander Jannai (103-76 v.Chr.) verbirgt.[18] Unklar ist das Verhältnis dieses „Zorneslöwen" zum „letzten Priester", also zu jenem Hohepriester, der sich in der als endzeitlich verstandenen Gegenwart des Autors von 4QpHos[b] im Amt befindet.[19] Aus dem Text selbst geht lediglich hervor, daß einer von beiden „seine Hand ausstreckt, um Ephraim zu schlagen" (Z.8). J. M. Allegro[20] hält beide Personen für

17 Zur Rekonstruktion dieser Kolumne vgl. die ganz ähnlichen Beobachtungen von Doudna, 4Q Pesher Nahum, 557-573.
18 Vgl. zur Begründung Allegro, Light, 92, u. neuerdings Bengtsson, Sobriquets, 271-280. Doudna, 4Q Pesher Nahum, 572f, vermutet dagegen einen heidnischen Herrscher.
19 Zum „letzten Priester" vgl. Stegemann, Entstehung, 115-120.
20 Allegro, Light, 93; vgl. jüngst Bengtsson, Sobriquets, 278f.

identisch. Dagegen treten H. Stegemann und G. L. Doudna dafür ein, beide Größen zu unterscheiden. H. Stegemann versteht den „letzten Priester" als Subjekt des Schlages gegen Ephraim.[21] Dagegen sieht G. L. Doudna beide, Ephraim und den „letzten Priester", als gemeinsames Gerichtsobjekt des „Zorneslöwen" an.[22] Wegen des fragmentarischen Charakters des Textes erscheint eine letztgültige Entscheidung unmöglich. Immerhin legt ein Vergleich mit anderen Qumran-Texten nahe, hinter „Ephraim" eine der Qumran-Gemeinschaft gegnerisch entgegentretende Gruppe zu sehen (4QpNah II,2.8; III,5; 4QpPs^a II,17), die mit den Anhängern des „Lügenmannes" in Zusammenhang zu bringen ist.[23] So wird deutlich, daß hier wie schon in 4QpHos^a die im Hoseabuch auf ganz Israel bezogenen Gerichtsansagen auf eine frevlerische Gruppe innerhalb von Israel eingegrenzt werden.

II. Hosea-Zitate in anderen Qumran-Texten

1. Damaskusschrift (CD)

Die sog. Damaskusschrift war bereits vor den Funden in Qumran durch zwei mittelalterliche Handschriften aus der Kairoer Geniza bekannt.[24] Handschrift A enthält 16 Kolumnen (I-XVI), Handschrift B zwei Kolumnen (XIX-XX), die mit Kol. VII-VIII von Handschrift A starke Überschneidungen aufweisen. Nach formalen Gesichtspunkten lassen sich in CD gesetzliche (IX-XVI) und paränetische (I-VIII/XIX-XX) Partien unterscheiden. Sämtliche Hosea-Zitate finden sich in den (jüngeren) paränetischen Partien des um 100 v.Chr. abgeschlossenen Werkes. In

---

21 Stegemann, Entstehung, 123f; ders., Essener, 182. Näherhin identifiziert er den „letzten Priester" historisch mit Aristobul II. (67-63 v.Chr.), der nach dem Tod seiner pharisäerfreundlichen Mutter Alexandra Salome (Josephus, Ant XIII,16) die als „Ephraim" bezeichneten Pharisäer um ihren politischen Einfluß brachte.

22 Doudna, 4Q Pesher Nahum, 557-573.

23 Vgl. Stegemann, Entstehung, 69-82, und vorsichtiger jüngst Bengtsson, Sobriquets, 136-152.

24 Erstedition 1910 durch Schechter, Fragments; daneben vgl. bes. die Ausgaben von Lohse, Texte I, 63-107, u. Broshi, Damascus Document.

Qumran sind Fragmente von zehn Schriftrollen zu CD erhalten (4Q266-273; 5Q12; 6Q15).[25] Sie legen einen größeren Umfang wie auch eine andere Anordnung des Textes nahe. Für genauere Aussagen wäre eine materielle Rekonstruktion vonnöten. Im folgenden lege ich den Text der Kairoer Geniza zugrunde.[26]

a) CD I,12-17

In CD I,12-17 wird Hos 4,16a zitiert und ausgelegt:

> Und er [sc. Gott] machte kund 12 den späteren Geschlechtern, was er im letzten Geschlecht an der Gemeinde der Abtrünnigen tun wird, 13 das sind die, welche vom Wege abgewichen sind. Dies ist die Zeit, von der geschrieben steht: *Wie eine störrische Jungkuh,* 14 so *war Israel störrisch* (Hos. 4, 16); als der Mann des Spottes sich erhob, der Israel predigte 15 Wasser der Lüge und sie in die weglose Wüste irreführte, um ewigen Stolz zu erniedrigen und abzuweichen 16 von den Pfaden der Gerechtigkeit und die Grenze zu verändern, die ihre Vorfahren an ihrem Erbteil gezogen hatten, um 17 ihnen die Flüche des Bundes anzuheften, sie dem Schwert zu überliefern, das die Rache des Bundes ausübt.

Zitat und Auslegung stehen im Zusammenhang eines Geschichtsabrisses vom babylonischen Exil bis hin zum Auftreten des „Lehrers der Gerechtigkeit" (I,1-II,1).[27] Dieser sieht sich mit einer gegnerischen Gruppe, der „Gemeinde der Abtrünnigen", konfrontiert, auf deren Entstehungszeit Hos 4,16a gedeutet wird. Zweimal wird ihre Haltung als Abweichen (סור) bezeichnet, als Abweichen vom Wege (Z.13), zu dem sie vom „Mann des Spottes"[28] verführt worden sei (Z.14f). Dabei spielt die Wurzel סור lautmalerisch mit סרר (störrisch) aus dem Hosea-Zitat. Der im Hoseabuch ganz Israel geltende Vorwurf wird also auch hier auf eine frevlerische Gruppe innerhalb von Israel bezogen.

---

25 Editio maior durch Baumgarten, DJD XVIII. Das älteste Manuskript stammt aus dem 1.Drittel des 1.Jh.s v.Chr.
26 Übersetzungen nach Lohse, Texte (Zitathervorhebungen R.V.).
27 Zu Einzelheiten der Interpretation s. Stegemann, Entstehung, 131-145.
28 Zum „Mann des Spottes" vgl. etwa CD XX,11; Jes 28,14; Prov 29,8. Er ist in anderen Texten als „Lügenmann" bezeichnet; s. z.B. CD XX,15; 1QpHab V,11; vgl. X,9.

b) *CD IV,19-20*

CD IV,19-20 greift im Rahmen von Gegneraussagen (IV,19-V,17) auf Hos 5,11b* zurück:

> 19 ... Die Erbauer der Mauer, das sind die, die *hinter „Zaw" hergehen*; „Zaw" ist ein Prediger, 20 von dem er gesagt hat: Mögen sie unablässig predigen.

Die Anhänger der gegnerischen Gruppe werden nach Ez 13,10 als „Erbauer der Mauer" bezeichnet[29] (vgl. CD VIII,12/XIX,24f) und unter Bezugnahme auf Hos 5,11b* als diejenigen näherbestimmt, „die hinter ‚Zaw' hergehen". Das schon im Hoseabuch in seiner Bedeutung unsichere Wort „Zaw" wird dabei auf den „Mann des Spottes", den Gründer der gegnerischen Gruppe, bezogen, dessen Tätigkeit wie in CD I,14 mit „predigen" (נטף hi.) angegeben ist. Was dann bis V,14 folgt, sind übrigens – abgesehen von grundsätzlichen Kalenderstreitigkeiten – die einzigen konkreten halakhischen Differenzen, die wir im Konflikt zwischen Lehrer- und Lügenmann-Gemeinde ausmachen können. Wie schon in CD I,12-17 wird der Hoseatext also für die Auseinandersetzung mit der Lügenmann-Gemeinde herangezogen. Bemerkenswert an dieser Stelle ist, daß mit Hos 5,11b* ein Textstelle ausgewählt ist, die schon im Hoseabuch von einem Bruderkrieg innerhalb des Gottesvolkes handelt.

c) *CD VIII,2-5 par CD XIX,15-17*

Ein weiteres Hosea-Zitat findet sich im Rahmen einer umfassenden Gerichtsdarstellung, die in beiden CD-Rezensionen überliefert ist (CD VIII,2-21/XIX,15-XX,34). Es handelt sich um Hos 5,10, ein begründetes Gerichtswort gegen die „Fürsten Judas".

> VIII,2-5
>
> 2 Das ist der Tag, 3 an dem Gott heimsuchen wird. *Die Fürsten Judas sind solche geworden, über die du Zorn ausgießen wirst.* 4 Denn sie hoffen auf Heilung, aber ein Gebrechen bleibt haften. Alle sind sie Empörer, weil sie nicht abgegangen sind vom Weg 5 der Abtrünnigen, ...

---

29 Cothenet, in Carmignac, Textes, 163, ist der Meinung, hier stehe die Allianz von Alexandra Salome und Hyrkan II. („Erbauer der Mauer") mit den Pharisäern um Hintergrund. Diese Identifikation läßt sich aber ausschließen, da die älteste QD-Handschrift älter und das Werk um 100 v.Chr. seine vorliegende Gestalt erhalten haben dürfte.

XIX,15-17

15 Das ist der Tag, an dem Gott heimsuchen wird, wie er gesagt hat: *Die Fürsten von Juda sind wie Grenzverrücker,* 16 *über sie will ich Zorn wie Wasser ausgießen* (Hos. 5, 10). Denn sie sind wohl in den Bund der Umkehr eingetreten, 17 aber sie sind nicht abgegangen vom Weg der Abtrünnigen, ...

Rezension A bietet ein freies Zitat von Hos 5,10 in Kombination mit Dtn 13,18[30] und/oder Jer 8,15; 14,19[31]. Statt dieses weiteren Schriftanklangs macht Rezension B das Hosea-Zitat explizit, vervollständigt es und nimmt eine deutlichere Identifizierung der „Fürsten Judas" vor: „sie sind wohl in den Bund der Umkehr eingetreten, aber sie sind nicht abgegangen vom Weg der Abtrünnigen". Der „Bund der Umkehr" ist sonst weder im AT noch in Qumran belegt. Es ist aber sehr wahrscheinlich, daß es sich dabei um eine Selbstbezeichnung der Qumran-Gemeinschaft handelt.[32] Hinter den „Fürsten Judas" verbirgt sich demnach eine Gruppe, die dereinst zur Qumran-Gemeinschaft gehörte, sich dann aber davon abspaltete, indem sie nicht vom Weg der Abtrünnigen abging.[33] Dabei spielt die Formulierung mit dem Gleichklang von שׂר (Fürst) und סור (abgehen).[34] Ein Vergleich mit anderen Qumran-Texten (vgl. etwa 1QpHab V,9-11) legt es nahe, diese Gruppe mit den Anhängern des „Lügenmannes" zu identifizieren. Auch der Kontext des ausgewählten Zitates weist erneut in die Situation eines Bruderzwistes.

d) *CD XX,13-20*

CD XX,13-20 verarbeitet schließlich ein Zitat von Hos 3,4:

13 ... Und vom Tage, an dem 14 der Lehrer der Gemeinschaft hinweggenommen wurde, bis zum Ende aller Männer des Kampfes, die 15 [m]it dem Mann der Lüge sich umgewandt haben, sind es etwa vierzig Jahre. Und in dieser Zeit 16 entbrennt der Zorn Gottes gegen Israel, wie er gesagt hat: *Kein König und kein Fürst* (Hos. 3, 4) und kein Richter und keiner, 17 der in Gerechtigkeit zurechtweist. Doch die, die umgekehrt sind von der Sünde Ja[kobs], haben den Bund Gottes bewahrt.

---

30 So Lohse, Texte I, 289 Anm. 49.
31 So Ginzberg, Sekte, 49.
32 In diese Richtung weisen jedenfalls die verbalen Umkehr-Bund-Formulierungen in CD XV,9; XVI,1-2; vgl. zu diesen Grossman, Reading, 163f.
33 So zu Recht Dupont-Sommer, Schriften, 148.
34 Zum Spiel mit der Wurzel סור s. schon CD I,13 u. vgl. VII,13.

Dann wird ein Mann 18 zum anderen spre[chen], damit ein jeder seinen Bruder gerecht mache, um ihre Schritte auf dem Weg Gottes zu halten. Und Gott wird merken 19 auf ihre Worte und wird hören, und ein Buch des Gedächtnisses wird [vor ihm] geschrieben werden für die, welche Gott fürchten und seinen Namen achten, 20 bis daß Heil und Gerechtigkeit offenbar wird für die, die [Gott] fürchten.

Der Abschnitt beschreibt eine Zeitspanne von „etwa vierzig Jahren" (vgl. Dtn 2,14 sowie 1QM II; 4QpPs^a II,6-7) vom Tod des „Lehrers der Gerechtigkeit" bis zur endgültigen Vernichtung aller Anhänger des „Mannes der Lüge" (Z.14) und zum Anbruch des Heils für alle Gottesfürchtigen (Z.20). Auf diese für die Qumran-Gemeinschaft lehrerlose Zeit wird das Zitat von Hos 3,4 bezogen. Dabei verdankt sich der Lehrerbezug einem erst sekundären Interpretationsakt des Zitates durch die Damaskusschrift, die statt „kein Ephod und kein Teraphim" „keiner, der in Gerechtigkeit zurechtweist" bietet.[35] Wie schon in CD I und den Hosea-Pescharim wird hier also ein im Hoseabuch auf ganz Israel bezogenes Zitat auf eine Gruppe innerhalb von Israel gedeutet, dieses Mal jedoch nicht auf Gegner, sondern auf die Qumran-Gemeinschaft selbst.

2. Midrasch zur Eschatologie (4QMidrEschat)

Vom sog. Midrasch zur Eschatologie[36] sind in Qumran mindestens zwei Handschriften fragmentarisch erhalten. 4Q174 („Florilegium") bietet Text vom Anfang (Kol. I-VI), 4Q177 („Catena A") solchen aus dem Mittelteil (Kol. VIII-XII) des ursprünglich wahrscheinlich etwa 18 Kolumnen umfassenden Werkes.[37] Paläographisch ist 4Q174 in das letzte Drittel des 1. Jahrhunderts v.Chr., 4Q177 um die Zeitenwende herum zu datieren. Das Werk selbst ist aber wahrscheinlich bereits zwischen 71-63 v.Chr.

---

35 Auch T übersetzt Teraphim durch מחוי „Lehrer".

36 Die Bezeichnung stammt von A. Steudel, Midrasch, deren Rekonstruktion und Neuedition (nach dies., Texte II, 187-213) im folgenden zugrundegelegt wird. Erstausgabe des Gesamttextes: Allegro, DJDJ V, 53-57 mit Tafeln XIX-XX (4Q174) u. 67-74 mit Tafeln XXIV-XXV (4Q177); Ergänzungen und Verbesserungen: Strugnell, RdQ 7, 220-225.236-248.

37 Weitere Abschriften könnten in 4Q178; 182 und 183 vorliegen, vgl. Steudel, Midrasch, 152-157.

entstanden. Es handelt sich um einen thematischen Midrasch, der sich mit der אחרית הימים auseinandersetzt, der letzten unheilvollen Epoche vor der Zeit des Heils.[38] Das Werk gliedert sich in einen kurzen Einleitungsteil, der an der Stammessegnung Dtn 33 und der Nathanweissagung II Sam 7 entlanggeht, und einen Hauptteil, der sich in Anlehnung an den biblischen Psalter zu Endzeitfragen äußert und dabei auch andere biblische Bücher berücksichtigt. In diesem Zusammenhang wird in Kol. X,13-14 auch Hos 5,8a gegliedert zitiert und ausgelegt:[39]

> 13 ... *Blast Schophar in Gibeah.* (Hos 5,8aα) Der Schophar, das ist das Buch 14 [der Thora. *(Blast) Chazozrah in Ramah.* (Hos 5,8aβ) Die Cha]zo[zrah, das] ist wiederum das Buch der Thora, welches verworfen haben al[le Mä]nner seines Rates, und sie haben widerspenstig gegen ihn geredet. ...

In welcher Zeile die Interpretation von Hos 5,8a tatsächlich abgeschlossen ist, läßt sich aufgrund des fragmentarischen Erhaltungszustandes des Textes nicht mehr mit Sicherheit sagen; möglicherweise ist sie aber bereits in Z.14 beendet. Der Anschluß an den vorausgehenden Text, der in Z.12 mit „[und] nun siehe...“ einen formal für die Gattung ungewöhnlichen Abschnitt beginnen läßt, ist sachlich unklar. In Z.12-13 ist offenbar von himmlischen Tafeln die Rede. Die abschließende Formulierung „Und er stand auf von dort, um wegzugehen von Aram“ (Z.13) könnte sich auf Abraham beziehen, im übertragenen Sinn vielleicht auf den „Lehrer der Gerechtigkeit“. Unmittelbar daran schließt sich – vollständig erhalten – in Z.13 zunächst das Zitat von Hos 5,8aα an: „Blast Schophar in Gibeah.“ In der anschließenden knappen Auslegung wird „Schophar“ mit einem Buch identifiziert, sehr wahrscheinlich mit dem Buch der Tora. Der in Z.14 folgende Text ist leider sehr lückenhaft, dennoch legt er eine solche Ergänzung nahe. Wenige, aber eindeutige Schriftreste in Z.14 lassen die Lesung von „Chazozrah“ als Teil einer Auslegung als sicher erscheinen, und in der vorausgehenden Lücke läßt sich exakt ein Zitat von Hos 5,8aβ ergänzen – der Versteil, in dem es um die Charozrah geht. Interpretiert wird, wie schon im ersten Teil des Hosea-Zitates, lediglich ein einzelnes Element, nämlich nach „Schophar“ nun „Chazozrah“. Wie schon

---

38 Zur אחרית הימים vgl. Steudel, RdQ 16, 225-246.
39 Zu Text, Übersetzung und Interpretation der Stelle s. Steudel, Midrasch, 106-109; dies., Texte II, 208f.

„Schophar" wird auch „Chazozrah" auf das Buch der Tora hin gedeutet: „Die Chazozrah, das ist wiederum das Buch der Tora, welches verworfen haben alle Männer seines Rates, und sie haben widerspenstig gegen ihn geredet." (Z.14). Vor dem Hintergrund der übrigen Qumran-Texte gewinnt diese Auslegung an Profil: Die „Männer seines Rates" sind sehr wahrscheinlich mit den Anhängern des „Lügenmannes" zu identifizieren, die sich aufgrund von Differenzen in der Toraauslegung vom „Lehrer der Gerechtigkeit" und dem ihm treu bleibenden Teil der Gemeinschaft abgespalten haben (vgl. etwa 1QpHab V,9-12).[40] Auch im Midrasch zur Eschatologie steht ein Hoseazitat also im Zusammenhang einer Scheidung innerhalb des Gottesvolkes. Diese Interpretation auf einen Bruderzwist legt sich auch hier wieder schon vom Kontext des ausgewählten Zitates her nahe.

3. Jesaja-Pescher 4QpJes[c]

Zum Jesaja-Pescher 4QpJes[c] (4Q163) werden üblicherweise 61 Fragmente gezählt.[41] Bedingt durch die Verwendung von Papyrus als Schreibmaterial, sind sie in einem vergleichsweise schlechten Erhaltungszustand. Unter paläographischen Gesichtspunkten lassen sich zwei Handschriften unterscheiden, eine semiformale hasmonäische und eine mehr kursive Schrift.[42] Das Werk bildet die älteste erhaltene Pescher-Handschrift (1.Drittel des

---

40 Fuß, Zeit, 126, hält „Männer seines Rates" dagegen für eine Selbstbezeichnung der Qumrangemeinschaft und verweist für diese Identifikation zu Unrecht auf Steudel, Midrasch (zu deren Identifikation mit der Gemeinde des „Lügenmannes" s. S.168f). Die Problematik ihrer Deutung auf die Qumrangemeinschaft scheint Fuß jedoch selbst zu spüren, wenn sie feststellt: „Verwunderlich ist, daß die „Männer seines Rates" die Tora verworfen haben sollen; das ist ansonsten der Standardvorwurf qumranischer Texte an die Gegner der Qumrangemeinde."
41 Erstausgabe des Gesamttextes: Allegro, DJDJ V, 17-27 mit Tafeln VII-VIII; Ergänzungen und Verbesserungen: Strugnell, RdQ 7, 188-195; Neuausgabe: Horgan, Pesharim, 94-124 mit Anhang S.20-33. Baillet, DJD VII, 299f, weist auch einige Fragmente von 4Q515 der Rolle 4QpJes[c] zu. Nach Stegemann, Essener, 176f, gehört 4QpJes[c] zum gleichen Werk wie 4QpJes[e].
42 S. Strugnell, RdQ 7, 188f.

1.Jh. v.Chr.).[43] Behandelt werden ausgewählte Passagen aus dem Buch Jesaja, wovon Zitattext aus den Kapiteln 8-10; 14; 19 und 29-31 erhalten ist. Darüber hinaus finden auch andere prophetische Werke im Kommentarteil Berücksichtigung,[44] darunter einmal das Buch Hosea.

Trotz seines fragmentarischen Erhaltungszustandes läßt sich in Kol.ii,14 von Frg. 23 mit einiger Sicherheit Zitat von Hos 6,9a identifizieren. Verloren ist hingegen die formelhafte Einbettung des Zitates in den Kontext. Da jedoch alle übrigen nicht-jesajanischen biblischen Bezugnahmen in 4QpJes^c durch Zitationsformeln kenntlich gemacht sind, ist gleiches auch für diese Stelle anzunehmen. So scheint es gerechtfertigt, 4QpJes^c in den Überblick über die expliziten Hosea-Zitate in Qumran miteinzubeziehen.

Das Zitat von Hos 6,9a steht im Kontext einer Auslegung zu Jes 30,15-18. Diese nimmt die Zeilen 10-14a ein:

> 10 Die Deutung des Wortes bezüglich des Endes der Tage bezieht sich auf die Gemeinde derer, die nach Glattem s[uchen], 11 die in Jerusalem sind [...] 12 in der Tora und nicht [...] 13 Herz, denn um zu zertreten [...] 14 *Wie wartet ein Mann von Räuberband[en, so eine Genossenschaft von Priestern* (Hos 6,9a*). ...] 14a [(vacat)] die Tora haben sie verworfen [...]

Es ist in der Forschung umstritten, ob das Zitat (Z.14) oder dessen Auslegung (Z.14a) einen Nachtrag darstellt; der Zeilenabstand ist in diesem Bereich deutlich verringert. M. P. Horgan und B. Fuß plädieren dafür, daß das Zitat nachgetragen wurde.[45] Dafür könnte die Stichwortassoziation zwischen Jes 30,18 und Hos 6,9 mit der Wurzel חכה (warten) sprechen.[46] Dagegen sehen J. M. Allegro und J. Strugnell wegen des Zeileneinzuges Z.14a als Zufügung an.[47] Wie auch immer man sich entscheidet – über das Verständnis der Hoseastelle im Kontext der Jesaja-Auslegung läßt sich folgendes feststellen: In Z.10-13 wird Jes 30,15-18 auf die אחרית הימים und „die Gemeinde derer, die nach Glattem suchen, die in

---

43 Vgl. Strugnell, RdQ 7, 188; Stegemann, Essener, 176; Steudel, Midrasch, 188f.
44 Diese Vorgehensweise unterscheidet 4QpJes^c von den übrigen Pescharim und rückt das Werk in gewisse Nähe zu den „thematischen Midraschim".
45 Horgan, Pesharim, 120; Fuß, Zeit, 118.
46 Dabei gleicht der Pescher die orthographisch schwierige Verbform des Hoseatextes an die des Jesajatextes an; vgl. Fuller, Textual Traditions, 252.
47 Allegro, DJDJ V, 25; Strugnell, RdQ 7, 193.

Jerusalem sind", gedeutet. Mit Blick auf andere Qumran-Texte kann diese Gruppe mit den Anhängern des „Lügenmannes" identifiziert werden (vgl. etwa CD I,13-21). Dazu paßt, daß ihnen in Z.14a vorgeworfen wird, sie hätten die Tora verworfen (vgl. 1QpHab I,11; V,9-11; 4QpJes[b] 2,7-10). Das Hosea-Zitat ist also auch in 4QpJes[c] auf die Auseinandersetzung mit den Gegnern der Qumran-Gemeinschaft bezogen – eine Interpretation, die sich schon vom ausgewählten Zitat selbst her nahelegt, ist doch auch Hos 6,9 ausschließlich auf eine frevelhaft handelnde Gruppe innerhalb von Israel, die Priester, bezogen.

III. Ertrag

Überblickt man die expliziten Hosea-Zitate in den Qumran-Schriften, ergibt sich ein erstaunlich einheitliches Bild davon, wie das Hoseabuch in Qumran gelesen wurde.[48] Bestimmend für das Verständnis des Buches ist demnach eine Differenzierung innerhalb von Israel in Gerechte und Frevler.

Der weitaus größte Teil der Hosea-Zitate ist auf die Frevler bezogen. Diese sind einmal die jüdischen Hellenisten der Akra (4QpHos[a]), an den allermeisten Stellen aber die Anhänger des „Lügenmannes" (4QpHos[b] X,6-9; CD I,12-17; IV,19f; VIII,2-5/XIX,15-17; 4QMidrEschat X,13f; 4QpJes[c] Frg.23,II,13-20). Letztere sind historisch sehr wahrscheinlich mit den Pharisäern zu identifizieren.[49] Ein Zitat ist schließlich auf die Qumran-Gemeinschaft selbst, also die Gerechten, gedeutet (CD XX,13-20).

Im einzelnen gestaltet sich die qumranische Hosea-Interpretation in der Form, daß Linien der Ursprungstexte aufgenommen und in zweierlei Weise fortgezeichnet werden. Zum einen werden solche Stellen herausge-

---

48 Es wäre von daher eine lohnende Aufgabe zu überprüfen, inwieweit auch für andere Prophetenbücher in Qumran eine solch einheitliche Leseperspektive aufgewiesen werden kann.

49 In diese Richtung weist besonders 4QpNah; vgl. Stegemann, Entstehung; ders., Essener, 215-218, u. neuerdings Bengtsson, Sobriquets, 110-152; generell dagegen etwas kritischer Stemberger, Pharisäer. Für die Frage nach der Hosea-Rezeption in Qumran ist eine genaue Identifizierung aber unerheblich.

griffen, die selbst schon von einem Bruderkrieg handeln (Hos 5,8a in 4QMidrEschat X,13f; Hos 5,10 in CD VIII,2-5/XIX,15-17; Hos 5,11b in CD IV,19f) oder wenigstens eine Differenzierung innerhalb des Gottesvolkes indizieren, indem sie die Schuld nur einer einzelnen Gruppe aufweisen (Hos 6,9a in 4QpJes^c Frg.23,II,10-14a). Zum anderen werden Stellen, die ursprünglich auf ganz Israel bezogen waren, auf eine einzelne Gruppe innerhalb von Israel gedeutet (Hos 2,10-13 in 4QpHos^a III; Hos 3,4 in CD XX,13-20; Hos 4,16 in CD I,12-17; Hos 5,14a in 4QpHos^b X,6-9).

Die Auslegung von Qumran setzt somit die Linie fort, die sich mit einem der jüngsten Einträge in das Hoseabuch, der Scheidung zwischen Gerechten und Frevlern in Hos 14,10, bereits andeutet. Die Exegeten in Qumran führen das Gesamtverständnis des Buches aus, das Hos 14,10 im Sinn hat, und beziehen es auf ihre eigene (leidvolle) Situation in der letzten Zeit. Anders als im Schlußvers des Hoseabuches ist das Verständnis der Schrift dabei aber keine Frage des eigenen Bemühens. Vielmehr ist Verstehen nur dank der besonderen Offenbarung möglich, die Gott dem Lehrer der Gerechtigkeit hat angedeihen lassen. Er hatte den Auslegern vom Toten Meer den hermeneutischen Schlüssel dazu an die Hand gegeben. Eigens von Gott offenbart, bürgt er für die Authentizität der Aussage und setzt die Exegeten von Qumran instand, das Prophetenbuch als Wort des einen und selben Gottes für die eigene Zeit zu verstehen.

G. Ergebnis: Das Werden des Buches Hosea

Die Analysen dieser Untersuchung haben zu dem Ergebnis geführt, daß sich das Hoseabuch einem längeren Redaktions- und Fortschreibungsprozeß verdankt. So erklärt sich der eigentümlich zwiespältige Charakter des Buches zwischen Einheit und Vielfalt. Ausgehend von einem relativ bescheidenen literarischen Kern (Hos 5,1f; 6,7-7,12*), ist das Buch sukzessive von innen nach außen gewachsen bis zur heute vorliegenden Endgestalt. Dabei lassen sich zu Beginn der Entwicklung noch durchlaufende Ergänzungsschichten identifizieren (Hos 4,1-9,9). Im weiteren Verlauf wird dem überkommenen Material dann mehr durch die Einschaltung einzelner Textblöcke eine neue Leseperspektive vorgegeben. Punktuelle Fortschreibungen im Sinne M. Nissinens sind dagegen eher selten.

Im folgenden können nun die redaktionsgeschichtlichen Ergebnisse der Untersuchung zusammengefaßt und der Werdegang des Hoseabuches in seinen Hauptstadien nachgezeichnet werden.

Mündliche Verkündigung scheint noch in Hos 5,8-11*; 6,7-9; 7,5f und 7,8b-9 durch. Darin wird auf konkrete Mißstände im Inneren des Nordreiches hingewiesen und eine kommende Katastrophe angezeigt. Die näheren Umstände sind nicht mehr aufzuhellen. Selbst die Perspektive, aus der die Worte dereinst gesprochen wurden, ist unklar. Aus ephraimitischer Sicht könnte die desolate Lage des Nordreiches Anlaß zur Klage, aus judäischer Sicht Anlaß zu Spott gegeben haben.[1] Deutlich ist indes, daß die geschilderten Mißstände noch nicht als Vergehen gegen JHWH und das bevorstehende Unheil noch nicht als Strafe Gottes interpretiert sind. Vielmehr tritt JHWH als Staats- und Dynastiegott dafür ein, das über sein Volk hereinstürzende Unheil abzuwenden. Das im Hoseabuch

---

1   Der Umstand, daß in 7,5f der König als „unser König" bezeichnet wird, könnte eine ephraimitische Herkunft des Spruches nahelegen.

rekonstruierte mündliche Material fügt sich somit gut in die konventionelle Heils- und Mahnprophetie des Alten Orients einschließlich Israels ein.

Eine, wenn nicht die entscheidende Wende vollzieht sich mit der *ersten Verschriftung* mündlicher Prophetenworte in der kleinen Komposition Hos 5,1f; 6,7-7,12*: der Übergang von der konventionellen Heils- und Mahnprophetie zur unbedingten Gerichtsprophetie. Sie erklärt sich am einfachsten als Reflex auf den Untergang des Nordreiches 723/720 v.Chr. Theologiegeschichtlich läßt sich dieser Übergang kaum überbewerten. Die Überlieferer interpretieren die im mündlichen Material angezeigten Mißstände als Vergehen gegen JHWH, das erwartete Unheil als folgerichtige Strafe für sein Volk. Dabei nehmen sie eine eindeutig ephraimitische Perspektive ein. Indem sie den Untergang des Nordreiches als Gericht JHWHs interpretieren, vermögen sie, eine Existenz der ehemals an den Staat gebundenen Gottheit unabhängig vom Ergehen des Staates zu denken. Der Nationalgott wird zum Gott der Schrift.

Eine *erste Ergänzungsschicht* weitet die Gerichtsbotschaft auf das Südreich Juda aus. Sie legt nach der Überschrift einen Rahmen (Hos 5,8-14; 8,7-10) um die überkommenen Texte, der das dort angesprochene Ephraim pars pro toto für das Gottesvolk aus Ephraim und Juda verstanden wissen will. Unter dem Eindruck der systematisch von Norden nach Süden verlaufenden Expansion Assurs im Westen (720-701 v.Chr.), für die im Sinne der Überlieferer JHWH verantwortlich zeichnet, werden die ehedem verfeindeten Reiche Ephraim und Juda zu einer Einheit im Gericht verschmolzen. Aus den beiden Staaten wird das eine Volk Gottes.

Noch in vorexilischer Zeit werden JHWH und Israel unter dem Eindruck der Katastrophe von 723/0 v.Chr. in mehreren Schritten aus ihren althergebrachten Bindungen gelöst und auf einer neuen Ebene wieder zusammengeführt. Das frühe Hoseabuch arbeitet damit derjenigen Gründungslegende Israels theologiegeschichtlich vor, die in der Exoduserzählung ihre narrative Ausgestaltung gefunden hat.

Zunächst trennt eine *kultpolemische Ergänzungsschicht* (4,1-2.4-10*.11-14*; 5,6-7; 5,15-6,6*; 7,13-16; 8,1-3*.11f; 9,3-4a.6.7-9), die das überkommene Material zu der Komposition Hos 4,1-9,9* ausbaut, JHWH vom Kult, ja vom JHWH im Kult, der als Garant der staatlichen Ordnung versagt hat.

Diese Differenzierung innerhalb von JHWH bildet den Ausgangspunkt für die sukzessive Unterscheidung zweier konkurrierender Götter JHWH und Baal in der fortschreitenden Überlieferung des Hoseabuches. Aus dem JHWH der staatlichen Institutionen, insbesondere des Kultes, werden in der Grundschicht von Hos 2 zunächst als Liebhaber bezeichnete fremde Götter, in den späteren Partien von Hos 2 und Kap. 9-13 schließlich der Gott Baal.[2]

In einem nächsten Schritt wird die *Grundschicht von Hos 2* (V.4a.7b.12) vorgeschaltet. Sie propagiert eine Scheidung der als Ehe gedachten Beziehung zwischen Land und Landesgott. JHWH wird so seiner geographischen Bindung enthoben.

Schließlich wird in der *Grundschicht von Hos 11* (V.1[ohne ‏ממצרים‎].3aα.4b.5a) die Möglichkeit eines neuen Verhältnisses zwischen JHWH und Israel angedeutet – freilich nur als verspielte Möglichkeit. Es handelt sich dabei um die Berufung Israels zum Sohn JHWHs – ein Topos, der, ursprünglich vom König ausgesagt, nun auf das Volk übertragen erscheint.

Mit der *Ergänzungsschicht von Hos 2* (V.4b-5.10a.11.15) hält erstmals deuteronomistische Theologie und Begriffsbildung Einzug in das Hoseabuch. Sie identifiziert die Ehefrau JHWHs aus der Grundschicht mit dem Volk Israel, indem sie Züge der Bildrede Ez 16 einträgt. Zugleich deutet sie die im überkommenen Material gerügte Hinwendung Israels zu anderen Größen als JHWH als Verstoß gegen den Alleinverehrungsanspruch JHWHs, als Bruch des ersten Gebotes, als Hurerei. Dieses Vergehen wird mit dem Entzug der Landesgaben geahndet. Auf einer theologischen und sprachlichen Linie mit dieser Schicht liegen einige Zusätze in Hos 4,1-9,9 (4,12b.16-19; 5,3-4; 6,10b; 7,4; 9,1-2.5), die Hos 2 in mehreren Schüben enger mit dem literarischen Kern des Buches verbinden.

Einen Schritt weiter geht die ebenfalls deuteronomistisch geprägte *Grundschicht von Hos 10* (V.1-2.5-6a* ohne ‏כי‎-Sätze). Hier wird der Vor-

---

2 Vgl. Kratz, Erkenntnis Gottes, 11ff. Die vorgetragene Sichtweise steht somit in Einklang mit dem Entwurf von Weippert, Synkretismus, der den Konflikt zwischen JHWH und Baal als „religionsinterne Grenzziehung, die nach außen interpretiert wird" (163), versteht. Die Kritik von Jeremias, Begriff „Baal", ist insofern im Recht, als sich das neue Verständnis von JHWH nicht der unvermittelten und plötzlichen Einsicht des Propheten Hosea im 8.Jh., sondern einem fortschreitenden Auslegungsprozeß im Werden des Hoseabuches verdankt.

wurf der Fremdgötterverehrung konkret auf die Vermehrung von Altären, die Verschönerung von Mazzeben und das Stierbild bezogen. Die Einfügung weist damit nach, daß das Nordreich gegen die deuteronomischen Forderungen zur Kultuseinheit und Kultusreinheit (vgl. Dtn 12) verstoßen hat. Sie liegt auf einer Ebene mit der Stierbildpolemik in Hos 8,4b-6*. Eine *Bearbeitungsschicht* (Hos 10,3.7 sowie die כי-Sätze in V.5-6a) sieht den Grund für den Untergang von König und Volk Samarias in mangelnder Gottesfurcht (vgl. I Sam 12,14.24f).

Die *Geschichtsrückblicke* des Hoseabuches verlegen die Schuld Israels in die Vergangenheit. Hos 9,10-17; 10,9-15 bilden einen Rahmen um den zuletzt eingestellten Abschnitt Hos 10,1-8* und verfolgen die darin behandelten Hauptsünden, den Kult und das Königtum, zurück bis an ihren jeweiligen Anfang (9,15; 10,9f: Errichtung des Königtums unter Saul; 9,10: Abfall in Baal Peor an der Schwelle zum Kulturland). Weitere Bearbeitungen verlagern die Geschichte von Israels Abfall immer weiter in die Vergangenheit, so die erste Ergänzungsschicht von Hos 11 (V.2[mit ממצרים aus V.1].3b.4a.5b) nach Ägypten, Hos 12 vor die Geburt des Ahnvaters Jakob. In dieser Tendenz treffen sie sich mit einigen Texten, die ebenfalls im deuteronomistischen Traditionsstrom stehen. Als frühester Zeuge für die vor- und frühgeschichtlichen Traditionen Israels fällt das Hoseabuch demnach aus.

Mit der sukzessiven Einschaltung von Hos 1 und 3 finden biographische Elemente Eingang in das Hoseabuch. Sie sind verantwortlich für die Ehegeschichte Hoseas, in der der Prophet die Beziehung JHWHs zu Israel zeichenhaft durchleben soll.

Für *Hos 1* konnte literarische Abhängigkeit von Jes 8,1-4; II Reg 9f und den Amosvisionen in Am 7f nachgewiesen werden, innerhalb des Hoseabuches von Hos 2,4-15* und 4,2. Ob hier auch schon die hoseanischen Geschichtsrückblicke vorausgesetzt sind, läßt sich nicht mit Bestimmtheit sagen. Inhaltlich reflektiert Hos 1 den Untergang des Nordreiches in den Bahnen deuteronomistischer Geschichtstheologie.

Dagegen setzt sich *Hos 3* kritisch von deuteronomistischem Denken ab. Das Kapitel bereitet den Raum für eine neue Beziehung zwischen JHWH und seinem Volk, indem es von Gottes Liebe *trotz* Israels mangelnder Gegenliebe spricht. Diese Sicht teilt Hos 3 mit den *Heilszusätzen* in Hos 2,16-25*; 11,7-11*; 14,2-10*. Zusammen mit Hos 2,1-3 bilden die genannten Heilsweissagungen die Makrostruktur des Hoseabuches. Da sie alle unterschiedliche inhaltliche Akzente bei der Beschreibung der zukünftigen Heilszeit setzen, ist auch für sie noch mit einem mehrstufigen Wachstumsprozeß zu rechnen.

Davon zeugt auch der Schlußabschnitt *Hos 14,2-10*, dem aufgrund seiner Endposition eine herausgehobene strukturelle und hermeneutische Funktion für das Buchganze zukommt. Der Text hat sich als literarisch gewachsene Größe zu erkennen gegeben, die das Buch auf jeder Entwicklungsstufe mit einer neuen Gesamtdeutung versieht. So interpretiert der Bußruf in V.2-4 das Hoseabuch im Sinne spätdeuteronomistischer Umkehrtheologie, die Heilsverheißung in V.5 im Sinne der Botschaft von JHWHs bedingungslos schenkender Liebe aus Hos 11, die Heilsbeschreibung in V.6-7(.8) wie das Mahnwort in V.9 im Sinne des Ehegleichnisses aus Hos 2 und der Schlußsatz in V.10 im Sinne der weisheitlichen Lehre einer Scheidung zwischen Gerechten und Frevlern.

Genau an dieser Stelle setzt nach Abschluß des buchimmanenten Auslegungsprozesses die *Auslegung in Qumran* an. In erstaunlicher Einmütigkeit deuten die Exegeten von Qumran das Hoseabuch im Sinne einer Differenzierung innerhalb von Israel in Gerechte und Frevler, beziehen es auf ihre eigene (leidvolle) Situation in der letzten Zeit und setzen damit auf ihre Weise die Linie fort, die in Hos 14,10 angedeutet ist.

Literaturverzeichnis

Im Literaturverzeichnis sind ausschließlich diejenigen Titel aufgeführt, auf die in der Arbeit ausdrücklich Bezug genommen wird. Eine ausführliche Bibliographie zum Hoseabuch bieten J.-G. Heintz / L. Millot, Le Livre prophétique d'Osée. Texto-Bibliographie du XXᵉᵐᵉ siècle, Travaux du Groupe de Recherches et d'Études Sémitiques Anciennes [G.R.E.S.A.] de l'Université des Sciences Humaines de Strasbourg, Vol. 5, Wiesbaden 1999.

Kommentare zum Hoseabuch werden in der Arbeit nur mit Verfassernamen zitiert, die übrige Literatur mit Verfasser und Kurztitel oder Publikationsstelle. Die Abkürzungen richten sich nach dem Verzeichnis von S. M. Schwertner, Theologische Realenzyklopädie. Abkürzungsverzeichnis, 2., überarbeitete und erweiterte Auflage, Berlin / New York 1994. Zusätzlich werden verwendet:

ABD   The Anchor Bible Dictionary, hg. von D. N. Freedman, Vol. 1-6, New York / London / Toronto / Sydney / Auckland 1992

HBS   Herders Biblische Studien, Freiburg 1994ff

NSK.AT   Neuer Stuttgarter Kommentar. Altes Testament, Stuttgart 1992ff

SAA   State Archives of Assyria, Helsinki 1987ff

SEpL   Studi epigrafici e linguistici, Verona 1984ff

WBC   Word Biblical Commentary, Waco TX

ZAR   Zeitschrift für Altorientalische und Biblische Rechtsgeschichte, Wiesbaden 1995ff

Aartun, K., Textüberlieferung und vermeintliche Belege der Konjunktion *pV* im Alten Testament, UF 10, 1978, 1-13

Aistleitner, J., Wörterbuch der ugaritischen Sprache, BVSAW.PH 106/3, Berlin 1963

Albertz, R., Religionsgeschichte Israels in alttestamentlicher Zeit. Teil 1: Von den Anfängen bis zum Ende der Königszeit, GAT 8/1; Teil 2: Vom Exil bis zu den Makkabäern, GAT 8/2, Göttingen 1992

Albright, W. F., Excavations and Results at Tell el-Fûl (Gibeah of Saul), AASOR 4, New Haven 1924

Allegro, J. M., Further Light on the History of the Qumran Sect, JBL 75, 1956, 89-95

—— Qumrân Cave 4 I (4Q158-4Q186), DJDJ V, Oxford 1968

Allwohn, A., Die Ehe des Propheten Hosea in psychoanalytischer Beleuchtung, BZAW 44, Gießen 1926

Alt, A., Hosea 5,8-6,6. Ein Krieg und seine Folgen in prophetischer Beleuchtung (1919), in: ders., Kleine Schriften zur Geschichte des Volkes Israel II, München 1964³, 163-187

—— Der Stadtstaat Samaria (1954), in: ders., Kleine Schriften zur Geschichte des Volkes Israel III, München 1959, 258-302

—— Die Heimat des Deuteronomiums, in: ders., Kleine Schriften zur Geschichte des Volkes Israel II, München 1964³, 250-275

Amoussine, J. D., Observatiunculae Qumraneae, RdQ 7, 1971, 533-552

Andersen, F. I. / Freedman, D. N., Hosea: A New Translation with Introduction and Commentary, AncB 24, New York 1980

Arnold, P. M., Hosea and the Sin of Gibeah, CBQ 51, 1989, 447-460

—— Gibeah. The Search for a Biblical City, JSOT.S 79, Sheffield 1990

—— Art. Mizpah, ABD 4, 1992, 879-881

Aurelius, E., Der Fürbitter Israels. Eine Studie zum Mosebild im Alten Testament, CB.OT 27, Lund 1988

Bach, R., Die Erwählung Israels in der Wüste, Diss. Bonn 1952

Baillet, M., Qumrân Grotte 4. III (4Q482-4Q520), DJD VII, Oxford 1982

Balz-Cochois, H., Gomer oder die Macht der Astarte. Versuch einer feministischen Interpretation von Hos 1-4, EvTh 42, 1982, 37-65

Barr, J., Comparative Philology and the Text of the Old Testament, Oxford 1968

Barth, C., Art. ליץ, ThWAT IV, 1984, 567-572

Barth, J., Die Nominalbildung in den semitischen Sprachen, Leipzig 1894² (Nachdruck Hildesheim 1967)

Barthélemy, D., Critique textuelle de l'Ancien Testament. Tome 3 : Ézéchiel, Daniel et les 12 Prophètes, OBO 50,3, Fribourg / Göttingen 1992

Batten, L. W., Hosea's Message and Marriage, JBL 48, 1929, 257-273

Baudissin, W. W. Graf, Adonis und Esmun. Eine Untersuchung zur Geschichte des Glaubens an Auferstehungsgötter und an Heilgötter, Leipzig 1911

Bauer, H. / Leander, P., Historische Grammatik der hebräischen Sprache des Alten Testamentes, Halle 1922 (Nachdruck Hildesheim 1965)

Baumann, G., Liebe und Gewalt. Die Ehe als Metapher für das Verhältnis JHWH-Israel in den Prophetenbüchern, SBS 185, Stuttgart 2000

Baumgarten, J. M., Qumran Cave 4. XIII. The Damascus Document (4Q266-273), DJD XVIII, Oxford 1996

Becker, U., Jesaja – von der Botschaft zum Buch, FRLANT 178, Göttingen 1997

—— Der Prophet als Fürbitter: Zum literarhistorischen Ort der Amos-Visionen, VT 51, 2001, 141-165

Becking, B., The Fall of Samaria. An Historical and Archaeological Study, Studies in the History of the Ancient Near East 2, Leiden 1992

Begrich, J., Der Syrisch-Ephraimitische Krieg und seine weltpolitischen Zusammen-hänge (1929), in: ders., Gesammelte Studien zum Alten Testament, hg. von W. Zimmerli, TB 21, München 1964, 99-120

Behler, G.-M., Divini amoris suprema revelatio in antiquo foedere dato (Osee, cap. 11), Ang. 20, 1943, 102-116

Bengtsson, H., What's in a Name? A Study of Sobriquets in the Pesharim, Uppsala 2000

Berge, K., Victim and Victimizer. Plotting God in the Book of Hosea, TTK 72, 2001, 69-84

—— Weisheitliche Hosea-Interpretation? Zur Frage nach Kohärenz und literarischem Horizont von Hosea 14,6-10, in: „Wer darf hinaufsteigen zum Berg JHWHs?". Beiträge zu Prophetie und Poesie des Alten Testaments (FS S. Ö. Steingrimsson, hg. von H. Irsigler), ATSAT 72, St. Ottilien 2002, 3 - 23.

Berlejung, A., Notlösungen – Altorientalische Nachrichten über den Tempelkult in Nachkriegszeiten, in: Kein Land für sich allein. Studien zum Kulturkontakt in Kanaan, Israel/Palästina und Ebirnâri (FS M. Weippert, hg. von U. Hübner / E. A. Knauf), OBO 186, Freiburg / Göttingen 2002, 196-230

Bewer, J. A., The Story of Hosea's Message, AJSL 22, 1906, 120-130

Beyerlin, W., Religionsgeschichtliches Textbuch zum Alten Testament, GAT 1, Göttingen 1975

Bickermann, E., Der Gott der Makkabäer. Untersuchungen über Sinn und Ursprung der makkabäischen Erhebung, Berlin, 1937

Biddle, M. E., The Figure of Lady Jerusalem: Identification, Deification and Personification of Cities in the Ancient Near East, in: K. L. Younger, jr. / W. W. Hallo / B. F. Batto (Hg.), The Biblical Canon in Comparative Perspective, ANETS 11, Lewiston 1991, 173-194

Birkeland, H., Zum hebräischen Traditionswesen. Die Komposition der prophetischen Bücher des Alten Testaments, ANVAO.HF 1938/1, Oslo 1938

Bitter, S., Die Ehe des Propheten Hosea. Eine auslegungsgeschichtliche Untersuchung, GTA 3, Göttingen 1975

Blau, J., Etymologische Untersuchungen auf Grund des palaestinischen Arabisch, VT 5, 1955, 337-344

Blum, E., Studien zur Komposition des Pentateuch, BZAW 189, Berlin / New York 1990

—— Noch einmal: Jakobs Traum in Bethel – Genesis 28,10-22, in: Rethinking the Foundations. Historiography in the Ancient World and in the Bible (FS J. Van Seters, hg. von S. L. McKenzie / T. Römer), BZAW 294, Berlin / New York 2000, 33-54

Boecker, H. J., Redeformen des Rechtslebens im Alten Testament, WMANT 14, Neukirchen-Vluyn 1964

Bons, E., Zwei Überlegungen zum Verständnis von Hos XI, VT 45, 1995, 285-293

—— Das Buch Hosea, NSK.AT 23/1, Stuttgart 1996

—— / Joosten, J. / Kessler, S., Les Douze Prophètes. Osée, La Bible d'Alexandrie 23/1, Paris 2002

Borbone, P. G., Il libro del Profeta Osea. Edizione critica del testo ebraico, Quaderni di Henoch 2, Turin 1990

Boshoff, W., The female imagery in the Book of Hosea. Considering the marriage metaphor in Hosea 1-2 by listening to female voices, OTEs 15, 2002, 23-41

Botterweck, G. J., Art. חמץ, ThWAT III, 1982, 100-116

Braulik, G., Die Ablehnung der Göttin Aschera in Israel. War sie erst deuteronomistisch, diente sie der Unterdrückung der Frauen?, in: M.-T. Wacker / E. Zenger (Hg.), Der eine Gott und die Göttin. Gottesvorstellungen des biblischen Israels im Horizont feministischer Theologie, QD 135, Freiburg 1991, 106-136

Brenner, A. (Hg.), A Feminist Companion to the Latter Prophets, The Feminist Companion to the Bible 8, Sheffield 1995

Brooke, G. J., The Biblical Texts in the Qumran Commentaries: Scribal Errors or Exegetical Variants?, in: Early Jewish and Christian Exegesis (FS W. H. Brownlee, hg. von C. A. Evans / W. F. Stinespring), Atlanta 1987, 85-100

Broshi, M., The Expansion of Jerusalem in the Reigns of Hezekiah and Manasseh, IEJ 24, 1974, 21-26

—— (Hg), The Damascus Document Reconsidered, Jerusalem 1992

Brueggemann, W., Tradition for Crisis. A Study in Hosea, Richmond 1968

Budde, K., Geschichte der althebräischen Litteratur, Die Litteraturen des Ostens in Einzeldarstellungen VII/1, Leipzig 1906

—— Hos. 7,12, ZA 26, 1912, 30-32

—— Der Schluss des Buches Hosea, in: Studies in the History of Religions (FS C. H. Toy, hg. von D. G. Lyon / G. F. Moore), New York 1912, 205-211

—— Eine folgenschwere Redaktion des Zwölfprophetenbuchs, ZAW 39, 1921, 218-229

—— Das prophetische Schrifttum, RV II/5, Tübingen 1922²

—— Der Abschnitt Hos 1-3 und seine grundlegende religionsgeschichtliche Bedeutung, ThStKr 96/97, 1925, 1-89

—— Zu Text und Auslegung des Buches Hosea. 1. Hosea's Strafrede gegen die Priester. Kap. 4,1-10, 2. Hosea 4,11-19, JBL 45, 1926, 280-297

—— Zu Text und Auslegung des Buches Hosea. 3. Kap. 5,1-6,6. Falscher und rechter Jahwedienst, JPOS 14, 1934, 1-41

—— Zu Text und Auslegung des Buches Hosea. 4. Kap. 6,7-7,2. Israels Schuld, JBL 53, 1934, 118-133

—— Hosea 1 und 3. Ein Nachtrag zum Bonner Orientalistentag, ThBl 13, 1934, 337-342

Buss, M. J., The Prophetic Word of Hosea. A Morphological Study, BZAW 111, Berlin / New York 1969

Buxtorf, J., Anticritica seu vindiciae veritatis hebraicae adversus Ludovici Cappelli criticam, Basel 1653

Cardellini, I., Hosea 4,1-3. Eine Strukturanalyse, in: Bausteine Biblischer Theologie (FS G. J. Botterweck, hg. von H.-J. Fabry), BBB 50, Bonn 1977

Carmignac, J., Les citations de l'Ancien Testament dans « La guerre des fils de lumière contre les fils de ténèbres », RB 63, 1956, 234-260.375-390

—— Les citations de l'Ancien Testament, et spécialement des Poèmes du Serviteur, dans les Hymnes de Qumran, RdQ 2, 1959, 357-394

—— / Cothenet, É. / Lignée, H., Les Textes de Qumran. Traduits et Annotés, Paris 1963

Cassuto, U., The Second Chapter of the Book of Hosea (1927), in: ders., Biblical and Oriental Studies, Vol. 1: Bible, Jerusalem 1973, 101-140

Cathcart, K. J. / Gordon, R. P., The Targum of the Minor Prophets. Translated, with a Critical Introduction, Apparatus, and Notes, The Aramaic Bible 14, Edinburgh 1989

Cazelles, H., The Problem of the Kings in Osee, 8:4, CBQ 11, 1949, 14-25

Cheyne, T. K., Introduction to W. R. Smith, The Prophets of Israel and their Place in History to the Close of the eighth Century B.C., London 1907[2]

Clines, D. J. A., Hosea 2: Structure and Interpretation, in: E. A. Livingstone (Hg.), Studia Biblica 1978. I. Papers on Old Testament an Related Themes. Sixth International Congress on Biblical Studies Oxford 3-7 April 1978, JSOT.S 11, Sheffield 1979, 83-103

Cohen, C., "Foam" in Hosea 10:7, JANES 2, 1969, 25-29

Condamin, A., Interpolations ou Transpositions accidentelles? (Michée 2,12,13 ; Osée 2,1-3,8,9 ; Isaie 5,24,25 ; 19,21,22), RB 11, 1902, 379-397

Coote, R. B., Hos 14:8: "They who are filled with grain shall live.", JBL 93, 1974, 161-173

Cross, F. M., The Themes of the Book of the Kings and the Structure of the Deuteronomistic History, in: ders., Canaanite Myth and Hebrew Epic. Essays in the History of the Religion of Israel, Cambridge MA 1973, 274-289

Crüsemann, F., Bewahrung der Freiheit. Das Thema des Dekalogs in sozialgeschichtlicher Perspektive, KT 78, München 1983

Dahood, M., The Conjunction pa in Hosea 7,1, Bib. 57, 1976, 247-248

—— New Readings in Lamentations, Bib. 59, 1978, 174-197

Dalman, G., Arbeit und Sitte in Palästina, 7 Bände, Gütersloh 1928-1942

Daniels, D. R., Hosea and Salvation History, BZAW 191, Berlin / New York 1990

Davies, G. I., Hosea, NCBC, Grand Rapids 1992

Day, E., Is the Book of Hosea Exilic?, AJSL 26, 1909/10, 105-132

Day, J., A Case of Inner Scriptural Interpretation. The Dependance of Isaiah XXVI. 13-XXVII. 11 on Hosea XIII. 4-XIV. 10 (Eng. 9) and Its Relevance to Some Theories of the Redaction of the 'Isaiah Apocalypse', JThS 31, 1980, 309-319

—— Asherah in the Hebrew Bible and Northwest Semitic Literature, JBL 105, 1986, 385-408

—— Pre-Deuteronomic Allusions to the Covenant in Hosea and Psalm LXXVIII, VT 36, 1986, 1-12

Dearman, A., YHWH's House: Gender Roles and Metaphors for Israel in Hosea, JNWSL 25, 1999, 97-108

Deissler, A., Zwölf Propheten. Hosea – Joël – Amos, NEB, Würzburg 1981

Delamarter, S., A Scripture Index to Charlesworth's Old Testament Pseudepigrapha, Sheffield 2002

DeRoche, M., The Reversal of Creation in Hosea, VT 31, 1981, 400-409

The Assyrian Dictionary of the Oriental Institute of the University of Chicago, hg. von I. J. Gelb / T. Jacobsen / B. Landsberger / A. L. Oppenheim u.a., Chicago 1956ff

Diebner, B. J., Die zweite Frau des Hosea (Hos 3), DBAT 19, 1984, 134-138

Dietrich, M. / Loretz, O. / Sanmartín, J., Die keilalphabetischen Texte aus Ugarit. Teil 1: Transskription, AOAT 24/1, Neukirchen-Vluyn 1976

van Dijk-Hemmes, F., The Imagination of Power and the Power of Imagination. An Intertextual Analysis of Two Biblical Love Songs: The Song of Songs and Hos 2, JSOT 44, 1989, 75-88

Donner, H., Israel unter den Völkern. Die Stellung der klassischen Propheten des 8. Jahrhunderts v. Chr. zur Außenpolitik der Könige von Israel und Juda, VT.S 11, Leiden 1964

—— Geschichte des Volkes Israel und seiner Nachbarn in Grundzügen, Teil 2: Von der Königszeit bis zu Alexander dem Großen, GAT 4/2, Göttingen 1986

Doudna, 4Q Pesher Nahum. A Critical Edition, JSPE.S 35, Sheffield 2001

Dozeman, T. B., Hosea and the Wilderness Wandering Tradition, in: Rethinking the Foundations. Historiography in the Ancient World and in the Bible (FS J. Van Seters, hg. von S. L. McKenzie / T. Römer), BZAW 294, Berlin / New York 2000, 55-70

Driver, G. R., Studies in the Vocabulary of the Old Testament. IV, JThS 33, 1932, 38-47

—— Studies in the Vocabulary of the Old Testament. VIII, JThS 36, 1935, 293-301

—— Confused Hebrew Roots, in: Occident and Orient (FS Gaster, hg. von B. Schindler / A. Mamorstein), London 1936, 75-77

—— Supposed Arabisms in the Old Testament, JBL 55, 1936, 101-120

—— Linguistic and Textual Problems: Minor Prophets. I., JThS 39, 1938, 154-166

—— Problems of the Hebrew Text and Language, in: Alttestamentliche Studien (FS F. Nötscher, hg. von H. Junker / J. Botterweck), BBB 1, Bonn 1950, 46-61

— Difficult Words in Hebrew Prophets, in: Studies in OT Prophecy (FS T. H. Robinson, hg. von H. H. Rowley), Edinburgh 1950, 52-72

— Isaiah I-XXXIX: Textual and Linguistic Problems, JSSt 13, 1968, 36-57

Driver, S. R., Deuteronomy, ICC, Edinburgh 1902³

Duhm, B., Anmerkungen zu den Zwölf Propheten, Gießen 1911

Dupont-Sommer, A., Die essenischen Schriften vom Toten Meer. Unter Zugrundelegung der Originaltexte übersetzt von W. W. Müller, Tübingen 1960

Ehrlich, A. B., Randglossen zur Hebräischen Bibel. Textkritisches, Sprachliches und Sachliches, Bd. 5: Ezechiel und die kleinen Propheten, Leipzig 1912, Nachdruck Hildesheim 1968

Ehrlich, C. S., The Text of Hosea 1:9, JBL 104, 1985, 13-19

Eidevall, G., Grapes in the Desert. Metaphors, Models, and Themes in Hosea 4-14, CB.OT 43, Lund 1996

Eissfeldt, O., Der Gott des Tabor und seine Verbreitung (1934), in: ders., Kleine Schriften II, hg. von R. Sellheim / F. Maass, Tübingen 1963, 29-54

— Einleitung in das Alte Testament unter Einschluß der Apokryphen und Pseudepigraphen sowie der apokryphen- und pseudepigraphenartigen Qumrān-Schriften, NTG, Tübingen 1964³

Eitan, I., Biblical Studies, HUCA 14, 1939, 1-22

Elhorst, H. J., Das Ephod, ZAW 30, 1910, 259-276

Elliger, K., Eine verkannte Kunstform bei Hosea. Zur Einheit von Hos 5,1f., ZAW 69, 1957, 151-160

Emerton, J. A., New Light on Israelite Religion: The Implications of the Inscriptions from Kuntillet 'Ajrud, ZAW 94, 1982, 2-20

Emmerson, G. I., Hosea. An Israelite Prophet in Judean Perspective, JSOT.S 28, Sheffield 1984

Ewald, H., Jesaja mit den übrigen älteren Propheten. Die Propheten des alten Bundes 1, Göttingen 1867²

Exum, J. C., Plotted, Shot, and Painted. Cultural Representations of Biblical Women, JSOT.S 215, Sheffield 1996

Feuillet, A., « S'asseoir a l'ombre » de l'époux (Os., XIV, 8ª et Cant., II, 3), RB 78, 1971, 391-405

— Aux origines de la mystique nuptiale du Cantique des Cantiques. Le prophète Osée, Div. 35, 1991, 107-113

Fishbane, M., Torah and Tradition, in: D. A. Knight (Hg.), Tradition and Theology in the Old Testament, London 1977, 275-300

— Revelation and Tradition: Aspects of Inner-Biblical Exegesis, JBL 99, 1980, 343-361

— Biblical Interpretation in Ancient Israel, Oxford 1985

—— Inner-Biblical Exegesis, in: M. Sæbø (Hg.), Hebrew Bible / Old Testament. The History of its Interpretation. Vol. I: From the Beginnings to the Middle Ages (Until 1300). Part 1: Antiquity, Göttingen 1996, 33-48

—— The Hebrew Bible and Exegetical Tradition, in: J. C. de Moor (Hg.), Intertextuality in Ugarit and Israel, OTS 40, Leiden / Boston / Köln 1998, 15-30

Fitzgerald, A., The Mythological Background for the Presentation of Jerusalem as a Queen and False Worship as Adultery in the OT, CBQ 34, 1972, 403-416

Fohrer, G., Neuere Literatur zur alttestamentlichen Prophetie, ThR 19, 1951, 277-346

—— Neuere Literatur zur alttestamentlichen Prophetie, ThR 20, 1952, 193-271

—— Umkehr und Erlösung beim Propheten Hosea (1955), in: ders., Studien zur alttestamentlichen Prophetie (1949-1965), BZAW 99, Berlin 1967, 222-241

—— Der Vertrag zwischen König und Volk in Israel, ZAW 71, 1959, 1-22

—— Zehn Jahre Literatur zur alttestamentlichen Prophetie (1951-1960), ThR 28, 1962, 235-374

—— Das sogenannte apodiktisch formulierte Recht und der Dekalog (1965), in: ders., Studien zur alttestamentlichen Theologie und Geschichte (1949-1966), BZAW 115, Berlin 1969, 120-148

—— Die Propheten des Alten Testament 1: Die Propheten des 8. Jahrhunderts, Gütersloh 1974

—— Neuere Literatur zur alttestamentlichen Prophetie (1961-1970), ThR 45, 1980, 193-225

Freedman, D. N., פשׁתי in Hosea 2,7, JBL 74, 1955, 275

—— The Broken Construct Chain, Bib. 53, 1972, 534-536

Frevel, C., Aschera und der Ausschließlichkeitsanspruch YHWHs. Beiträge zu literarischen, religionsgeschichtlichen und ikonographischen Aspekten der Ascheradiskussion, BBB 94, 2 Bände, Weinheim 1995

Frey, H., Der Aufbau der Gedichte Hoseas, WuD 5, 1957, 9-103

Fritz, V., Amosbuch, Amos-Schule und historischer Amos, in: Prophet und Prophetenbuch (FS O. Kaiser, hg. von V. Fritz / K.-F. Pohlmann / H.-C. Schmitt), BZAW 185, Berlin / New York 1989, 29-43

Fuller, R., Textual Traditions in the Book of Hosea and the Minor Prophets, in: J. Trebolle Barrera / L. Vegas Montaner (Hg.), The Madrid Qumran Congress I, STDJ 11,1, Leiden 1992, 247-256

—— The Twelve, in: E. Ulrich u.a. (Hg.), Qumran Cave 4. X. The Prophets, DJD XV, Oxford 1997, 221-318

Fuß, B., „Dies ist die Zeit, von der geschrieben ist…". Die expliziten Zitate aus dem Buch Hosea in den Handschriften von Qumran und im Neuen Testament, NTA.NF 37, Münster 2000

Galbiati, E., La struttura sintetica di Osea 2, in: Studi sull' Oriente e la Bibbia (FS G. Rinaldi, hg. von G. Buccellati u.a.), Genua 1967. 317-328

Gamberoni, J., „Wer weise ist, begreife dies alles, ... Ja, die Wege des Herrn sind gerade; ...". Ein Versuch zum Schluß des Buches Hosea (14,10), ThGl 77, 1987, 197-217

Gane, B. / Milgrom, J., Art. קרב, ThWAT VII, 1993, 147-161

Gardner, W. R. W., Notes on certain Passages in Hosea, AJSL 18, 1902, 177-183

Gaster, T. H., Old Testament Notes, VT 4, 1954, 73-79

van Gelderen, C. / Gispen, W. H., Het Boek Hosea, COT, Kampen 1953

Geller, M. J., The Elephantine Papyri and Hosea 2,3. Evidence for the form of the Early Jewish Divorce Writ, JSJ 8, 1977, 139-148

Gelston, A., The Peshitta of the Twelve Prophets, Oxford 1987

Gerlemann, G., Art. חפץ, THAT I, 1971, 623-626

Gertner, M., The Masorah and the Levites. An Essay in the History of a Concept. Appendix: An Attempt of an Interpretation of Hos XII, VT 10, 1960, 241-284

Gertz, J. C., Mose und die Anfänge der jüdischen Religion, ZThK 99, 2002, 3-20

—— / Schmid, K. / Witte, M., Abschied vom Jahwisten. Die Komposition des Hexateuch in der jüngsten Diskussion, BZAW 315, Berlin / New York 2002

Gese, H., Jakob und Mose: Hosea 12:3-14 als einheitlicher Text (1986), in: ders., Alttestamentliche Studien, Tübingen 1991, 84-93

Gesenius, W. / Kautzsch, E. / Bergsträsser, G., Hebräische Grammatik, Darmstadt 1995

—— / Buhl, F., Hebräisches und Aramäisches Handwörterbuch über das Alte Testament, Nachdruck der 17. Auflage von 1915, Berlin / Göttingen / Heidelberg 1962

Giesebrecht, F., Beiträge zur Jesaiakritik. Nebst einer Studie über Prophetische Schriftstellerei, Göttingen 1890

Ginsberg, H. L., Art. Hosea, Book of, EJ 8, 1971, 1010-1025

Ginzberg, L., Eine unbekannte jüdische Sekte, New York 1922

Gisin, W., Hosea. Ein literarisches Netzwerk beweist seine Authentizität, BBB 139, Berlin / Wien 2002

Görg, M., Art. „Bet-Awen", NBL 1, 1991, 281

Goldenstein, J., Das Gebet der Gottesknechte. Jesaja 63,7-64,11 im Jesajabuch, WMANT 92, Neukirchen-Vluyn 2001

Good, E. M., The Composition of Hosea, SEA 31, 1966, 21-63

—— Hosea 5,8-6,6: An Alternative to Alt, JBL 85, 1966, 273-286

Gordis, R., The Text and Meaning of Hos XIV 3, VT 5, 1955, 88-90

Gordon, C. H., Hos 2,4-5 in the Light of New Semitic Inscriptions, ZAW 54, 1936, 277-280

Graetz, H., Kritischer Commentar zu den Psalmen nebst Text und Übersetzung, Bd. 1, Breslau 1882

—— Emendationes in plerosque Sacrae Scripturae Veteris Testamenti Libros. Ex relicto defuncti auctoris manuscripto edidit C. Bacher. Fasciculus secundus: Ezechielis et Duodecim prophetarum libros, nec non Psalmorum (I-XXX) et Proverbiorum (I-XXII) partes continens, Breslau 1893

—— Geschichte der Juden von der ältesten Zeit bis auf die Gegenwart. Bd. II/1: Vom Tode des Königs Salomo bis zum babylonischen Exile (586), Zweite vermehrte und verbesserte Auflage, bearbeitet von M. Brann, Leipzig 1902, Nachdruck Berlin 1998

Grätz, S., Der strafende Wettergott. Erwägungen zur Traditionsgeschichte des Adad-Fluchs im Alten Orient und im Alten Testament, BBB 114, Bodenheim 1998

—— Die vergebliche Suche nach Gott. Traditions- und kompositionsgeschichtliche Überlegungen zu Herkunft und Funktion der Strafvorstellungen in Hos IV 1-VI 6, VT 50, 2000, 200-217

Graupner, A. / Fabry, H.-J., Art. שוב, ThWAT VII, 1993, 1118-1176

Greengus, S., A Textbook Case of Adultery in Ancient Mesopotamia, HUCA 40, 1969, 33-44

Greßmann, H., Die älteste Geschichtsschreibung und Prophetie Israels (von Samuel bis Amos und Hosea), SAT 2,1, Göttingen 1921²

Groß, H., Das Hohelied der Liebe Gottes. Zur Theologie von Hosea 11, in: Mysterium der Gnade (FS J. Auer, hg. von H. Roßmann / J. Ratzinger), Regensburg 1975, 83-91

Grossman, M., Reading for History in the Damacus Document. A Methodological Study, STDJ 45, Leiden 2002

Grotius, H., Annotationes in Vetus Testamentum, Tom II, hg. von G. I. L. Vogel / I. C. Döderlein, Halle 1775

Grün-Rath, H., "Ich wirke wie Tau für Israel". Theologie als Poesie in prophetischer Rede am Beispiel von Hosea 14,5-9, in: Lobet Gott. Beiträge zur theologischen Ästhetik (FS R. Bohren, hg. von J. Seim / L. Steiger), München 1990, 61-68

Gry, L., Osée VII, 3 sqq. et les dernières années de Samarie, RB 10, 1913, 191-206

Gunkel, H., Die israelitische Literatur, Kultur der Gegenwart I/7, Berlin / Leipzig 1906, 51-102

—— Art. Propheten II. Seit Amos, RGG¹ 4, 1913, 1866-1886

—— Die Propheten, Göttingen 1917

—— Einleitungen zu H. Schmidt, Die großen Propheten, SAT II/2, Göttingen 1923², IX-LXX

Guthe, H., Der Prophet Hosea, HSAT II, 1923⁴, 1-23

Haag, E., Der Ehebund Jahwes mit Israel in Hosea 2, in: Ekklesiologie des Neuen Testaments (FS K. Kertelge, hg. von R. Kampling / T. Söding), Freiburg / Basel / Wien 1996, 9-32

—— Die Ehe des Propheten Hosea, TThZ 108, 1999, 1-20

Halbe, J., Das Privilegrecht Jahwes Ex 34,10-26. Gestalt und Wesen, Herkunft und Wirken in vordeuteronomischer Zeit, FRLANT 114, Göttingen 1975

Halévy, J., Le livre d'Osée, RSEHA 10, 1902, 1-12. 97-133. 193-212. 289-304

Harper, W. R., A Critical and Exegetical Commentary on Amos and Hosea, ICC, Edinburgh 1905

Haupt, P., Hosea's Erring Spouse, JBL 34, 1915, 41-53

Hengel, M., Judentum und Hellenismus. Studien zu ihrer Begegnung unter besonderer Berücksichtigung Palästinas bis zur Mitte des 2. Jh.s v. Chr., WUNT 10, Tübingen 1988³

Hentschke, R., Art. „Joch", BHH II, 869

—— Die Stellung der vorexilischen Schriftpropheten zum Kultus, BZAW 75, Berlin 1957

Herrmann, S., Die prophetischen Heilserwartungen im Alten Testament. Ursprung und Gestaltwandel, BWANT 85, Stuttgart 1965

—— Geschichte Israels in alttestamentlicher Zeit, München 1980²

Hesselberg, H., Die zwölf kleinen Propheten, Königsberg 1838

Hieronymus, Libri Duodecim Prophetarum, PL 28, Paris 1846, 1013-1078

—— Commentariorum in Osee Prophetam Libri III, in: M. Adriaen (Hg.), S. Hieronymi Presbyteri Opera I,6, CChr.SL 76, Turnhout 1969

Hirschberg, H. H., Some Additional Arabic Etymologies in Old Testament Lexicography, VT 11, 1961, 373-385

Hitzig, F., Die zwölf kleinen Propheten, KEH 1, Leipzig 1838¹ / 1863³

—— / Steiner, H., Die zwölf kleinen Propheten, KEH 1, Leipzig 1881⁴

Hölscher, G., Die Profeten. Untersuchungen zur Religionsgeschichte Israels, Leipzig 1914

van Hoonacker, A., Les douze petits prophètes, EtB, Paris 1908

Horgan, M. P., Pesharim: Qumran Interpretations of Biblical Books, CBQ.MS 8, Washington DC 1979

Hossfeld, F.-L., Der Dekalog. Seine späten Fassungen, die originale Komposition und seine Vorstufen, OBO 45, Freiburg / Göttingen 1982

Houbigant, C.-F., Biblia Hebraica cum notis criticis et versione latina ad notas criticas facta accedunt Libri Graeci, qui Deutero-Canonici vocantur, in tres classes distributi, Tomus 4: Prophetae Posteriores, sive Quatuor Prophetae Majores et Duodecim Minores, Paris 1753

Houtsma, M. T., Bijdrage tot de kritiek en verklaring van Hosea, ThT 9, 1875, 55-75

Huehnergard, J., Biblical Notes on Some New Akkadian Texts from Emar (Syria), CBQ 47, 1985, 428-434

Huffmon, H. B., The Treaty Background of Hebrew *yāda'*, BASOR 181, 1966, 31-37

Humbert, P., Der Deltafürst So' in Hosea V,11, OLZ 21, 1918, 224-226

—— La logique de la perspective nomade chez Osée et l'unité d'Osée 2,4-22, in : Vom Alten Testament (FS K. Marti, hg. von K. Budde), BZAW 41, Gießen 1925, 158-166

—— En marge du dictionnaire hébraïque, ZAW 62, 1950, 199-207

Hvidberg, F. F., Weeping and Laughter in the Old Testament. A Study of Canaanite-Israelite Religion, Kopenhagen 1962

Irvine, S. A., Politics and Prophetic Commentary in Hosea 8:8-10, JBL 114, 1995, 292-294

Jacob, E., Osée, in: E. Jacob / C.-A. Keller / S. Amsler, Osée. Joël. Abdias. Jonas. Amos, CAT 11a, Neuchâtel 1965, 7-98

Jastrow, M., A Dictionary of the Targumim, the Talmud Babli and Yerushalmi, and the Midrashic Literature, New York 1996

Jenni, E., Art. אהב, THAT I, 1971, 60-73

—— Art. בית, THAT I, 1971, 308-313

Jepsen, A., Das Zwölfprophetenbuch, BhG, Leipzig 1937

Jeremias, J., Hosea 4-7. Beobachtungen zur Komposition des Buches Hosea, in: Textgemäß. Aufsätze und Beiträge zur Hermeneutik des Alten Testaments (FS E. Würthwein, hg. von A. H. J. Gunneweg / O. Kaiser), Göttingen 1979, 47-58

—— „Ich bin wie ein Löwe für Ephraim ..." (Hos 5,12). Aktualität und Allgemeingültigkeit im prophetischen Reden von Gott – am Beispiel von Hos 5,8-14, in: „Ich will euer Gott werden". Beispiele biblischen Redens von Gott, SBS 100, 1981, 75-95

—— Zur Eschatologie des Hoseabuches, in: Die Botschaft und die Boten (FS H. W. Wolff, hg. von J. Jeremias / L. Perlitt), Neukirchen-Vluyn 1981, 217-234

—— Der Prophet Hosea, ATD 24,1, Göttingen 1983

—— Art. Hosea/Hoseabuch, TRE 15, 1986, 586-598

—— Das Proprium der alttestamentlichen Prophetie, ThLZ 119, 1994, 483-494

—— Der Begriff „Baal" im Hoseabuch und seine Wirkungsgeschichte (1994), in: ders., Hosea und Amos. Studien zu den Anfängen des Dodekapropheton, FAT 13, Tübingen 1996, 86-103

—— Der Prophet Amos, ATD 24,2, 1995, Göttingen 1995

—— Jakob im Amosbuch, in: ders., Hosea und Amos. Studien zu den Anfängen des Dodekapropheton, FAT 13, Tübingen 1996, 257-271

—— Die Reue Gottes. Aspekte alttestamentlicher Gottesvorstellung, BThSt 31, Neukirchen-Vluyn 1997²

—— Rezeptionsprozesse in der prophetischen Überlieferung – am Beispiel der Visionsberichte des Amos, in: R. G. Kratz / T. Krüger (Hg.), Rezeption und Auslegung im Alten Testament und in seinem Umfeld. Ein Symposion aus Anlass des 60. Geburtstags von Odil Hannes Steck, OBO 153, Freiburg / Göttingen 1997, 29-44

—— Prophetenwort und Prophetenbuch. Zur Rekonstruktion mündlicher Verkündigung der Propheten, JBTh 14, 1999, 19-35

—— Art. Hosea/Hoseabuch, RGG⁴ 3, 2000, 1908-1912

Joüon, P., Notes de Lexicographie hébraïque. XV. Racine אשם, Bib. 19, 1938, 454-459

Junker, H., Textkritische, formkritische und traditionsgeschichtliche Untersuchung zu Os 4,1-10, BZ.NF 4, 1960, 165-173

Kaiser, O., Texte aus der Umwelt des Alten Testaments, 3 Bände, Gütersloh 1982-1997

—— Der Gott des Alten Testaments. Theologie des Alten Testaments, 3 Bände , UTB 1747 / 2024 / 2392, Göttingen 1993-2003

—— Grundriß der Einleitung in die kanonischen und deuterokanonischen Schriften des Alten Testaments. Band 2: Die prophetischen Werke. Mit einem Beitrag von K.-F. Pohlmann, Gütersloh 1994

Kallai-Kleinmann, Z., Notes on the Topography of Benjamin, IEJ 6, 1956, 180-187

Kallai, Z., BETH-EL -- LUZ and BETH-AVEN, in: Prophetie und geschichtliche Wirklichkeit im alten Israel (FS S. Herrmann, hg. von R. Liwak / S. Wagner), Stuttgart 1991, 171-188

Kaufmann, Y., The Religion of Israel. From its Beginnings to the Babylonian Exile, translated and abridged by M. Greenberg, Chicago 1960

Keefe, A. A., Woman's Body and the Social Body in Hosea, JSOT.S 338, Sheffield 2001

Keel, O., Das Hohelied, ZBK.AT 18, Zürich 1986

—— Die Ω-Gruppe. Ein mittelbronzezeitlicher Stempelsiegel-Typ mit erhabenem Relief aus Anatolien-Nordsyrien und Palästina, in: O. Keel / H. Keel-Leu / S. Schroer, Studien zu den Stempelsiegeln aus Palästina/Israel, Bd.II, OBO 88, Freiburg / Göttingen 1989, 39-87

—— Goddesses and Trees, New Moon and Yahweh. Ancient Near Eastern Art and the Hebrew Bible, JSOT.S 261, Sheffield 1998

—— / Uehlinger, C., Göttinnen, Götter und Gottessymbole. Neue Erkenntnisse zur Religionsgeschichte Kanaans und Israels aufgrund bislang unerschlossener ikonographischer Quellen, QD 134, Freiburg 1995³

Keil, C. F., Biblischer Kommentar über die Zwölf Kleinen Propheten, BC III/4, 1888³

Keller, C. A., Art. נדר, THAT II, 1976, 39-43

Kellermann, D., Art. רע, ThWAT VII, 1993, 545-555

Kinet, D., Ba'al und Jahwe. Ein Beitrag zur Theologie des Hoseabuches, EHS.T 87, Frankfurt / Bern 1977

Klopfenstein, M. A., Art. שקר, THAT II, 1976, 1010-1019

Knapp, D., Deuteronomium 4. Literarische Analyse und theologische Interpretation, GTA 35, Göttingen 1987

Knauf, E. A., Beth Aven, Bib. 65, 1984, 251-253

—— Zur Herkunft und Sozialgeschichte Israels. Das Böcklein in der Milch seiner Mutter, Bib. 69, 1988, 153-169

Koch, K., Die Profeten I. Assyrische Zeit, Stuttgart / Berlin / Köln 1995³

—— Art. Propheten/Prophetie II. In Israel und seiner Umwelt, TRE 27, 1997, 477-499

Köckert, M., Auf der Suche nach dem Jahwisten. Aporien in der Begründung einer Grundthese alttestamentlicher Exegese, ThViat 14, 1985, 39-64

—— Vätergott und Väterverheißungen. Eine Auseinandersetzung mit Albrecht Alt und seinen Erben, FRLANT 142, Göttingen 1988

—— Prophetie und Geschichte im Hoseabuch, ZThK 85, 1988, 3-30

—— Jahwe, Israel und das Land bei den Propheten Amos und Hosea, in: Gottesvolk. Beiträge zu einem Thema biblischer Theologie (FS S. Wagner, hg. von A. Meinhold / R. Lux), Leipzig 1991, 43-74

—— Art. Samaria, TRE 29, 1998, 744-750

Koehler, L. / Baumgartner, W., Hebräisches und Aramäisches Lexikon zum Alten Testament, Leiden 1967ff³

Koenen, K., Heil den Gerechten – Unheil den Sündern! Ein Beitrag zur Theologie der Prophetenbücher, BZAW 229, Berlin / New York 1994

König, E., Hebräisches und aramäisches Wörterbuch zum Alten Testament, Leipzig 1936⁶⁻⁷

König, F. E., Historisch-kritisches Lehrgebäude der hebräischen Sprache III (2,2). Historisch-Comparative Grammatik der hebräischen Sprache, Leipzig 1897 (Nachdruck Hildesheim 1979)

Kraeling, E. G., The Prophets, New York 1969

Kragelund Holt, E., דעת אלהים und חסד im Buche Hosea SJOT 1, 1987, 87-103

—— Prophesying the Past. The Use of Israel's History in the Book of Hosea, JSOT.S 194, Sheffield 1995

Kratz, R. G., Reich Gottes und Gesetz im Danielbuch und im werdenden Judentum, in: A. S. van der Woude (Hg.), The Book of Daniel in the Light of New Findings, BEThL 56, Leuven 1993, 435-479

—— Der Dekalog im Exodusbuch, VT 44, 1994, 205-238

—— Erkenntnis Gottes im Hoseabuch, ZThK 94, 1997, 1-24

—— Die Redaktion der Prophetenbücher, in: R. G. Kratz / T. Krüger (Hg.), Rezeption und Auslegung im Alten Testament und in seinem Umfeld. Ein Symposion aus Anlass des 60. Geburtstags von Odil Hannes Steck, OBO 153, Freiburg / Göttingen 1997, 9-27

—— Art. Redaktionsgeschichte/Redaktionskritik. I. Altes Testament, TRE 28, 1997, 367-378

—— Die Kultpolemik der Propheten im Rahmen der israelitischen Kultgeschichte, in: Religion und Wahrheit. Religionsgeschichtliche Studien (FS G. Wießner, hg. von B. Köhler), Wiesbaden 1998, 101-116

—— Israel als Staat und als Volk, ZThK 97, 2000, 1-17

—— Die Komposition der erzählenden Bücher des Alten Testaments. Grundwissen der Bibelkritik, UTB 2157, Göttingen 2000

—— Das Neue in der Prophetie des Alten Testaments, in: I. Fischer / K. Schmid / H. G. M. Williamson (Hg.), Prophetie in Israel. Beiträge des Symposiums »Das Alte Testament und die Kultur der Moderne« anlässlich des 100. Geburtstags Gerhard von Rads (1901-1971) Heidelberg, 18.-21. Oktober 2001, Altes Testament und Moderne 11, Münster 2003, 1-22

—— Die Propheten Israels, München 2003

—— Die Worte des Amos von Tekoa, in: M. Köckert / M. Nissinen (Hg.), Propheten in Mari, Assyrien und Israel, FRLANT 201, Göttingen 2003, 54-89

—— Innerbiblische Exegese und Redaktionsgeschichte im Lichte empirischer Evidenz, in: M. Oeming / K. Schmid / M. Welker (Hg.), Das Alte Testament und die Kultur der Moderne. Beiträge des Symposiums »Das Alte Testament und die Kultur der Moderne« anlässlich des 100. Geburtstags Gerhard von Rads (1901-1971) Heidelberg, 18.-21. Oktober 2001, Altes Testament und Moderne 8, Münster 2004, 37-69

Kraus, H.-J., 2. Sonntag nach Weihnachten. Hos. 11,1-9, GPM 7, 1952/53, 33-38

Kreuzer, S., Die Frühgeschichte Israels in Bekenntnis und Verkündigung des Alten Testaments, BZAW 178, Berlin / New York 1989

—— Gott als Mutter in Hosea 11?, ThQ 169, 1989, 123-132

Krszyna, H., Literarische Struktur von Os 2,4-17, BZ.NF 13, 1969, 41-59

Kruger, P. A., Israel, the Harlot (Hos. 2:4-9), JNWSL 11, 1983, 107-116

—— The Hem of the Garment in Marriage. The Meaning of the Symbolic Gesture in Ruth 3:9 and Ezek 16:8, JNWSL 12, 1984, 79-86

—— Yahweh's Generous Love: Eschatological Expectations in Hosea 14:2-9, OTEs 1, 1988, 27-48

—— The Evildoer in Hosea 6:8-9, JNWSL 17, 1991, 17-22

—— The Divine Net in Hosea 7,12, EThL 68, 1992, 132-136

—— The Marriage Metaphor in Hos 2:4-17 against its Ancient Near Eastern Background, OTEs 5, 1992, 7-25

—— „I will hedge her way with thornbushes" (Hosea 2,8): another example of literary multiplicity?, BZ.NF 43, 1999, 92-99

Kümpel, R., Die Berufung Israels. Ein Beitrag zur Theologie des Hosea, Diss. theol. Bonn 1973

Kuenen, A., Volksreligion und Weltreligion. Fünf Hibbert-Vorlesungen, Berlin 1883

Kuhl, C., Neue Dokumente zum Verständnis von Hosea 2,4-15, ZAW 52, 1934, 102-109

Kuhnigk, W., Nordwestsemitische Studien zum Hoseabuch, BibOr 27, Rom 1974

Landy, F., Hosea, Readings: A New Biblical Commentary, Sheffield 1995

van Leeuwen, C., Meaning and Structure of Hosea X 1-8, VT 53, 2003, 367-378

Leith, M. J. W., Verse and Reverse: The Transformation of the Woman in Hosea 1-3, in: P. Day (Hg.), Gender and Difference in Ancient Israel, Minneapolis 1989, 95-108

Lescow, T., Das Stufenschema. Untersuchungen zur Struktur alttestamentlicher Texte, BZAW 211, Berlin / New York 1992

Levin, C., Noch einmal: Die Anfänge des Propheten Jeremia (1981), in: ders., Fortschreibungen. Gesammelte Studien zum Alten Testament, BZAW 316, Berlin / New York 2003, 217-226

—— Die Verheißung des neuen Bundes in ihrem theologiegeschichtlichen Zusammenhang ausgelegt, FRLANT 137, Göttingen 1985

—— Das Alte Testament, München 2001

Lewy, J., The Old West Semitic Sun God H☐ammu, HUCA 18, 1944, 429-481

Lindblom, J., Hosea. Literarisch untersucht, AAAbo.H V:2, Åbo 1928

Lippl, J., Osee, HSAT VII, 3/1, Bonn 1937, 7-84

Liwak, R., Art. Mizpa, TRE 23, 1994, 121-124

Lohfink, N., Hos. XI 5 als Bezugstext von Dtn. XVII 16, VT 31, 1981, 226-228

—— „Ich bin Jahwe, dein Arzt" (Ex 15,26). Gott, Gesellschaft und menschliche Gesundheit in einer nachexilischen Pentateuchbearbeitung (Ex 15,25b.26), in: ders., Studien zum Pentateuch, SBAB 4, Stuttgart 1988, 91-155

—— Hosea und der Zorn. Versuch einer Leseanweisung für das Hoseabuch, in: ders., Im Schatten deiner Flügel. Große Bibeltexte neu erschlossen, Freiburg / Basel / Wien 1999, 121-142

Lohse, E. (Hg.), Die Texte aus Qumran. Hebräisch und Deutsch, Darmstadt 1986⁴

Loretz, O., 'Anat – Aschera (Hos 14,9) und die Inschriften von Kuntillet 'Ajrud, SEpL 6, 1989, 57-65

—— Ugarit und die Bibel. Kanaanäische Götter und Religion im Alten Testament, Darmstadt 1990

—— Hos 14,9 im Lichte der Inschriften von Khirbet el-Qôm und Kuntillet 'Ajrud, in: M. Dietrich / O. Loretz, „Jahwe und seine Aschera". Anthropomorphes Kultbild in Mesopotamien, Ugarit und Israel. Das biblische Bilderverbot, UBL 9, Münster 1992, 173-182

—— Ein kanaanäisch-biblisches Liebeslied in Hosea 2,7. Zum altorientalisch-biblischen Thema "politische" und "erotische" Liebe, UF 25, 1993, 311-318

Lundbom, J. R., Poetic Structure and Prophetic Rhetoric in Hosea, VT 29, 1979, 300-308

—— Contentious Priests and Contentious People in Hosea IV 1-10, VT 36, 1986, 52-70

Luther, M., Die gantze Heilige Schrifft Deudsch. Wittenberg 1545. Letzte zu Luthers Lebzeiten erschienene Ausgabe. Herausgegeben von H. Volz unter Mitarbeit von H. Blanke, München 1972

Lys, D., J'ai deux amours ou l'amant jugé. Exercice sur Osée 2,4-15, ETR 51, 1976, 59-77

Macintosh, A. A., A Critical and Exegetical Commentary on Hosea, ICC, Edinburgh 1997

Maier, J., Die Qumran-Essener: Die Texte vom Toten Meer, 3 Bde., München 1995-1996

Margalit, B., The Meaning and Significance of Asherah, VT 40, 1990, 264-297

Marti, K., Das Dodekapropheton, KHC XIII, Tübingen 1904

Mauchline, J. / Phillips, H. C., The Book of Hosea, IntB 6, 1956, 551-725

May, H. G., The Fertility Cult in Hosea, AJSL 48, 1932, 73-98

—— An Interpretation of the Names of Hosea's Children, JBL 55, 1936, 285-291

Mays, J. L., Hosea. A Commentary, OTL, London 1982⁴

Mazor, Y., Hosea 5.1-3: Between Compositional Rhetoric and Rhetorical Composition, JSOT 45, 1989, 115-126

McDaniel, T. F., Philological Studies in Lamentations, Bib. 49, 1968, 27-53.199-220

McKenzie, J. L., Divine Passion in Osee, CBQ 17, 1955, 287-299

Mebarki, F. / Puech, E., Les manuscrits de la mer Morte, Rodez 2002

Michaelis, J. D., Deutsche Übersetzung des Alten Testaments, mit Anmerkungen für Ungelehrte. Der elfte Theil welcher die zwölf kleinen Propheten enthält, Göttingen 1782

—— Vorzügliche Varianten in den kleinen Propheten (Hosea – Amos), OEB 19, 1782, 170-203

—— Supplementa ad Lexica Hebraica, 6 Bände, Göttingen 1784-1792

Miller, J. M., Geba/Gibeah of Benjamin, VT 25, 1975, 145-166

Mölle, H., Das Ende der Priester von Israel. Beobachtungen zur Redaktion in Hos 4,1-10, in: Ich bewirke das Heil und erschaffe das Unheil (Jesaja 45,7). Studien zur Botschaft der Propheten (FS L. Ruppert, hg. von F. Dietrich / B. Willmes), FzB 88, Würzburg 1998, 259-276

Moenikes, A., Die grundsätzliche Ablehnung des Königtums in der Hebräischen Bibel. Ein Beitrag zur Religionsgeschichte Israels, BBB 99, Weinheim 1995

Morag, S., On Semantic and Lexical Features in the Language of Hosea, Tarb. 53, 1983-4, 489-511 (hebr.)

Moran, W. L., The Ancient Near Eastern Background of the Love of God in Deuteronomy, CBQ 25, 1963, 77-87

Müller, H.-P., Art. כרם, ThWAT IV, 1984, 334-340

Müller, W. M., Miscellen. 2. König Jareb, ZAW 17, 1897, 334-336

Na'aman, N., Beth-aven, Bethel and Early Israelite Sanctuaries, ZDPV 103, 1987, 13-21

Naumann, T., Hoseas Erben. Strukturen der Nachinterpretation im Buch Hosea, BWANT 131, Stuttgart / Berlin / Köln 1991

Neef, H.-D., Die Heilstraditionen Israels in der Verkündigung des Propheten Hosea, BZAW 169, Berlin / New York 1987

Neumann, P. K. D., Hört das Wort Jahwäs. Ein Beitrag zur Komposition alttestamentlicher Schriften, Schriften der Stiftung Europa-Kolleg 30, Hamburg 1975

Nicholson, E. W., Blood-spattered Altars?, VT 27, 1977, 113-116

Nissinen, M., Prophetie, Redaktion und Fortschreibung im Hoseabuch. Studien zum Werdegang eines Prophetenbuches im Lichte von Hos 4 und 11, AOAT 231, Neukirchen-Vluyn 1991

—— Die Relevanz der neuassyrischen Prophetie für die alttestamentliche Forschung, in: Mesopotamica – Ugaritica – Biblica (FS K. Bergerhof, hg. von M. Dietrich / O. Loretz), AOAT 232, Neukirchen-Vluyn 1993, 217-258

—— Spoken, Written, Quoted, and Invented: Orality and Writtenness in Ancient Near Eastern Prophecy, in: E. Ben Zvi / M. H. Floyd (Hg.), Writings and Speech in Israelite and Ancient Near Eastern Prophecy, SBL.SS 10, Atlanta 2000, 235-271

—— Das kritische Potential in der altorientalischen Prophetie, in: M. Köckert / M. Nissinen (Hg.), Propheten in Mari, Assyrien und Israel, FRLANT 201, Göttingen 2003, 1-32

Nogalski, J., Literary Precursors to the Book of the Twelve, BZAW 217, Berlin / New York 1993

North, F. S., Solution of Hosea's Marital Problems by Critical Analysis, JNES 16, 1957, 128-130

Noth, M., Das zweite Buch Mose. Exodus, ATD 5, Göttingen 1959

Novum Testamentum Graece post Eberhard et Erwin Nestle, ed. B. et K. Aland, J. Karavidopoulos, C. M. Martini, B. M. Metzger, Stuttgart 1993[27]

Nowack, W., Die kleinen Propheten, HK III/4, Göttingen 1903[2] / 1922[3]

Nutt, A., „Die lebensfördernde Macht der Göttin und ihre Vitalität" im Hintergrund von Hos 2? Ikonographische Untersuchungen, BN 91, 1998, 47-63

Nwaoru, E. O., Imagery in the Prophecy of Hosea, ÄAT 41, Wiesbaden 1999

Nyberg, H. S., Studien zum Hoseabuche. Zugleich ein Beitrag zur Klärung des Problems der alttestamentlichen Textkritik, UUÅ 1935:6, Uppsala 1935

O'Callaghan, R. T., Echoes of Canaanite Literature in the Psalms, VT 4, 1954, 164-176

Östborn, G., Yahweh and Baal. Studies in the Book of Hosea and Related Documents, AUL.T 51,6, Lund 1956

Oestreich, B., Metaphors and Similes for Yahweh in Hosea 14:2-9 (1-8). A Study of Hoseanic Pictorial Language, Friedensauer Schriftenreihe: Reihe A, Theologie, Bd. 1, Frankfurt 1998

Oettli, S., Amos und Hosea. Zwei Zeugen gegen die Anwendung der Evolutionstheorie auf die Religion Israels, BFChTh 5,4, 1901

Olyan, S. M., "In the Sight of Her Lovers": On the Interpretation of *nablūt* in Hos 2,12, BZ.NF 36, 1992, 255-261

Oort, H., Hozea, ThT 24, 1890, 345-364.480-505

von Orelli, C., Das Buch Ezechiel und die zwölf kleinen Propheten, KK A5, Nördlingen 1888

Otto, E., Der Dekalog als Brennspiegel israelitischer Rechtsgeschichte, in: Alttestamentlicher Glaube und Biblische Theologie (FS H. D. Preuß, hg. von J. Haussmann / H.-J. Zobel), Stuttgart / Berlin / Köln 1992, 59-68

Parpola, S., Assyrian Prophecies, SAA 9, Helsinki 1997

Paul, S. M., The Image of the Oven and the Cake in Hosea VII 4-10, VT 18, 1968, 114-120

—— משא מלך שרים. Hosea 8:8-10 and Ancient Near Eastern Royal Epithets, ScrHier 31, 1986, 193-204

Pedersen, J., Israel. Its Life and Culture III-IV, London 1940

Perlitt, L., Bundestheologie im Alten Testament, WMANT 36, Neukirchen-Vluyn 1969

—— Mose als Prophet (1971), in: ders., Deuteronomium-Studien, FAT 8, Tübingen 1994, 1-19

Pfeiffer, H., Das Heiligtum von Bethel im Spiegel des Hoseabuches, FRLANT 183, Göttingen 1999

Pfeiffer, R. H., The Polemic against Idolatry in the Old Testament, JBL 43, 1924, 229-240

Phillips, A., Some Aspects of Family Law in Pre-Exilic Israel, VT 23, 1973, 349-361

Pocock, E., A Commentary on the Prophecy of Hosea (= The Theological Works of the Learned Dr. Pocock, vol. II), London 1740

Podella, T., Ṣôm-Fasten. Kollektive Trauer um den verborgenen Gott im Alten Testament, AOAT 224, Neukirchen-Vluyn 1989

Pohlmann, K.-F., Erwägungen zu Problemen alttestamentlicher Prophetenexegese, in: „Wer ist wie Du, HERR, unter den Göttern?". Studien zur Theologie und Religionsgeschichte Israels (FS O. Kaiser, hg. von I. Kottsieper u.a.), Göttingen 1994, 325-341

—— Der Prophet Hesekiel/Ezechiel Kapitel 1-19, ATD 22,1, Göttingen 1996

—— Der Prophet Hesekiel/Ezechiel Kapitel 20-48, ATD 22,2, Göttingen 2001

Porten, B. / Yardeni, A., Textbook of Aramaic Documents from Ancient Egypt, Vol. 2: Contracts, Jerusalem 1989

Praetorius, F., Bemerkungen zum Buche Hosea, Berlin 1918

—— Die Gedichte des Hosea. Metrische und textkritische Bemerkungen, Halle 1926

Procksch, O., Die kleinen prophetischen Schriften vor dem Exil, EzAT 3, Stuttgart 1910

de Pury, A., La tradition patriarcale en Genèse 12-35, in : ders. (Hg.), Le pentateuque en question. Les origines et la composition des cinq premiers livres de la Bible à la lumière des recherches récentes, MoBi 19, Genf 1991², 259-270

—— Le cycle de Jacob comme légende autonome des origines d'Israël, in : J. A. Emerton (Hg.), Congress Volume Leuven 1989, VT.S 43, Leiden 1991, 78-96

—— Osée 12 et ses implications pour le débat actuel sur le Pentateuque, in : P. Haudebert (Hg.), Le Pentateuque. Débats et recherches, LeDiv 151, Paris 1992, 175-207

—— Erwägungen zu einem vorexilischen Stämmejahwismus. Hosea 12 und die Auseinandersetzung um die Identität Israels und seines Gottes, in: W. Dietrich / M. A. Klopfenstein (Hg.), Ein Gott allein? JHWH-Verehrung und biblischer Monotheismus im Kontext der israelitischen und altorientalischen Religionsgeschichte, OBO 139, Freiburg / Göttingen 1994, 413-439

—— Le choix de l'ancêtre, ThZ 57, 2001, 105-114

Qimron, E., The Hebrew of the Dead Sea Scrolls, Harvard Semitic Studies 27, Atlanta 1986

—— The Biblical Lexicon in Light of the Dead Sea Scrolls, DSD 2, 1995, 295-329

von Rad, G., Das Gottesvolk im Deuteronomium (1929), in: ders., Gesammelte Studien zum Alten Testament II, hg. von R. Smend, TB 48, München 1973, 9-108

—— Theologie des Alten Testaments. Band 2: Die Theologie der prophetischen Überlieferungen Israels, KT 3, München 1993[10]

Reider, J., Etymological Studies in Biblical Hebrew, VT 2, 1952, 113-130

—— Contributions to the Scriptural Text, HUCA 24, 1953, 85-106

Renaud, B., Genèse et unité rédactionelle de Os 2, RevSR 54, 1980, 1-20

—— Le livret d'Osée 1-3. Un travail complexe d'édition, RevSR 56, 1982, 159-178

Renz, J. / Röllig, W., Handbuch der althebräischen Epigraphik, 3 Bände, Darmstadt 1995-2003

Reventlow, H. Graf, Zeitgeschichtliche Exegese prophetischer Texte? Über die Grenzen eines methodischen Zuganges zum Alten Testament (am Beispiel von Hos 5,8-14), in: Prophetie und geschichtliche Wirklichkeit im alten Israel (FS S. Herrmann, hg. von R. Liwak / S. Wagner), Stuttgart 1991, 155-164

Richter, G., Erläuterungen zu dunklen Stellen in den Kleinen Propheten, BFChTh 18,3-4, 1914

Riessler, P., Die kleinen Propheten oder das Zwölfprophetenbuch nach dem Urtext übersetzt und erklärt, Rottenburg 1911

Ringgren, H., Art. ריב, ThWAT VII, 1993, 496-501

Robinson, T. H., Neuere Propheten-Forschung, ThR 3, 1931, 75-103

—— Die Ehe des Hosea, ThStKr 106, 1935, 301-313

—— Die Zwölf Kleinen Propheten. Hosea bis Micha. Übersetzt von O. Eissfeldt, HAT I/14, Tübingen 1964³, 1-152

Römer, T. C., Das Buch Numeri und das Ende des Jahwisten. Anfragen zur „Quellenscheidung" im vierten Buch des Pentateuch, in: Abschied vom Jahwisten. Die Komposition des Hexateuch in der jüngsten Diskussion, BZAW 315, Berlin / New York 2002, 215-231

Rohland, E., Die Bedeutung der Erwählungstraditionen Israels für die Eschatologie der alttestamentlichen Propheten, Diss. theol. Heidelberg 1956

Rosenmüller, E. F. C., Hoseas et Joel, Scholia in Vetus Testamentum VII,1, Leipzig 1827²

Roth, M. T., Babylonian Marriage Agreements. 7th – 3rd Centuries B.C., AOAT 222, Neukirchen-Vluyn 1989

Rowley, H. H., The Marriage of Hosea, BJRL 39, 1956-57, 200-233

Ruben, P., A Proposed new Method of Textual Criticism in the Old Testament. F) Hos. 7:1-7, AJSL 52, 1936, 34-40

Rudnig-Zelt, S., Die Genese des Hoseabuches. Ein Forschungsbericht, in: Textarbeit. Studien zu Texten und ihrer Rezeption aus dem Alten Testament und der Umwelt Israels (FS P. Weimar, hg. von K. Kiesow / T. Meurer), AOAT 294, Münster 2003, 351-383

Rudolph, W., Jeremia, HAT I/12, Tübingen 1958²

—— Hosea, KAT XIII/1, Gütersloh 1966

Rüterswörden, U., dominium terrae. Studien zur Genese einer alttestamentlichen Vorstellung, BZAW 215, Berlin / New York 1993

—— Bundestheologie ohne ברית, ZAR 4, 1998, 85-99

Ruppert, L., Beobachtungen zur Literar- und Kompositionskritik von Hos 1-3, in: Künder des Wortes. Beiträge zur Theologie der Propheten (FS J. Schreiner, hg. von L. Ruppert / P. Weimar / E. Zenger), Würzburg 1982, 163-182

—— Erwägungen zur Kompositions- und Redaktionsgeschichte von Hosea 1-3, BZ.NF 26, 1982, 208-223

Ruprecht, E., Der traditionsgeschichtliche Hintergrund der einzelnen Elemente von Gen XII 2-3, VT 29, 1979, 444-464

Schäfer-Lichtenberger, C., JHWH, Hosea und die drei Frauen im Hoseabuch, EvTh 55, 1995, 114-140

Schart, A., Die Entstehung des Zwölfprophetenbuchs. Neubearbeitungen von Amos im Rahmen schriftenübergreifender Redaktionsprozesse, BZAW 260, Berlin / New York 1998

Schechter, S., Fragments of a Zadokite Work, Documents of Jewish Sectaries I, Cambridge 1910

Scherer, A., „Gehe *wiederum* hin!" Zum Verhältnis von Hos. 3 und Hos. 1, BN 95, 1998, 23-29

Schlißke, W., Gottessöhne und Gottessohn im Alten Testament. Phasen der Entmythisierung im Alten Testament, BWANT 97, Stuttgart / Berlin / Köln / Mainz 1973

Schmid, K., Buchgestalten des Jeremiabuches. Untersuchungen zur Redaktions- und Rezeptionsgeschichte von Jer 30-33 im Kontext des Buches, WMANT 72, Neukirchen-Vluyn 1996

—— Erzväter und Exodus. Untersuchungen zur doppelten Begründung der Ursprünge Israels innerhalb der Geschichtsbücher des Alten Testaments, WMANT 81, Neukirchen-Vluyn 1999

—— Innerbiblische Schriftauslegung. Aspekte der Forschungsgeschichte, in: Schriftauslegung in der Schrift (FS O. H. Steck, hg. von R. G. Kratz / T. Krüger / K. Schmid), BZAW 300, Berlin / New York 2000, 1-22

Schmidt, H., Hosea 6,1-6, in: Sellin-Festschrift. Beiträge zur Religionsgeschichte und Archäologie Palästinas (FS E. Sellin, hg. von A. Jirku), Leipzig 1927, 111-126

Schmidt, L., Bemerkungen zu Hosea 1,2-9 und 3,1-5, in: Alttestamentlicher Glaube und Biblische Theologie (FS H. D. Preuß, hg. von J. Haussmann / H.-J. Zobel), Stuttgart / Berlin / Köln 1992, 155-165

Schmitt, G., Bet-Awen, in: R. Cohen / G. Schmitt, Drei Studien zur Archäologie und Topographie Altisraels, BTAVO 44, Wiesbaden 1980, 33-76

Schmitt, J. J., The Wife of God in Hosea 2, BR 34, 1989, 5-18

—— Yahweh's Divorce in Hosea 2 – Who is that Woman?, SJOT 9, 1995, 119-132

Schöpflin, K., Theologie als Biographie im Ezechielbuch. Ein Beitrag zur Konzeption alttestamentlicher Prophetie, FAT 36, Tübingen 2002

Schott, A., Die Vergleiche in den akkadischen Königsinschriften, MVÄG 30, Leipzig 1926

Schreiner, J., Hoseas Ehe, ein Zeichen des Gerichts (zu Hos 1,2-2,3; 3,1-5), BZ.NF 21, 1977, 163-183

Schroeder, N. G., Observationes selectae ad Origines Hebraeas, Groningen 1762

Schroer, S., In Israel gab es Bilder. Nachrichten von darstellender Kunst im Alten Testament, OBO 74, Freiburg / Göttingen 1987

—— Die Zweiggöttin in Palästina/Israel. Von der Mittelbronze II B-Zeit bis zu Jesus Sirach, in: Jerusalem. Texte – Bilder – Steine (FS H. u. O. Keel-Leu, hg. von M. Küchler / C. Uehlinger), NTOA 6, Freiburg Schweiz / Göttingen 1987, 201-225

Schüngel-Straumann, H., Gott als Mutter in Hosea 11, ThQ 166, 1986, 119-134

Schütte, W., Eine originale Stimme aus dem syrisch-ephraimitischen Krieg. Zu Hos 5,8-6,6, ZAW 99, 1987, 406-408

Schulz-Rauch, M., Hosea und Jeremia. Zur Wirkungsgeschichte des Hoseabuches, CThM.BW 16, Stuttgart 1996

Schwab, E., Art. צל, ThWAT VI, 1989, 1034-1042

Seeligmann, I. L., Die Auffassung von der Prophetie in der deuteronomistischen und chronistischen Geschichtsschreibung (mit einem Exkurs über das Buch Jeremia), in: Congress Volume Göttingen 1977, VT.S 29, Leiden 1978, 254-284

Seidl, T., Hosea 10 – Beobachtungen zu Sprache und Struktur, in: Textarbeit. Studien zu Texten und ihrer Rezeption aus dem Alten Testament und der Umwelt Israels (FS P. Weimar, hg. von K. Kiesow / T. Meurer), AOAT 294, Münster 2003, 469-482

Seifert, B., Metaphorisches Reden von Gott im Hoseabuch, FRLANT 166, Göttingen 1996

Sellin, E., Gilgal. Ein Beitrag zur Geschichte der Einwanderung Israels in Palästina, Leipzig 1917

—— Das Zwölfprophetenbuch, KAT XII, Leipzig 1922[1] / 1929[2-3]

Seow, C. L., Hosea 14:10 and the Foolish People Motif, CBQ 44, 1982, 212-224

Setel, T. D., Propheten und Pornographie. Weibliche sexuelle Metaphorik bei Hosea, in: L. M. Russell (Hg.), Befreien wir das Wort. Feministische Bibelauslegung, München 1989, 101-112

Seybold, K., Satirische Prophetie. Studien zum Buch Zefanja, SBS 120, Stuttgart 1985

—— Nahum. Habakuk. Zephanja, ZBK.AT 24,2, Zürich 1991

Sheppard, G. T., Wisdom as a Hermeneutical Construct. A Study in the Sapientializing of the Old Testament, BZAW 151, Berlin / New York 1980

Sherwood, Y., The Prostitute and the Prophet. Hosea's Marriage in Literary-Theoretical Perspective, JSOT.S 212, Sheffield 1996

Simian-Yofre, H., El desierto de los Dioses. Teología e Historia en el libro de Oseas, Cordoba 1992

Smend, R., Die Bundesformel (1963), in: ders., Die Mitte des Alten Testaments. Gesammelte Studien 1, BEvTh 99, München 1986, 11-39

—— Der Ort des Staates im Alten Testament (1983), in: ders., Die Mitte des Alten Testaments. Gesammelte Studien 1, BEvTh 99, München 1986, 186-199

Smith, G. A., The Book of the Twelve Prophets, Vol.1: Amos, Hosea, and Micah, ExpB, London 1903

Smith, W. R., Die Religion der Semiten, Darmstadt 1967, Nachdruck Tübingen 1899

Snaith, N., Mercy and Sacrifice. A Study of the Book of Hosea, London 1953

Snyman, G., Social reality and religious language in the marriage metaphor in Hosea 1-3, OTEs 6, 1993, 98-112

Soden, W. von, Akkadisches Handwörterbuch, 3 Bde., Wiesbaden 1965-1981

—— „Die Sündenlast" in Hos 14,3, ZAH 2, 1989, 91-92

Soggin, J. A., Hosea 11,5 (cf. 10,9b?): Emphatic *Lamed*?, in: ders., Old Testament and Oriental Studies, BibOr 29, Rom 1975, 223

Spieckermann, H., Juda unter Assur in der Sargonidenzeit, FRLANT 129, Göttingen 1982

—— „Barmherzig und gnädig ist der Herr ...", ZAW 102, 1990, 1-18

—— Stadtgott und Gottesstadt. Beobachtungen im Alten Orient und im Alten Testament, Bib. 73, 1992, 1-31

—— Mit der Liebe im Wort. Ein Beitrag zur Theologie des Deuteronomiums, in: Liebe und Gebot. Studien zum Deuteronomium (FS L. Perlitt, hg. von R. G. Kratz / H. Spieckermann), FRLANT 190, Göttingen 2000, 190-205

—— Die Liebeserklärung Gottes. Entwurf einer Theologie des Alten Testaments, in: ders., Gottes Liebe zu Israel. Studien zur Theologie des Alten Testaments, FAT 33, Tübingen 2001, 197-223

Stähli, H.-P., Art. ירא, THAT I, 1971, 765-778

Staerk, W., Das assyrische Weltreich im Urteil der Propheten, Göttingen 1908

Stahl, R., „Deshalb trocknet die Erde aus und verschmachten alle, die auf ihr wohnen ...". Der Versuch einer theologiegeschichtlichen Einordnung von Hos 4,3, in: Alttestamentlicher Glaube und Biblische Theologie (FS H. D. Preuß, hg. von J. Haussmann / H.-J. Zobel), Stuttgart / Berlin / Köln 1992, 166-173

Steck, O. H., Zion als Gelände und Gestalt. Überlegungen zur Wahrnehmung Jerusalems als Stadt und Frau im Alten Testament, ZThK 86, 1989, 261-281

—— Die Prophetenbücher und ihr theologisches Zeugnis. Wege der Nachfrage und Fährten zur Antwort, Tübingen 1996

Stegemann, Die Entstehung der Qumrangemeinde, Diss. Bonn 1971

—— Die Essener, Qumran, Johannes der Täufer und Jesus, Freiburg 1994[4]

Steingrimsson, S. Ö., Zeit und Relationen in Ho 10,1-2. Einige literaturwissenschaftliche Betrachtungen, SEÅ 54, 1989, 188-198

Steininger, P., נבלות*. Ein Beitrag zur hebräischen Grammatik und Lexikographie, ZAW 24, 1904, 141-142

Stemberger, G., Pharisäer, Sadduzäer, Essener, SBS 144, Stuttgart 1991

Steudel, A., אחרית הימים in the Texts from Qumran, RdQ 16, 1993, 225-246

—— Der Midrasch zur Eschatologie aus der Qumrangemeinde (4QMidrEschat[a.b]). Materielle Rekonstruktion, Textbestand, Gattung und traditionsgeschichtliche Einordnung des durch 4Q174 („Florilegium") und 4Q177 („Catena A") repräsentierten Werkes aus den Qumranfunden, STDJ 13, Leiden / New York / Köln 1994

—— (Hg.), Die Texte aus Qumran II. Hebräisch/Aramäisch und Deutsch, Darmstadt 2001

Steuernagel, C., Lehrbuch der Einleitung in das Alte Testament mit einem Anhang über die Apokryphen und Pseudepigraphen, Tübingen 1912

Strack, H. L. / Billerbeck, P., Kommentar zum Neuen Testament aus Talmud und Midrasch, Bd. 1: Das Evangelium nach Matthäus, München 1956[2]

Strugnell, J., Notes en Marge du Volume V des « Discoveries in the Judaean Desert of Jordan », RdQ 7, 1970, 163-276

Stuart, D., Hosea-Jonah, WBC 31, Waco, Texas 1987

Sweeney, M. A., The Twelve Prophets I: Hosea, Joel, Amos, Obadiah, Jonah, Berit Olam, Minnesota 2000

Szabó, A., Textual Problems in Amos and Hosea, VT 25, 1975, 500-524

Tångberg, K. A., A Note on *pišt* in Hosea II 7,11, VT 27, 1977, 222-224

—— Die prophetische Mahnrede. Form- und traditionsgeschichtliche Studien zum prophetischen Umkehrruf, FRLANT 143, Göttingen 1987

Thompson, J. A., Israel's "Lovers", VT 27, 1977, 475-481

Thompson, M. E. W., Situation and Theology. Old Testament Interpretations of the syro-ephraimite War, Prophets and Historians Series 1, Sheffield 1982

Törnkvist, R., The Use and Abuse of Female Sexual Imagery in the Book of Hosea. A Feminist Critical Approach to Hos 1-3, AUU Uppsala Women's Studies. A. Women in Religion 7, Uppsala 1998

Toombs, L. E., Art. Shechem (Place), ABD 5, 1992, 1174-1186

Toy, C. H., Note on Hosea 1-3, JBL 32, 1913, 75-79

Trotter, J. M., Reading Hosea in Achaemenid Jehud, JSOT.S 328, Sheffield 2001

Tsevat, M., Some Biblical Notes, HUCA 24, 1952/3, 107-114

Turner, P. D. M., 'ANOIKODOMEIN and Intra-Septuagintal Borrowing, VT 27, 1977, 492-493

Tushingham, A. D., A Reconsideration of Hosea, Chapters 1-3, JNES 12, 1953, 150-159

Umbreit, F. W. C., Praktischer Commentar über die kleinen Propheten mit exegetischen und kritischen Anmerkungen 1. Hosea – Zephanja, Praktischer Commentar über die Propheten des Alten Bundes mit exegetischen und kritischen Anmerkungen IV. Die kleinen Propheten, Hamburg 1845

Utzschneider, H., Hosea. Prophet vor dem Ende. Zum Verhältnis von Geschichte und Institution in der alttestamentlichen Prophetie, OBO 31, Freiburg / Göttingen 1980

—— Situation und Szene. Überlegungen zum Verhältnis historischer und literarischer Deutung prophetischer Texte am Beispiel von Hos 5,8-6,6, ZAW 114, 2002, 80-105

Valeton, J. J., Amos und Hosea. Ein Kapitel aus der Geschichte der israelitischen Religion. Nach der holländischen Originalausgabe unter Mitwirkung des Verfassers übersetzt von F. K. Echternacht, Gießen 1898

VanderKam, J. C., 2 Maccabees 6,7a and Calendrical Change in Jerusalem, JSJ 12, 1981, 52-74

—— Calendrical Texts and the Origins of the Dead Sea Scroll Community, in: M. O. Wise / N. Golb / J. J. Collins / D. G. Pardee (Hg.), Methods of Investigation of the Dead Sea Scrolls and the Khirbet Qumran Site: Present Realities and Future Prospects, Annuals of the New York Academy of Sciences 722, New York 1994, 371-386

Veijola, T., Das Königtum in der Beurteilung der deuteronomistischen Historiographie. Eine redaktionsgeschichtliche Untersuchung, AASF.B 198, Helsinki 1977

Vermeylen, J., Du Prophète Isaïe à l'Apocalyptique. Isaïe, I-XXXV, miroir d'un demi-millénaire d'expérience religieuse en Israël, EtB, Bd. 1 Paris 1977 ; Bd. 2 1978

—— Osée 1 et les prophètes du VIIIᵉ siècle, in: Schriftauslegung in der Schrift (FS O. H. Steck, hg. von R. G. Kratz / T. Krüger / K. Schmid), BZAW 300, Berlin / New York 2000, 193-206

Vielhauer, R., Materielle Rekonstruktion und historische Einordnung der beiden Pescharim zum Hoseabuch (*4QpHosᵃ* und *4QpHosᵇ*), RdQ 20, 2001, 39-91

Vogels, W., « Osée – Gomer » *car* et *comme* « Yahweh – Israël » *Os 1-3*, NRTh 103, 1981, 711-727

Vollmer, J., Geschichtliche Rückblicke und Motive in der Prophetie des Amos, Hosea und Jesaja, BZAW 119, Berlin / New York 1971

Volz, P., Die vorexilische Jahweprophetie und der Messias. In ihrem Verhältnis dargestellt, Göttingen 1897

—— Die Ehegeschichte Hosea's, ZWTh 41, 1898, 321-335

Wacker, M.-T., Frau – Sexus – Macht. Eine feministisch-theologische Relecture des Hoseabuches, in: dies. (Hg.), Der Gott der Männer und die Frauen, TzZ 2, Düsseldorf 1987, 101-125

—— Figurationen des Weiblichen im Hosea-Buch, HBS 8, Freiburg 1996

—— Gendering Hosea 13, in: B. Becking / M. Dijkstra (Hg.), On Reading Prophetic Texts. Gender-Specific and Related Studies in Memory of F. van Dijk-Hemmes, Biblical Interpretation Series 18, Leiden 1996, 265-282

Ward, Y. M., Hosea. A Theological Commentary, New York 1966

Washburn, D. L., A Catalog of Biblical Passages in the Dead Sea Scrolls, SBL Text-Critical Studies 2, Atlanta 2002

Weems, R. J., Gomer: Victim of Violence or Victim of Metaphor?, Semeia 47, 1989, 87-104

Weider, A., Ehemetaphorik in prophetischer Verkündigung. Hos 1-3 und seine Wirkungsgeschichte im Jeremiabuch. Ein Beitrag zum alttestamentlichen Gottes-Bild, FzB 71, Würzburg 1993

Weinfeld, M., Kuntillet 'Ajrud Inscriptions and their Significance, SEpL 1, 1984, 121-130

—— Deuteronomy and the Deuteronomic School, Winona Lake 1992

Weippert, M., Aspekte israelitischer Prophetie im Lichte verwandter Erscheinungen des Alten Orients, in: Ad bene et fideliter seminandum (FS K. Deller, hg. von G. Mauer / U. Magen), AOAT 220, Neukirchen-Vluyn 1988, 287-319

—— Synkretismus und Monotheismus. Religionsinterne Konfliktbewältigung im alten Israel, in: J. Assmann / D. Harth (Hg.), Kultur und Konflikt, edition suhrkamp NF 612, Frankfurt 1990, 143-179

—— Art. „Prophetie im Alten Orient", NBL 3, 2001, 196-200

Weiser, A., Art. πιστεύω. B. Der at.liche Begriff, ThWNT 6, 1959, 182-197

—— Das Buch der zwölf Kleinen Propheten I: Die Propheten Hosea, Joel, Amos, Obadja, Jona, Micha, ATD 24, Göttingen 1963[4]

Wellhausen, J., Israelitische und Jüdische Geschichte, Berlin 1958[9]

—— Die Composition des Hexateuchs und der historischen Bücher des Alten Testaments, Berlin 1963[4]

—— Die kleinen Propheten. Übersetzt und erklärt, Berlin 1963[4]

Werner, W., Einige Anmerkungen zum Verständnis von Hos 6,1-6, in: „Wer ist wie Du, HERR, unter den Göttern?". Studien zur Theologie und Religionsgeschichte Israels (FS O. Kaiser, hg. von I. Kottsieper / J. van Oorschot / D. Römheld / H. M. Wahl), Göttingen 1994, 355-372

Westbrook, R., Old Babylonian Marriage Law, AfO.B 23, Horn 1988

—— Adultery in Ancient Near Eastern Law, RB 97, 1990, 542-580

Westermann, C., Prophetische Heilsworte im Alten Testament, FRLANT 145, Göttingen 1987

—— / Albertz, R., Art. גלה, THAT I, 1971, 418-426

Whitt, W. D., The Divorce of Yahweh and Asherah in Hos 2,4-7.12ff, SJOT 6, 1992, 31-67

Wijngaards, J. N. M., The Dramatization of Salvific History in the Deuteronomic Schools, OTS 16, Leiden 1969

Willi-Plein, I., Vorformen der Schriftexegese innerhalb des Alten Testaments. Untersuchungen zum literarischen Werden der auf Amos, Hosea und Micha zurückgehenden Bücher im hebräischen Zwölfprophetenbuch, BZAW 123, Berlin / New York 1971

—— Das Zwölfprophetenbuch, ThR 64, 1999, 351-395

Winckler, H., Menschenseile und Liebesstricke. Hos 11,4, in: ders., Altorientalische Forschungen III,2, Leipzig 1902, 230-231

Wischnowsky, M., Tochter Zion. Aufnahme und Überwindung der Stadtklage in den Prophetenschriften des Alten Testaments, WMANT 89, Neukirchen-Vluyn 2001

Wolfe, R. E., The Editing of the Book of the Twelve, ZAW 12, 1935, 90-129

Wolff, H. W., Das Thema „Umkehr" in der alttestamentlichen Prophetie (1951), in: ders., Gesammelte Studien zum Alten Testament, TB 22, München 1973[2], 130-150

—— „Wissen um Gott" bei Hosea als Urform von Theologie (1953), in: ders., Gesammelte Studien zum Alten Testament, TB 22, München 1973[2], 182-205

—— Das Kerygma des deuteronomistischen Geschichtswerks (1961), in: ders., Gesammelte Studien zum Alten Testament, TB 22, München 1973[2], 308-324

—— Dodekapropheton 1. Hosea, BK XIV/1, Neukirchen 1961

—— Dodekapropheton 2. Joel und Amos, BK XIV/2, Neukirchen 1969

—— Die Hochzeit der Hure. Hosea heute, München 1979

—— Das wirksame Wort. Hosea und die Heilung des Unverbesserlichen, in: ders., Prophetische Alternativen. Entdeckungen des Neuen im Alten Testament, KT 70, München 1982, 24-39

van der Woude, A. S., Bemerkungen zu einigen umstrittenen Stellen im Zwölfprophetenbuch, in: A. Caquot / M. Delcor (Hg.), Mélanges bibliques et orientaux en l'honneur de M. Henri Cazelles, AOAT 212, Neukirchen-Vluyn 1981, 483-499

—— Bemerkungen zum historischen Hintergrund von Hosea 5:8-6:6, in: Storia e Tradizioni di Israele (FS J. A. Soggin, hg. von D. Garrone / F. Israel), Brescia 1991, 299-308

—— Fünfzehn Jahre Qumranforschung (1974-1988), ThR 57, 1992, 1-57.225-253

Wünsche, A., Der Prophet Hosea übersetzt und erklärt mit Benutzung der Targumim, der jüdischen Ausleger Raschi, Aben Ezra und David Kimchi, Leipzig 1868

Yee, G. A., Composition and Tradition in the Book of Hosea. A Redaction Critical Investigation, SBL.DS 102, Atlanta 1987

Zenger, E., "Durch Menschen zog ich sie..." (Hos 11,4). Beobachtungen zum Verständnis des prophetischen Amtes im Hoseabuch, in: Künder des Wortes. Beiträge zur Theologie der Propheten (FS J. Schreiner, hg. von L. Ruppert / P. Weimar / E. Zenger), Würzburg 1982, 183-201

—— Die Bundestheologie – ein derzeit vernachlässigtes Thema der Bibelwissenschaft und ein wichtiges Thema für das Verhältnis Israel – Kirche, in: ders. (Hg.), Der Neue Bund im Alten. Zur Bundestheologie der beiden Testamente, QD 146, Freiburg / Basel / Wien 1993, 13-49

Zimmerli, W., Ezechiel 1. Ezechiel 1-24, BK XIII/1, Neukirchen-Vluyn 1979²

Zobel, H.-J., Art. יעקׁ(וׁ)ב, ThWAT 3, 1982, 752-777

—— Hosea und das Deuteronomium. Erwägungen eines Alttestamentlers zum Thema „Sprache und Theologie", ThLZ 110, 1985, 13-24

Zobel, K., Prophetie und Deuteronomium. Die Rezeption prophetischer Theologie durch das Deuteronomium, BZAW 199, Berlin / New York 1992

Stellenverzeichnis

3,1-5	135-137	29,13	176
3,10	176	29,17	82
3,20	136	29,23	136
4,1	150	30,14	154
5,3	31	31	42
5,5	30, 31	31,3	135
5,8	136	31,15-22	42
5,14	62	31,31-34	135
5,30	82	31,34	136
6,21	136	32,22f	164
7,5	136	32,30	195
7,25f	164	32,31	164
8,5	31	34,15	136
8,15	217	34,17	136
9,3	136	36	125
9,4	136	36,16	136
9,7	136	40f	77
10,3	194	42,10ff	41
11,7f	164	44,8	195
13,26	145	46,16	136
14,19	217	50,20	171
15,8	21	50,23	58
17,1	171	50,36	20, 35
17,5ff	203		
18,7-10	41	Ez	
18,7	62	4,13	98
18,9	62	6,6	171
18,13	82	6,9	139
19,9	136	11,18	150
22,8	136	11,19	197
22,13	136	13,10	216
22,20	154	16	149f, 153f, 156f
22,22	154	16,33	65
23,14	82	16,34	139
23,27	136	20,30	139
23,29	62	22,19f	66
23,30	136	23	149, 154
23,35	136	23,30	139
24,6	198	31,6	198
24,7	176	31,17	198
25,6f	194	36,8	87
26	41	36,26f	197
26,1	139	43	193